U0808605

国家社科基金项目资助（09BZS008）
陕西师范大学优秀学术著作出版基金资助出版

片石千秋

隋代墓志铭与隋代历史文化

周晓薇　王其祎　著

科学出版社
北　京

图书在版编目(CIP)数据

片石千秋：隋代墓志铭与隋代历史文化/周晓薇 王其祎/著．—北京：科学出版社，2014.6

ISBN 978-7-03-040850-1

Ⅰ.①片… Ⅱ.①周… ②王… Ⅲ.①墓志-研究-中国-隋代 ②文化史-研究-中国-隋代 Ⅳ.①K877.454 ②K241.03

中国版本图书馆 CIP 数据核字（2014）第 116960 号

责任编辑：任晓刚 / 责任校对：胡小洁

责任印制：张 伟 / 封面设计：铭轩堂

科学出版社出版

北京东黄城根北街 16 号

邮政编码：100717

http://www.sciencep.com

涿州市京南印刷厂印刷

科学出版社发行 各地新华书店经销

*

2014 年 6 月第 一 版 开本：720×1000 1/16

2020 年 1 月第四次印刷 印张：20 1/4

字数：352 000

定价：108.00元

（如有印装质量问题，我社负责调换）

前　言

毕竟古人能好事，摩挲片石已千秋。

——（清）陈彝《题隋张通妻陶贵墓志》

欲研治历史，先须探寻与开拓史源，这是极其重要的。正所谓：“凡一种学问能扩张他们所研究的材料便是进步，不能的便是退步。”（傅斯年《历史语言研究所工作之旨趣》）而“一时代之学术，必有其新材料与新问题。取用此材料，以研求问题，则为此时代学术之新潮流。治学之士，得预于此潮流者，谓之预流。其未得预者，谓之未入流。此古今学术史之通义”（陈寅恪《陈垣敦煌劫馀录序》）。就隋代而言，以其国祚之短促，著述本不多，因而最惜史源之有限，史料之匮乏，传世文献则大抵除正史中的《隋书》而外，可资利用的第一手资料多不复能见，诚所谓“欲借他山之助，殊艰《越绝》之篇”，这是限制隋代研究的最大因素。

然而，从对隋代历史的定位看：杨隋有国不过二世，开皇、仁寿迄于大业，仅历38年。但这38年却是结束了南北朝近300年分裂混乱而重归一统的时代，是民族的融合与文化的华化已然达于实现的时代，也是励精图治并在政治与经济的统合上遗惠深远的时代。似这样一个短时期的统一王朝，其承前启后的作用确乎非常之大，从国家与疆域的统一，到政治与经济的整合，其在民族人群的融并、中央体制的架构、政治制度的奠基、经济中心的规模、基本建设的完成等诸方面，都带给后来臻于封建时代巅峰的李唐王朝以丰富实惠的遗产和一脉相承的影响。可知有如汉承秦制的定位，对唐代（尤其初唐史事）的研究同样有待于对隋代研究的深化而得以深化。譬如，“李唐传世将三百年，而杨隋享国为日至短，两朝之典章制度传授因袭几无不同，故可视为一体”（陈寅恪《隋唐制度渊源略论稿》叙论）。又譬如，“唐初将相大臣中有许多是隋代贵族的子弟，他们父兄的传见于《隋书》，还有很多在《隋书》里列传的人物实际生活到唐初，研究初唐史事往往需要参考《隋书》里这些人物的传”（黄永年《唐史史料学》，纪传类《隋书》）。而比较于史传，详记人物的墓志铭文，自更能真切勾勒出相关人物的生平浮沉与其家世兴衰，并可藉以透见政治、经济的局面和社会生活的形态。统计《隋代墓志铭汇考》（全6册）所收600余位人物志，其中仅15人在《隋书》有传，比例约占《隋书》立传者365人的1/24，那么从保存人物史事的第一手材料得以数十倍扩大的意义而论，更能证见隋代墓志铭的文献地位之重要和资料价值之可贵，更可体现出其研究意义之重大。

尤其需要指出的是，隋代墓志铭中许多志主都历经多朝，因此梳理与研究其生平行事，必然对于研讨隋代前后（诸如西魏、东魏、北齐、北周、南朝陈、唐初）政权与社会的推移有着重要的参详和补充价值。隋代又处于多民族融并于统一王朝的时代，不同族属的墓志主的生活履历很能反映出当时的民族与社会状态。因而隋代墓志铭不但为中古史研究提供了新资料，亦解决了以往因资料不足而未能深入探讨的问题。是故凭借《隋代墓志铭汇考》等相关出土文献提供的新的资料平台，正能有效推进隋代研究的广度和深度，并将随着对新资料与新问题的研讨进而为新理论的构建铺垫坦途。

如上所论，隋代墓志铭的体量与《隋书》人物传相较几多出一倍，除十余人在正史中有传外，多是不同于正史侧重为以皇室为中心的权力人物立传的中下层官吏乃至庶民百姓，因此，相对于正史的可资主要研讨政治史、制度史、经济史等领域，墓志铭则可资更广泛、细微地探讨社会生活、家族、婚姻、女性、礼俗、宗教思想、历史地理和文化艺术等诸多层面，亦即更能透见社会情实与时代精神。

本书以迄今所能知见的约600种隋代墓志铭文字（包括图像）为基础素材，研究的基本内容则涉及历史学、文献学、考古学、语言学、艺术学等交叉学科的综合范畴。网罗新资料，采用新方法，以期为新理论的发见、论证与深化奠定基础，这是本书在研究中力求有所突破的初衷。研究的方法主要采用传世文献与出土文献的互证，亦即所谓的“二重证据法”，以南北朝隋唐正史为最基本的史料，以墓志资料为辅，分析解读，去伪存真，以史志互证的考据手段逐一并综合完成对相关主题的探讨。本书的研究内容与意义集中体现在以下七个方面。

1. 隋代家族研究

隋代的京兆杜陵杜氏为通世大族，其家族的发展与延续，仕宦与参政，无不与当时的政治、经济有着千丝万缕的联系，并在隋代社会架构上有着举足轻重的政治地位。利用隋代墓志铭中有关京兆杜陵杜氏、雁门解氏等家族衣冠人物的资料，不但可以考订并互证其与文献记载的相关史事，亦有助于对这些家族籍贯、迁徙及其氏族谱牒的梳理分析，进而见证诸如京兆杜陵杜氏家族集团作为“关中郡姓”与门阀士族在隋唐时期的中央官僚化及其播迁兴衰，以及雁门解氏在隋唐时期的著籍范围与侨居情形，勾勒出汉魏隋唐时空下的解氏人物与世系郡望等基本情形，并试图从中了解和总结其基本特征。

2. 隋代避讳文化研究

隋祚短促，传世隋代文献颇见匮乏，而作为正史的《隋书》又是唐人所纂，鲜少能够涉及和反映隋人在当朝的避讳现象。因此，将传世文献与出土石刻文献相互参证，综合检讨隋代避讳主要是敬讳之于帝君这一文化礼俗的基本情形，对隋代的避讳对象、方法进行全面分析研讨，并以实例进行佐证，正能真实总结出隋代避讳文化的基本规律。全面利用出土所见隋代石刻文字，作为对杨隋一代避讳礼俗研究的盘点，旨在补充史书的不足，且有以印证于史讳，故亦必有“为史学之一助”的积极意义。

3. 隋代墓志辨伪

石刻赝造之风，由来尚矣。且随着古物收藏炽热，假冒伪劣亦自不免甚嚣尘上，鱼目混珠，为研究者带来诸多困惑与难堪，碑版拓本亦然。有鉴于斯，特拣选四方混迹于隋代墓志铭中的伪志，详加考辨，证谬祛伪，以惩赝托。不惟揭示四方伪志的破绽，亦期望以此考证方法，作为碑志文献辨伪的鲜活实例，以便学人在采摭碑志文献并考据利用时，能够取读运用真实可信的史料而剔除赝伪之作，正确认识在史学研究中史料价值的重要作用和意义。

4. 隋代书法研究

将隋代墓志铭书法作为审查主体而检讨彼时楷书的全面成熟及其对隶书鼎革的基本事功，以期梳理晋隋之间以“铭石书”为主体对象的隶楷迁变的基本经络及其终结点——隋代的隶书情形，并藉由归理隋代墓志铭案例，以释证隶书在南北一统后的式微及其与盛唐“开元体”即所谓“唐隶中兴”之间的关系。特别是以隋代墓志书法来见证楷书艺术是如何以其模范作用促使楷法带着瘦硬通神的风采、从间架到笔法在初唐步入完善的过程，从而进一步探询和见证隋代书法的时代风尚及对后世楷法的表率与影响。

5. 隋代墓志铭纹饰的文物学和艺术考古学研究

在全面汇集隋代墓志纹饰图案的基础上，进行艺术图像、社会文化等多角度的审视与归类分析，并试图与中古绘画史论相印证，以期把握中古绘画艺术诸如山水、花草画发展的基本脉络及其特征，更藉以弥补早期绘画史论的阙佚和不足。在解析墓志纹饰如四神十二辰等艺术表征与审美的同时，还注重探讨图像所蕴含的时代精神、文化理念、民俗传承等方面的深刻内涵。

6. 隋代西京大兴与东都洛阳历史地理研究

对隋代西京大兴与东都洛阳历史地理的研究，特别是关于城坊的考订，前贤已多有用功并成就斐然，而对两京四郊地名的整理与考订，鉴于传世文献相关记载的匮乏，尚待掌握较为充分的出土墓志资料方得展开。因此，以隋代墓志铭为基本素材，并结合传世文献与今人相关成果，对隋代两京属县所辖乡、坊、里、村、原、山、川等地名，分门别类地进行更深入的稽考订补，方能继踵前贤的研究而推进一程。

7. 个案研究

个案研究共选取了五方隋代墓志铭展开疏证，分别以一方墓志的记载为中心，围绕其中典型的事例展开讨论，主要解决如下问题：

一是对新出北齐聘高丽使主《裴遗业墓志》的研究。裴遗业乃北齐员外散骑常侍、聘高丽使主，而裴氏卒年已届隋代开皇十年（590），葬年更在开皇十一年（591），故实为隋人墓志。研究主要集中在对裴遗业家族世系梳理、裴遗业一系族望所出与旧茔所在、裴遗业出使高丽的史事等方面。鉴于裴遗业的“聘高丽使主”身份与其事迹正可补充史载所阙，故其墓志的史料价值颇高。

二是对2011年年初在西安南郊长安区少陵原畔出土的开皇三年（583）《薛舒墓志》的研讨。该志为详细了解这位在开皇三年（583）四月担任出使陈朝大使者薛舒的身世家族提供了珍贵的史料。薛舒与其父薛憕，有传载于《周书》与《北史》，而据墓志，可补薛舒履历职官，特别是入隋后事迹甚多。其尤为突出者乃在开皇“三年春，迁散骑侍郎，仍兼散骑常侍、聘陈使主”，赢得“才堪出境，光足照邻”、“屡延誉之美，绝后超前”的殊荣。此不但可以与正史所载周陈之间和隋陈之间的外交关系史事互证互补，亦可以见证彼时陈隋两朝正处于双方通好的稳定时期。

三是对大业十二年（616）《独孤俭墓志》的研究。独孤俭乃为北周重臣独孤信曾孙，其墓志内容与史书记载互证，反映了周、隋两朝独孤家族之世系及其人事变迁等方面的事迹，颇具史料价值。

四是对大业十二年（616）《尹彦卿墓志》的研究。除了考述尹彦卿的世系、官职等问题，还将隋唐间墓志频繁出现的"小陵原"与"少陵原"的地理名称沿革做了较全面的梳理与探究。

五是对长安新出大业十一年（615）《秦僧伽暨妻徐氏墓志》的考释。该志文字虽少，却颇具研讨价值。第一是关于隋代京兆郡长安县所辖乡里问题：志文述及长安县的三个乡（神泉乡、清化乡、福阳乡）、三个里（表政里、崇贤里、龙仁里）、一个村（奉诚村），除"福阳乡"外，皆可补苴隋代大兴城郊乡里名称之阙；第二是墓志提到"今合葬于长安县福阳乡龙仁里奉诚村辛保仁地葬，故立铭志，以为永记"，所谓"辛保仁地"，即言秦僧伽的葬地乃为辛保仁所有，也就是说辛保仁是这块葬地的"地主"，由此而引申到对于北朝隋唐墓志铭中相类于"地主"名称的普查和研讨。

上述七类专题研究主要针对隋代家族世系、隋代避讳文化、墓志辨伪、隋代书法艺术流变与时代传承、隋代墓志纹饰图像的艺术表征与文化内涵、两京城坊和城郊的历史地理，以及五个个案与史事的互证等问题进行了较为广泛的梳理与考量，比如，对隋代杜氏、解氏家族所进行的整体探讨，对洛阳城坊乡里名称的辑考，对书法隶、楷书体在隋代的流变，墓志纹饰对古代绘画史发展脉络的佐证的研究等内容，学界虽有涉及，然对隋代进行整体研究的则实为稀少，因此这些内容可充实以往隋代研究的薄弱乃至填补空缺。诸如运用史志互证的方法所展开的对于隋代墓志铭的辨伪与隋代避讳问题的研究，总结出了墓志辨伪的基本方法和隋代避讳文化中的常规现象，对相关研究颇具示范意义和应用价值。而充分利用隋代墓志铭来研究隋代的历史文化，此种研究思路应能起到开拓中国古代文史研究广阔视野的积极作用，此种凭借历史学（诸如史事、家族、人物、制度）、文献学（诸如史料、语词）、文化学（诸如避讳、风俗、女性等）、文物学（诸如形制、纹饰、书法等）等多重视角的研究方法所揭示出来的多重价值亦当为学界与研究者所关注和参考。

目　录

第一章
隋代家族研究

中古社会的世家大族形成了强大的社会势力，他们凭借家族的地望和实力，往往能够参与政治统治阶层，如此则“既可以保持其现有的社会地位与利益，由于政治地位之获得，还可以增强其原有的社会地位与利益，这两者之间的合作，是民主政治以前较普遍现象，也成为古代政治社会安定的重要基石，在这种大趋向之下所形成的大框框，也可以反映在社会架构上”①。隋代的京兆杜氏就属于通世大族，其家族的发展与延续，仕宦与参政，无不与当时的政治、经济有着千丝万缕的联系，也如实反映出他们在隋代社会架构上举足轻重的政治地位。而隋代墓志中有关京兆杜氏、雁门解氏衣冠人物的记载，不但提供了可与史书互证的相关问题的考订，亦有助于研究这些家族的籍贯迁徙，以及中古时期氏族谱牒之梳理分析，更可以综合考察诸如京兆杜陵杜氏家族集团作为“关中郡姓”与门阀士族在隋唐时期的中央官僚化及其播迁兴衰，雁门解氏在隋唐时期的著籍范围与侨居情形等社会政治问题。

第一节　新出隋《杜祐墓志》与隋唐墓志所见京兆杜氏世系

杜氏在中古以其族长系大、累世多宦而被冠为“关中郡姓”中的六大首望姓氏之一，又以其颇为显赫的汉魏逾昌、隋唐益劭的政治、社会地位和强大的家族生命力而被誉为“中华高族”、“三辅著姓”。自魏晋以迄唐末，杜氏衣冠人

① 毛汉光：中国中古社会史论，第一篇，中古统治阶层之社会基础，上海：上海书店出版社，2002年版，第9页。

物，相继不绝，其家族源远流长，支脉亦多，而其作为通世门阀则一直以京兆为盛族、杜陵为著姓，其郡望旧贯除京兆主房及瓜瓞自北朝的京兆本支以外，复有“洹水杜氏”、“中山杜氏”、“襄阳杜氏”、“濮阳杜氏”等几房新望，大都自永嘉之乱后迁出京兆累世定居新地而形成。[①] 杜氏既由汉代的京兆杜陵一地繁衍支分开来，则究其地望为京兆杜陵的汉魏先祖，或多推以南阳豪族徙居茂陵、又徙居杜陵的汉御史大夫杜周及其子延年乃至魏晋时的杜预一系。且自兹以降，遂有“天下诸杜、望高京兆”的美誉，并大凡杜氏亦多以系出京兆杜陵者为荣耀。及至隋唐，长安城南杜陵一带尤其成了趋于中央化、官僚化的京兆杜氏亦即“南杜”（城南诸杜）的聚居地，且以其“国门南出，杜陵故地”，地近宫阙，世多贵宦，复更有“城南韦杜、离天尺五”的盛名。然不无实情的是，隋唐时期的“关中郡姓”韦氏墓志倒确乎有不少出土于斯，而杜姓墓志之所出竟寥寥无几，反而大多出在洛阳北邙，此诚一种不可忽视的现象。[②] 不仅如此，即便是北朝以迄于隋唐的杜姓墓志之总和，今之所见亦不过六七十例，其中葬地在长安者还真是屈指可数，故能在隋唐京师尤其是城南杜陵故地发现隋唐杜姓墓志，委实并不易得。本节所欲披露的隋代《河源县令杜祐墓志铭》，正是一例可资探究京兆杜氏之瓜瓞出中晚唐宰相杜佑、杜悰一脉的唐前人物之典型，且是目前仅见的一方隋代杜姓墓志。[③] 而对于迄今所能知见的隋唐杜姓墓志及其房分世系，本节亦欲藉此兼予梳理而表解之，以期为欲研究中古杜氏谱牒者所便于取材焉。

一、隋大业九年《杜祐墓志》疏证

新近出土于长安少陵原的《杜祐墓志》（图 1-1）刊葬于隋大业九年（613），惜志石下落不明，笔者仅获见拓本两帧并得藉以研读疏证。墓志石拓本高、宽均 44 厘米，墓志盖拓本高、宽均 45 厘米，盖题“大隋故河源县令杜君墓志铭”

① 宋艳梅：两晋之际京兆杜氏地域选择考论，常熟理工学院学报，2010 年第 11 期，第 102-105 页。

② 王力平的《四至九世纪襄阳杜氏家族述论》一文强调，应予考察京兆杜氏房支自永嘉之乱后南迁襄阳以后政治地位及家学门风发生的变化，以及隋唐时期复归巩洛以后作为侨姓房支在仕途命运和家学家风上的再次转变的问题。参阅张国刚：中国社会历史评论（第三卷），北京：中华书局，2001 年版，第 58-73 页。

③ 隋代墓志中有开皇三年（583）《梁坦暨妻杜氏墓志》，然志文仅有“夫人京兆杜氏，父忝，魏豳州刺史”一语；又有大业十三年（617）《杜府君妻郑善妃墓志》，然志主不包括杜君，且不言杜君名字、官衔、郡望等，盖杜君尚未卒世，又志文仅记有三子名“君相、君荣、君彻”。《梁坦暨妻杜氏墓志》，见：王其祎，周晓薇：隋代墓志铭汇考（第 1 册），北京：线装书局，2007 年版，第 85 页。《杜府君妻郑善妃墓志》，见：王其祎，周晓薇：隋代墓志铭汇考（第 5 册），北京：线装书局，2007 年版，第 414 页。

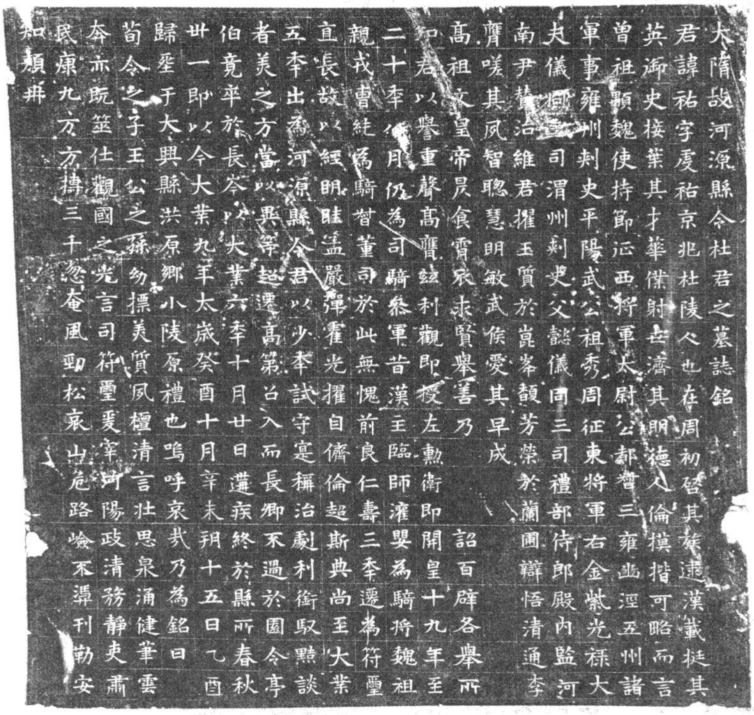

图 1-1 大业九年《杜祐墓志》

12 字，3 行，行 4 字，阳文篆书，有方界格。盖题四周上下两边线刻莲花纹，左右两边线刻青龙白虎纹；四杀上下两边线刻朱雀玄武蔓草纹，左右两边线刻缠枝蔓草纹。墓志文 22 行，满行 23 字，楷书，有方界格，有首行题，而不署撰书者姓名。文中所见避讳格式有两处：一为“高祖文皇帝”前提行，一为“诏”字前空三字，而避讳字则仅有“殿内监”的“内”字为避杨忠嫌名“中”字而改，其志文如下。

大隋故河源县令杜君之墓志铭

君讳祐，字虔祐，京兆杜陵人也。在周初启其族，逮汉载挺其英。御史接叶其才华，仆射世济其明德。人伦摸揩，可略而言。曾祖颙，魏使持节、征西将军、太尉公、都督三雍幽泾五州诸军事雍州刺史、平阳武公；祖秀，周征东将军、右金紫光禄大夫、仪同三司、渭州刺史；父懿，仪同三司、礼部侍郎、殿内监、河南尹赞治。维君握玉质於崑峰，馥芳荣于兰圃。辩悟清通，李膺嗟其夙智；聪慧明敏，武侯爱其早成。高祖文皇帝昃食宵衣，求贤举善，乃诏百辟，各举所知。

君以誉重声高，膺兹利观，即授左勋卫，即开皇十九年，至二十年八月，仍为司骑参军。昔汉主临师，灌婴为骑将；魏祖亲戎，曹纯为骑督。董司于此，无愧前良。仁寿三年，迁为符玺直长。故以经明眭孟，严弹霍光，擢自侪伦，超斯典尚。至大业五年，出为河源县令。君以少年试守，寔称治剧，利衔驭黠，谈者美之。方当以异等超迁，高第召入。而长卿不过于园令，亭伯竟卒于长岑。以大业六年十月廿日遘疾终于县所，春秋卅一，即以今大业九年太岁癸酉十月辛未朔十五日乙酉归葬于大兴县洪原乡小陵原，礼也。呜呼哀哉，乃为铭曰：

荀令之子，王公之孙。幼标美质，夙擅清言。壮思泉涌，健笔云奔。亦既筮仕，观国之光。言司符玺，爰宰河阳。政清务静，吏肃民康。九万方抟，三千忽奄。风劲松衰，山危路崄。不凭刊勒，安知颜冉。

案：杜祐及其父懿、祖秀、曾祖颙四代，可参正史考之。曾祖杜颙，《魏书》卷四五有传，略云：杜颙为杜洪太子、杜祖悦弟，“字思颜，孝昌二年，为西征军司，行岐州事。以守岐州勲，封平阳县开国伯，邑五百户。武泰中，转授岐州刺史。永安中，除泾州刺史。时万俟丑奴充斥关右，不行。乃为都督，防守岐州。丑奴攻之，不克。事宁，除镇西将军、光禄大夫。以勲又赏安平县开国伯，食邑五百户。以平阳伯转授第二子景仲。后为征西将军、金紫光禄大夫，没于关西”①。祖杜秀，即杜景秀，正史无传，而景秀兄景仲，则载在《魏书》卷四五《杜颙传》，见前引文。杜懿与杜祐，正史亦皆无传，据《元和姓纂》（以下简称《姓纂》）卷六《杜氏》京兆房略记：“汉御史大夫周，本居南阳，以豪族徙茂陵；子延年，又徙杜陵。延年孙笃，笃曾孙畿，生元凯，当阳侯。当阳侯次子尹。尹六代孙颙，西魏安平公。安平公颙，雍州刺史，赠太尉，生景秀、景仲、景恭。景秀，后周渭州刺史；生懿，隋礼部侍郎、殿内监、甘棠公。懿生乾福、乾右、乾祚。乾福生崇允、嗣及。乾祐生续，主客郎中。续生知让、知谦。”② 而《新唐书》卷七二上《宰相世系表二上》（以下简称《新表》）却将杜颙一支阑在“襄阳杜氏”房，所记次子“景秀，后周渭州刺史、思宁公”；景秀长子“懿，隋殿内监、甘棠公”，次子“逊，柏仁令”；懿长子“乾

① 魏书，卷四五，北京：中华书局点校本，1974年版，第1020页。

② （唐）林宝：元和姓纂·附四校记（第二册），卷六，北京：中华书局，1975年版，第911页、第919页、第920页。《元和姓纂》正文中的“乾右”，岑仲勉校记已云“右，当如下文作祐，盖弟兄均从示旁命名也”。

播”，次子“乾祐”，三子“乾祚”。[①] 今与《杜祐墓志》互为证补，可知史不载杜颙使持节、太尉公、都督三雍幽泾五州诸军事雍州刺史、平阳武公诸职爵，不载杜秀（字景秀）周征东将军、右金紫光禄大夫、仪同三司诸职，不载杜懿仪同三司、河南尹赞治诸职。至于“虔祐”，唐以后文献多作“乾祐”。再据新出景云二年（711）《杜乾祚暨妻薛氏墓志》[②]，略云：“君讳乾祚，京兆人也。曾祖颙，后魏征西将军、金紫光禄大夫、东荆泾岐三州刺史、安平公。祖景秀，后魏黄门侍郎、金紫光禄大夫、仪同三司、赠渭州刺史。父懿，随银青光禄大夫、金部礼部侍郎、殿中监、甘棠公。”复云：乾祚“解褐皇朝秦府护军府录事参军，转任洛洲巩县令。贞观廿年十二月廿日，春秋六十，终于洛洲城之私第也。夫人及君同殡于上东门外张村西南五里之礼也。以大唐景云二年五月四日己酉朔，载安宅兆，合葬于安喜门外平乐乡安善里杜郭村西二里北邙山之礼也。长子崇嗣，第三子崇业”。此亦可与《姓纂》、《新表》及《杜祐墓志》互为证补，如《姓纂》与《新表》即于乾祚子孙两代俱失载焉。

又，杜颙父杜洪太为杜铨族子，而《魏书》杜铨本传即言其为“京兆人”，且云：“初，密太后父豹丧在濮阳，世祖欲命迎葬于邺，谓司徒崔浩曰：‘天下诸杜，何处望高?’浩对京兆为美。世祖曰：‘朕今方改葬外祖，意欲取京兆中长老一人，以为宗正，命营护凶事。’浩曰：‘中书博士杜铨，其家今在赵郡，是杜预之后，于今为诸杜之最，即可取之。’诏召见。”[③] 而《姓纂》即系在京兆房，《杜祐墓志》亦云“京兆杜陵人”，则惟不详《新表》系杜颙一支在“襄阳”房之道理何在，恐不得以窜乱一语轻忽判之。以前举杜祐弟杜乾祚一支既居葬于洛阳分析，疑在杜祐父杜懿尝任隋河南尹赞治及杜乾祚任唐洛州巩县令时，其族属中已有此一支因官定著于斯矣，而卒任隋河源县令的杜祐其时却依然归葬长安焉。故至少《新表》将乾祐以上世系归在“襄阳房”是不准确的。

至于杜祐其人，则可据墓志知其本字虔祐，开皇十九年（599）授左勋卫，开皇二十年（600）八月为司骑参军，仁寿三年（603）迁符玺直长[④]，大业五年（609）初为河源县令，大业六年（610）十月二十日遘疾终于县所，春秋卅一，大业九年（613）十月十五日归葬于大兴县洪原乡小陵原。志文所记官职皆系以

---

① 新唐书，卷七二，北京：中华书局点校本，1975 年版，第 2424 页。

② 吴纲：全唐文补遗·千唐志斋新藏专辑，西安：三秦出版社，2006 年版，第 113-114 页。

③ 魏书，卷四五，杜铨传，北京：中华书局点校本，1974 年版，第 1018-1019 页。

④ （唐）颜真卿：颜鲁公集，卷八，杜济神道碑，云“隋符玺郎乾祐之玄孙”。隋文帝朝符玺局长官为监，贰为直长，炀帝朝改监为郎，正六品。碑文盖有误焉。

年份，由知杜祐20岁任左勋卫，21岁任司骑参军，24岁任符玺直长，30岁任河源县县令。又据《隋书·百官志》，文帝朝勋卫隶宫卫十二行之外四行，以帅都督领，勋卫秩从七品，炀帝朝改名义曹。司骑参军即司骑参军事，隶司骑局，从七品。文帝朝符玺局置直长四人，从七品。河源县属龙川郡，盖为中县，令长亦为从七品。而从京官到地方官，品秩虽同，实则贬矣。至于杜祐十年间一直停留在从七品的缘故，尚不得考详。又志文于杜祐的尽职恪责，颇多用汉代典故以为比喻，譬如，其任“司骑参军”协助管理骑兵，则以刘邦麾下骁勇的车骑将军灌婴和曹操麾下善战的“虎豹骑”督帅曹纯作比；又譬如，其任“符玺直长”掌管帝王印信，则以博学的汉代公羊经学大师眭孟和谨慎的汉室辅政名臣霍光作比；再譬如，其任“河源县令”，“方当以异等超迁，高第召入”，竟赍志而殁，撰者则以汉代文学家司马相如终不过授官为汉文帝的陵园令和崔骃因耿直而弃任长岑县长作比，以怜惜其“壮思泉涌，健笔云奔”却怀抱文才而未能施展。其所谓“以异等超迁，高第召入”者，则或可略窥隋代铨选制度在大业年间趋重于文韬之一斑。例如，大业四年（608）冬十月尝诏求孔子胄绪以立为绍圣侯，继而于大业五年（609）六月辛亥又大张旗鼓“诏诸郡学业该通、才艺优洽，膂力骁壮、超绝等伦，在官勤奋、堪理政事，立性正直、不避强御四科举人”①，皆可以为照应。志文又言及“高祖文皇帝昃食宵衣，求贤举善，乃诏百辟，各举所知。君以誉重声高，膺兹利观，即授左勋卫，即开皇十九年”，检阅《隋书》，此亦适可与开皇十八年（599）秋七月丙子，“诏京官五品已上，总管、刺史，以志行修谨、清平干济二科举人”② 事相互印证。

志云杜祐葬于“大兴县洪原乡小陵原”，在西魏、北周、隋时期，“小陵原”为专指长安城南汉宣帝杜陵及许后陵园所在的汉鸿固原一带，亦即今西安市南郊长安区去杜陵南十八里汉宣帝许后墓所在之少陵原一带，因许后陵比宣帝杜陵差小，人遂呼为小陵。③ 例如，西魏大统二年（536）《赵超宗妻王氏墓志》云“合窆于山北县小陵原”④，新出北周保定五年（565）《长孙绍远墓志》亦云：

---

① 隋书，卷三，炀帝纪上，北京：中华书局点校本，1974年版，第73页。

② 隋书，卷二，高祖纪下，北京：中华书局点校本，1974年版，第43页。

③ 周晓薇，王其祎：新见隋代《尚衣奉御尹彦卿墓志》研读——兼说“小陵原”与“少陵原”的名称沿革，考古与文物，2011年第4期，第96页。

④ 赵力光：西安碑林博物馆新藏墓志汇编（上册），北京：线装书局，2007年版，第24页。北魏、西魏墓志中亦有称此地为杜陵者，如孝昌二年（526）《韦彧墓志》云：“公讳彧，字遵庆，京兆杜人也，今分山北县洪固乡畴贵里。……薨于长安城永贵里第，……葬于旧兆杜陵。”大统十六年（550）《韦彧妻柳敬怜墓志》云：“合葬杜陵旧兆洪固乡畴贵里。”可知“洪固”与“畴贵”的乡里名称亦自北魏始有。见：周伟洲等：新出土的四方北朝韦氏墓志考释，文博，2000年第2期，第65-72页。

“（保定五年）仲冬甲申窆于小陵原，附文宣王之兆帷。”① 隋大业十三年（617）《元统师墓志》云：“以（大业）十三年太岁丁丑二月壬午朔三日甲申归瘗于大兴县洪源乡之小陵原。”②“洪原乡”为隋唐乡名，但据北周庾信《侯莫陈道生墓志》曰“葬于京兆某县洪源乡”，复于铭文更言：“赵瑟秦声，同为丘墓。小陵石椁，洪原乡土。”③ 是知小陵与洪原对文在隋前已有先声。而入唐后，虽“小陵原”改为“少陵原”，但“洪原乡”名却一直沿用到中唐犹有称谓，如 1985 年长安区大兆乡北寨村出土的唐武德元年（618）《李制墓志》云“葬于万年县洪原之乡”④，永徽二年（651）《姜崇业墓志》云“永徽二年岁次辛亥八月壬戌朔廿三日甲申迁窆于京兆万年洪原乡之原”⑤，至德二年（757）《寿王第六女赠清源县主墓志》云“窆于咸宁洪原乡少陵原”⑥，今长安区大兆乡司马村出土的唐开成五年（840）《杜公长女墓志》亦云“葬于万年县少陵原下洪原乡主茔之隅故土也”⑦，杜牧撰大中六年（852）《杜顗墓志》亦云“归葬先茔，实万年县洪原乡少陵西南二里”⑧。其实在隋代，“小陵原”上除去洪原一乡，还有“高平乡”、“洪固乡”与“永寿乡”等。⑨ 又由葬地分析，“小陵原”盖即杜祐家族的茔域所在，当然这里也无疑就是《杜祐墓志》的出土地。而前举杜牧撰《杜顗墓志》，志主就是杜牧的弟弟、德顺宪三宗宰相杜佑的孙子，与隋代的杜祐一系

---

① 2010 年西安南郊高望村航天工地出土。文宣王即长孙稚，《魏书》有传附其曾祖长孙道生。志文及图版参阅王建中：新出土北朝长孙氏墓志三方考略，见：西安碑林博物馆：碑林集刊（第十七辑），西安：三秦出版社，2011 年版，第 14 页。

② 大唐西市博物馆藏石。胡戟，荣新江：大唐西市博物馆藏墓志，北京：北京大学出版社，2012 年版，第 58 页。

③（北周）庾信撰，（清）吴兆宜注：庾开府集笺注，卷一〇，周骠骑大将军开府侯莫陈道生墓志铭，上海:上海古籍出版社影印《四库全书》本，1987 年版，第 1064 册，第 279 页。

④ 陈尊祥，郭盼生：唐李制墓志考释，见：西安碑林博物馆：碑林集刊（第三辑），西安：陕西人民美术出版社，1995 年版，第 47 页。

⑤ 大唐西市博物馆藏石。胡戟，荣新江：大唐西市博物馆藏墓志（上册），北京：北京大学出版社，2012 年版，第 96 页。

⑥ 周绍良，赵超：唐代墓志汇编（下册），至德 003，上海：上海古籍出版社，1992 年版，第 1733 页。

⑦ 赵力光：西安碑林博物馆新藏墓志汇编（下册），北京：线装书局，2007 年版，第 717 页。

⑧（唐）杜牧撰：樊川文集，卷九，何锡光校注，上海：上海古籍出版社校点本，2007 年版，第 139 页。

⑨ 周晓薇，王其祎：新见隋代《尚衣奉御尹彦卿墓志》研读——兼说“小陵原”与“少陵原”的名称沿革，考古与文物，2011 年第 4 期，第 97 页。又，此地在隋代或有“杜原”之称，如 2005 年长安县杜陵原出土的大业元年《李景亮墓志》云“迁厝于京兆杜原”，1952 年长安县韦曲镇出土的大业九年（613）《真化道场尼那提墓志》云葬于“京兆大兴县高平乡之杜原”。《李景亮墓志》，见：王其祎，周晓薇：隋代墓志铭汇考（第 3 册），北京：线装书局，2007 年版，第 159 页。《真化道场尼那提墓志》，见：王其祎，周晓薇：隋代墓志铭汇考（第 4 册），北京：线装书局，2007 年版，第 361 页。

同属京兆房，且杜佑高祖杜淹与此隋代的杜祐乃为同祖叔伯兄弟，故志文“归葬先茔”云云，或亦可为杜祐家族茔域之一证。又据长安县新出显庆元年（656）杜如晦弟《杜楚客墓志》的“京兆杜陵人”、“族茂中京”、“祔葬于平公（楚客父杜吒）之旧茔”云云，可知京兆房本支的平公杜吒及其子楚客一系族茔当亦在长安城南杜陵故地一带。

唯再三展读《杜祐墓志》，可慨者良多，而顾其志文之整饬与娴雅，则非深于学养文采者所不能撰作，又其书法之端秀严正，亦必出于彼时善书者手，晚隋盛京文法与书风之流行时尚，于斯可得品味焉。

二、隋唐墓志所见京兆杜氏世系梳理

近些年来，对于地域性族群集团的研究逐渐成为热点，且尤多聚焦于北朝隋唐间“关中郡姓”与“山东郡姓”的家族迁徙发展史，及其纳入“关陇集团”理论背景下的政治史范畴的考察。而作为“关中郡姓”首望之一的京兆杜氏，已有的关注与成果主要有刘静夫《京兆杜氏研究——魏晋南北朝士族门阀个案研究之二》[①]、王力平《四至九世纪襄阳杜氏家族述论》[②]、毛汉光《唐代大士族的进士第》之《例六、京兆杜陵北朝支杜氏》[③]、李浩《唐代杜氏在长安的居所》[④]、宋艳梅《两晋之际京兆杜氏地域选择考论》[⑤]、宋艳梅《永嘉乱后京兆杜氏晚渡江左述论》[⑥]、吕卓民《长安韦杜家族》[⑦]、王力平《中古杜氏家族的变迁》[⑧] 等著述。其中，对于唐代杜氏所作房分谱系之研究，已有学者就“碑志所见杜氏迁居地与归葬地”以表览形式予以抽样梳理，并“从著房支考察杜氏的归葬地”，进而给予分析与推论，略能明晰透彻。[⑨] 参照此种方式与内涵，笔者

① 刘静夫：京兆杜氏研究——魏晋南北朝士族门阀个案研究之二，许昌师专学报，1993 年第 3 期，第 17-25 页。

② 王力平：四至九世纪襄阳杜氏家族述论，见：张国刚：中国社会历史评论（第三卷），北京：中华书局，2001 年版，第 58-73 页。

③ 该文原刊于《中央研究院成立五十周年纪念论文集》，后收入毛汉光：中国中古社会史论，上海：上海书店出版社，2002 年版，第 334-364 页。

④ 李浩：唐代杜氏在长安的居所，中华文史论丛，2006 年第 3 辑，第 271-286 页。

⑤ 宋艳梅：两晋之际京兆杜氏地域选择考论，常熟理工学院学报，2010 年第 11 期，第 102-105 页。

⑥ 宋艳梅：永嘉乱后京兆杜氏晚渡江左述论，长安大学学报（社会科学版），2011 年第 1 期，第 105-108 页。

⑦ 吕卓民：长安韦杜家族，西安：西安出版社，2005 年版。

⑧ 王力平：中古杜氏家族的变迁，北京：商务印书馆，2006 年版。

⑨ 李浩：唐代杜氏在长安的居所，中华文史论丛，2006 年第 3 辑。文中仅据唐代杜氏墓志 29 通作随机抽样分析。

谨据更多能够知见的隋唐墓志材料作“隋唐墓志所见杜姓世系表解”（表 1-1）以条分缕析之，并主要在“房分与世系”一栏从迁居、归葬地来归结其彼时所定著房分之情形，以冀望有助于研究杜氏家族籍贯迁徙及作中古杜氏谱牒之梳理分析，乃至于综合考察京兆杜氏家族集团作为“关中郡姓”与门阀士族在隋唐时期的中央官僚化及其播迁兴衰诸问题。

表 1-1　隋唐墓志所见杜姓世系表解

葬年	志主	葬地	房分与世系
开皇三年（583）	杜氏（梁坦妻）	洛阳	志云：“京兆杜氏，父忝，魏豳州刺史。”又云与梁坦“合葬芒岭”，而梁坦先卒于梁天监十四年，终官同州刺史（案：此一支盖早在隋代以前即迁出京兆矣。）
开皇十九年（599）	杜□生（苑德讃妻）	相州相县（今河北临漳）	案：据《雪堂金石文字跋尾》卷三《赵洪砖跋》附记有一则开皇十九年（589）《杜法生》朱书砖志，盖罗振玉亦未详志文内容耳。疑杜法生即此“杜□生”也。又以葬地推之，盖系出洹水房
大业九年（613）	杜祐子虔祐	长安	京兆杜陵人。曾祖颙、祖秀、父懿（案：此为新出土者，不载于《隋代墓志铭汇考》。又杜祐一系《姓纂》列在京兆房，而《新表》列在襄阳房）
大业十三年（617）	郑善妃（杜君妻）	洛阳	案：志题云“齐故华阳王长史杜府君”，而志文竟不言杜君名字、郡望，惟记其三子名“君相、君荣、君御”。以“卒于宫城内史省”推之，当即东都之宫城，盖杜君一支彼时已徙居洛阳
贞观十五年（641）	杜荣字世璋	洛阳	“京兆杜陵人也。源其本系，锡侯服于周年；语其台鼎，定金科于汉世。其后元恺博识，创河梁于孟津；弘宝多智，树丰碑于西海。”祖贤、父华①（案：此一支当在唐初已徙居洛阳孟津矣。）
显庆元年（656）	杜楚客字山宾	长安	祖徽、父吒（谥平公）、兄如晦、子温②（案：志文有“京兆杜陵人”、“唐杜创其崇构，周伯委其清源”、“族茂中京”云云，又云显庆元年（656）二月八日“祔葬于平公之旧茔”，而墓志出土于西安城南长安县地，则平公杜吒及其子楚客一系族茔或在杜陵附近。《姓纂》列在京兆房，《新表》杜氏首列杜吒一支，其次列京兆房，则杜吒一房当为本支，亦即隋唐之间京兆房定著长安的最显赫一支，正所谓“族茂中京”者。）
显庆二年（657）	杜文贡	洛阳	“京兆杜陵人”，曾祖植、祖恺、父原始③
显庆五年（660）	杜道愿	长安	“雍州长安县归化乡故人”，“住在蒿口南头第四家”④

① 北京图书馆金石组：北京图书馆藏中国历代石刻拓本汇编（第 11 册），郑州：中州古籍出版社，1989 年版，第 103 页。

② 王连龙：唐《杜楚客墓志》跋，中国书法，2011 年第 8 期。志石 2012 年入藏西安碑林博物馆。

③ 北京图书馆金石组：北京图书馆藏中国历代石刻拓本汇编（第 13 册），郑州：中州古籍出版社，1989 年版，第 32 页。

④ 周绍良，赵超：唐代墓志铭汇编续集，显庆 041，上海：上海古籍出版社，2001 年版，第 110 页。

续表

葬年	志主	葬地	房分与世系
龙朔元年（661）	杜博义字侯仁	长安	“京兆杜陵人”，曾祖天明、祖方兴、父普、子林宗①
麟德二年（665）	杜令姿字德耀（董君妻）	洛阳	“京兆人也”。祖恭、父素②
麟德二年（665）	杜醜字婆	洛阳	“京兆杜陵人”，祖，司州录事参军；父，豫州吴房县令，嗣子孝为③ （案：志文空缺祖、父两代名讳。）
乾封二年（667）	杜庆字才	洛阳	“京兆人也，今寄贯洛阳县馀庆乡焉。”曾祖安、祖绪、父胄④
总章二年（669）	杜丽字仙姬	洛阳	“京兆人也，即唐杜之后。”曾祖士朗、祖善征⑤
总章三年（670）	张文母（杜善荣妻）	洛阳	夫杜善荣，“京兆杜陵人”，长子行满、次子行本⑥ （案：以张文母与杜善荣合葬北邙推之，杜善荣一支盖已定著洛阳。）
仪凤元年（676）	杜大德字普恩	长安	“京兆杜陵人也”，“曾祖秀，魏黄门侍郎，周吏部侍郎、思宁县开国公；祖懿，隋仪同三司、礼部侍郎、太仆卿、甘棠县开国公；父乾福，皇朝朝散大夫、遂州司马”，其夫为永丰县令韦孝忠字寡悔，先葬于总章三年（670），后合葬于“明堂县毕山之原”⑦。此亦可补《姓纂》于乾福官职之阙及可证《新表》于懿长子作乾播之讹。大德即杜祐侄女
仪凤二年（677）	杜行宝	洛阳	子洪贵、洪略、洪艳、洪祭、洪远、洪振，孙恒周、君政、君操，曾孙善达、义节、善惠⑧ （案：杜行宝，始葬于隋开皇元年（581），此系其曾孙辈于唐仪凤二年（677）为其改葬时所刊墓志。）

① 张宁等：隋唐五代墓志汇编·陕西卷（第3册），天津：天津古籍出版社，1991年版，第64页。

② 北京图书馆金石组：北京图书馆藏中国历代石刻拓本汇编（第14册），郑州：中州古籍出版社，1989年版，第135页。

③ 北京图书馆金石组：北京图书馆藏中国历代石刻拓本汇编（第14册），郑州：中州古籍出版社，1989年版，第147页。

④ 北京图书馆金石组：北京图书馆藏中国历代石刻拓本汇编（第15册），郑州：中州古籍出版社，1989年版，第55页。

⑤ 北京图书馆金石组：北京图书馆藏中国历代石刻拓本汇编（第15册），郑州：中州古籍出版社，1989年版，第97页。

⑥ 北京图书馆金石组：北京图书馆藏中国历代石刻拓本汇编（第15册），郑州：中州古籍出版社，1989年版，第106页。

⑦ 西安市长安博物馆：长安新出墓志，北京：文物出版社，2011年版，第104页。《韦孝忠墓志》，见：西安市长安博物馆：长安新出墓志，北京：文物出版社，2011年版，第94页。

⑧ 北京图书馆金石组：北京图书馆藏中国历代石刻拓本汇编（第16册），郑州：中州古籍出版社，1989年版，第53页。

续表

葬年	志主	葬地	房分与世系
仪凤四年（679）	杜美字郎仁	潞州屯留县（今山西屯留）	“先世扶风京兆系”，“远祖岐，魏仕上党郡守、屯留县开国侯，列土封疆，子孙因而宅焉”。曾祖龙、祖国、父晖① （案：志云“葬于余吾城”，“余吾城”在屯留西北十八里。志文亦载在《屯留县志》。）
调露元年（679）	杜秀字侯英	恒州石邑（今河北鹿泉）	“出自长安京兆，因赐封疆，今为恒州石邑人也。”祖就、父乞②
开耀元年（681）	杜才字思训	洛阳	“其先京兆杜陵人也，远祖因宦东京，子孙乃家于河南汜水县。”曾祖该、祖嶷、父伯、子弘德③
永淳元年（682）	杜敏字思贤	洛阳	“雍州长安人也。雍州即古京兆，长安则昔杜陵。”曾祖顗、祖宠、父凝④
永淳二年（683）	杜芬（杨礼母）	洛阳	“京兆杜陵人”，曾祖良、祖延之、父政⑤
垂拱元年（685）	杜俨字思庄	长安	“京兆杜陵人，子夏名盛汉朝，元凯功高晋室。”祖超、父贵、二子玄泰、玄本⑥
天授二年（691）	杜氏（柳偘太夫人）	洛阳	“京兆杜陵人，晋镇南将军当阳侯预之十五代孙也。”曾祖景仲、祖整、父孝奖⑦ （案：垂拱元年（685）《柳偘墓志》云“妻杜氏，即抚州刺史奖之长女也”，知奖即孝奖。《姓纂》列在京兆房，《新表》列在襄阳房，俱云孝奖任抚州刺史，而于孝奖以下皆失载。）
天授二年（691）	杜季方	洛阳	“京兆杜陵人”，曾祖忍、祖舒、父举、子惇宗⑧
天授二年（691）	杜举	洛阳	“京兆杜陵人”，曾祖嵩、祖忍、父舒⑨

---

① 毛汉光：唐代墓志铭汇编附考（第9册），台北：台湾“中央研究院”历史语言所，1983年版，第866页。
② 北京图书馆金石组：北京图书馆藏中国历代石刻拓本汇编（第16册），郑州：中州古籍出版社，1989年版，第115页。
③ 北京图书馆金石组：北京图书馆藏中国历代石刻拓本汇编（第16册），郑州：中州古籍出版社，1989年版，第160页。
④ 北京图书馆金石组：北京图书馆藏中国历代石刻拓本汇编（第16册），郑州：中州古籍出版社，1989年版，第178页。
⑤ 北京图书馆金石组：北京图书馆藏中国历代石刻拓本汇编（第16册），郑州：中州古籍出版社，1989年版，第188页。
⑥ 赵力光：西安碑林博物馆新藏墓志汇编（上册），北京：线装书局，2007年版，第198页。
⑦ 北京图书馆金石组：北京图书馆藏中国历代石刻拓本汇编（第17册），郑州：中州古籍出版社，1989年版，第126页。
⑧ 北京图书馆金石组：北京图书馆藏中国历代石刻拓本汇编（第17册），郑州：中州古籍出版社，1989年版，第131页。
⑨ 北京图书馆金石组：北京图书馆藏中国历代石刻拓本汇编（第17册），郑州：中州古籍出版社，1989年版，第132页。

续表

葬年	志主	葬地	房分与世系
神功元年（697）	杜谧字慎微	洛阳	“其先京兆杜陵人，十五代祖后汉御史大夫璧方，徙居平原，遂为平原安德人也。”曾祖盖、祖逵、父文纪、子昭烈[①] （案：《姓纂》杜氏安德房失载慎微，只云文纪生慎盈，又云文纪孙照烈。以葬地推之，此一支杜氏当已徙居洛阳矣。）
圣历二年（699）	杜君妻赵慧字总持	洛阳	长子勤忠[②] （案：墓志载杜君时任泾阳尉，而景龙二年（708）《杜安墓志》亦云“子勤忠”，并尝任泾阳尉，终官定襄令，以此可推此杜君当即杜安。）
长安二年（702）	杜氏（韦瑱妻）	长安	“京兆杜陵人”，“曾祖懿，隋金部侍郎；祖乾福，唐遂州司马；父崇基，唐文、成二州刺史”。杜氏“合葬于毕原韦君之旧茔”。韦瑱字元进，终官邛州火井县丞，先葬于垂拱四年（688）[③] （案：《姓纂》列在京兆房，而失载崇基；《新表》列在襄阳房，而失载乾福以下世系。）
长安二年（702）	杜并字惟兼	洛阳	“京兆杜陵人也，汉御史大夫周、晋当阳侯预之后”。曾祖鱼石、祖依艺[④] （案：《姓纂》列在襄阳房，杜并盖杜甫从叔。《新表》不载。）
景龙二年（708）	杜安字元安	洛阳	“河南洛阳人”，曾祖毗、祖石、父英、子勤忠[⑤] （案：《姓纂》列在襄阳房，杜安盖杜甫从叔。《新表》不载。）
景龙四年（710）	杜昭烈	洛阳	“京兆杜陵人”，曾祖逵、祖文纪、父慎微、子芳泽[⑥]
景云二年（711）	杜乾祚	洛阳	“京兆人也。其后赫之贻厥，即茅土于南阳；周之本支，随茂陵于黑水。”曾祖顒、祖景秀、父懿、长子崇嗣、三子崇业[⑦] （案：《姓纂》列在京兆房，《新表》列在襄阳房，而俱不载崇嗣、崇业。又以乾祚终官巩县令，且葬于北邙，疑此一支杜氏乃因乾祚任官巩县遂由京兆移居洛阳，子孙亦数代落籍于此焉。）

① 张宁等：隋唐五代墓志汇编·洛阳卷（第7册），天津：天津古籍出版社，1991年版，第119页。

② 北京图书馆金石组：北京图书馆藏中国历代石刻拓本汇编（第18册），郑州：中州古籍出版社，1989年版，第155页。

③ 西安市长安博物馆：长安新出墓志，北京：文物出版社，2011年版，第132页。《韦瑱墓志》，见：西安市长安博物馆：长安新出墓志，北京：文物出版社，2011年版，第122页。

④ 北京图书馆金石组：北京图书馆藏中国历代石刻拓本汇编（第19册），郑州：中州古籍出版社，1989年版，第38页。

⑤ 北京图书馆金石组：北京图书馆藏中国历代石刻拓本汇编（第20册），郑州：中州古籍出版社，1989年版，第66页。

⑥ 北京图书馆金石组：北京图书馆藏中国历代石刻拓本汇编（第20册），郑州：中州古籍出版社，1989年版，第103页。

⑦ 中国文物研究所，河南省文物考古研究所：新中国出土墓志·河南叁，北京：文物出版社，2008年版，第87页。

续表

葬年	志主	葬地	房分与世系
开元三年（715）	杜忠良字子直	洛阳	“京兆杜陵人”，曾祖伽那、祖文宽、父仁则、四子杰、雄、豪、俊① （案：《姓纂》与《新表》皆列在濮阳房，而俱不载仁则以下世系。又墓志“文宽”盖为“义宽”之误。“伽那”即“伽”，本表开元十四年（726）《杜拯墓志》作“曾祖伽”。）
开元四年（716）	杜智字满	京兆华原（今陕西耀县）	“京兆人，杜伯之后也。”祖策、父宝、子怀忠②
开元四年（716）	杜宝妻王氏	洛阳	杜宝祖昌、父卿、二子元轨、素③ （案：房支不详。）
开元十年（722）	杜守字信	京兆华原（今陕西耀县）	“京兆人也，其先帝尧之后。若天子，则唐尧元族；若诸侯，则杜伯是宗。孔殷嘉之，号御龙豕韦；周之善焉，唐杜氏也。其后有隰、会、赫，隰则为晋士师，会则晋之太傅，赫有才德，与苏秦、张仪六国驰名。且剑履衣冠，何代不有，杜宗令望，盖不朽耶。七祖之中，即嗣父侯、谏议大夫、雁门太守、太常卿瑗，是高祖也。”曾祖安、祖策、父宝④
开元十一年（723）	杜德（崔知温妻齐国太夫人）	洛阳	“京兆杜陵人”。曾祖琳、祖仁则、父延福⑤
开元十三年（725）	杜济	洛阳	“京兆杜陵人，晋镇南十二代孙也”，祖孝奖、父元琟、子幼冲⑥ （案：《姓纂》列在京兆房，《新表》列在襄阳房，而俱不载孝奖以下裔绪。）
开元十四年（726）	杜拯字兼拯	洛阳	“京兆杜陵人也。高祖亮，后魏龙骧将军、濮阳太守，子孙因家焉，今为东郡濮阳人也。”曾祖伽、祖义宽、父无忝、弟兼济、堂弟暹、子鈒⑦ （案：《姓纂》与《新表》皆列在濮阳房，惟俱不载兼济。然墓志又夺伽子、义宽父杜保一代，盖墓志误焉。《文苑英华》卷九二三载杨炎撰《杜鹏举碑》云：“其先京兆人也。七代祖讳模，后魏为濮阳守，卫人

① 北京图书馆金石组：北京图书馆藏中国历代石刻拓本汇编（第 21 册），郑州：中州古籍出版社，1989 年版，第 47 页。

② 吴钢：全唐文补遗（第六辑），西安：三秦出版社，1999 年版，第 385 页。

③ 中国文物研究所，河南省文物考古研究所：新中国出土墓志・河南叁，北京：文物出版社，2008 年版，第 94 页。

④ 余华青，张廷皓：陕西碑石精华，西安：三秦出版社，2006 年版，第 91 页。

⑤ 北京图书馆金石组：北京图书馆藏中国历代石刻拓本汇编（第 22 册），郑州：中州古籍出版社，1989 年版，第 18 页。

⑥ 北京图书馆金石组：北京图书馆藏中国历代石刻拓本汇编（第 22 册），郑州：中州古籍出版社，1989 年版，第 82 页。

⑦ 吴钢：全唐文补遗（第九辑），西安：三秦出版社，2007 年版，第 355 页。

续表

葬年	志主	葬地	房分与世系
			宜之。子孙世居东郡，故今为濮阳人。……汉有建平侯，策定中兴；晋有当阳侯，克并南夏。其食酆鄗，盛西郊之凿冕；其分荆濮，胙东国之山河：斯不朽之宗也。濮阳生陈留太守讳亮，陈留生高祖北齐胶州刺史竟陵公讳伽，竟陵生曾祖隋雁门太守讳保，雁门生大父唐苏州司马讳义宽，苏州生皇建平侯荆益二州大都督府长史讳慎行。”①)
开元十五年（727）	杜方字满	京兆华原（今陕西耀县）	“京兆人也，其先帝尧之后。若天子，则唐尧元族；若诸侯，则杜伯建宗。虽居杜而是称，盖分茅而锡土。”曾祖安、祖策、父宝、三子玄表、玄藏、玄揽、嫡孙思礼、侄堂②
开元十五年（727）	杜玄礼	长安	“本南容府人也。家惟豪杰，代袭酋渠。弱岁英贤，远陪天阙。今为京兆府万年县人也。”③
开元二十年（732）	杜孚字若虚	洛阳	“京兆杜陵人”，曾祖君赐、祖正谦、父元安、子望之④
开元二十三年（735）	杜元颖妻崔氏	洛阳	子遵、孙刚⑤
天宝四年（745）	杜福字荣福	洛阳	“京兆府，承帝尧之后苗也。”父师廓、子希玉、孙贾忿⑥
天宝七年（748）	杜暄字夏日	洛阳	“京兆杜陵人也，其先出自刘累，后为豕韦氏，国于唐。周成王时封于杜，遂因封以为姓。至后汉，迁南阳豪族徙茂陵，始居京兆而家焉，代为三辅著姓。”曾祖万、祖爽、父简心、五子况、凝、准、冰、凛⑦（案：天宝十年《杜暄暨妻刘氏墓志》所记略同⑧，此不复赘。）
天宝十年（751）	杜兰字伯芳（高琛之妻）	洛阳	“周成王时，封刘累之后于杜，至汉御史大夫周，以南阳豪族，徙居茂陵，始为京兆人也。”曾祖婼、祖爱、父景佺⑨

① （宋）李昉等：文苑英华（第6册），卷九二三，北京：中华书局缩印本，1966年版，第4857-4858页。

② 余华青，张廷皓：陕西碑石精华，西安：三秦出版社，2006年版，第96页。

③ 张宁等：隋唐五代墓志汇编·陕西卷（第3册），天津：天津古籍出版社，1991年版，第150页。

④ 北京图书馆金石组：北京图书馆藏中国历代石刻拓本汇编（第23册），郑州：中州古籍出版社，1989年版，第87页。

⑤ 北京图书馆金石组：北京图书馆藏中国历代石刻拓本汇编（第24册），郑州：中州古籍出版社，1989年版，第93页。

⑥ 北京图书馆金石组：北京图书馆藏中国历代石刻拓本汇编（第25册），郑州：中州古籍出版社，1989年版，第92页。

⑦ 赵君平：邙洛碑志三百种，北京：中华书局，2004年版，第174页。

⑧ 乔栋等：洛阳新获墓志续编，北京：科学出版社，2008年版，第152页。

⑨ 北京图书馆金石组：北京图书馆藏中国历代石刻拓本汇编（第26册），郑州：中州古籍出版社，1989年版，第49页。

续表

葬年	志主	葬地	房分与世系
天宝十年 (751)	杜持行 (李君妻)	长安	"京兆人也，其先出自汉御史大夫周，以南阳名族徙茂陵，故世居京兆。"曾祖孝卿、祖望、父澄清① (案：志主父祖曾三代俱不载于《姓纂》、《新表》。志主夫李君为"陇西李氏兴圣皇帝后敦煌公房唐故彭州唐昌县丞"，"兴圣皇帝"即十六国时陇西西凉武昭王李暠，亦即李渊七代祖。志文末尾补书"咸宁县义善乡仵村"，应是补注位于"京城南十里凤栖之原"的具体葬地。)
圣武元年 (756)	杜钦字 敬惠	相州安阳县 (今河南安阳)	"望族长安，杜康之胤，叙□社公之后"，"六世祖仕于北齐，家于业，今为相州安阳县人焉"。曾祖可、祖伦、父元② (案：此盖洹水房而迁回相州一支，《姓纂》、《新表》皆不载。)
大历四年 (769)	杜鈒字剑	洛阳	"得姓始于杜，因官徙于濮。"曾祖义宽、祖无忝、父兼拯、五子昶、颖、永、季伦、顺休、季父顼③ (案：《姓纂》与《新表》皆列在濮阳房，而俱不载杜鈒及其子昶、颖、永。)
大历十二年 (777)	杜济字应物	长安	"京兆杜陵人"，曾祖续、祖知让、父保惠、子肃④ (案：《姓纂》列在京兆房，《新表》列在襄阳房，而俱不载济子肃。《颜鲁公集》卷八《杜济碑》云济为"隋符玺郎乾祐之玄孙，皇度支员外主客郎中续之曾孙，朝散大夫明堂丞赠润州刺史让之孙，高陵令赠太子少保惠之第三子也"。)
建中三年 (782)	杜君妻韦氏	长安	韦氏墓志首题云"有唐故云麾将军右武卫大将军东京副留守上柱国濮阳郡开国公杜府君夫人扶风郡夫人京兆韦氏"，志文云"男子子二人，长曰台贤，朝散大夫、尚舍奉御，次子台仪，不夭早世"。有女六人，第三女策为越国王妃。"以建中三年十月十七日终于上都延福里之私第，以其年十二月廿四日权厝于濮阳公茔之北隅。"⑤ (案：据志文仅知杜君为"东京副留守"、"濮阳郡开国公"，而不能考知其名字，以其葬于长安，铭文有"栖凤原兮浴龙川，濮阳室兮京兆阡"，盖已由濮阳房徙为京兆房矣。)
贞元十六年 (800)	杜佾妻皇甫氏	洛阳	杜佾祖受同、父崇先、子兴成⑥ (案：不详房分。)

① 志石2007年入藏西安碑林博物馆。王其祎：唐杜持行墓志，西安：陕西人民出版社，2009年版。

② 周绍良，赵超：唐代墓志汇编（下册），圣武004，上海：上海古籍出版社，1992年版，第1726页。

③ 张宁等：隋唐五代墓志汇编·洛阳卷（第12册），天津：天津古籍出版社，1991年版，第39页。

④ 北京图书馆金石组：北京图书馆藏中国历代石刻拓本汇编（第27册），天津：中州古籍出版社，1989年版，第156页。

⑤ 西安市长安博物馆：长安新出墓志，北京：文物出版社，2011年版，第204页。

⑥ 中国文物研究所，河南省文物考古研究所：新中国出土墓志·河南叁，北京：文物出版社，2008年版，第245页。

续表

葬年	志主	葬地	房分与世系
长庆二年（822）	杜式方字孝元	长安	“京兆杜陵人也，杜氏历秦汉至周隋，世有显人。”高祖行敏、曾祖慜、祖希望、父佑（相德顺宪三朝），子恽、憓、恂、悰，犹子憕。杜式方祔葬少陵原杜佑茔域。①又获见大和七年（833）《杜式方妻李氏墓志》拓本，云合葬于“万年县洪原乡司马村”②，则斯地即杜佑茔寝所在
长庆三年（823）	杜威戎字定远	长安	“自有周著姓，杜氏首关中甲族，冠海内世家。京兆人也。”曾祖纲、祖深、父夐、子足伾、从弟梅③
宝历元年（825）	杜日荣	长安	“京兆杜陵人”，子文璋④
大和三年（829）	杜君	越州山阴（今浙江山阴）	祖珍、嗣子师素⑤ （案：志云杜君终官“越州衙前总管”，“私第而故”，“卜葬于山阴承务乡九里村马□之地宅兆”，疑山阴即山阴县，属越州，则杜氏晚唐有定著江南的一支。）
大和四年（830）	杜氏（强君妻）	真定县（今河北石家庄）	父华，皇成德军节度驱使官试太子宾客⑥ （案：墓志首行题曰“京兆杜氏”，又云祔于“先茔之左次”，盖杜华弃职后定著于河北真定县。）
大和七年（833）	杜行方字友直	长安	“京兆杜陵人”，曾祖元志、祖参谟、父伦、五子硕、颢、顗、颀、老老、堂弟述甫⑦ （案：《姓纂》列在京兆房，《新表》列在襄阳房，俱不载杜伦以下世系。）
大和九年（835）	杜公妻李氏	长安	子文章⑧ （案：此志杜公署衔为“天威军正将”，志云“嗣子文章，左清道率府”，李氏“迁窆于长安县龙首乡故金夫之茔侧”，以与宝历元年（825）《杜日荣墓志》署衔“左清道率府率”，“葬于长安县龙首乡严祈村”，“男文璋，试家令寺丞”相推证，此杜公盖即杜日荣。）

① 据笔者自藏拓本著录。

② 据笔者自藏拓本著录。

③ 吴纲：全唐文补遗（第八辑），西安：三秦出版社，2005年版，第135页。

④ 北京图书馆金石组：北京图书馆藏中国历代石刻拓本汇编（第30册），郑州：中州古籍出版社，1989年版，第46页。

⑤ 周绍良，赵超：唐代墓志汇编（下册），上海：上海古籍出版社，1992年版，第2109页。

⑥ 北京图书馆金石组：北京图书馆藏中国历代石刻拓本汇编（第30册），郑州：中州古籍出版社，1989年版，第101页。

⑦ 北京图书馆金石组：北京图书馆藏中国历代石刻拓本汇编（第30册），郑州：中州古籍出版社，1989年版，第140页。

⑧ 北京图书馆金石组：北京图书馆藏中国历代石刻拓本汇编（第30册），郑州：中州古籍出版社，1989年版，第169页。

续表

葬年	志主	葬地	房分与世系
开成元年（836）	杜旻	潞州上党县（今山西上党）	“望京兆府，其先太原人也，别业潞中，系神农之苗，袭帝喾之裔。列祖预，为吏部尚书，南阳茂，为汉朝之名将，太保周，甫作魏代之贤人，唐朝鸿渐，丽藻洪播，传芳奕叶。”父崇望、二子宁、和① （案：据《新表》知杜鸿渐出濮阳房，则鸿渐之后尚有潞州一支。以“别业潞中”而葬于“府城西南”推之，葬地当在州治上党县。）
开成二年（837）	杜应	洛阳	“其先京兆人”，曾祖希曾、祖尹、父宁、二弟愿、辇②
开成二年（837）	杜辇	洛阳	曾祖希曾、祖尹、父宁、四从叔顒、兄愿、兄茹、从父弟思③ （案：志云“濮阳郡男子杜辇”，盖系濮阳房。《姓纂》濮阳房有元揆子希彦一支，《新表》濮阳房作“希晏”，未详即希曾同辈否。）
开成五年（840）	杜悰长女	长安	“京兆杜公（悰），早尚岐阳公主。”曾祖佑、祖式方、父悰④ （案：《新表》列在襄阳房，《姓纂》列在京兆房。）
会昌二年（842）	杜氏（李复元妻）	洛阳	“京兆杜氏，其先唐中令正伦之后也。”曾祖损、祖戬、父羔（谥敬）、兄中立（真源公主驸马）⑤ （案：《新表》列在洹水房，所谓正伦之后，乃缘杜损祖志静出继叔正伦嗣襄阳公也。见《新唐书·杜正伦传》，《昌黎集》卷二六《杜兼墓志》亦云：“杜氏自戴侯畿始分。戴侯之子恕为幽州刺史，今居京兆诸杜，其后也。其季宽，孝廉郎中。宽后三世曼，为河东太守，葬其父洹水，其后世皆从葬洹水之阳。及正伦为太宗宰相，犹封襄阳公。太宗始诏葬京兆。襄阳公无子，以兄正藏子志静后，遂嗣襄阳公。”而《姓纂》夺志静一代。又《新表》复于襄阳房下著录延陵令杜羔，为杜佑孙、杜师损子，时代则稍晚于洹水房杜羔。⑥）

① 赵力光：西安碑林博物馆新藏墓志汇编（下册），北京：线装书局，2007年版，第702页。

② 乔栋等：洛阳新获墓志续编，北京：科学出版社，2008年版，第228页。

③ 吴钢：全唐文补遗·千唐志斋新藏专辑，西安：三秦出版社，2006年版，第362页。

④ 赵力光：西安碑林博物馆新藏墓志汇编（下册），北京：线装书局，2007年版，第717页。

⑤ 中国文物研究所，河南省文物考古研究所：新中国出土墓志·河南叁，北京：文物出版社，2008年版，第304页。

⑥ 邹福清：唐代洹水杜羔、京兆杜羔考辨，黄冈师范学院学报，2010年第2期，第27-29页。又据《新唐书》卷一〇六《杜正伦传》：“正伦与城南诸杜昭穆素远，求同谱，不许，衔之。诸杜所居号杜固，世传其地有壮气，故世衣冠。正伦既执政，建言凿杜固通水以利人，既凿，川流如血，阅十日止，自是南杜稍不振。”（新唐书，卷一〇六，杜正伦传，北京：中华书局，1975年版，第4039页）知相州洹水之杜正伦一房确与京兆杜氏嫡传已很疏远，以至城南诸杜不愿与之同谱。参见刘静夫：京兆杜氏研究——魏晋南北朝士族门阀个案研究之二，许昌师专学报，1993年第3期，第24页。又，作为绵延700年之久的著姓盛支，杜氏在唐代无论其京兆著房，亦或其他分支新望，都能在政治社会上保有其高等地位，甚至以社会领袖的地位与皇室分庭抗礼。譬如，《新唐书·杜中立传》云：“开成初，文宗欲以真源临真二公主降士族，谓宰相曰：‘民间修昏姻，不计官品而上阀阅。我家二百年天子，顾不及崔、卢耶？’诏宗正卿取世家子以阅。”于是，高宗朝宰相杜正伦的六世孙杜中立得以尚真源公主，而杜中立乃系出洹水新望，并非京兆本支，由知前举当年杜正伦“与城南诸杜昭穆素远，求同谱，不许”的衔恨，自从其执政后便开始大为扭转了子孙后代的政治社会地位，并作为百余年后颇有势力的大士族而为皇室所钦重。参详毛汉光：中国中古社会史论，第三篇，中古家族之变动，上海：上海书店出版社，2002年版，第69页。

续表

葬年	志主	葬地	房分与世系
咸通四年（863）	杜陟字迁	长安	“京兆杜陵人”，祖佑（志云“太保岐公第六孙”）、子恪① （案：志云葬于“万年县洪原乡司马村先茔”，由知杜佑一系族茔在杜陵一带。杜佑本传即云“京兆万年人”。《唐文粹》卷六八载权德舆撰《杜佑墓志》亦云“启手足于京师安仁里”而“返真宅于少陵原大墓”。《姓纂》系杜佑在京兆房，《新表》则系杜佑在襄阳房，且俱失载杜陟、杜恪。而濮阳房一系有杜祐孙、杜殷子陟字子迁者，盖《新表》俱窜乱耳。）
咸通十四年（873）	杜鸿字昭远	定州无极县（今河北无极）	“其先晋当阳侯预之后裔。”祖玉、父清（贞固先生）、三子公制、公爽、公玘②

注：本表所列隋代墓志除《杜祐墓志》外，皆载于《隋代墓志铭汇考》，故不另注出处

唐代的杜氏墓志亦仍有笔者未能索读到者，则只好舍略而未能纳入表中。大约有洛阳新出而石藏洛阳师院的垂拱元年（685）《寿阳主簿杜奇墓志》、洛阳新出长安三年（703）《杜崇观墓志》、天授三年（692）《杜君及妻王氏墓志》、先天二年（713）《杜嗣先及妻郑氏墓志》、系出京兆房本支的大中六年（852）《杜顗墓志》等。而散见于唐人文集中的杜姓碑志文字，如杨炎撰《杜鹏举碑》（濮阳房）、颜真卿撰《杜济碑》（京兆房本支）、权德舆撰《杜佑墓志》（京兆房本支）、韩愈撰《杜兼墓志》（洹水房）等，笔者亦未遑加以梳理而阑入表中。惟分析表中数据，约有如下情形需要说明：

（1）忽略墓志出土的随机性和取材的抽样性，表 1-1 所得共计 66 例（隋代 4 例、唐代 62 例，且并非均为志主），而略以葬地等同于落籍地亦即其房分或旧望新贯之所在地的推理来归纳之，计有河南洛阳 37 例，京兆长安 18 例，京兆华原 3 例，潞州上党 1 例，潞州屯留 1 例，恒州石邑 1 例，恒州真定 1 例，定州无极 1 例，相州安阳 1 例，相州相县 1 例，越州山阴 1 例。在洛阳的 37 例中，合有京兆、襄阳、濮阳、洹水、安德 5 个著房分，而长安的 18 例则皆属京兆房，相州安阳的 1 例又当属洹水房。从知杜氏归葬地定于长安与洛阳者占绝大多数，而定于洛阳者更超出定于长安者成倍有余，且在开元以前定于洛阳者有 22 例，开元以后定于洛阳者有 15 例，由此又可见，京兆杜氏在盛唐以前已渐渐支分脉

① 高峡等：西安碑林全集，卷一九六，广州：广东经济出版社，深圳：海天出版社，1999 年版，第 1153 页。

② 中国文物研究所，河北省文物研究所：新中国出土墓志·河北壹，北京：文物出版社，2004 年版，第 132 页。

离出京兆而迁居洛阳，其作为“关中郡姓”的首望似已趋于弱化并向东京洛阳转移。

（2）唐代杜姓墓志往往自命为京兆一系之所出，其实大多是祖述远宗，且多以汉晋之杜周、杜预标为京兆家族之渊源以显示其房支门户的清显有依，而较少详记彼时或因官或避乱而流寓某地的新著房分，以故表 1-1 谨据其归葬地而略定其郡望或徙居后的房支。[①] 又因此而其中更有不属于《姓纂》所列 14 个房分和《新表》所列 5 个著房（实际还包括瓜瓞自北朝而入唐颇盛的京兆本支或称北朝支的杜如晦一系）[②] 的京兆华原、潞州上党、潞州屯留、恒州石邑、越州山阴、定州无极 6 个新见房支，特别是越州山阴一支的出现，似可说明晚唐大和间在江南的越州山阴乃有杜氏一支因官而定著于斯。回顾南朝梁末战乱中，晚渡江左的杜氏襄阳房支在战乱中遭遇重创竟至“杜氏一门覆矣”的史实[③]，约 3 个世纪后，杜氏一脉或又在江南复兴矣。

（3）杜氏虽为中古著姓，“族茂中京”，然北魏以下以迄于隋，石刻文献中的杜姓墓志实在所见寥寥，除本节披露的新出隋代《杜祐墓志》及另外 3 例见载于《隋代墓志铭汇考》中者盖非属于京兆主支的杜姓人物外，还有两例北魏杜姓墓志，一是正光五年（524）《傅母宫大监杜法真墓志》（“黄如人也……殒于洛阳……窆于首阳之阴。”案：“黄如”者，其地未可考也）[④]，二是永熙三年（534）《昭玄沙门大统僧令杜法师墓志》（“法师缘姓杜，京兆人也……窆于芒山之阳”）[⑤]，两例杜氏似皆落籍于洛阳焉。另外，还可以找到几则南北朝时期的杜

---

① 毛汉光先生指出：“有些家族由于其主要分子到其他州郡任官，久而久之，落籍于新住处。有的或因战乱之影响，整族迁往边区，如两晋南北朝时的凉州与东北之地，于是乎产生迁籍及分支现象。这种现象在隋唐时期亦甚普遍，大部分士族虽然迁移与分支，仍然保留其原籍之称号，称之为‘郡望’，于是乎在唐代常常出现‘郡望’与居住地‘籍贯’不能合一的现象。”见：毛汉光：中国中古社会史论，第三篇，中古家族之变动，上海：上海书店出版社，2002 年版，第 56 页。

② （唐）林宝《元和姓纂》卷六所列杜氏 14 个房分依次为：京兆、襄阳、中山、濮阳、洹水、陕郡、安德、扶风眉县、偃师、成都、河东、齐郡、醴泉、河南。《新唐书》卷七二上《宰相世系表》所列杜氏 5 个著房依次为：京兆房（含京兆杜陵本支）、襄阳房、洹水房、濮阳房。惟《新表》襄阳房中或有将京兆房误阑入者，学界已多明了。

③ 宋艳梅：永嘉乱后京兆杜氏晚渡江左述论，长安大学学报（社会科学版），2011 年第 1 期，第 105-108 页。

④ 毛远明：汉魏六朝碑刻校注（第 5 册），北京：线装书局，2009 年版，第 287 页。又见：赵超：汉魏南北朝墓志汇编，天津：天津古籍出版社，2008 年版，第 151 页。

⑤ 赵超：汉魏南北朝墓志汇编，天津：天津古籍出版社，2008 年版，第 311 页。

姓一族造像题记[①]，也可以略窥彼时杜姓族群的聚居侨姓之地大约已比较集中在以洛阳为中心的河南中西部，而东魏北齐所在的山东地区竟甚少见有杜姓造像乃至墓志等族人信息。又降及唐代，杜姓墓志从数量上看似有较大丰富于北朝，但相较于有唐300年的时间段，又实不若同为“关中郡姓”中的韦、裴、柳、薛、杨著姓，以及李、王、张、崔、卢、刘、郭、陈、赵、郑等诸多中原大姓墓志材料所见甚夥，且由此一角度似也可以约略见出诸姓与其政治、社会地位的浮沉盛衰态势。

（4）从葬地看，唐代杜氏虽自诩为“首关中甲族，冠海内世家”，然京兆杜氏一系真正定著长安的人数似并不最多，反而大宗盖多返徙于洛阳、安阳（相州）、南阳一带，譬如，前举同属京兆杜陵房的隋朝杜祐的弟弟巩县令杜乾祚，唐贞观二十年（646）卒葬于洛阳，推测这一支杜氏盖至少在入唐后不久即徙居洛阳了。有学者依据唐墓志材料所见情形认为，“杜氏归葬地并不皆集中于长安，恰恰相反，集中于洛阳邙山附近的占绝大多数，这自然与杜氏房分的变化有关，亦当与南北朝迄隋唐以来社会政治的剧变有关”，并指出杜氏在长安城南韦杜及关中韦裴柳薛杨杜六大郡姓排列中地位的下降，说明晚唐以后氏族衰微之运势已成为无可挽回的事实。[②] 而“从相对意义上来说，葬地集中于两京附近与中古大士族的籍贯迁徙类似，两京中又向河南府洛阳倾斜亦与山东著姓著房支之变动类似。但对于关中土著来说，葬地最集中的似并非想象中的京兆府，而是河南府，其中当包含许多复杂深刻的历史内涵，仍值得深入探讨”[③]。而京兆杜氏亦有一支在开元年间定著于华原（耀县），比《姓纂》所列关中杜氏有京兆、扶风眉县和礼泉三个房分更多出一支，也是值得注意的。

（5）从墓志材料考察，隋唐时期尚未有见京兆杜氏之西迁河西的一脉，而表1-1所举恒州石邑、真定和定州无极的案例，当即京兆杜氏东奔河北并庶几可

---

① 据毛远明《汉魏六朝碑刻校注》统计，约有梁太清五年（551）《杜僧逸造像记》（四川成都）、北魏神龟元年（518）《杜迁等造像记》（洛阳龙门）、北魏神龟二年（519）《杜永安造像记》（洛阳首阳）、北魏正光五年（524）《杜文庆等二十人造像记》（河南辉县）、东魏武定八年（550）《杜文雍等十四人造像记》（河南禹县）、西魏大统十三年（547）《杜照贤等十三人造像记》（河南禹县）、西魏大统十三年（547）《杜鲁清造像记》（所在地不详，以记云“本是雍州京兆人，因官在此”文辞格式与前举《杜照贤造像记》一致，疑亦在禹县）、北周天和三年（568）《杜世敬等造像记》（所在地不详，晚清已流入日本）等。

② 李浩：唐代杜氏在长安的居所，中华文史论丛（第3辑），2006年，第285-286页。

③ 李浩：唐代杜氏在长安的居所，中华文史论丛（第3辑），2006年，第282页。亦可参阅毛汉光《从士族籍贯迁移看唐代士族之中央化》一文，见：毛汉光：中国中古社会史论，上海：上海书店出版社，2002年版，第329-333页。

与中山、洹水并列的新的侨支。虽然杜姓家族在隋唐时期颇少见有流寓到山东地区者的石刻文献材料，然《姓纂》所列杜氏14个房分中乃有齐郡一支，隋唐间“山东章丘人”杜伏威正其代表，惟后为唐高祖“封吴王，赐姓李氏。预宗正属籍”焉[①]。当然，如果上溯到南北朝，又可找到一例刘宋元徽二年（474）《明昙憘墓志》中的杜姓人物，志云：“后夫人平原杜氏，父融，伯恬之，齐郡太守。”[②] 无独有偶，《魏书》卷二四《崔玄伯附崔僧渊传》亦云僧渊于太和年间“更纳平原杜氏，僧渊之徙也，与杜俱去，生四子……遂与杜氏及四子家于青州”[③]，所谓家于青州，乃因僧渊时任南青州刺史也。平原郡在北魏属齐州，在刘宋属冀州（齐郡亦在焉）。此两例隋唐以前的平原杜氏，似可视为杜氏齐郡一支所能见知的早期主脉，或齐郡一支本从北魏平原房析出耳。

（6）还有一个可能出现的问题，那就是在表1-1所梳理的杜姓墓志中，也许会掺入本为鲜卑胡人而攀附或改姓为关中郡姓杜氏者，亦即并不是因祖上做官而由中原北迁的杜氏人物，因笔者未能给予细致疏证或难以考详，故担心会有这种可能，特别是武将世家，毕竟南北朝时期代北氏族攀附中原名门望族是一个较为普遍的社会现象。《魏书·官氏志》云：“独孤浑氏，后改为杜氏。[④]” 也有学者考证豆卢氏亦有改为杜氏者，甚至进而怀疑“《魏书》为尊者讳，故将豆卢氏改为杜氏记为独孤浑氏改为杜氏”[⑤]。更有可以证实本贯代北而冒为京兆的杜氏案例，如长治市博物馆藏唐永徽五年（654）《杜节墓志》与大同市博物馆藏唐大和元年（827）《杜绾墓志》。[⑥]

第二节　长安新出唐杜式方夫妇墓志与隋唐京兆杜氏再考察

2012年5月，获读长安新出土唐《杜式方墓志》与《杜式方妻李氏墓志》拓本，遂收藏箧中，以备暇时研讨。因缘前节关于“新出隋《杜祐墓志》与隋

① 旧唐书，卷五六，杜伏威传，北京：中华书局点校本，1975年版，第2268页。
② 赵超：汉魏南北朝墓志汇编，天津：天津古籍出版社，2008年版，第22页。
③ 魏书，卷二四，北京：中华书局点校本，1974年版，第633页。
④ 魏书，卷一一三，官氏志，北京：中华书局点校本，1974年版，第3013页。
⑤ 殷宪：大同新出唐辽金元志石新解，大同新出唐志释读，大和元年《杜绾墓志》，太原：三晋出版社，2012年版，第77页。
⑥ 《杜节墓志》，见：殷宪：平城史稿，北京：科学出版社，2012年版，第300页。《杜绾墓志》，见：殷宪：大同新出唐辽金元志石新解，太原：三晋出版社，2012年版，第73页。

唐墓志所见京兆杜氏世系”的研讨，尚未将新发现的杜式方夫妇墓志纳入考察范畴，使得隋唐间“族茂中京”的京兆杜氏家族研究中缺失了在中唐时期最见显赫且颇为重要的一系——杜式方为德顺宪三朝宰相杜佑之次子、武懿两朝宰相杜悰之父。是故，本节的撰作，既是一例个案的解析，也是对上节京兆杜氏世系研究的补充。因为前节探讨的隋大业九年（613）《杜祐墓志》与此《杜式方墓志》正是同一房分家族的血脉递传[①]，亦即隋代杜祐（字虔祐，一作乾祐）的曾祖杜颙乃是杜式方的八世祖，而杜祐则是杜式方的五代叔伯祖。惟此，则对于杜式方夫妇墓志的考察，自然关联到这一“望高天下，宗族当今为大”[②] 的家族世系之梳理与厘定，以及关涉杜式方夫妇行事姻亲与相关人物之疏证。最后，再将新近读到的隋唐墓志所见京兆杜氏世系新材料归结为附论，以补前此梳理研究之所未备。

一、杜式方夫妇墓志基本要素与录文

先将杜式方夫妇墓志要素与文字一并简述迻录于后，以便展开考察和疏证。《杜式方墓志》（图 1-2）刊葬于长庆二年（822），志石拓本高 75 厘米、宽 75.5 厘米，志文 31 行，满行 38 字，隶书，李宗闵撰，王无悔书。志盖拓本边长 78 厘米，盝顶边长 62.5 厘米，盝顶正中盖题“大唐赠礼部尚书杜公墓志铭”12 字，3 行，行 3 字，阴文篆书，盝顶四周线刻团花纹饰，四杀线刻四神纹饰。志文如下：

唐故正议大夫使持节都督桂州诸军事守桂州刺史兼御史中丞充桂州本管都防御观察处置等使上柱国南阳县开国男食邑三百户赐紫金鱼袋赠礼部尚书京兆杜公墓铭

朝请大夫守太常少卿上柱国李宗闵撰　　　　处士王无悔书

公讳式方，字孝元，京兆杜陵人也。杜氏历秦汉至周隋，世有显

① 又有 2012 年入藏西安碑林博物馆的新出显庆元年（656）《杜楚客墓志》，也是研讨京兆杜氏的珍贵材料，杜楚客即太宗朝宰相杜如晦的弟弟，其家族也是京兆杜氏一房的重要一支，因此，对于梳理前唐时期京兆杜氏世系乃至考察政治社会史皆颇具史料价值。参见：王其祎，周晓薇：长安新出隋大业九年《杜祐墓志》疏证——兼为梳理隋唐墓志所见京兆杜氏世系，唐史论丛（第 14 辑），西安：陕西师范大学出版社，2012 年，第 8 页。王连龙：唐《杜楚客墓志》跋，中国书法，2011 年第 2 期。

② 语出开成五年（840）杜式方孙女、杜悰长女《杜公长女墓志》，见：赵力光：西安碑林博物馆新藏墓志汇编（下册），北京：线装书局，2007 年版，第 717 页。

图 1-2　长庆二年《杜式方墓志》

人。公之高祖父曰行敏，为唐荆益二州长史，以功封南阳，谥曰襄公。襄公生悫，为尚书右司员外郎、详正殿学士。学士生希望，为御史大夫、西河太守，以节镇河湟陇右，赠司空。司空生太保，讳佑，太保仕于建中，鼎元之间，遂为上公，国于岐，相德宗、顺宗、宪宗三帝，直道进退，以太保归老于家，薨，赠太师。公，太师第二子也。释褐参杨州大都督府军事，以母太夫人忧罢去，免丧，复命旧官。会太师镇淮南，换常之晋陵尉。时王纬以工部尚书廉淛右六郡，爱公谨饬有立，召置幕府，寻以例征至阙下。再迁太常主簿。始德宗孝文皇帝以诸侯方强，质其子于京师邸第，富盛皆以弋猎球酒相倾，唯公弟兄闭门读书，不与交通。上嘉之，拜太常丞，遂刻心为政，擒摘奸吏，而整齐乐工，使有节法。曹事修治，高郢为太常，岁终奏课，以为第壹。公于是诣宰相，请理剧自效，拜昭应令，果有能名。迁少司农，加金印紫绶，遂拜太仆。为太仆凡五年，居公卿之间，名誉益洽。今上即位，迁御史中丞、桂州刺史，充桂管都防御观察处置等使。南方仍岁寇盗，百姓十无一存。公至则抚柔伤残，刬削烦弊。旬岁之内，人心遂安。当此时，容帅犹与贼接战，军储不给，使使告于公，州吏以为未奉诏书，不宜赡恤。公曰：俱王事也。命输之，桂与潭、鄂，各以卒三百戍钦州，每至交代，瘴死者十七八。公上书，悉罢之。有军吏受贼饷口壹人，公立杀之。官司置吏，杂擢率于人者，凡四十余所，壹皆除去。所治二十七州之地，方数千里，法令如壹，熏然大和。长庆二年三月二十九日薨于位。上闻之，为之不视事壹日，赠礼部尚书。命尚书郎籍吊祭之。以其年十一月四日葬于京兆少陵原，祔于先太师之茔。夫人陇西郡君李氏，歙州长史则之女，严明而有法制。有子四人，长曰恽，京兆富平尉；次曰憓，兴平尉；少曰恂，润州句容尉，皆有学行。其第三子曰悰，最知名，元和中，河南独孤郁为中书舍人，以文敏为宪宗所爱，因问："卿妇氏为谁?"对曰："臣妻故相德舆之女也。"他日谓宰臣曰："吾贵为天子，为女择胥，岂得不如臣下乎？公为我求郁之比者。"宰臣以悰名闻，上召见与语，益奇之。喜曰："吾真不愧德舆矣。"遂拜殿中少监，诏尚岐阳公主。悰素以文雅持身，及治主第，如儒者之室。主又柔和慈孝，其奉舅姑如士妻。由是，朝论翕然，擢拜太常少卿。女子子三人，一适陇西李播，播佳士也，今为大理评事、河中节度判官。一适范阳张逵，为太子文学。公之将葬，其犹子万年尉慥，奉公功行，请铭于予，予尝陪公末姻，又与悰同官而善其可以辞。铭曰：

族大且贵，莫如杜氏。周秦汉魏，贤者继轨。马牛之王，公相相望。文风武谊，尤盛于唐。丕显太师，全德冠世。劬劳壹心，相我三帝。公自成幼，用儒饰身。克奉严训，遂为德人。乃作公卿，乃登侯伯。朝有休誉，人蒙慧泽。我闻诏旨，方召公归。奈何不淑，竟没南垂。公有令子，为王卿士。不忝于前，必复其始。公乎有灵，永享庙祀。

《杜式方妻李氏墓志》（图 1-3）刊葬于大和七年（833），志石拓本高 79 厘米、宽 78 厘米，志文 36 行，满行 37 字，楷书，崔郸撰。志盖拓本高 78 厘米、宽 79 厘米，盝顶高 50 厘米、宽 49 厘米，盝顶正中盖题“唐赠凉国太夫人墓志”

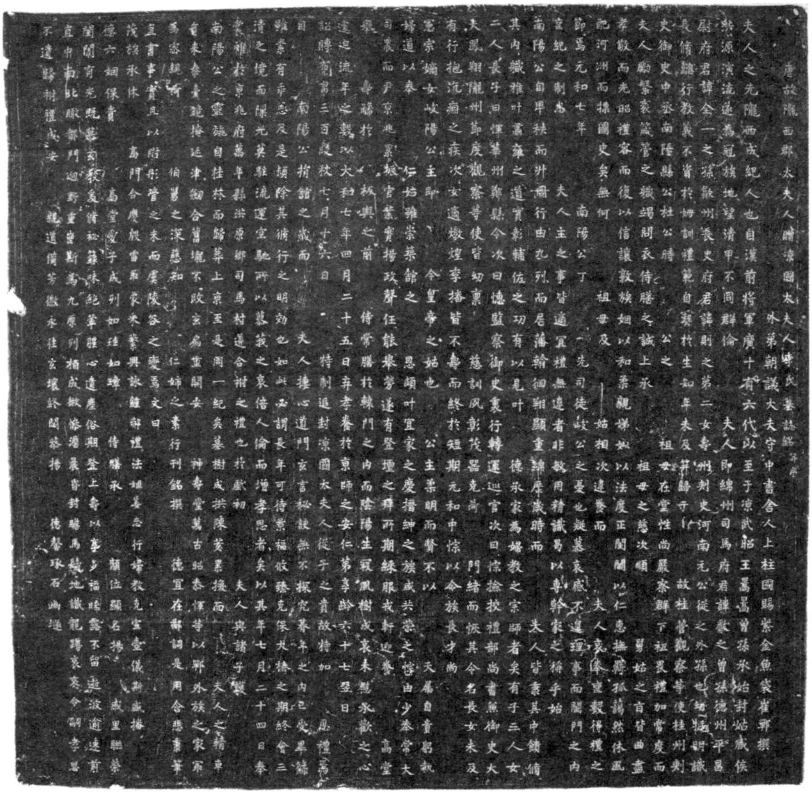

图 1-3　大和七年《杜式方妻李氏墓志》

9 字，3 行，行 3 字，阴文篆书，盝顶四周线刻团花纹饰，四杀线刻四神纹饰。志文如下：

唐故陇西郡太夫人赠凉国太夫人李氏墓志铭并序

外弟朝议大夫守中书舍人上柱国赐紫金鱼袋崔郸撰

夫人之先，陇西成纪人也。自汉前将军广十有六代，以至于凉武昭王暠，暠曾孙承始封姑臧侯，洪源演流，遂为冠族，地望清甲，不同群伦。夫人即绵州司马府君讳献之曾孙，德州平昌尉府君讳全一之孙，歙州长史府君讳则之第二女，寿州刺史河南元公从之外孙也。幼挺明识，长修懿行，教义不资于母训，礼范自契于生知。年未及笄，归于故桂管观察等使、桂州刺史、御史中丞、南阳县公杜公。时公之祖母在堂，性尚严察，群下祗畏，礼加常度。而夫人励鞶衺箴管之职，竭问衣侍膳之诚，上承祖母之慈，次顺舅姑之旨，皆曲尽孝敬，而光昭礼容。而复以信让敦族姻，以和柔亲娣姒，以法度正闺闱，以仁惠抚羁孤。蔼然休风，配河洲而摽图史矣。无何，祖母及姑，相次违养，而夫人哀奉丧数，得礼之节焉。元和七年，南阳公丁先司徒岐公之忧也，疑慕哀戚，不遑理事，而闺门之内，丧纪之制，悉夫人主之。事皆适宜，礼无违者，非敏用精识，曷以专干家之称乎？始南阳公自卑秩而升周行，由九列而居藩翰，徊翔显重，绵历岁时，而夫人皆秉其中馈，修其内职，雅叶肃雍之道，实彰辅佐之功。有以见叶德承家，为妇教之宗师者矣。有子三人，女二人。长子曰恽，华州郑县令；次曰憓，监察御史里行、转运巡官；次曰悰，检校礼部尚书、兼御史大夫、凤翔陇州节度观察等使，皆幼禀慈训，夙彰茂器，克荷门绪，而恢其令名。长女未及有行，抱沉痼之疾。次女适炖煌李播，皆不寿而终于短期。元和中，悰以令族长才尚宪宗嫡女岐阳公主，即今皇帝之姑也。公主柔明而贤，不以天属自贵，躬执妇道，以奉仁姑，虽崇筑馆之恩，颇叶宜家之庆。搢绅之族，咸共荣之。悰由少奉常、大司农而尹京兆，累振官业，实扬政声。任能举劳，遂有登坛之拜。所期彩服戎轩，迎养高堂，举寿觞于板舆之前，侍常膳于辕门之内。而阴阳生寇，风树成哀，未慰承欢之心，遽迫流年之数。以大和七年四月二十五日弃孝养于京师之安仁第，享龄六十七。翌日，诏赙布帛三百段。秋七月十六日，特制追封凉国太夫人，从子之贵。故特加恩礼焉。自南阳公捐馆之岁，而夫人栖心道门，玄言秘诀，无不探究，朞年之内，已受毕箓。虽素有乖恙，及是顿除，其修行之明效也。如此，必谓长年可待，景福攸臻，克保大椿之期，终会三清之境。而隟光莫驻，流运空驰，所以蓼莪之哀，倍人伦而增孝思者矣。以其年七月二十四日奉穗帷于京兆府万年县洪源乡司马村，遵合祔之礼也。于戏，初夫人与诸子护南阳公之灵旐，自桂林而归葬上京，至是周一纪矣。墓树成拱，陈荄累换，而夫人之輤车贞来，秦台镜掩，延津剑合，旧壄不改，玄扃重开，安神寿堂，万古昭泰。恽等以郸外族之家，最为密亲，荷伯舅之深慈，知仁姊之素行，刊铭撰德，宜在鄙词。是用含悲秉笔，直书事实，且以附彤管之末而虞陵谷之变焉。文曰：

茂族承休，高门合庆。殷雷取象，采蘩兴咏。钟郝礼法，姬姜志行。妇教克宣，壸仪斯盛。播德六姻，保贵高堂。爱子成列，如珪如璋。侍膳承颜，位显名扬。戚里联荣，闺闱有光。既慕玄教，爰修秘箓。味绝荤腥，心遗尘俗。期登上寿，以享多福。晞露不留，逝波逾速。前直中南，北瞰都门。迥野重崿，斯为九原。列栢成楸，惨淡晨昏。封瞻马鬣，地识龙蹲。哀哀令嗣，孝思不遗。归祔礼成，安亲道备。芳徽永往，玄壤终闕。恭扬德馨，琢石幽隧。

二、杜式方家族世系梳理

诚如《杜式方墓志》铭文所言，“族大且贵，莫如杜氏”，“文风武谊，尤盛于唐”，故对于唐代杜氏尤其是杜氏本宗京兆杜氏房分的梳理与研究，显然有着重要的政治与社会史意义，且相关的出土墓志文献也不断有更多新的可资利用者，《杜式方墓志》正是可资补充且有利于此前关于京兆杜氏家族研究的重要一环。

杜式方家族世系在《新表》有记载，《新表》系杜式方一族在襄阳房，并略记襄阳房始祖为南徐州刺史、袭池阳侯杜洪泰次子“颙字思颜，后周雍州刺史、安平公”，颙次子“景秀，后周渭州刺史、思宁公”，景秀次子“逊，柏仁令”，逊长子“淹，本县中正”，淹长子“行敏，益州长史、南阳襄公”，行敏次子“崇悫，宫尹丞、右司员外郎、丽正殿学士”，崇悫次子“希望，河西陇右节度使、太仆卿、襄阳县男”，希望第六子“佑字君卿，相德、顺、宪三宗”，佑次子“式方字考元，桂管观察使”，式方五子，长曰“恽，富平尉”，次曰“憓，兴平尉”，三曰“悰字永裕，相武宗、懿宗”，四曰“恂”，五曰“慆，泗州刺史”[①]。其实《新表》将杜颙一支系在襄阳房是错误的。与杜式方同时代人林宝编纂的《姓纂》卷六即将杜式方一族系在京兆房，这与隋《杜祐墓志》、两唐书杜佑本传、权德舆撰《杜佑遗爱碑》及《杜式方墓志》等大量文献云“京兆杜陵（或曰万年）人”者尽皆相符，因此完全可证《新表》所记房分之误。[②] 惟《姓纂》记杜行敏以上世次名讳多有舛误，还误记行敏子崇悫为崇懿，又限于

---

① 新唐书，卷七二，北京：中华书局点校本，1975年版，第2423-2430页。关于杜颙、杜景秀以下世次之考察，还可参详隋大业九年（613）《杜祐墓志》、唐仪凤元年（676）《杜大德墓志》、长安二年（702）《韦瑱妻杜氏墓志》、开成五年（840）《杜悰长女墓志》等，详见王其祎，周晓薇：长安新出隋大业九年《杜祐墓志》疏证——兼为梳理隋唐墓志所见京兆杜氏世系，唐史论丛（第14辑），西安：陕西师范大学出版社，2012年版，第1-25页。

② 关于《新表》所记杜氏房分的窜误，王力平《〈元和姓纂〉杜氏郡望史料刍议》一文认为《新表》是“将杜希望的封爵等同于郡望，遂误以京兆为襄阳”。载《文献》2001年第4期。

《姓纂》的编纂年份截止于元和，故仅记杜式方为“昭应令”时官[①]，而不及《杜式方墓志》记其在穆宗长庆初“今上即位，迁御史中丞、桂州刺史，充桂管都防御观察处置等使”之终官耳。以《杜式方墓志》对照《新表》与《姓纂》，可补杜式方少子恂时任润州句容尉，亦可补杜式方另有一位“犹子万年尉慥”，至于第五子“愔，泗州刺史”者，则不见于墓志，亦不见于杜式方本传（本传所记四子与墓志同），疑杜愔为《新表》窜乱，而杜慥盖杜式方继子耳。

《杜式方墓志》云：“公之高祖父曰行敏，为唐荆益二州长史，以功封南阳，谥曰襄公。”此与《旧唐书》“杜佑本传”所记“曾祖行敏，荆益二州都督府长史、南阳郡公”[②]，《姓纂》所记“行敏，常州刺史、荆益二长史、南阳襄公”[③]，以及《新唐书·宰相世系表》所记杜淹长子“行敏，益州长史、南阳襄公”[④] 可以互证。又，权德舆撰元和八年（813）《杜佑墓志》云“曾王父行敏，皇银青光禄大夫、荆益二州大都督府长史、南阳郡公”[⑤]，权德舆又撰《杜佑遗爱碑》亦同。[⑥] 史载行敏事迹不多，检读唐墓志得一史料，即垂拱三年（687）《襄州长史司马寔墓志》云：“贞观中，□以门调事于齐府。府王纵狼成暴，刻鹤为妖，江都载□子之旗，楚厉置将军之秩，乃与燕□作逆，擅相招聚，亮欲授君四品之位，君叱而言曰：吾当驱尔为俘，何敢授吾伪职。因与杜行敏等同志正城，畴庸有典，乃加上骑都尉，赐物二百四十段。”[⑦] 亮者，盖即贞观中行相州大都督长史并豢养义儿五百而被太宗视为“正欲反耳”的张亮。这里记载的贞观中与司马寔一道“同志正城”、“雅杖名节”而不屈授伪职的杜行敏，当即杜式方的高祖，备此参考。式方父祖二人官职，墓志作“襄公生悫，为尚书右司员外郎、详正殿学士。学士生希望，为御史大夫、西河太守，以节镇河湟陇右，赠司空”，“详正殿学士”，《旧唐书》杜佑本传作“详正学士”，《杜佑墓志》作“详定学士”，《新表》与《杜佑遗爱碑》皆作“丽正殿学士”，《姓纂》失载。“御史

---

① （唐）林宝：元和姓纂·附四校记（第 2 册），北京：中华书局，1994 年版，第 919-923 页。

② 旧唐书，卷一四七，杜佑传，北京：中华书局点校本，1975 年版，第 3978 页。

③ （唐）林宝：元和姓纂·附四校记（第 2 册），北京：中华书局，1994 年版，第 921 页。

④ 新唐书，卷七二上，宰相世系表，北京：中华书局点校本，1975 年版，第 2426 页。

⑤ （唐）权德舆撰：权德舆诗文集（上册），卷二二，郭广伟校点，上海：上海古籍出版社，2008 年版，第 334 页。

⑥ 《杜佑遗爱碑》云：“曾祖讳行敏，皇银青光禄大夫、荆益二大都督府长史、南阳郡公。”见：（唐）权德舆撰：权德舆诗文集（上册），卷一一，郭广伟校点，上海：上海古籍出版社，2008 年版，第 181 页。

⑦ 周绍良，赵超：唐代墓志汇编（上册），上海：上海古籍出版社，1992 年版，第 753 页。

大夫”，《杜佑遗爱碑》作“御史中丞”，《姓纂》、《新表》、《旧唐书》杜佑本传及《杜佑墓志》皆不载。“赠司空”，《旧唐书》杜佑本传作“赠右仆射”，《杜佑墓志》作“饰终三加至尚书左仆射”，《杜佑遗爱碑》亦作“赠尚书左仆射”，《姓纂》与《新表》皆不载。案：详正殿学士归于弘文（修文、昭文）馆，属门下省机构，掌详正图籍、教授生徒，详正学士掌校理图书，始置于仪凤中，五品以上为之。丽正殿学士归于丽正（集贤）殿修书院，属中书省机构，掌刊缉经籍，学士分掌四库书，始置于开元中，五品以上为之。二者非为一事，宜以“详正”为准，而《杜佑墓志》作“详定”者，虽然语义略同，而实无此官职，且“详定学士”之说似仅见于权德舆文集，未详是否有家讳因素。“御史大夫”为正三品，“御史中丞”为正四品下，不详孰是。

三、杜式方夫妇及其子杜悰行事疏证

杜式方夫妇墓志所记杜式方与其第三子杜悰事迹颇详，可与二人本传及相关文献互为疏证。杜式方与杜悰父子本传皆载在《旧唐书》卷一四七与《新唐书》卷一六六，而杜式方夫妇墓志所记仅止于大和七年（833）七月以前，故有关杜悰贵为宰相之前的职事颇有可补本传之阙者。

杜式方传在两唐书中以旧传稍详，兹录旧书本传云：“式方字考元。以荫授扬府参军，转常州晋陵尉。浙西观察使王纬辟为从事，入为太子通事舍人，改太常寺主簿。明练钟律，有所考定，深为高郢所赏。时父坐镇扬州，家财巨万，甲第在安仁里，杜城有别墅，亭馆林池，为城南之最。昆仲皆在朝廷，与时贤鼬游从，乐而有节。既而佑入中书，出为昭应令。丁父忧，服阙，迁司农少卿，赐金紫，加正议大夫、太仆卿。时少子悰选尚公主，式方以右戚移病不视事。久之，穆宗即位，转兼御史中丞，充桂管观察都防御使。长庆二年三月，卒于位，赠礼部尚书。式方性孝友，弟兄尤睦。季弟从郁，少多疾病，式方每躬自煎调，药膳水饮，非经式方之手，不入于口。及从郁夭丧，终年号泣，殆不胜情，士友多之。子恽、憓、悰、恂。恽嗣，富平尉；憓，兴平尉。”① 本传所记职官大多可与墓志互证，惟“太子通事舍人”（当即墓志所云“寻以例征至阙下”者）一职为墓志所未明言。而墓志所记杜式方上柱国与南阳县男的勲官爵位，虽不为本传所载，却可据时人文献以为印证，如《白居易集》云：“故桂州

① 旧唐书，卷一四七，北京：中华书局点校本，1975年版，第3984页。

本管都防御观察等使、正议大夫、使持节都督桂州诸军事守桂州刺史、兼御史中丞、上柱国、南阳县开国男、赐紫金鱼袋杜式方……可赠礼部尚书。”① 至于墓志所记“太常丞”一职，则可补新旧本传所俱阙。又据《杜式方妻李氏墓志》，可知杜式方卒世十年以后的大和七年（833）其爵位已加赠为“南阳县公”。至于杜式方擢任桂刺的时间，《旧唐书》卷一六《穆宗纪》云元和十五年（820）二月“乙未（二十三日），以太仆卿杜式方为桂州刺史，充桂管观察使”②。是年正月庚子（二十七日）宪宗崩，闰正月丙午（三日）穆宗即位。适与墓志所记“今上即位，迁御史中丞、桂州刺史，充桂管都防御观察处置等使”时段相合。又以此逆推，可知墓志言式方“为太仆凡五年”的时段应在元和十年（815）至十五年（820）初。

新旧本传与《新唐书·宰相世系表》皆云“式方字考元”，而墓志云“公讳式方，字孝元”，似宜以墓志作“孝”为确，而本传作“考”字盖因与“孝”字形近致书写误焉。又本传记杜式方卒于长庆二年（822）三月，墓志记为长庆二年（822）三月二十九日，而《旧唐书》卷一六《穆宗纪》则云长庆二年（822）夏四月“庚辰（二十日），桂管观察使杜式方卒”③。是知旧纪盖误。而关于杜式方在桂刺任上的死因，墓志与本传皆未言及，《杜氏方妻李氏墓志》亦只说“夫人与诸子护南阳公之灵旐，自桂林而归葬上京”。其实在已经残佚的晚唐武宗朝文人卢肇的传奇小说《逸史》中，倒是留下了一则可资了解杜式方死因的具有报应色彩的传奇故事，不妨引录于此：

> 唐中丞杜式方，为桂州观察使，会西原山贼反叛，奉诏讨捕。续令郎中裴某，承命招抚，及过桂州，式方遣押衙乐某，并副将二人当直。至宾州，裴命乐生与副将二人，至贼中传诏命，并以书遗其贼帅，招令归复。乐生素儒士也，有心义。既至，贼帅黄少卿大喜，留燕数日。悦乐生之佩刀，恳请与之，少卿以小婢二人酬其直。既复命，副将与生不相得，遂告于裴云：“乐某以官军虚实露于贼帅，昵之，故赠女口。”裴大怒，遣人搜检，果得。乐生具言本末，云：“某此刀价直数万，意颇宝惜，以方奉使，贼帅求之，不得不与，彼归其直，二口

---

① （唐）白居易撰，朱金城笺注：白居易集笺校（第5册），卷五一，杜式方可赠礼部尚书制，上海：上海古籍出版社，1988年版，第2996页。

② 旧唐书，卷一六，穆宗纪，北京：中华书局点校本，1975年版，第476页。

③ 旧唐书，卷一六，穆宗纪，北京：中华书局点校本，1975年版，第497页。

之价，尚未及半，某有何过！”生使气者，辞色颇厉，裴君愈怒，乃禁于宾州狱，以书与式方，并牒诬为大过，请必杀之。式方以远镇，制使言其下受赂于贼，方将诛剪，不得不寘之于法，然亦心知其冤。乐生亦有状具言，式方遂令持牒追之，面约其使曰：“彼欲逃避，汝慎勿禁，兼以吾意语之。”使者至，传式方意，乐生曰：“我无罪，宁死；若逃之，是有罪也。”既至，式方乃召入，问之，生具述根本，式方乃以制使书牒示之曰：“今日之事，非不知公之冤，然无路以相救矣，如何？”遂令推讯，乐生问推者曰：“中丞意如何？”曰：“中丞以制使之意，押衙不得免矣。”曰：“中丞意如此，某以奚诉！”遂索笔通款，言受贼帅赃物之状。式方颇甚悯恻，将刑，引入曰：“知公至屈，有何事相托？”生曰：“无之。”式方曰：“公有男否？”曰：“一人。”“何职？”曰：“得衙前虞候足矣。”式方便授牒，兼赠钱百千文，用为葬具。又问所欲，曰：“某自诬死，必无逃逸，请去桎梏，沐浴，见妻子，嘱付家事。”公皆许。至时，式方乃登州南门，令引出，与之诀别。乐生沐浴巾栉，楼前拜启曰：“某今死矣，虽死不已。”式方曰：“子怨我乎？”曰：“无，中丞为制使所迫耳。”式方洒泣，遂令领至球场内，厚致酒馔。飡讫，召妻子别，问曰：“买得棺未？可速买，兼取纸一千张，笔十管，置棺中。吾死，当上诉于帝前。”问监刑者曰：“今何时？”曰：“日中。”生曰：“吾日中死，至黄昏时，便往宾州，取副将某乙。及明年四月，杀制使裴郎中。”举头见执捉者一人，乃虞候所由，乐曾摄都虞候，语之：“汝是我故吏，我今分死矣，尔慎忽折吾颈，若如此，我亦死即当杀汝。”所由至此时，亦不暇听信，遂以常法，拉其头杀之，然后笞，笞毕，拽之于外。拉者忽惊蹶，面仆于地死矣。数日，宾州报，副将以其日黄昏，暴心痛疼。制者裴君，以明年四月卒。其年十月，式方方于球场宴敕使次，饮酒正洽，忽举首瞪目曰：“乐某，汝今何来也？我亦无过。”索酒沥地祝之，良久又曰：“我知汝屈，而竟杀汝，亦我之罪。”遂瘖不语，舁到州，及夜而殒。至今桂州城南门，乐生死所，方圆丈余，竟无草生。后有从事于桂者，视之信然。自古冤死者亦多，乐生一何神异也。[①]

① （宋）李昉等：太平广记，卷一二二，《报应》注出《逸史》“乐生”条，北京：中华书局，1961年版，第862-864页。

这虽然是一则采摭于民间的笔记，但毕竟是出自岁月并未淹远的武宗朝人的记述，譬如，撰者卢肇在会昌三年（843）得状元，次年杜悰即拜任宰相，因此卢氏的记述或许还真不是空穴来风，故也不妨可以作为墓志与本传之补充。至于《逸史》记杜式方死在十月，则显然有误。

《杜式方墓志》云："再迁太常主簿。始德宗孝文皇帝以诸侯方强，质其子于京师邸第，富盛皆以弋猎球酒相倾，唯公弟兄闭门读书，不与交通。上嘉之，拜太常丞，遂刻心为政，擒摘奸吏，而整齐乐工，使有节法。曹事修治，高郢为太常，岁终奏课，以为第壹。公于是诣宰相，请理剧自效，拜昭应令，果有能名。"其"整齐乐工，使有节法"之谓，适可与旧书本传"明练钟律，有所考定，深为高郢所赏"和新书本传"考定音律，卿高郢称之"互证，而本传失载杜式方兄弟不与京城节镇质子相与交通唯闭门读书之事则适可据墓志而知详。至于拜昭应令之缘由，本传以为"佑既相，出为昭应令"，墓志则言"公于是诣宰相，请理剧自效，拜昭应令，果有能名"，当即一事。此外，墓志还记杜式方在桂管防御观察处置使任上，"南方仍岁寇盗，百姓十无一存。公至则抚柔伤残，划削烦弊。旬岁之内，人心遂安。当此时，容帅犹与贼接战，军储不给，使使告于公，州吏以为未奉诏书，不宜赡恤。公曰：俱王事也。命输之，桂与潭、鄂，各以卒三百戍钦州，每至交代，瘴死者十七八。公上书，悉罢之。有军吏受贼饷口壹人，公立杀之。官司置吏，杂擢率于人者，凡四十余所，壹皆除去。所治二十七州之地，方数千里，法令如壹，熏然大和"，亦是足以丰富史传记载之不足且有助于研讨彼时西南地区军戍与政治经济史的珍贵资料。

两唐书之杜悰传亦以旧传为详，所记大和七年（833）七月以前行事依旧传大抵为："悰，以门荫三迁太子司议郎，元和九年，选尚公主，召见于麟德殿。寻尚岐阳公主，加银青光禄大夫，殿中少监、驸马都尉。岐阳，宪宗长女，郭妃之所生。自顷选尚，多于贵戚或武臣节将之家。于时翰林学士独孤郁，权德舆之女婿，时德舆作相，郁避嫌辞内职，上颇重学士，不获已许之，且叹德舆有佳婿，遂令宰臣于卿士家选尚文雅之士可居清列者。初于文学后进中选择，皆辞疾不应，唯悰愿焉。累迁至司农卿。太和六年，转京兆尹。七年，检校刑部尚书，出为凤翔尹、凤翔陇右节度。丁内艰，八年，起复授忠武军节度使、陈许蔡观察等使，就加兵部尚书。"① 又据新传，知悰字永裕，且尝"由澧州刺史召为京兆尹"，杜牧撰《唐故岐阳公主墓志铭》亦云杜悰"出为澧州刺史"、

① 旧唐书，卷一四七，杜悰传，北京：中华书局点校本，1975年版，第3984-3985页。

“在澧州三年”①。

对照《杜式方墓志》，则云：“第三子曰悰，最知名，元和中，河南独孤郁为中书舍人，以文敏为宪宗所爱，因问：‘卿妇氏为谁?’对曰：‘臣妻故相德舆之女也。’他日谓宰臣曰：‘吾贵为天子，为女择胥，岂得不如臣下乎？公为我求郁之比者。’宰臣以悰名闻，上召见与语，益奇之。喜曰：‘吾真不愧德舆矣。’遂拜殿中少监，诏尚岐阳公主。悰素以文雅持身，及治主第，如儒者之室。主又柔和慈孝，其奉舅姑如士妻。由是，朝论翕然，擢拜太常少卿。”《杜氏方妻李氏墓志》亦云：“次曰悰，捡校礼部尚书、兼御史大夫、凤翔陇州节度观察等使……元和中，悰以令族长才尚宪宗嫡女岐阳公主，即今皇帝之姑也。公主柔明而贤，不以天属自贵，躬执妇道，以奉仁姑，虽崇筑馆之恩，颇叶宜家之庆。搢绅之族，咸共荣之。悰由少奉常、大司农而尹京兆，累振官业，实扬政声。任能举劳，遂有登坛之拜。”显然墓志所记杜悰尚岐阳公主故事更加鲜活生动且细腻，而最为详该的当然要数杜牧撰写的《唐故岐阳公主墓志铭》②，文长不赘录。据《旧唐书》卷一五《宪宗纪下》，知在元和九年（814）三月十九日“召大理卿裴棠棣男损、前昭应令杜式方男悰见于麟德殿前，各赐绯，许尚公主”③。《岐阳公主墓志》亦云“以元和九年某月日，主下嫁于杜氏”。准此还可推算杜式方在元和九年（814）三月已卸任昭应令故加“前”字，而杜式方在元和十年（815）后始任太仆卿，在任太仆之前又尝任过少司农，则司农少卿之任即当在元和十年（815）之前，据墓志又知式方“加金印紫绶”亦在同时。复以《元和姓纂》成书于元和七年（812）十月且记杜式方为昭应令而无“前”字，以及权德舆元和七年（812）撰《杜佑墓志》亦云嗣子“昭应县令式方”④推算，杜式方元和七年（812）犹在昭应令任上，亦即其任少司农似当在元和八年（813）至十年（815）之间。反之，亦可证得《姓纂》所记杜悰为“驸马、平章事”者，确如岑仲勉氏校记所断言“故知自此以下，多是后人羼增”⑤，而非林宝所纂焉。

以杜悰本传与杜式方夫妇墓志互证，可补史传所缺杜悰尚主后在殿中少监

---

① （唐）杜牧撰，樊川文集，卷八，何锡光校注，成都：巴蜀书社，2007年版，第637页。

② （唐）杜牧撰，樊川文集，卷八，何锡光校注，成都：巴蜀书社，2007年版，第635-639页。

③ 旧唐书，卷一五，宪宗纪下，北京：中华书局点校本，1975年版，第449页。

④ （唐）权德舆撰：权德舆诗文集（上册），卷二二，郭广伟校点，上海：上海古籍出版社，2008年版，第336页。

⑤ （唐）林宝：元和姓纂·附四校记（第2册），卷六，北京：中华书局，1994年版，第924页。

与司农卿之间还曾“擢拜太常少卿”一职，且在大和七年（833）还任过“兼御史大夫”。而岐阳公主的“柔和慈孝”、“躬执妇道”，亦可与杜牧撰《岐阳公主墓志》与毕诚撰《杜悰长女墓志》等记载互为补证。又以《杜氏方妻李氏墓志》所记杜悰时官推证，其大和七年（833）七月所任为“检校礼部尚书”、“凤翔陇州节度观察等使”，旧传则作“检校刑部尚书”、“凤翔尹、凤翔陇右节度”，似皆当以墓志为准。

《杜式方墓志》云：“夫人陇西郡君李氏，歙州长史则之女，严明而有法制。”《杜氏方妻李氏墓志》云：“夫人之先，陇西成纪人也。自汉前将军广十有六代，以至于凉武昭王暠，暠曾孙承始封姑臧侯……夫人即绵州司马府君讳献之曾孙，德州平昌尉府君讳全一之孙，歙州长史府君讳则之第二女，寿州刺史河南元公从之外孙也。”由知杜式方妻李氏乃歙州长史李则的次女，而李氏的母亲乃是寿州刺史元从的女儿。此李氏以上三代世系人物虽不载于正史，却适可与李翱撰写的宝历三年（827）《李则墓志》互为印证，《故歙州长史陇西李府君墓志铭》云：“府君讳则，字某，凉武昭王十三世孙。大父献，眉州别驾，时宰相有请婚者，力不可止，因去官居家。……别驾生令一，侍中源乾曜以子求婚，府君拒之固，以词抵之，贬黔州彭水尉，遂以寿终。……（李则）善草隶书，弓矢、博弈，皆得其妙。既冠，得濠州定远尉……从事岭南，得试左武卫兵曹，于福建得试太子通事舍人、大理司直，授歙州长史，宣歙观察使请为判官，奏未下，以疾卒，年七十四。夫人河南元氏，寿州刺史从之女，年六十八，先府君而终，生子某、子某，皆未仕卒。女子五人，长女婿礼部员外郑锡，次女婿桂州观察使杜式方……”① 互证所见李献、李全一两代官职皆不同，不能遽定孰是。李则卒世前尝有宣歙观察判官之调竟未能赴命。李翱亦凉武昭王之后，盖为李则晚辈族亲，并与李则幼子克恭有文学之交，故受请于克恭而为李则撰写墓志焉。

由《杜氏方妻李氏墓志》还可知杜式方子女中为李氏所出者有三男二女，即“长子曰恽，华州郑县令；次曰憓，监察御史里行、转运巡官；次曰悰，捡挍礼部尚书、兼御史大夫、凤翔陇州节度观察等使”，“长女未及有行，抱沉痼之疾。次女适炖煌李播，皆不寿而终于短期”。那么，《杜式方墓志》中所记四子中的“少曰恂，润州句容尉”和“犹子万年尉慥”，以及三

① （唐）李翱撰：李翱集，卷一五，墓志铭，郝润华校点，兰州：甘肃人民出版社，1992年版，第123-124页。

女中的"一适范阳张逵，为太子文学"者，当皆非李氏所出。亦即可知杜式方于李氏原配之外，还应娶有二房妻妾焉。至于墓志又云大和"秋七月十六日，特制追封凉国太夫人，从子之贵，故特加恩礼焉"，其凉国封号盖亦与其出凉武昭王后有关。

四、杜式方夫妇墓志所涉相关人物释说

墓志云杜式方之丧，朝廷"命尚书郎籍吊祭之"，此"尚书郎籍"盖即诗人张籍。墓志撰在长庆二年（822）十一月，张籍在元和十五年（820）迁秘书郎，长庆元年（821）为国子博士，长庆二年（822）春除水部员外郎，至四年（824）拜水部（一曰主客）郎中。水部隶属尚书省工部，员外郎品阶为从六品上。墓志"尚书郎"之谓即指张籍时官水部员外郎，因其隶属尚书省，故通称"尚书郎"，亦即泛指尚书省之郎官，唐书中多见此称。[①] 此可见证张籍与杜式方及其家族之关系，亦可为张籍生平添一行事。揆诸制度，百官之丧葬吊赠，皆当由礼部郎官前往，而张籍身为水部员外郎，按理不当受任此责，究为何故，还待探究。

《杜式方墓志》为"朝请大夫守太常少卿上柱国李宗闵撰"，此李宗闵者，初疑即文宗朝宰相、牛党之领袖耳。然与两唐书李宗闵本传相较，墓志撰者之李宗闵于长庆二年（822）署衔为朝请大夫守太常少卿上柱国，而正史有传之李宗闵不仅在长庆元年（821）由中书舍人贬为剑州刺史，次年复入为中书舍人，三年（823）权知礼部侍郎，且覆其一生亦未尝任过"朝请大夫守太常少卿"焉，故又颇疑两李宗闵恐非同一人。墓志又云："公之将葬，其犹子万年尉慥，奉公功行，请铭于予，予尝陪公末姻，又与悰同官而善其可以辞。"所谓同官者，即指"将葬"之长庆二年（822），撰者李宗闵与杜悰皆任太常少卿耳。而所谓"予尝陪公末姻"，则疑李宗闵乃是杜式方之三女婿。

《杜式方妻李氏墓志》题撰者为"外弟朝议大夫守中书舍人上柱国赐紫金鱼袋崔郸"，墓志复云杜式方长子"恽等以郸外族之家，最为密亲，荷伯舅之深慈，知仁姊之素行，刊铭撰德，宜在鄙词"，因知崔郸是李氏的姑表弟，杜恽等

---

① 例如，《新唐书》卷一一五《狄光嗣传》："光嗣，圣历初，为司府丞。武后诏宰相各举尚书郎一人，仁杰荐光嗣，由是拜地官员外郎，以称职闻。"见：新唐书，卷一一五，狄光嗣传，北京：中华书局点校本，1975年版，第4214页。

遂以“外族之家”视之，而崔郸则自称李氏“外弟”，并呼李氏为“仁姊”，呼李氏父为“伯舅”焉。崔郸，文宗与武宗两朝宰相，有传见《旧唐书》卷一五五、《新唐书》卷一六三。《杜氏方妻李氏墓志》撰在文宗朝大和七年（833）七月，早在崔郸开成四年（839）出任宰相之前六年，故其署衔可补本传记其时官之阙略。例如，旧书本传云郸“大和三年，以本官（考功郎中）充翰林学士，转中书舍人。六年，罢学士。八年，为工部侍郎、集贤殿学士，权知礼部，真拜兵部侍郎，本官判吏部东诠事”[①]。由墓志可以确知崔郸在大和七年（833）七月尚署“守中书舍人”职衔。复据2006年河南偃师出土的大中四年（850）《崔郸墓志》[②]，亦可确证崔郸大和七年（833）的确“出守本官”，亦即“守中书舍人”。另外，《崔郸墓志》还提到“先母夫人姑臧李氏，赠秦国太夫人”，而此“秦国太夫人”正是杜式方妻子赠凉国太夫人李氏的姑姑。

《杜式方墓志》书者王无悔，史籍无考。检新出唐代墓志，见一出土于西安南郊的开成元年（836）王无悔妻《义兴蒋夫人墓志》，墓志首行题下署“无悔书”，志文略云：“大唐前岭南观察支使监察王御史无悔妻义兴蒋夫人年三十八，开成元年正月三日寝疾终于万年县崇义里之私第，侍御泣谓夫人姊聓起居舍人集贤殿直学士周墀曰：无悔偕老之期，先秋而落……有他出子一人曰荣郎，年尚幼……即以其月八日葬于当县高平乡凤栖原，祔先茔之右，请为铭，以志其族氏年月而已。”[③] 由知两王无悔为同一人。证据有二：一是时间相当，《杜式方墓志》书于长庆二年（822），《义兴蒋夫人墓志》书于开成元年（836），相距十四年，书《杜式方墓志》时署“处士”，十四年后书《义兴蒋夫人墓志》时署“前岭南观察支使监察王御史”，时间与迁官合理。二是书法绝类，两墓志皆为隶书，风格一致，此是力据。观其隶书，颇为古雅，且保留着充满丽泽风尚的“开元天宝体”余韵，笔画丰腴、体态宽博、字势横逸，是其显著表征。甚至其字样还带有“十一蹈篆”的复古特点，是故最近于徐浩的隶法，并由此可以见出中唐隶书或受徐浩一派古隶之影响甚大。此外，据《义兴蒋夫人墓志》还可知撰文者为王无悔的姐夫，亦即两唐书有传的宣宗朝宰相周墀。

---

① 旧唐书，卷一五五，崔郸传，北京：中华书局点校本，1975年版，第4119页。

② 齐运通：洛阳新获七朝墓志，北京：中华书局，2011年版，第352页。

③ 赵君平，赵文成：秦晋豫新出墓志蒐佚（第4册），北京：国家图书馆出版社，2012年版，第959页。

五、杜式方的宅第与其家族茔地

《杜式方墓志》未言其在京师之宅第，而其卒所乃在桂管任上，据《杜氏方妻李氏墓志》“初夫人与诸子护南阳公之灵旐，自桂林而归葬上京，至是周一纪矣”云云可证。复据《杜氏方妻李氏墓志》“弃孝养于京师之安仁第”，可知安仁里即杜式方家第所在。此与《旧唐书》杜式方本传“时父坐镇扬州，家财巨万，甲第在安仁里，杜城有别墅，亭馆林池，为城南之最”适可互证。① 而权德舆撰《杜佑墓志》亦云“启手足于京师安仁里”②，更足资依据。又，杜式方侄儿杜牧《上宰相求湖州第二启》云：“某幼孤贫，安仁旧第，置于开元末，某有屋三十间。去元和末，酬偿息钱，为他人有，因此移去。八年中，凡十徙其居……奔走困苦，无所容庇，归死延福私庙，支拄攲坏而处之。”③ 徐松《唐两京城坊考》卷二据此云：“然牧自撰墓志铭云：某月某日终于安仁里。是其后仍得旧居也。”④ 卷三《西京外郭城》又据《石林燕语》“文潞公知长安，得唐杜佑旧庙于曲江一堂四室，旁为两翼”云云而归杜佑家庙在曲江。⑤ 后张穆在《唐两京城坊考》校补记中再据杜牧启文将杜氏家庙归在延福坊。⑥ 若依杜式方妻《杜氏方妻李氏墓志》，则至少在长庆二年（822）（上距元和末仅两年）以前杜氏已然“仍得旧居”于安仁里焉。遂疑或者只是杜牧一家尝遭徙居奔走之苦，而杜佑、杜式方、杜悰一脉大宗实未有迁宅之举。若此，则京兆杜氏家庙似不当在延福坊，亦不当在曲江，而所谓“延福私庙”则恐是居住在延福坊的濮阳杜氏之家庙焉⑦，容再考之。

---

① 旧唐书，卷一四七，杜式方传，北京：中华书局点校本，1975 年版，第 3984 页。

② （唐）权德舆撰：权德舆诗文集（上册），卷二二，郭广伟校点，上海：上海古籍出版社，2008 年版，第 333-334 页。

③ （唐）杜牧撰，樊川文集（下册），卷一六，何锡光校注，成都：巴蜀书社，2007 年版，第 1058 页。

④ （清）徐松：唐两京城坊考，卷二，西京外郭城安仁坊，方严点校，北京：中华书局点校本，1985 年版，第 37 页。《旧唐书》卷一四七《杜牧传》亦云：“以疾卒于安仁里。”北京：中华书局点校本，1975 年版，第 3987 页。

⑤ （清）徐松：唐两京城坊考，卷三，方严点校，北京：中华书局点校本，1985 年版，第 92 页。又据《石林燕语》归杜佑家庙在曲江。

⑥ （清）徐松：唐两京城坊考，张穆校补记，卷四，西京，方严点校，北京：中华书局点校本，1985 年版，第 208 页。

⑦ 唐建中三年（782）《有唐故云麾将军右武卫大将军东京副留守上柱国濮阳郡开国公杜府君夫人扶风郡夫人京兆韦氏墓志铭》云：“终于上都延福里之私第。”见：西安市长安博物馆：长安新出墓志，北京：文物出版社，2011 年版，第 204 页。

《杜式方墓志》云“葬于京兆少陵原，祔于先太师之茔”，《杜氏方妻李氏墓志》云“奉裳帷于京兆府万年县洪源乡司马村，遵合祔之礼也”。杜式方祔葬杜佑之茔，而李氏则合祔于杜式方茔，是知杜佑一族大茔乃位于少陵原上的万年县洪源乡司马村。又检开成三年（838）杜牧撰《岐阳公主墓志》云“祔葬于万年县洪原乡少陵原尚书先茔”①，“尚书”即指杜悰，“先茔”即指悰父杜式方及悰祖杜佑茔墓。开成五年（840）毕诚撰杜式方孙女、杜悰长女《杜公长女墓志》云“葬于万年县少陵原下洪原乡主茔之隅故土也”②，“主茔”即指其母岐阳公主茔墓，而此志1979年出土于西安市长安区大兆乡司马村，适可对应于今时的地理位置。再检杜牧为其弟所撰大中六年（852）《杜顗墓志》云“归葬先茔，实万年县洪原乡少陵西南二里”③，杜牧父杜从郁即杜佑季子、杜式方季弟。杜牧为其从父兄撰《杜诠墓志》亦云“归葬于长安城南少陵原司马村先茔”④，杜诠即杜牧弟，亦即杜佑孙、杜师损次子。咸通四年（863）杜佑第六孙《杜陟墓志》复云葬于“万年县洪原乡司马村先茔”⑤，据此正可以推知杜式方夫妇墓志出土地及《杜佑墓志》“返真宅于少陵原大墓”⑥之所在，当位于今之大兆乡司马村焉。若此，则中唐杜佑一族茔域似与初唐杜如晦一族茔域在同一区域⑦，亦即京兆杜氏家族大茔自初唐至中晚唐200年间一直位于少陵原西南段的今大兆乡司马村地界。

“杜氏大族，枝蔓蝉联”，由杜式方夫妇墓志延展开来以检视其京兆本宗一房“望高天下”的社会地位与“族茂中京”的政治势力，似在中唐百年凡高门茂族者略无伦比，“长安韦杜，去天尺五”，“杜氏首关中甲族，冠海内世家”，

---

① （唐）杜牧撰，樊川文集，卷八，何锡光校注，成都：巴蜀书社，2007年版，第639页。

② 赵力光：西安碑林博物馆新藏墓志汇编（下册），北京：线装书局，2007年版，第717页。志云杜公长女为“宪宗皇帝之外孙。曾祖佑，司徒、平章事，赠太师；祖式方，桂管观察使，赠司徒。公名悰，是时为工部尚书、判度支”。

③ （唐）杜牧撰，樊川文集，卷九，何锡光校注，成都：巴蜀书社，2007年版，第691页。

④ （唐）杜牧撰，樊川文集，卷九，何锡光校注，成都：巴蜀书社，2007年版，第704页。

⑤ 高峡等：西安碑林全集，卷一九六，陕西卷，广州：广东经济出版社，深圳：深圳海天出版社，1999年版，第1153页。

⑥ （唐）权德舆撰：权德舆诗文集（上册），卷二二，郭广伟校点，上海：上海古籍出版社，2008年版，第334页。

⑦ 杜如晦墓在今大兆乡西司马村。史念海先生校注北宋张礼《游城南记》“东次杜曲，前瞻杜固，盘桓移时”条云：“杜氏家族，无论北杜南杜也当在杜曲近处。且杜氏祖茔在西司马村，村南有杜如晦墓，三十余年前墓冢青青，平整后墓基已为泡桐苗圃。再南则有诸杜之墓。西司马村距杜曲约四里。祖茔和聚居之地皆在少陵原，所谓杜固或称杜坡的凤凰嘴乃在神禾原，当非杜氏家族的居地。”（北宋）张礼撰，史念海：游城南记校注，曹尔琴校注，西安：三秦出版社，2006年版，第144-145页，又，新出土杜如晦弟《杜楚客墓志》云“祔葬于平公之旧茔”，平公即楚客父杜吒，谥平公。其旧茔当亦在司马村焉。

不亦确如《杜悰长女墓志》所诩“宗族当今为大”，谅不虚也。即从前述京兆杜陵杜氏族茔大墓几贯有唐一代而不之他徙之一端，其积厚积昌、“可久可大”之隆且盛，盖已全然可征矣。

六、附论

在研讨杜式方夫妇墓志的同时，笔者复又检读到18例新出隋唐杜氏墓志，概为此前梳理隋唐墓志所见京兆杜氏世系的研究中所未有涉及者，故一并归入附论而说明之，藉以充实隋唐杜氏世系之基本素材。这18例墓志中，凡京兆本宗15例（析为11支），襄阳房一例，濮阳房1例，洹水房1例，疑为洹水房1例。

1. 出京兆本宗之杜恭一支

大业十二年（616）《长孙汪暨妻杜氏墓志》云：“夫人京兆杜氏，祖柱国太尉公某之孙，上开府康成公恭之女。”① 杜恭即杜景恭，官廓州刺史、康城公；柱国太尉公某即杜颙字思颜，官后周雍州刺史、安平公。《新表》“襄阳杜氏”与《元和姓纂》卷六杜氏京兆房有载，惟《姓纂》误“康成公”为“庆成公”。

2. 出京兆本宗之杜怀让一支

永徽五年（654）《大唐故始州阴平县令杜怀让墓志》略云：“君讳怀让字履谦，京兆杜陵人也。曾祖攒，后魏驸马都尉、黄门侍郎、度支尚书、西道大行台、始平公。祖士峻，周秘书郎、礼部大夫。父□，皇朝员外散骑侍郎、苏州别驾。长兄刑部员外郎怀古。归葬于雍州万年县少陵之西原。”② 志文缺书杜怀让父亲的名讳。杜怀让一门四代不载于《新表》。《姓纂》京兆房有始平公一支，然云：“始平公攒，后魏度支尚书，生士峻、士琳。士峻孙瓌之，比部郎中、楚州刺史。”③《北史》卷七〇《杜杲传》云：“京兆杜陵人也。祖建，魏辅国将军，赠蒙州刺史。父皎，仪同三司、武都郡守。……其族父攒，……时仕魏，为黄

---

① 石存大唐西市博物馆。王其祎，周晓薇：隋代墓志铭汇考（第5册），北京：线装书局，2007年版，第353页。

② 石存大唐西市博物馆。图版载胡戟，荣新江：大唐西市博物馆藏墓志（上册），北京：北京大学出版社，2012年版，第108页；赵君平，赵文成：秦晋豫新出墓志蒐佚（第1册），北京：国家图书馆出版社，2012年版，第156页。

③ （唐）林宝：元和姓纂·附四校记（第2册），卷六，北京：中华书局，1994年版，第912页。

门侍郎，兼度支尚书、卫大将军、西道大行台，尚孝武妹新丰公主，因荐之朝廷。”[①]《周书》卷一〇《宇文亮传》又有大象初豫州“长史杜士峻”。今据墓志可补《姓纂》所阙士峻孙怀让、怀古二人及史传所阙士峻“周秘书郎、礼部大夫”官职，而最惜所阙士峻之子时任“苏州别驾”者依然未能知其名讳。

3. 出京兆本宗之杜冲一支

显庆三年（658）《大唐国子学生京兆杜冲墓志》略云：“君讳冲，字损之，京兆杜陵人也。曾祖徽，周昌城河内二郡守、随怀州长史、丰乡侯；祖公素，随怀州司户；父思仁，皇朝济源昌乐二县令、司农寺丞。”杜冲“永徽二年任国子学生，以显庆三年五月廿五日遇疾终于安兴里第，春秋廿有七，以其年九月廿七日葬于少陵之原”[②]。杜徽即太宗朝宰相杜淹的父亲，亦即太宗朝宰相杜如晦的祖父，《旧唐书·杜如晦传》曰：“祖徽，周河内太守。”[③]《新唐书·宰相世系表》“杜氏”记：“徽字晔，隋怀州长史、丰乡侯。生吒、淹。”[④]《元和姓纂》杜氏京兆房云：“晔，隋怀州刺史，生吒、淹。”[⑤]今据《杜冲墓志》可知杜徽除吒、淹二子外，复有一子公素、一孙思仁、一曾孙冲皆为史所阙。而《杜冲墓志》的出土地也应在杜淹、杜如晦、杜楚客一族的大茔近处，亦即今天的长安区大兆乡西司马村的少陵原畔。

4. 出京兆本宗之杜知谦、杜知谨一支

圣历三年（700）《大周故来庭县丞杜知谦墓志》略云：“公讳知谦，字知谦，雍州京兆人也。曾祖懿，随殿内监、甘棠郡开国公；祖乾祐，唐符玺郎；父续，唐主客郎中、鄜州长史。”知谦“秩满授洛州来庭县丞，以圣历三年正月四日寝疾终于洛州合宫县淳化里之私第，春秋卌五，其年二月十日即安于雍州明堂县洪原乡少陵原”[⑥]。长安四年（704）《大周公故通议大夫使持节邢州诸军事邢州刺史上柱国杜知谨墓志》略云：“君讳知谨，字知谨，京兆杜陵人也。自杜城分壤，灵根以固，京兆迁居，世胄弥郁。曾祖懿，随殿内监，甘棠郡开国公；祖乾祐，随符玺直长，父续，唐雍州司户、度支员外郎、主客郎中、鄜州

① 北史，卷七〇，北京：中华书局点校本，1974年版，第2428页。《周书》卷三九《杜杲传》“攒”作“瓒”。
② 石存西安碑林博物馆，2012年12月入藏。
③ 旧唐书，卷六六，杜如晦传，北京：中华书局点校本，1975年版，第2467页。
④ 新唐书，卷七二上，宰相世系表，北京：中华书局点校本，1975年版，第2419页。
⑤（唐）林宝：元和姓纂·附四校记（第2册），卷六，杜，北京：中华书局，1994年版，第913页。
⑥ 石存西安碑林博物馆，2012年12月入藏。

长史。”知谨春秋六十，“长安四年岁次甲辰四月景辰朔廿五日庚辰无禄于州之官舍，即以其年十月癸丑朔十八日庚午归葬于雍州万年县洪原乡少陵原，从先大夫之旧茔”①。杜懿、杜乾祐、杜续、杜知谦四代皆见载于《新表》“襄阳杜氏”与《元和姓纂》卷六杜氏京兆房，惟杜知谨为所缺载，且为知谦兄长。据墓志又知《新表》记知谦为邢州刺史，《姓纂》记知谦为天官员外、邢州刺史，皆误，邢刺乃为知谨官职，知谦乃终官来庭县丞。又杜续终官鄜州长史，亦不为《新表》与《姓纂》所记。杜乾祐，《新表》与《姓纂》皆不载其官职，《杜知谦墓志》记为“唐符玺郎”，《杜知谨墓志》记为“随符玺直长”。其实杜乾祐即杜祐字虔祐，唐以后文献多作“乾祐”。今《杜祐墓志》已经出土，笔者亦已撰文考证②，据其墓志可知杜祐仁寿三年（603）迁符玺直长，卒于大业六年（610），葬于大业九年（613），葬地在“大兴县洪原乡小陵原”，与杜知谦、杜知谨葬地“雍州明堂县（万年县）洪原乡少陵原”正相一致。而杜祐既然隋代已卒，又岂能任唐符玺郎，可知《杜知谦墓志》所记有误，复可证碑志材料在记忆三代祖以上职官时，往往会有差错而须谨慎对待。

5. 出京兆本宗之杜崇基一支

景龙三年（709）《唐雍州乾封县尉裴某墓志》略云：“夫人京兆杜氏，杜公之胤，杜伯之苗，大夫执法于汉朝，尚书举□于晋帝。曾祖懿，随银青光禄大夫、太子内舍人、金部礼部二侍郎、殿内监、甘棠县开国公。祖乾福，皇朝遂曹二州司马。考崇基，皇朝文成二州刺史。自府君殂殁，号泣婴疹，以垂拱四年终于安邑里第，春秋卌，粤以景龙三年七月迁葬少陵原礼也。”③ “迁葬少陵原”者，疑是杜氏，而非裴某，故杜氏应即葬于杜乾福一房的族茔。《新表》“襄阳杜氏”失见懿子乾福，而记懿长子乾播有子崇胤任成州刺史。④《元和姓纂》卷六杜氏京兆房载：“乾福生崇允、嗣及。崇允，成州刺史。”⑤ 以成州刺史职衔推之，崇允与崇胤当即同一人，而墓志所记“文成二州刺史”崇基亦当与崇允、崇胤为同一人。

---

① 石存西安碑林博物馆，2012年12月入藏。

② 王其祎，周晓薇：长安新出隋大业九年（613）《杜祐墓志》疏证——兼为梳理隋唐墓志所见京兆杜氏世系，见：杜文玉：唐史论丛（第14辑），西安：陕西师范大学出版社，2012年版，第1-6页。

③ 赵君平，赵文成：秦晋豫新出墓志蒐佚（第2册），北京：国家图书馆出版社，2012年版，第400页。

④ 新唐书，卷七二上，宰相世系表，北京：中华书局点校本，1975年版，第2424页。

⑤ （唐）林宝：元和姓纂·附四校记（第2册），卷六，杜，北京：中华书局，1994年版，第920页。

6. 出京兆本宗之杜该一支

天宝元年（742）《大唐故括州缙云县令杜该墓志》略云："公讳该，字该，京兆杜陵人也。曾祖懿，随殿内监、甘棠公。祖乾福，皇大皇太中大夫、曹遂二州司马。父嗣及，皇曹寧青三州刺史。公则青州府君之第三子也。起家尚舍直长，亲累，贬思州寧夷县尉，移括州括苍县丞，转青州司法参军，迁括州缙云县令。以开元廿九年六月三日遘疾卒于官舍，春秋五十有六。用天宝元年十一月十九日权殡于洛阳县平阴乡之原。嗣子韶等。"[①]《新表》"襄阳杜氏"失载懿子乾福，而记懿长子乾播有子崇胤任成州刺史。《元和姓纂》卷六杜氏京兆房则载"懿生乾福、乾右、乾祚"，"乾福生崇允、嗣及"，"嗣及，青州刺史"[②]，杜该与杜韶父子则为史所失载。据《姓纂》知《新表》之杜懿长子杜乾播应即杜乾福。杜该权葬洛阳，则意味着日后还将迁葬回长安杜氏族茔。以杜该与前举杜知谦为同曾祖兄弟，则其族茔亦当在长安城南郊之洪原乡少陵原。

7. 出京兆本宗之杜守立一支

天宝四年（745）《唐故德阳郡金堂县尉杜守立墓志》略云："君讳守立，字干，京兆人也。高祖宽，皇朝吴郡司马。曾祖忝，篮□惟皇历梓潼郡盐亭县令。祖嗣，□历明时，迁鄂郡蒲圻县令。父师度，皇京兆府五丈府折冲。"[③]《新表》"濮阳杜氏"有滕王府咨议、苏州司马义宽与无忝父子[④]，《元和姓纂》卷六杜氏濮阳房所记略同[⑤]，疑即墓志所载吴郡司马杜宽和盐亭县令杜忝父子。

8. 出京兆本宗之杜昇一支

贞元六年（790）《唐故滑州司马杜昇墓志》略云："公讳昇，字玨，京兆杜陵人也。曾祖崇基，监察御史、文成两州刺史。大王父正心，贰邑广都，驰声益部。皇考齐之，作掾右辅，莅职尤精。公即扶风府君第六子也。解褐调补鄜州洛交尉，寻以制举，宰于梁泉。寻迁鄜县丞，复改大理评事，充租用判官，转司直，拜京兆府功曹参军，调补渑池令，转滑州司马。以贞元元年六月廿日寝疾终于大梁之旅馆，春秋三百六十甲子。以六年十月廿八日归葬于□□县神

---

① 石存大唐西市博物馆。图版载胡戟，荣新江：大唐西市博物馆藏墓志（中册），北京：北京大学出版社，2012年版，第530页。又，志文中"皇大"二字盖为衍文。

② （唐）林宝：元和姓纂·附四校记（第2册），卷六，杜，北京：中华书局，1994年版，第920页。

③ 石存西安碑林博物馆，2012年12月入藏。

④ 新唐书，卷七二上，宰相世系表，北京：中华书局点校本，1975年版，第2438页。

⑤ （唐）林宝：元和姓纂·附四校记（第2册），卷六，杜，北京：中华书局，1994年版，第936-937页。

禾原以祔先茔。嗣子好礼等。”[1] 杜昇当即《新表》中之京兆功曹参军杜南昇。《新表》将杜正心窜乱作杜崇胤（据前文考证即杜崇允，亦即杜崇基，《新表》以正心、齐之系作崇胤子孙尤是的证）的曾孙，显然误低两代。[2]《元和姓纂》卷六杜氏京兆房载：“乾福生崇允、嗣及。崇允，成州刺史，生正仪、正心。正仪生望之，溱州刺史。正心生昇、南荣。昇，京兆功曹。南荣，长安主簿。”[3] 以此推判，崇基乃与崇胤（崇允）为同一人，而昇子好礼则可补史之阙。又以杜昇先茔在神禾原推之，则京兆杜氏在杜懿以下的茔域也不在一处，懿子乾祐一支仍葬在杜氏大茔少陵原，而乾福子杜崇基以下已将族茔向西迁到神禾原一带。

9. 出京兆本宗之杜偁一支

大和二年（828）《唐故尚食奉御杜偁墓铭》略云：“朝散大夫守殿中省尚食奉御上柱国京兆杜公讳偁，字正卿，户部郎中赠刑部侍郎良辅孙，丹王傅赠尚书右仆射演长子，年六十七，大和元年十月九日终于安仁里第，有子七人。第十六弟鸿胪少卿知四方馆事赐紫金鱼袋例。大和二年二月二十三日葬于万年县洪原乡，依先茔，祔崔氏夫人之墓。”[4] 长庆元年（821）《杜偁妻崔氏墓志》记其“元和十五年五月廿六日殁于安仁里杜氏私第，长庆元年二月五日葬于少陵原，从杜氏之先茔也”，“有子三人，曰宗鲁、家宝、鹤年，皆惠而未仕，女四人”[5]。京兆杜良辅、杜演、杜偁一支，《新唐书·宰相世系表》与《元和姓纂》皆不载。

10. 出自京兆本宗之杜黄裳一支

大和九年（835）《裴澥妻杜氏墓志》略云：“夫人京兆杜氏。夫人曾大父讳含章，任左千牛，累赠郑州刺史；夫人大父讳绾，任京兆府司録，累赠尚书左仆射；夫人父讳黄裳，任检校司空、同中书门下平章事兼河中、晋、绛、慈、隰等州节度使，累赠太尉。外族李氏，出赵郡，封东祖，世有大官。有弟兄四人，皆服勤儒业；姊妹五人，举其显者，由次姊适宰相韦执谊。夫人享年卅七，

---

① 石存大唐西市博物馆。图版载胡戟，荣新江：大唐西市博物馆藏墓志（中册），北京：北京大学出版社，2012 年版，第 678 页。

② 新唐书，卷七二上，宰相世系表，北京：中华书局点校本，1975 年版，第 2424 页。

③ （唐）林宝：元和姓纂·附四校记（第 2 册），卷六，杜，北京：中华书局，1974 年版，第 920 页。

④ 石存西安碑林博物馆，2012 年 12 月入藏。

⑤ 石存西安碑林博物馆，2012 年 12 月入藏。

大和乙卯岁，殁于崇贤里僦宅。以其年十一月廿九日权窆万年县宁安乡杜光里。”① 志文撰者为杜氏胞弟“朝议郎前守太子少詹事上柱国新野县开国男食邑三百户赐绯鱼袋”杜宝符。《新表》“京兆杜氏”一房记：“玄道，左千牛”，子“含章，定州司法参军”，含章次子“绾，京兆府司录参军”，绾长子“黄裳字遵素，相宪宗”，黄裳二子，长曰“胜字斌卿，天平节度使”，次曰“载”。②《元和姓纂》则失载杜黄裳一支。杜黄裳籍贯，《旧唐书》本传曰“京兆杜陵人”，《新唐书》本传曰“京兆万年人”，与墓志“京兆杜氏”契合，而新旧本传皆言黄裳二子长幼为“载弟胜”，则可证新表之误。今据墓志更可补杜黄裳一子杜宝符，且知杜黄裳有子四人，有女五人，其中一女“适宰相韦执谊”，亦与《旧唐书》黄裳本传“女嫁韦执谊”相符。“宁安乡”，约当今西安东南郊的曲江池到杜陵一带，因疑杜氏之权窆地当即杜黄裳一支之族茔所在。又据会昌三年（843）《杨宇妻杜驷墓志》略云“夫人京兆杜氏，唐丞相黄裳之孙，竟陵太守宝符之长女。会昌二年秋，太守终竟陵”③，以及大中五年（851）《杨宇墓志》略云“夫人京兆杜氏，故相国黄裳之孙，复州刺史宝符之女”④，可知宝符之女联姻于弘农杨氏，且知宝符之卒年与终官。

11. 出京兆本宗之杜浩一支

开成二年（837）《唐故扬州江阳县韦府君继室京兆杜娩墓志》略云：“夫人讳娩，字娩，其先京兆人也。曾祖讳敬同，皇中书舍人、鸿胪卿、袭封东阳公。大父从则，皇银青光禄大夫、工部侍郎、蒲州刺史。烈考浩，皇左卫录事参军。”杜娩“开成二年五月十□窆于京兆府万年县义善乡凤栖原，与府君同兆异穴”⑤。杜敬同父即太宗朝宰相杜淹，敬同与其子从则，皆载在《新唐书》卷七二上《宰相世系表》与《元和姓纂》卷六杜氏京兆房。

12. 出京兆本宗之杜绛一支

大中四年（850）《李郧夫人杜氏墓志》略云：“五代祖从则，京兆人也，银青光禄大夫、冬官侍郎、蒲州刺史；蒲州生自远，通议大夫、广平郡别驾，赠给事

---

① 北京图书馆金石组：北京图书馆藏中国历代石刻拓本汇编（第20册），郑州：中州古籍出版社，1989年版，第180页。

② 新唐书，卷七二上，宰相世系表，北京：中华书局点校本，1975年版，第2422-2423页。

③ 北京图书馆金石组：北京图书馆藏中国历代石刻拓本汇编（第31册），郑州：中州古籍出版社，1989年版，第104页。

④ 北京图书馆金石组：北京图书馆藏中国历代石刻拓本汇编（第32册），郑州：中州古籍出版社，1989年版，第69页。

⑤ 石存西安碑林博物馆，2012年12月入藏。

中；给事生倆，皇朝散大夫、洋州刺史，赠吏部尚书；尚书生佐，皇朝散大夫、大理正，赠太傅；太傅生绛，皇太子宾客。赠工部尚书。夫人即宾客之次女也。以大中三年归于虢州弘农县令、宗室郎，合好二姓，年才一周，以二月蓐中寝疾，明月二日卒于官舍，享年廿四。兄，吏部员外郎审权，深哀同气。郎以其年十一月廿八日窆于京兆府长安县福阳乡高阳原祔先茔礼也。”[①]《新表》即杜从则为杜淹孙、杜敬同子，又记从则子自远，自远子繁，繁子佐，大理正，佐次子元绛，太子宾客，元绛孙审权字殷衡，相宣宗懿宗。[②] 对照墓志，《新表》所记杜繁当即杜倆，而杜审权应为杜绛子，《新表》误作杜绛孙。《元和姓纂》卷六杜氏京兆房载：“从则生自远、昌远、志远。自远生佐，大理正。佐生元颖、元绛。元绛生审权。”[③] 由墓志可知，杜淹以下一支京兆杜氏族茔乃在京城正南偏西的高阳原，而京兆杜氏之茔域亦可知有三处，即城南的少陵原、神禾原、高阳原。

13. 出襄阳房之杜孝友一支

万岁通天二年（697）《故卫南令杜孝友墓志》略云“君讳孝友，字承亲，本京兆杜陵人也。五代祖随宋武南迁，因居襄阳，今为襄阳人也。……父崱，梁散骑常侍、安南将军、武江二州刺史，……祖怀瑶，梁尚书比部郎、晋安湘东二王府司马、梁秦豫三州刺史”，“夫人钱塘朱氏”，“以通天二年八月廿一日合葬于缑氏县景山之原”[④]。案志文明言此一支京兆杜氏早在南朝宋武帝永初年间便已南迁襄阳著籍了，故其祖茔乃在河南偃师的“缑氏县景山之原”。杜孝友及其父、祖一支《新表》不载。《姓纂》襄阳房云：“当阳侯元凯少子耽，晋梁州刺史；生顾，西海太守；生逊，过江，随元帝南迁，居襄阳。逊官至魏兴太守，生灵启、乾元（光）。灵启生怀瑀、怀琺。……怀琺，蔡州刺史，生岑、巑、岩、嵸、岸、崱、幼安。……崱，江州刺史。崱生中规、孝友。友孙行纪、行绎。”[⑤] 怀琺，《梁书》卷四六与《南史》卷六四的杜崱本传及《周书》卷三三与《北史》卷六九的《赵刚传》皆作“怀宝”，而库本则作“怀瑶”，故岑仲勉校记以此认为库本作“瑶”误。今据撰写于万岁通天二年（697）的《杜孝友墓志》，

---

① 石存大唐西市博物馆。图版载胡戟，荣新江：大唐西市博物馆藏墓志（下册），北京：北京大学出版社，2012 年版，第 906 页。

② 新唐书，卷七二上，宰相世系表，北京：中华书局点校本，1975 年版，第 2419-2420 页。

③ （唐）林宝：元和姓纂 · 附四校记（第 2 册），卷六，杜，北京：中华书局，1974 年版，第 916-917 页。

④ 石存大唐西市博物馆。图版载胡戟，荣新江：大唐西市博物馆藏墓志（上册），北京：北京大学出版社，2012 年版，第 300 页；赵君平，赵文成：秦晋豫新出墓志蒐佚（第 2 册），北京：国家图书馆出版社，2012 年版，第 326 页。

⑤ （唐）林宝：元和姓纂 · 附四校记（第 2 册），卷六，杜，北京：中华书局，1974 年版，第 930 页。

或恐作“怀瑶”不误，而正史作“怀宝”与《姓纂》作“怀琉”皆误。又墓志所云“五代祖随宋武南迁因居襄阳”者，当即杜逊。至于墓志“本京兆杜陵人……今为襄阳人”之说，亦可与杜崱本传“京兆杜陵人也。其先自北归南，居于雍州之襄阳，子孙因家焉”[①] 云云互证。另外，墓志亦可补史传所阙杜孝友及其父、祖官职之阙略。

14. 出濮阳房之杜荣观一支

长安三年（703）《雍州咸阳县丞杜荣观（字荣观）墓志》略云“本支百代，豪杰三徙，大夫迁于京兆，骠骑宅于南阳，君先祖凉州，别居东郡，故今为濮州濮阳人也”，“曾祖北齐侍御史、冀州长史讳绍，大父随本郡大中正征秘书郎讳昂，显考讳仁端，唐濮阳县令、濮州别驾、润州曲阿县令、简州司马”，“享年卌有九，唐仪凤二年正月一日卒于长安崇贤里第，其月八日权窆于万年县之韦曲北原”，“一子夭亡，终然无嗣”，“侄杭州余杭县尉晏”，“大周长安三年八月廿四日迁窆于洛州龙门山之西麓”[②]。杜荣观一支定著濮阳盖自其父仁端任唐濮阳县令始，故杜荣观虽以终官咸阳县丞而权窆万年县韦曲，然终究在长安三年(703）归葬于“洛州龙门山”之祖茔。又，《新表》濮阳房记隋雁门太守杜保有一子义博，义博有一子仁端，皆无官职，仁端一子元揆，天官员外郎[③]，知两仁端不是同一人。《姓纂》濮阳房无载。

15. 出洹水房之杜宇亮一支

开元二年（714）《杜宇亮墓志》云：“周绛州翼城县尉京兆杜府君讳宇亮，中书令、南阳公之从孙，汝阳府君之中子也。夙挺孝友，天资明叡，弱冠以旧德为清庙台斋郎，寻补此职。长安四年十二月晦，为凶人周丕所害。君闻恶若遇雠，有善必忠告，不违其短，人或难堪，故及此祸，时年二十有九。呜呼，奋九万之势而天阙北溟，覩三千之日而踟蹰东岱。以皇唐开元二年甲寅之岁二月己酉安厝于缑氏山汝阳君新茔之左礼也。悲夫，从闻与善，不遇孟光；终验无知，仍伤伯道。何嗟及矣，遂作铭云：颜空发白兮杜君短世，梁鸿未匹兮邓攸无裔，孤坟一恸兮从弦几岁。”[④] 开元二年（714）岁值甲寅，二月朔值己丑，

---

① 梁书，卷四六，北京：中华书局点校本，1973年版，第641页。

② 齐运通：洛阳新获七朝墓志，北京：中华书局，2012年版，第131页。

③ 新唐书，卷七二上，宰相世系表，北京：中华书局点校本，1975年版，第2438页。

④ 石存大唐西市博物馆。图版载胡戟，荣新江：大唐西市博物馆藏墓志（上册），北京：北京大学出版社，2012年版，第374页；赵君平，赵文成：秦晋豫新出墓志蒐佚（第2册），北京：国家图书馆出版社，2012年版，第429页。

己酉为二月二十一日。“中书令南阳公”者即杜正伦，正伦无嗣，而以兄正藏子志静嗣。杜正伦本传记其有从子求仁与从孙咸二人，而杜咸开元中尝任河北按察使、睦州司马。惟求仁“永淳中，授监察御史，坐事为黝令。与徐敬业举兵，为兴复府左长史，死于难”①。《新表》又记志静“出继叔正伦，安福令、嗣襄阳公”，志静惟一子“侨，怀州刺史”，侨二子，长子“咸，凉州都督”，次子“损，大理少卿”。此外，正伦兄正玄、弟正仪与正德皆不记子嗣。故杜宇亮是否志静子尚不能确定。而墓志记正伦为南阳公，杜宇亮父为汝阳府君，正伦本传则记其为南阳侯、襄阳公，志静亦嗣襄阳公，未详孰是。又，杜求仁尝参与文明元年徐敬业举兵而死于难，则距长安四年（704）杜宇亮被害20年，求仁卒时宇亮九岁。但墓志云“开元二年甲寅之岁二月己酉安厝于缑氏山汝阳君新茔之左”，即言“新坟”，则汝阳君盖亦卒世未久，故宇亮恐不可能是求仁之子。再以杜宇亮葬于襄阳房祖茔缑氏山而未葬于安阳一带推之，或杜宇亮一支自其父始已著籍襄阳矣。至于墓志之所以称族望为京兆，而不言洹水，盖自正伦入相后，其从子嗣们便多有冒为京兆房者。但以正伦为首的洹水房著籍京兆的一支，似一直不为京兆本宗所接纳。最典型的故事是《新唐书》杜正伦本传：“正伦与城南诸杜昭穆素远，求同谱，不许，衔之。诸杜所居号杜固，世传其地有壮气，故世衣冠。正伦既执政，建言凿杜固通水以利人。既凿，川流如血，阅十日止，自是南杜稍不振。”② 杜宇亮父子的“安厝于缑氏山”，或亦可说明洹水房杜氏难为京兆本宗所接纳。

16. 疑出洹水房之杜昌一支

天宝九年（750）《魏故京兆杜君神道记文》略云：“君讳昌，字灵晖，厥先京兆人。……曾祖业，祖威，……父思齐，先朝授轻车都尉。……合葬于故邺城南卅五里杜固村北三里先人旧茔。”③ 杜昌卒在天宝九年（750），其墓志何以题“魏故”？容有疑问。又杜昌享年七十三，则其父是否可能在“先朝”即隋朝任职也有可疑。邺城有“杜固村”是否与京兆的杜氏地望名

---

① 新唐书，卷一〇六，《杜正伦传》附杜求仁传，北京：中华书局点校本，1975年版，第4039页。

② 新唐书，卷一〇六，杜正伦传，北京：中华书局点校本，1975年版，第4039页。其实京兆杜氏之所谓有北杜在杜曲而南杜在杜固之分，尚待考察，恐非京兆杜氏两大家族分支之区别，而是仅仅缘于地理位置上的区分。杜曲在北，因称北杜，杜固在南，因称南杜。详参前文“中唐杜佑一族茔域似与初唐杜如晦一族茔域在同一区域”注释。

③ 赵君平，赵文成：秦晋豫新出墓志蒐佚（第3册），北京：国家图书馆出版社，2012年版，第708页。

“杜固”（今长安城南神禾原上）者有所照应，以证明郧城杜氏也有“厥先京兆人”一支，亦值得考量。《新表》与《姓纂》皆未载杜业、杜威、杜思齐、杜昌一支。

笔者在此前的研究中曾认为，“即便是北朝以迄于隋唐的杜姓墓志之总和，今之所见亦不过六七十例，其中葬地在长安者还真是屈指可数，故能在隋唐京师尤其是城南杜陵故地发现隋唐杜姓墓志，委实并不易得”①，然而就上举新近检读到的18例杜姓墓志而言②，不仅已经大为丰富了隋唐杜姓墓志的总量，而且葬在长安城南者竟达13例之多，更有7例出自杜陵杜氏大茔所在的少陵原畔，这不啻为后续研讨唐代京兆杜氏本宗世系与其政治、社会地位的起伏迁变有着颇为重要的史料价值。

第三节　隋代《解方保墓志》与中古雁门解氏

进入21世纪以来，得益于大量出土文献尤其是墓志资料的整理与出版，对于隋代历史文化的研究也出现了新的气象与成果，同时又积极地吸引和推助了对于隋代研究的关注与进展。除去像大体量、成系统的《隋代墓志铭汇考》这样的著述以外，对于新出土隋代墓志文献的个案性考证和纳入地方性墓志汇编中的图版更随时有见披露，颇令研究者瞩目有加。隋代大业六年（610）刊葬的《解方保墓志》就是这样一例让研究者饶有兴趣的个案。

《解方保墓志》（图1-4）1999年出土于西安市长安区郭杜镇附近的隋唐高阳原之地，旋为西安碑林博物馆所收藏。嗣后，与之相关的研究文字依序有周晓薇《两方新出土隋代墓志铭解读》（其中的一方即《解方保墓志》）③，王其祎、周晓薇《隋代墓志铭汇考》第3册三二六《解方保志》并附考④，张安兴《读隋〈解方保墓志〉》⑤，另外，还因为该墓志书法端庄整饬，颇能代表大业年间“新

① 王其祎，周晓薇：长安新出隋大业九年（613）《杜祐墓志》疏证——兼为梳理隋唐墓志所见京兆杜氏世系，见：杜文玉：唐史论丛（第14辑），西安：陕西师范大学出版社，2012年版，第1-2页。

② 西安碑林博物馆2012年新入藏墓志中又有葬于长安县永寿乡永尹原的大和四年（830）《大唐故邠坊丹延等州节度监军太中大夫行内侍省内给事员外置同正员上柱国赠紫金鱼袋京兆杜英琦墓志》，因志主为宦官，故其祖亮、父俊、子全则、全略、全真四代世系暂不纳入研讨范畴。

③ 西安碑林博物馆：碑林集刊（第9辑），西安：陕西人民美术出版社，2003年版，第165页。

④ 王其祎，周晓薇：隋代墓志铭汇考（第3册），北京：线装书局，2007年版，第101页。

⑤ 张安兴：读隋《解方保墓志》，书法丛刊，2007年第5期，第39-40页。

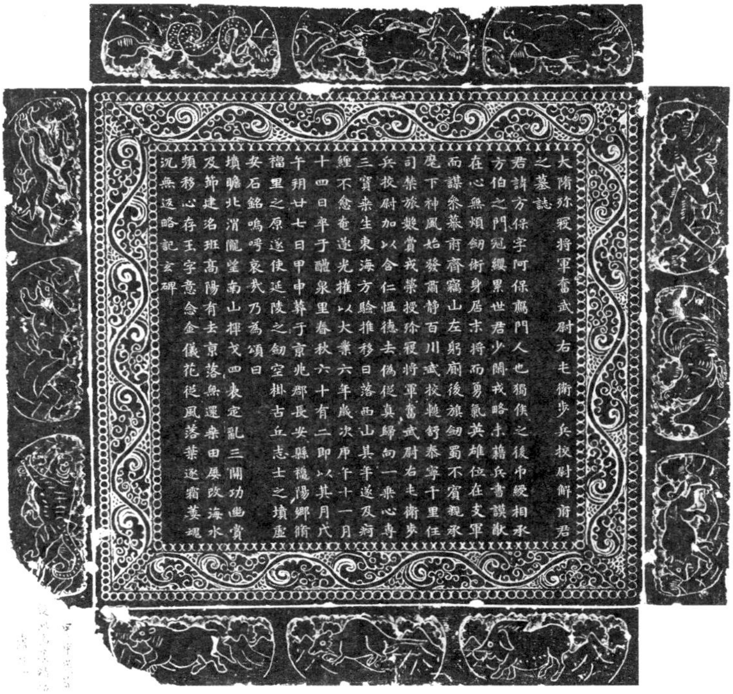

图 1-4　《解方保墓志》图版

体”楷书的长安样式，故已在本书第四章第一节“隋代‘新体’楷书的确立与其艺术旨趣”纳入研究范畴①，又因为该墓志线刻纹饰图案精致华丽，且极富时代特色，故亦已在本书第五章第一节“隋墓志所见山水花草纹饰与古代早期绘画史论的印证”②、第二节“隋墓志线刻图案中的四神与十二辰纹饰”③ 与第三节“隋墓志刻饰图案中的稀见纹样”④ 纳入研究范畴。而本节所要侧重的方面，则是拟就解氏在汉唐之间尤其是隋唐两代的人物与世系郡望乃至播迁流寓等情形予以专门梳理。

---

① 西安碑林博物馆：第六届中国书法史论国际研讨会论文集，北京：文物出版社，2007 年版，第 150-167 页。又可参见本书第四章。

② 周晓薇，王菁：隋墓志所见山水花草纹饰与古代早期绘画史论的印证，考古与文物，2008 年第 1 期，第 102-109 页。又可参见本书第五章。

③ 西安碑林博物馆：纪念西安碑林九百二十周年华诞国际学术研讨会论文集，北京：文物出版社，2008 年版，第 563-575 页。又可参见本书第五章。

④ 周晓薇，王菁：隋墓志刻饰图案中的稀见纹样——以《隋代墓志铭汇考》为基本案例，考古与文物，2009 年第 1 期，第 74-83 页。又可参见本书第五章。

一、《解方保墓志》与解方保其人

依据墓志图版，《解方保墓志》的刊刻基本要素如下：志石高 50 厘米，宽 49.5 厘米，厚 8 厘米，未见墓志盖。志文 19 行，满行 19 字，楷书，字间有方界格，字径 2 厘米，无撰、书人名。志文四边均以 5.5 厘米宽度环刻双排联珠与缠枝蔓草纹饰，志石四侧依序线刻十二生肖动物原形图案，十二生肖分别置于壸门内，作行走状，形象朴实，壸门中下部线刻山峦，上部减底刻树木。十二生肖次序为顺时针子午向排列，下侧正中为鼠，上侧正中为马，各生肖形象之首尾亦均呈顺时针方向衔接。

墓志全文如下：

大隋殄寇将军奋武尉右屯卫步兵校尉解府君之墓志

君讳方保，字阿保，雁门人也。独侯之后，巾绶相承；方伯之门，冠缨累世。君少闲戎略，未藉兵书；谟猷在心，无烦剑术。身居末将而勇气英雄，位在支军而谋参幕府。齐窃山左，躬厕后旗，剑蜀不宾，亲承麾下。神风始发，肃静百川；武校蹔舒，泰宁千里。任司禁旅，数赏戎荣。授殄寇将军、奋武尉、右屯卫步兵校尉，加以含仁愠德，去伪从真，归向一乘，心专三宝。桑生东海，方验推移；日落西山，其年遂及。痾缠不愈，奄遂光摧。以大业六年岁次庚午十一月十四日卒于醴泉里，春秋六十有二，即以其月戊午朔廿七日甲申葬于京兆郡长安县福阳乡修福里之原，遂使延陵之剑，空挂古丘；志士之坟，虚安石铭。呜呼哀哉，乃为颂曰：

坟瞻北渭，陇望南山。挥戈四表，定乱三关。功幽赏及，节建名班。高阳有去，京落无还。桑田屡改，海水频移。心存玉字，意念金仪。花从风落，叶逐霜萎。魂沉无返，略记玄碑。

从墓志记载可以归纳：志主解方保，字阿保，族望雁门（今山西北部代县一带），出身行伍，并终生司职军旅，在隋任殄寇将军、奋武尉、右屯卫步兵校尉。大业六年（610）十一月十四日卒于醴泉里，同月二十七日葬于京兆长安福阳乡修福里之原，终年六十二岁，以此上溯，则解氏生年在西魏大统十四年（548）。志文未记解方保的父、祖、子、妻等社会关系，其履历行事亦较为简单，在史书中也没有留下记载。因此，关于解方保及雁门解氏的族源世系与其在隋唐时期的房分和播迁情形，便成为启发笔者力图梳理考说的一个关节点。不过在考察之前，似需先将解方保的职官与卒葬地等问题，结合前述研究文字而略作交代，以便对解方保其人能够有较全面的了解。

关于解方保平生所莅职官，志文依序记有殄寇将军、奋武尉、右屯卫步兵校尉三职。检《隋书》卷二八《百官志》，殄寇将军初置于东汉，为杂号将军之一，历朝多因之，品秩不一。隋代的殄寇将军为正九品，至炀帝时散号将军皆罢之。因知解方保授任殄寇将军当在文帝时期。奋武尉在隋为八尉之第二等，散职，从六品。右屯卫在隋为十二卫之一，与左屯卫同为羽林军。步兵校尉始设于西汉武帝，领步兵屯于上林苑门，秩二千石，故有此称，历朝因之，为散官，品秩不一。在隋为五校尉之一，秩千石，品第六。并以此职为鹰扬府武官，每府设步兵校尉二人，各领步兵一团，正六品。此种职司与志文所谓“任司禁旅”正相合。又，志文云“齐窃山左，躬厕后旗”，当是指北齐据有山东地区，并在武平末年时与北周发生战事，而志主解方保则在彼时或曾以“后旗”（当即后队、后军）的身份参与了在晋州与晋阳对北齐的用兵[①]，直至讨平北齐。志文复云“剑蜀不宾，亲承麾下”，当是指北周末年“先是，上柱国王谦为益州总管，既见幼主在位，政由高祖，遂起巴、蜀之众，以匡复为辞，高祖方以东夏、山南为事，未遑致讨。谦进兵屯剑阁，陷始州。至是（大象二年七月），乃命行军元帅、上柱国梁睿讨平之，传首阙下。巴、蜀阻险，人好为乱，于是更开平道，毁剑阁之路，立铭垂诫焉”[②]。由此可知，解方保亦尝参与了对王谦的征伐，并“任司禁旅，数赏戎荣”，直至入隋授任殄寇将军、奋武尉、右屯卫步兵校尉等官职。

墓志云解方保大业六年（610）“卒于醴泉里”，以志主生前司职禁旅，又葬在京兆长安，则其所居醴泉里应即大兴城内坊里。检《唐两京城坊考》，知醴泉里为朱雀门街西第四街街西从北向南第四坊，坊中有醴泉寺，故名。又有妙胜尼寺、灵应观。唐长安城亦沿用此坊名。醴泉里的四个相邻坊里分别为东邻隆政坊、西邻居德坊、南邻利人市（唐改为西市）、北邻金城坊。墓志又云解方保“葬于京兆郡长安县福阳乡修福里之原”。案：大业三年（607）改雍州为京兆

① 譬如，北齐武平七年（576）“十二月戊申，周武帝来救晋州（今临汾）。庚戌，战于城南，齐军大败”。见：北齐书，卷八，帝纪八，北京：中华书局点校本，1972年版，第109页。又譬如，北齐隆化元年（576），延宗即位于晋阳（今太原），改元德昌，“延宗与周师战于晋阳，大败，为周师所虏”。又见：北齐书，卷八，帝纪八，北京：中华书局点校本，1972年版，第110页。

② 隋书，卷一，高祖本纪，北京：中华书局点校本，1974年版，第4页。

郡，统二十二县，大兴城内坊里则以朱雀门街为界，分别辖于街东的大兴县和街西的长安县。福阳乡在隋大兴城安化门以南，位置相当于今长安县郭杜镇与祝村之间，此地偏西隋代有修仁乡，到唐代即有福阳乡及阳原里，又有高阳乡。今据墓志，知福阳乡在隋大业前期已有，而唐之福阳乡应是沿用隋代乡名。则福阳乡与修福里均可补隋代乡里名称之阙。又，福阳乡地处高阳原之西首，高阳原为西北往东南走向，则墓志所称“福阳乡修福里之原”当是指的高阳原。另外，铭文“坟瞻北渭，陇望南山，高阳有去，京落无还”之“高阳”也显然是指高阳原。由此可知，墓志的出土地亦当在这一带。

墓志未记解方保祖上世系情况，只言其为“雁门人”。而解氏以雁门（今山西代县、繁峙）为郡望，似在汉代已有之，亦即解氏自春秋战国时期兴起于山西西南部的河东解州（今运城、临猗、闻喜一带），后遂向北、向东、向南播迁，而平阳（今山西临汾）与雁门应是最早播迁并成为解氏郡望的最大房系，其次复有济南（今山东济南）、定州（今河北定州）、河内（今河南沁阳）、赵郡（今河北赵县）、阳平（今河北馆陶）诸房，北魏时又有定州解氏流徙到扬州的一支。又，隋代解氏，除定著于长安的雁门人解方保外，隋墓志中还有定著景州平舒（今河北大城）的解盛一族望出济南，《隋书》又记有齐郡解象一人，隋代造像中还可见到东莞解尽爰、历城解省躬二人，隋代史料中为笔者所能见知的仅有这几例解氏人物与家族，论述详见下文。

二、姓氏谱牒文献所见解氏人物与世系郡望

追溯解姓的受氏起源，乃是来自春秋时为卿大夫的封邑，亦即姓氏来源形式中的“以邑为氏”。解姓为春秋时晋大夫解扬、解狐之后，其先食采于解，即古之解州，今之山西西南部运城、临猗、闻喜一带。汉晋以后解氏一支北上著籍雁门，一支东渐定居济南，遂成为中古时期最为显赫的解氏两大族望。解氏在中古史籍上留下声名者，汉代有御史大夫解延年、司隶校尉解光，晋代有“济南著人”梁邹侯解修，修有三子，长子雍州刺史解系、次子御史中丞解结、第三子弘农太守解育，南齐又有侨居南郡的雁门人孝子解叔谦，北齐有善相术的河内人解法选，唐代有御史大夫、济南男解琬，亦雁门人而徙家魏州，等等。尽管如此，解氏毕竟不属于中古姓氏中的高门大族，其族群数量亦不过是无法跻于百家姓之列的小宗而已。例如，《急就篇》有“解莫如”条，注曰：“解，地名也。在河东，因地为姓，故晋国多姓解氏焉。解张、解扬、解狐，皆其族

也。汉有解光、解延年，莫如，言无有能如之者也，汉有毛莫如。”[①] 可知自汉以来解姓只是在河东晋人中较为多见。

不妨以研讨汉唐时期姓氏的最重要的姓谱文献为证，即据《姓纂》、《通志》之《氏族略》及《古今姓氏书辩证》等对于解氏的记叙来给予考察。

《姓纂》卷六“解氏”云：“晋大夫解狐之后，其先食采于解，因氏焉。汉有御史大夫解延年，司隶校尉解光。”[②] 所记房分有济南、河南两支。济南房云：“晋雍州刺史解系。系弟结。结孙旆。唐御史大夫、济南男解琬，雁门人，徙家魏州。职方员外郎解忠顺，魏州贵乡人。”[③] 河南房云：“后魏《官氏志》解毗氏。”[④] 案：今《官氏志》作“解枇氏”，非“毗”，并云“后改为解氏”[⑤]。由此知《姓纂》所记解氏河南一房乃出胡姓，而非汉姓。又，《姓纂》卷八“解北”：“改为解。后魏别帅解北莫弗幡豆建。”[⑥] 案：《通志》作“后魏高车别帅解毗莫弗幡豆建”。可证此与《姓纂》卷六“解”姓中的河南一房为一事，即皆为胡姓。解姓在北魏有属于胡姓的一系，在《北朝胡姓考》内篇第三内入诸姓“解氏”中也有考订：“《官氏志》：‘解枇氏后改为解氏。’《广韵》十二蟹引《志》，‘枇’作‘批’。《姓纂》十二蟹引《志》作‘毗’，十五卦又作‘北’。‘北’当为‘比’之讹。‘枇’、‘批’、‘毗’、‘比’，皆一声之转，形复近似，故诸书舛误。按《魏书》卷一〇三《高车传》云，‘其种有解批氏’。下文又云，‘后高车解批莫弗幡豆建率其部三十余落内附’。据《太祖纪》，内附在天兴四年。‘莫弗’即胡语‘酋长’之意。据此，可知解枇氏本高车族之解枇部落，其酋幡豆建于天兴四年（401）率部归魏，遂为代人。孝文南迁，改为解氏。”[⑦] 又，《北史》记有西魏时高车人“夏州刺史解拔弥俄突”者[⑧]，或云为“斛拔”或“贺拔”之讹[⑨]，而笔者则怀疑或有可能是高车“解批”氏之讹。

又如，《通志》之《氏族略》第三“解氏”云：“晋大夫解扬、解狐之后，

---

① （汉）史游撰，（唐）颜师古注，急就篇，卷二，解莫如，上海：上海古籍出版社影印《文渊阁四库全书》本，1987 年版，第 223 册，第 21 页。

② （唐）林宝：元和姓纂·附四校记（第 2 册），卷六，解，北京：中华书局，1994 年版，第 963 页。

③ （唐）林宝：元和姓纂·附四校记（第 2 册），卷六，解，北京：中华书局，1994 年版，第 964 页。岑仲勉校记云：“忠顺，开元三年时侍御史，见《唐书》一九四下。”

④ （唐）林宝：元和姓纂·附四校记（第 2 册），卷六，解，北京：中华书局，1994 年版，第 964 页。

⑤ 魏书，卷一一三，官氏志，北京：中华书局点校本，1974 年版，第 3010 页。

⑥ （唐）林宝：元和姓纂·附四校记（第 2 册），卷八，解北，北京：中华书局，1994 年版，1259 页。

⑦ 姚薇元：北朝胡姓考，内篇第三内入诸姓，解氏，北京：中华书局修订本，2007 年版，第 156 页。

⑧ 见《北史》卷九《周本纪上》与卷四九《贺拔岳传》。

⑨ 见《周书》卷一校勘记 [九]、姚薇元《北朝胡姓考》内篇第三内入诸姓“何氏”。

其先食采于解，今解州即其地。汉有御史大夫解延年、司隶校尉解光。又解毗氏改为解。宋熙寧登科解澄，开封人，又有解九皋。”① 这里未将作为胡姓中的解毗氏改为解姓一系者予以区别说明。

再如，《古今姓氏书辩证》卷二四“解”云：“谨案《左传》晋郇瑕之地沃饶而近盐，即河东解邑，今之解州也。晋解狐后有解梁，不受楚赂，以死致君命于宋。案：《左传·宣公十五年》楚子围宋，传晋使解扬如宋。此云解梁，与传不合。解张字张侯，为郤克御破齐师有功，皆为名大夫。《姓纂》讨论此氏最详明可据，今从之。唐百济国大臣八姓一曰解氏。又巴西解思明，为后蜀李寿征东长史，寿僭立用为谋主，后坐劝立汉王广，为太弟所诛。”② 这里提及的“唐百济国大臣八姓一曰解氏”者，实在《隋书》已有记述，其略云：“国中大姓有八族，沙氏、燕氏、劦氏、解氏、贞氏、国氏、木氏、苩氏。”③ 由此可知，解氏至少在隋代以前的魏晋北朝之间已有一支东渐而播迁到百济，并成为“国中大姓”中的异姓八族之一。

据上引姓氏谱牒文献，知解姓在古中国姓氏中究属小姓，以致未能跻身于《百家姓》之列，且在史传志乘中能留下名姓者甚少，而事迹著名者则更为罕见。最为后人乐道的乃是襄公三年（570）晋大夫祁奚举荐其仇家大夫解狐为中军尉事，特别是为解氏家族史留下了一段“外举不隐仇”的唯才是举的佳话。④ 解方保一族籍贯雁门，即今山西代县地区，当是由山西西南部的河东解氏向北播迁到临汾、霍县并再向北徙居雁门的一支。志文中“独侯之后，巾绥相承；方伯之门，冠缨累世”之“独侯”与“方伯”正是指的望出霍县（今山西霍县）的晋大夫解扬与解狐。另外，唐代中宗睿宗时期任御史大夫、济南男的解琬（两唐书唯一有传之解姓）即为雁门人，后徙家魏州元城（今河北大名），亦或许是解方保同一族系而东渐的后昆。

三、正史所见解氏人物与世系郡望

姓氏谱牒文献中的汉唐间解氏人物与世系郡望多源自史传，故正可以依据

---

① （宋）郑樵：通志，卷二七，北京：中华书局，1987年版，第456页。

② （宋）邓名世：古今姓氏书辩证，卷二四，解，上海：上海古籍出版社影印《文渊阁四库全书》本，1987年版，第922册，第249页。

③ 隋书，卷八一，百济传，北京：中华书局点校本，1974年版，第1818页。《北史》卷九四《百济传》同，《新唐书》卷二二〇《百济传》略同。

④ 参见《左传》卷二九《襄公三年》、《史记》卷三九《晋世家》。

官修正史而予以解构并梳理之。依序约有如下解氏人物史料可资见证。

解氏受姓于晋南的先祖解扬、解狐，最早在《左传》中留下了盛名，而在《史记》中也同样给予了赞誉。例如，《史记》卷三九《晋世家》就有解扬救宋和解狐为祁奚荐举故事[①]，而在《郑世家》中亦有“霍人解扬字子虎”而救宋爵上卿的故事。[②] 而真正为《史记》所记载的汉代解氏人物，其实仅有《樊哙传》中的“太仆解福”一人而已。[③] 河东解州（今运城）虽是解氏最初的食采之地，而解扬、解狐的地望在《史记》中则记作“霍人”，这显然已比解州向北播迁了数百里而到了洪洞更北的霍太山一带。

《汉书》载解氏四人：《成帝纪》有“匠作大将解万年”与陈汤并徙敦煌郡事。[④]《霍去病传》有“渔阳太守解”，受爵关内侯，食邑三百户，惜不详名字。[⑤]《李寻传》有“哀帝初立，司隶校尉解光亦以明经通灾异得幸”，后“徙敦煌郡”[⑥]。《毛公传》有传承毛诗的“阿武令解延年”[⑦]。

《后汉书》载解氏二人：《杜茂传》记建武十二年（36）平定雁门与平城时有雁门人解胜因功封列侯[⑧]，这也是史料所见最早提到的雁门解氏，而雁门更在霍县以北数百里远。《方术列传》有解奴辜，云“不知是何郡国人也”[⑨]。

《三国志》载解氏三人：《魏书·武帝纪》记有汉献帝建安二十年（215）夜袭阳平关之解檦。[⑩]《魏书·高柔传》记魏明帝时有孝子“司徒吏解弘”[⑪]。《魏书·田豫传》记魏文帝时期有解儁。[⑫] 其中的解檦或即阳平人。

《晋书》载解飞、解思明二人及解系一族父子四人：《石季龙载记上》有

---

① 史记，卷三九，晋世家，北京：中华书局点校本，1959年版，第1677页、第1682页。

② 史记，卷四二，郑世家，北京：中华书局点校本，1959年版，第1769页。

③ 史记，卷九五，樊哙传，北京：中华书局点校本，1959年版，第2657页。又见：汉书，卷四一，樊哙传。

④ 汉书，卷一，成帝纪，北京：中华书局点校本，1962年版，第322页。又见：汉书，卷七〇，陈汤传。

⑤ 汉书，卷五五，霍去病传，北京：中华书局点校本，1962年版，第322页。

⑥ 汉书，卷七五，李寻传，北京：中华书局点校本，1962年版，第3192页。又见：卷二九《沟洫志》、卷九七下《外戚传》、卷九八《元后传》。

⑦ 汉书，卷八八，儒林·毛公传，北京：中华书局点校本，1962年版，第3614页。又见：卷一九下《百官公卿表》所记黄龙元年“廷尉解延年”，当亦同一人，第812页。

⑧ 后汉书，卷二二，杜茂传，北京：中华书局点校本，1965年版，第777页。

⑨ 后汉书，卷八二下，方术列传，北京：中华书局点校本，1965年版，第2749页。

⑩ 三国志，卷一，魏书·武帝纪一，北京：中华书局点校本，1965年版，第45页。

⑪ 三国志，卷二四，魏书·高柔传，北京：中华书局点校本，1965年版，第687页。

⑫ 三国志，卷二六，魏书·田豫传，北京：中华书局点校本，1965年版，第727页。

"尚方令解飞"①。《李寿传》云寿与"巴西解思明共谋据成都，称藩归顺"②，盖晋代在巴西郡已有解氏一支著籍于此。晋代最著名的解氏人物当数"济南著人"解系一族。解系、解结、解育兄弟三人，系为雍州刺史，结为魏郡太守，育为弘农太守，适逢氐羌叛乱，三兄弟遭赵王司马伦谮言而一同被杀。其父解修，为梁州刺史，晋武帝时封梁邹侯。此解家一门四人皆有传入《晋书》。③ 这也是有史可证的济南房解氏的最早脉系，而其地域则已比解州、霍县、雁门皆东渐了至少 800 里。

《魏书》载解氏二人：《李崇传》记有世宗初定州流人解庆宾、解思安兄弟"坐事俱徙扬州"之事④，这里有两点值得关注的信息，一是彼时河北定州已有解氏定著，二是解氏已有因流徙而居于扬州者。

南朝诸史载解氏约 11 人：《南齐书》卷五五《孝义传》有孝子"雁门解仲恭，亦侨居南郡"⑤，此与《南史》卷七三《孝义传》的孝子解叔谦当为昆季⑥。《梁书》卷三《武帝纪下》有大中通五年（533）"南郊令解涤之"⑦。又，《宋书》、《南齐书》、《南史》所载还有"梁相解隆"、"青州别驾解荣之"及解彦士、解僧智、解季逊、解士先、解奉君、解滂，其中多为山东兖籍。由此似可说明，彼时解氏入南者已不止少数，甚至有侨居到南郡（今湖北江陵）者。无论是流人的迁徙，抑或是族群的侨居，晋魏之间尤其是永嘉乱离之世无疑是最为繁剧的时期，其中不仅有中原姓氏与族群的远播，更有南北民族与文化的融合，这种远播与融合，甚至波及并影响到如东亚、东南亚等更见广大的区域。

值得注意的是，《南齐书》还有一条史料涉及来自百济国的解氏，其云"是岁（明帝萧鸾建武初），魏虏又发骑数十万攻百济，入其界，牟大遣将沙法名、赞首流、解礼昆、木干那率众袭击虏军，大破之"，建武二年（495），"解礼昆为行武威将军、弗中侯"⑧。由知百济国大臣八姓中的解氏至少在晋魏间已成为异姓豪族，而百济解氏的族源，最有可能是从济南或定州房因流徙而分出。

---

① 晋书，卷一〇六，石季龙载记上，北京：中华书局点校本，1974 年版，第 2763 页。
② 晋书，卷一二一，李寿传，北京：中华书局点校本，1974 年版，第 3044 页。
③ 晋书，卷六〇，解系传附弟结、结弟育，北京：中华书局点校本，1974 年版，第 1631-1633 页。
④ 魏书，卷六六，李崇传，北京：中华书局点校本，1974 年版，第 1468 页。
⑤ 南齐书，卷五五，孝义传，北京：中华书局点校本，1972 年版，第 946 页。
⑥ 南史，卷七三，孝义传，北京：中华书局点校本，1975 年版，第 1821 页。
⑦ 梁书，卷三，武帝纪下，北京：中华书局点校本，1973 年版，第 77 页。
⑧ 南齐书，卷五八，东南夷传，北京：中华书局点校本，1972 年版，第 1011-1012 页。

《北齐书》仅载解氏一人，即入了《方伎传》的解法选，其郡望为“河内人”[①]。前文所提到的北朝胡姓解批氏改解氏多随孝文南迁而定著洛阳，故《姓纂》中所谓的河南房解氏，实出胡姓。那么史传中出现的以洛阳乃至河内、平阴、偃师等为籍贯的北朝与隋唐解氏便有可能掺入胡人的种族，亦即固然发展壮大了解氏族群，却也难免烙上胡汉融并的印记。

《隋书》仅载解象一人，且仅知其为大业十年（614）齐郡“贼左孝友”的党人。[②]

两唐书有传的解氏仅解琬一人，略云“魏州元城人”，尝任西域安抚使、朔方军大总管、右武卫大将军、太子宾客，爵济南男，终同州刺史。[③] 前引《姓纂》则云解琬“雁门人，徙家魏州”，并列在济南房下。另外，仅见诸记载者复有四人：《旧唐书·突厥传下》有开元三年（715）“侍御史解忠顺”[④]，而前引《姓纂》则云“职方员外郎解忠顺，魏州贵乡人”，并列在济南房下。《新唐书·儒学传》有开元初“梓潼尉解崇质”[⑤]。《新唐书·宦者传上》有顺宗朝中人解玉。[⑥] 两唐书《经籍志》、《艺文志》俱载初唐人解忠鲠撰《龙武玄兵图》二卷。[⑦] 唐书所载解氏五人，其中两人著籍魏州，知魏州在唐已成解氏一大房分，然犹以雁门为茂族郡望焉。

梳理汉唐间正史，解氏肇姓于解州，后北向播迁霍县与更北的雁门，东向则徙居济南，大约晋魏以后更流散到定州、阳平、河内、魏州、齐郡等地，甚至有侨居南郡、扬州、巴西郡者。

四、北朝隋唐石刻文献所见解氏人物与世系郡望

检讨了传世文献中的解氏人物，似犹不能充分见证晋魏北朝与隋唐时期解

---

① 北齐书，卷四九，方伎传，北京：中华书局点校本，1972 年版，第 678 页。

② 隋书，卷七一，诚节·张须陁传，北京：中华书局点校本，1974 年版，第 1647 页。

③ 旧唐书，卷一〇〇，解琬传，北京：中华书局点校本，1975 年版，第 3112-3113 页。又见：新唐书，卷一三〇，解琬传，北京：中华书局点校本，1975 年版，第 4500-4501 页。

④ 旧唐书，卷一九四下，突厥传下，北京：中华书局点校本，1975 年版，第 5191 页。

⑤ 新唐书，卷一九九，儒学传中，北京：中华书局点校本，1975 年版，第 5681 页。

⑥ 新唐书，卷二〇七，宦者传上·俱文珍传，北京：中华书局点校本，1975 年版，第 5869 页。又参见：旧唐书，卷一八四，宦官传·俱文珍传，北京：中华书局点校本，1975 年版，第 4767 页。

⑦ 新唐书，卷五九，艺文志三，北京：中华书局点校本，1975 年版，第 1550 页。又见：旧唐书，卷四七，经籍志下，北京：中华书局点校本，1975 年版，第 2041 页。

氏的房分世系之大端，故还需将出土石刻文献中的北朝碑版造像与隋唐墓志所见解氏人物予以索引梳理，期望能更加丰富地勾勒出中古解氏的人物谱牒与世系脉络。

先将晋魏北朝碑版文献依时代为序列举如下：

西晋咸宁四年（278）《临辟雍碑》有解姓三人："礼生赵郡解肇长伦"，"礼生赵郡解庆长云"，"弟子阳平解种休征"①。此碑立于偃师，碑中记有赵郡（今河北赵县、元氏一带）与阳平（今河北馆陶、大名一带）两支解氏。

后赵建武五年（339）《元氏县界封刻石》云："三老张弁、解由、李臣。"② 此碑1999年出土于河北元氏县，解由能身为三老，则此时元氏一地确有解氏家族。

北魏太和年间（477—499）《解伯达造像记》云："都绾阙口、游激校尉司马解伯达。"③ 此为龙门二十品之一。

北魏景明三年（502）《孙秋生等造像记》云："唯那来祖香、解廷儁、董伯初。"④ 此为龙门二十品之一。

北魏景明三年（502）《高树、解伯都等造像记》云："邑主高树、唯那解伯都"，"解伯勍"⑤。此为龙门二十品之一。以上三种可以见证解氏在北魏洛阳一地的活动，而这些解氏是否即由解批氏所改的胡姓血统亦未可知。

北魏正始元年（504）《山公寺碑颂》云："典籤解敬宾。"⑥ 此碑2004年出土于甘肃宁县。缘此地偏于西鄙，不知胡姓解批氏之后否？

北魏正光四年（523）《鞠彦云墓志》云："母济南解、妻武威贾。"⑦ 墓志出土于山东黄县，志盖题"黄县都乡石羊里鞠彦云墓志"，可知济南解氏在北魏已是一大房分。

东魏武定元年（543）《道俗九十人等造像碑》云："邑解叔姬侍佛时。"⑧ 碑在河南沁阳。

---

① 毛远明：汉魏六朝碑刻校注（第2册），0208，北京：线装书局，2008年版，第2487页。
② 毛远明：汉魏六朝碑刻校注（第3册），0288，北京：线装书局，2008年版，第85页。
③ 毛远明：汉魏六朝碑刻校注（第3册），0372，北京：线装书局，2008年版，第324页。
④ 毛远明：汉魏六朝碑刻校注（第3册），0385，北京：线装书局，2008年版，第350页。
⑤ 毛远明：汉魏六朝碑刻校注（第3册），0386，北京：线装书局，2008年版，第353页。
⑥ 毛远明：汉魏六朝碑刻校注（第4册），0403，北京：线装书局，2008年版，第26页。
⑦ 毛远明：汉魏六朝碑刻校注（第5册），0637，北京：线装书局，2008年版，第227页。
⑧ 毛远明：汉魏六朝碑刻校注（第7册），0965，北京：线装书局，2008年版，第342页。

北齐太宁二年（562）《义慈惠石柱颂》云："典西曹掾解宝怜"，"解韩休"[①]。碑在河北定兴，北齐属范阳郡。柱高 7 米，为北朝碑刻中最雄伟者。

北齐天统元年（565）《优婆姨等造像记》云："法义解罗女。"[②] 造像出土地不详，而既署北齐年号，则当不出山左或山右地区。

北齐武平四年（573）《临淮王像碑》云："时（青州）长史解叔宝。"[③] 碑在山东益都县。

北齐承光元年（577）《张思文等造像记》云："像主李道和供养、和妻解供养。"[④] 石在山东诸城县。

由上述 12 例有解氏信息的从西晋到北齐的石刻材料看，当时解氏活动地域主要在北朝与北方地区，籍贯则有赵郡、阳平、济南三系（未见雁门与河东郡望），其中的赵郡一系为传世文献所未及，踪迹分布则有山东的益都、诸城、黄县，河北的元氏、定兴，河南的洛阳、沁阳、偃师，以及甘肃的宁县，而徙居山西以西及河南以南的解氏则究为少见。又从取样数量看，解氏终不过是族众甚微的小姓。

再看隋唐墓志中的解氏信息：

1990 年河北廊坊市大城县城关镇东关村出土的隋仁寿四年（604）《解盛墓志》略云："君讳盛，字鸿徽，景州平舒人也。本出济南，世为鼎族。门多冠盖，贵士如林。尔其先贤，有解狐者，祁大夫举为中军之尉，有解扬者，楚庄王许其致命而归。……洎于晋尚书令、雍州刺史解少连者，即君之所承矣。祖普贤，魏威远将军、兖州慎阳县令。父显庆，为州从事、县司功。……（君）去大周宣政元年，郡守皇甫公辟为主簿。……春秋六十有九，去仁寿二年，奄卒于宅。……粤以今四年岁次甲子正月戊戌朔廿四日辛酉迁葬于县城之东北一里高原之上。"[⑤] 由志文知彼时景州平舒（今河北大城）亦有解氏一支，且望出济南，为汉解狐、晋解系之后，其父祖三代更同在山左乃至本州莅职。隋墓志中仅有两例解氏，然解盛与解方保两族的地望不同。

唐贞观八年（634）《隋故征士解君墓志》略云："君讳深，字宣达，河东人，因邑命氏，世维冠族。狐则才能标誉，见称祁奚；扬则皇华忠烈，义动楚

① 毛远明：汉魏六朝碑刻校注（第 9 册），1178，北京：线装书局，2008 年版，第 103 页。
② 毛远明：汉魏六朝碑刻校注（第 9 册），1211，北京：线装书局，2008 年版，第 197 页。
③ 毛远明：汉魏六朝碑刻校注（第 10 册），1293，北京：线装书局，2008 年版，第 15 页。
④ 毛远明：汉魏六朝碑刻校注（第 10 册），1331，北京：线装书局，2008 年版，第 121 页。
⑤ 王其祎，周晓薇：隋代墓志铭汇考（第 3 册），北京：线装书局，2007 年版，第 89 页。

王。……祖周，广阳郡太守。父孙，少怀雅尚，托心箕颍。……以大唐贞观八年正月八日终于洛州里舍，春秋八十。粤以其月廿一日葬于邙山礼也。有子公逸，州举□士，除将仕郎。"① 又，唐永徽六年（655）《唐路基妻河东解氏墓志》略云："夫人讳□，河东闻憙人，其先晋大夫解狐之后也。……祖深，隋征仕郎；父逸，唐□仕郎。……粤以永徽六年七月五日卒于嘉善第，春秋卅。……即以是月十四日迁柩于邙山之阳礼也。"② 可知隋代解深一族乃望出河东闻喜而定著洛州。

唐显庆五年（660）《大唐武昌监丞韩行故夫人解氏墓志》略云："夫人姓解，名摩，字弘妃，雁门人也。后因隋任流播，又贯洛州洛阳县上东乡归仁里。祖，齐镇东□军、河间太守；父宾，隋衡州司户书佐。……永徽六年十二月二日染患，卒于鄂州武昌冶监公第。以显庆五年岁次庚申七月庚子朔十六日乙卯窆于洛阳邙山张方里，春秋六十有七。"③ 隋代解宾一支系出雁门，后因随宦流播而著籍于洛阳。

唐麟德元年（664）《解才墓志》略云："君讳才，字文才，河南偃师人也。其先晋将解系者，君即其后也。祖玄，父显……春秋七十有七，越以麟德元年十一月四日终于福善坊私第。夫人焦氏讳宝，洛阳人也。……去贞观十七年七月四日终于景行坊私第，春秋五十有五。以麟德元年十一月廿八日与君合葬于邙山礼也。……麟德元年岁次甲子十一月乙巳朔廿九日癸酉记。"④ 解才一系盖在初唐已随父祖徙出济南而定著偃师。

唐咸亨元年（670）《大唐故承奉郎行御史台录事云骑尉解君故妻赵夫人墓志》云："以咸亨元年四月八日终于辅兴里之私第，春秋六十有八。粤以其年岁次庚午十一月辛丑朔七日景午迁厝于长安县马祖原神泉乡礼也。长子宣义郎、行详刑评事昭德等。"⑤ 解昭德父子俱司职御史台，则彼时已著籍于长安。

唐长安三年（703）《唐故上柱国吏部常选王君墓志》云："夫人河东解氏。"⑥ 王君永淳二年（683）终于洛州合宫县陶化坊之里第，春秋五十有五。长安三年（703）迁葬于洛阳北原。

---

① 周绍良，赵超：唐代墓志汇编（上册），贞观 038，上海：上海古籍出版社，1992 年版，第 33 页。
② 周绍良，赵超：唐代墓志汇编（上册），永徽 136，上海：上海古籍出版社，1992 年版，第 220 页。
③ 周绍良，赵超：唐代墓志汇编（上册），显庆 141，上海：上海古籍出版社，1992 年版，第 318 页。
④ 吴钢：全唐文补遗（第 8 辑），西安：三秦出版社，2005 年版，第 272 页。
⑤ 吴钢：全唐文补遗（第 9 辑），西安：三秦出版社，2007 年版，第 432 页。
⑥ 周绍良，赵超：唐代墓志汇编（上册），长安 046，上海：上海古籍出版社，1992 年版，第 1024 页。

唐开元二十七年（739）《故游骑将军绛州相乡府折冲上柱国雁门解府君志铭》云："府君名有忠，字有忠，北伐（代）雁门解氏之子。曾府君□，皇朝御史大夫。祖府君□，皇兰州金城丞。父府君□，皇盐州参军。……以开元廿七年祀正月十四日卒于万年安易里之私第，阳秋六十有九。于戏主也有涯，分天数也。奈何不孝，遂见云亡。即以其年七月十二日祔于先茔国南高阳原，礼也。……公其无嗣，而□二女。"①

唐天宝十一年（752）《大唐故宁远将军守右金吾卫平阳郡羊邑府折冲都尉员外置同正员解府君墓志》云："公讳舜，字正己，京兆人也。昔赭鞭启运，袭炎帝之宗；苍先应期，承太公之胤。洎乎周成王俾司调鼎，以御八珍，膳宰割烹，齐和百味，因而赐姓，封雁门公焉。曾祖昭，祖欢，并遁世不仕，高赏云山，隐伦之秀也。考藏，唐朝散大夫、陇右监，寻迁京兆府真化府折冲。……公则监之第二子也。……以天宝十一载夏四月廿五日暴薨于公馆，春秋六十有二。……以其载夏六月廿七日祔葬于先陵马祖之原，……嗣子谈杨等。"② 既葬于"祖考旧封"之域，则此一支解氏著籍于京兆，至少三代矣。

唐宝历元年（762）《唐故宁远将军守左金吾卫大将军守并州竹马府折冲都尉解君故夫人张氏墓文》略云："都尉公讳晋卿，……去贞元廿年十一月十四日遘膏肓之疾，先夫人而终，权殡于柏台村西北平原礼也。……（张氏）以长庆四年冬十月十五日奄归泉壤，享年七十有四。卜宝历元年九月三日葬于潞州潞城县永济乡西王村西一里平原礼也。"③ 墓志未言籍贯，然葬在晋南潞州潞城。

唐宝历二年（763）《有唐故李氏故陈留解夫人墓志》略云："以贞元十八年七月廿五日终于三市之第，享年六十六。……以其年十二月七日权厝于平阴之原礼也。……嗣子元应，……宝历二年正月廿九日，自□扶护先考迁祔。"④ 墓志未言籍贯，然葬在河南平阴。

唐元和五年（810）《解进墓志》首题曰"大唐故雁门郡解府君墓志铭并序"，志略云："府君讳进，字进。族茂雁门，派别条分，今籍于京兆府鄠县八步乡解村人也。祖讳齐，而乐道不仕。府君即乐道之第二子也。修短不意。去元和四年三月四日，疾终于河南府河阳县太平乡树楼村之私第，春秋六十有五。

---

① 《解有忠墓志》2006年出土于长安县高阳原，石藏陕西省考古研究院，尚未刊布。

② 西安市长安博物馆：长安新出墓志，北京：文物出版社，2011年版，第184页。

③ 周绍良，赵超：唐代墓志汇编（下册），宝历009，上海：上海古籍出版社，1992年版，第2086-2087页。

④ 周绍良，赵超：唐代墓志汇编（下册），宝历015，上海：上海古籍出版社，1992年版，第2090页。

即以元和五年十一月十一日权厝于私第北二里原之礼也。霜妻李氏。……嗣子忠信，次子少迁，次子少恭，次子少璘，次子少仪，次□阿小，长新妇曹氏等。”[①] 墓志出土于河南孟县。解进一族望出雁门，彼时已著籍长安，却有葬于河南河阳（今孟县）。

唐大和二年（828）《唐风山故白衣功德主上座解氏墓志》略云：“上座解氏，法讳正念，姬姓元裔，积善流芳。……为定州陉邑县廉台乡王郝里人。……以（大和）二年闰三月十四日遘疾，终于崇业坊之宅，享年六十三。……殡于风山。”[②] 风山当在河北定州。

唐大和九年（835）《唐故盐铁转运江淮留后勾检官文林郎试太常寺协律郎骑都尉解君墓志》略云：“雁门解府君名少卿，字次□，曾绪，祖晕，父琚，君则次子。……享年六十六，大和九年九月七日寝疾终于私第。夫人蔡氏，有子二人，长牟，次章。……以其年十一月八日葬于扬子县风亭坊之原礼也。”[③] 解少卿一支祖籍雁门而迁居扬子。又，唐大中四年（850）《有唐故文林郎试太常寺协律郎骑都尉雁门郡解府君亡夫人上郡蔡氏墓志》亦云：“大中岁次庚午正月八日，夫人没于扬州扬子县通寰坊之私第，享年七十六。以其年夏四月十三日祔葬于县之西风亭坊之南原封之若斧者礼也。”[④] 据解少卿夫人墓志知其本来有子三人，长男牟，中男章，而小男申不幸早亡矣。以解少卿夫妇俱卒葬扬子县，则其一族盖已定著扬州扬子焉。

唐大中十二年（858）《张府君及夫人墓志》略云：“公望清河郡具州人也。……享年八十有七，以大中十一年二月十日，寿终于家。娶妻雁门郡解氏，……享年六十有三，开成四年九月廿四日，终于内寝。……克大中十二年岁次戊寅闰二月癸巳朔十日壬寅，罄其家财，戮力营坟。訇匍合祔于禄村西南五里之平原，礼也。而安厝之其地，南瞻常含之邑墅，北望百里之横冈，东临万里之长河，西睹上皇之祖庙。”[⑤] 墓志出土于晋南地区，2006 年 6 月入藏西安碑林博物馆。

又于隋代造像中捡得解氏二人：一是开皇四年（584）《阮景晖等造像记碑》

---

① 周绍良，赵超：唐代墓志汇编（上册），元和 042，上海：上海古籍出版社，1992 年版，第 1979 页。又载于《全唐文》与《中州冢墓遗文》。

② 周绍良，赵超：唐代墓志汇编续集，大和 009，上海：上海古籍出版社，2001 年版，第 886 页。

③ 周绍良，赵超：唐代墓志汇编（下册），大和 098，上海：上海古籍出版社，1992 年版，第 2165 页。

④ 周绍良，赵超：唐代墓志汇编（下册），大中 034，上海：上海古籍出版社，1992 年版，第 2276 页。

⑤ 赵力光：西安碑林博物馆新藏墓志汇编（下册），北京：线装书局，2007 年版，第 788 页。

题名有“法义解尽爱”[①]，因此碑为东莞县令丞尉等领衔所造，故题名者百人盖多为当地人氏。二是历城千佛崖隋代造像中有“解省躬记，妻邓同礼”一段[②]，则解省躬盖即历城解氏。至于唐代造像题记中的解氏，笔者尚未遑检索。

分析上举17例并加上解方保一例隋唐墓志与造像中的解氏信息，径言望出雁门者有七，望出河东者有二（其中1例为“河东闻喜”），望出京兆者有一，望出济南者有一，望出偃师者有一，望出定州者有一，其余3例墓志未注明籍贯（惟分别葬于河南平阴、潞州潞城、京兆长安），两例造像则一在历城，一在东莞。再分析解氏在当时的生活地域，景州平舒1例（望出济南而葬于平舒），晋南两例（其一望出雁门，其一葬于潞州潞城），扬州两例（皆望出雁门而葬于扬州扬子），长安有4例（皆葬于长安，而解方保与解有忠望出雁门），洛阳（含河阳）5例（2例望出河东而葬于洛阳，1例望出偃师而葬于洛阳，1例望出雁门今籍京兆而葬于河阳），河北定州陉邑1例（似亦葬于定州），葬在河南平阴1例，山东历城1例，山东东莞（今莒县）1例。与前文所述北朝解氏情形相较，解氏郡望最以雁门为著，而其活动范围则已向东南扩展。在人物世系方面也较为丰富，如解少卿、解舜一门皆记有五代，解深、解有忠一门皆记有四代，解盛、解进、解才一门皆记有三代，是皆可补《姓纂》房分与人物世系之不足。

新出隋大业六年（610）《解方保墓志》无疑是启发本节研究的一例良好素材，虽然其所披露的家族信息比较匮乏，但在研讨隋代雁门解氏与其播迁，以及大业年间京师长安的书法与绘刻艺术样式诸方面，却无疑成了颇为丰富且颇有价值的绝好见证。本节通过梳理并自然抽样出姓氏谱牒4种、正史13种38条与出土碑版墓志28例这三类文献，大要勾勒出汉魏隋唐时空下的解氏人物与世系郡望等基本情形，并试图从中了解和总结其基本特征。

姓氏谱牒与正史的记载约略可以相互佐证，谱牒侧重于族源与郡望中的世系，正史则侧重于史事中的人物，而石刻文献尤其是墓志对于解氏人物与世系郡望的记载最实时且翔实，故对于谱牒与正史的补益作用特别不能忽视。

特征之一：整合谱牒与正史所记解氏郡望，依次约有解州、平阳、霍县、雁门、济南、河南、定州、魏州、河内、齐郡、南郡诸房，而尤以兴盛于汉晋间的雁门和济南两房为著族。而藉助碑版墓志，又可再补赵郡、阳平、河东、

---

① （清）陆增祥：八琼室金石补正，卷二四，北京：文物出版社，1985年版，第149页。

② （清）陆增祥：八琼室金石补正，卷二四，北京：文物出版社，1985年版，第153页。

长安、偃师、景州、扬州等分支。

特征之二：解氏的活动范围，除其著籍地晋、冀、鲁、豫的中原腹地外，踪迹所到更有西南的四川巴西、西北的甘肃宁县、江苏的扬州之远。可知至少在隋唐时期，解氏的活动或生活地域就已经分布到华中、华北、华东和华南的广大地区。

特征之三：由于正史中对于解氏人物立传者甚少，《后汉书》有解奴辜一人，《晋书》有解系一门四人，《南齐书》有解仲恭一人，《南史》有解叔谦一人，《北齐书》有解法选一人，《唐书》有解琬一人，故墓志材料给予的补充竟显得十分丰富，如解少卿、解舜一门皆记有五代，解深、解有忠一门皆记有四代，解盛、解进、解才一门皆记有三代，记两代和一代者尤多，且往往有事迹可存。可以说出土石刻文献的记载，对于研讨解氏在汉唐之间的人物与世系郡望，不啻提供了倍增于史籍的原始素材。

特征之四：随着北魏孝文帝南迁，解氏尝因胡姓解批氏改解氏并定著洛阳而出现河南一房（见《姓纂》），同时也与中原解氏融并而壮大了解氏族群，但在族源与血统上毕竟是截然有别的。只是石刻文献所见居于或葬于洛阳的解氏，尚未见有透露其为高车解批氏胡族后裔者，而是多称望出河东或望出雁门。可见胡汉融合至深，解氏的族源问题正好是一例见证。

特征之五：南北朝时期，解氏入南者显然已不止少数，甚至有侨居到南郡者。无论是流人的迁徙，抑或是族群的侨居，晋魏之间尤其是永嘉乱离之世无疑是最为繁剧的时期，其中不仅有中原姓氏与族群的远播，更有南北民族与文化的融合，这种远播与融合，甚至波及并影响到如东亚、东南亚等更见广大的区域。解氏自然也不能例外。

最后补充强调一点，据前文所举《南齐书》明帝萧鸾建武二年（495）百济国解礼昆击虏封侯和《隋书·百济传》解氏为百济“国中大姓有八族”之一的记载，可以推知解氏至少在晋魏间已成为百济国大臣八姓中的异姓豪族，而百济解氏的族源，最有可能是从济南或定州房因流徙而分出者，至其祖述郡望亦不能排除会有攀附雁门者。又，《隋书》云百济国“行宋《元嘉历》”[①]，复可证南朝对于百济影响之深巨，而解氏或有一支在南朝初徙入百济也是可能的。对于这个问题的澄清，还需研治百济史与其氏族史者给予考究。

---

① 隋书，卷八一，百济传，北京：中华书局点校本，1974年版，第1818页。《北史》卷九四《百济传》同。

第二章
隋代避讳释例

封建皇朝时代，书写文字与语言表达往往不能直书和直呼帝王君主或父祖尊长之名，而须采用其他方式以回避之，此之谓避讳。古人敬其名而称其字，故避讳者，讳其名而不讳其字，此又谓敬讳，而狭义的避讳即专指敬讳而言。例如，《颜氏家训》所云："古者，名以正体，字以表德，名终则讳之，字乃可以为孙氏。"① 梳其源流，则这种中国古代封建社会所特有的文化礼俗，起于周而成于秦，行于汉魏南北朝，盛于唐宋，泯于清末，漫越两千年之久。欲了解和学习避讳学常识，自当首选陈垣先生具有架构意义的总论性著作《史讳举例》。从中我们乃能系统而明确地认知陈老所特别强调的避讳一事："其流弊足以淆乱古文书，然反而利用之，则可以解释古文书之疑滞，辨别古文书之真伪及时代，识者便焉。盖讳字各朝不同，不啻为时代之标志，前乎此或后乎此，均不能有是。"②

本章所作，特界定在隋代避讳中的敬讳一类，且以书写镌刻文字为考察对象。动因是业已完成了《隋代墓志铭汇考》③ 的工作和正在展开《隋代墓志铭与隋代历史文化》的课题，遂得以在相对丰富的隋代墓志铭兼及碑版、造像等石刻文献的资料的平台上，结合传世文献来检讨隋朝的避讳问题④，自然会便捷许多，举例释说也会明白许多。而其意义乃在隋朝是一个自汉末分崩历魏晋南北

---

① （北齐）颜之推撰，王利器集解：颜氏家训集解，卷二，风操，上海：上海古籍出版社，1980 年版，第 98 页。

② 陈垣：史讳举例，序，北京：中华书局，2004 年新 1 版，第 1 页。

③ 王其祎，周晓薇：隋代墓志铭汇考（全 6 册），北京：线装书局，2007 年版。这一课题系国家文物局重点研究课题（编号：2002012）。

④ 本章所取材于传世文献中的史讳实例，多参考自《史讳举例》、清周广业《经史避名汇考》、王彦坤《历代避讳字汇典》（中华书局，2009 年版）等。

朝300余年分裂而得重归一统的重要时代，所建立之制度与廓清之文化，无疑具有厘正纷乱与开启盛世的非凡影响。至其旨趣，又缘《史讳举例》自谓："兹编所论，以史为主，……故名曰《史讳举例》。"① 那么，本章所释，则是以石为主，旨在补充史书之不足，且有以印证于史讳。况因隋祚短暂，传世之隋代文献颇见匮乏，而正史之《隋书》又为唐人所纂，特少能见证隋人避讳现象，亦是《史讳举例》于隋代所举例证尤少的缘故，所以全面利用出土所见之隋代石刻文字（墓志为当时所刻，应能见证时人应用避讳之真实情形与一般常规，故可观数量的碑志文献当能聚现出官方或主流意志的思想文化规范），以作杨隋一代避讳礼俗之盘点，势必有"为史学之一助"的积极意义在，亦正如陈老所言"使考史者多一门路一钥匙也"②。于是，本章取题为"隋代避讳释例"，而其取材的范畴则主要依据于隋代墓志铭。

关于隋代避讳，《史讳举例》卷八《历朝讳例》第七十五南北朝避讳归结道："综观种种史实，南北朝避讳，实无定制，宽严随人意而异，故矛盾之事，并见于一时。入隋则讳禁稍严，渐开唐人风气矣。"③ 是否如此？或如《颜氏家训》所言"今人避讳，更急于古"？④ 本章拟从避讳的对象、方法和释例上条缕分析，并广事举说，以归理隋代避讳之大端。

第一节 隋代避讳对象

古代避讳的对象通常为帝君与尊长，为帝君避讳称为国讳，也叫公讳；为

① 陈垣：史讳举例，序，北京：中华书局，2004年新1版，第2页。

② 陈垣：史讳举例，序，北京：中华书局，2004年新1版，第2页。

③ 陈垣：史讳举例，序，北京：中华书局，2004年新1版，第115页。按南北朝避讳虽无定制，而通常士族官宦还是颇见讲究遵守此礼俗的。例如，《南史》卷六〇《徐勉传》："既闲尺牍，兼善辞令，虽文案填积，坐客充满，应对如流，手不停笔。又该综百氏，皆避其讳。"《南史》卷五九《王僧孺传》："太保王弘、领军将军刘湛并好其书。弘日对千客，不犯一人之讳。"《北齐书》卷六《孝昭皇帝纪》：（孝昭）"聪敏过人，所与游处，一知其家讳，终身未尝误犯。"又如，《隋书》卷七九《外戚·高祖外家吕氏传》："高祖外家吕氏，其族盖微，平齐之后，求访不知所在。至开皇初，济南郡上言，有男子吕永吉，自称有姑字苦桃，为杨忠妻。勘验知是舅子……永吉从父道贵，性尤顽騃，言词鄙陋。初自乡里征入长安，上见之悲泣。道贵略无戚容，但连呼高祖名，云：'种末定不可偷，大似苦桃姊。'是后数犯忌讳，动致违忤，上甚耻之。乃命高颎厚加供给，不许接对朝士。"

④ （北齐）颜之推撰，王利器集解：颜氏家训集解，卷二，风操，上海：上海古籍出版社，1980年版，第78页。

尊长避讳称为家讳，也叫私讳。中古以后为尊长避讳又往往纳入圣贤如孔子者。隋代帝君共有三位，即高祖文帝杨坚、炀帝杨广和广孙恭帝杨侑，再按照上讳三代的规矩，则文帝祖杨祯（追尊献王）、父杨忠（追尊太祖武元皇帝）也在隋讳之列。

1. 为帝君讳

最多见者为避正讳“忠”字及其同音嫌名“中”字[①]，其次为“祯”、为“坚”、为“广”，而“侑”字之避，或缘恭帝莅位改号义宁仅得半年（且大业年号仍与之并行到次年三月炀帝被杀）而迄未见有实例也。还有一位恭帝弟越王杨侗，亦尝缘宇文化及弑逆后在江都被大臣拥立并改元皇泰而遽为世充所杀，避其正讳者亦未有实例。又，隋代帝君皆单名，故不存在《礼》曰“二名不偏讳”的情况。

2. 为尊长讳

隋代碑志中较少见有为尊长先人避讳者，当然改字的方式是不会应用于为尊长先人避讳的，而缺笔的方式在隋代亦迄未发现，所偶见者惟有空格（包括不书名讳和在名讳前空格两种情形）的避讳方式。

3. 为圣人讳

隋代“丘”字未见有讳避现象，知其时尚不避圣人名讳，即不见后世改孔丘之丘为邱。隋代石刻文字中恒见“丘”字，如人名有：孔丘、吾丘、（左）丘明、浮丘（公）。地名有：太丘、雍丘、陶丘、营丘、顿丘、沙丘、首丘、灵丘、宛丘、寿丘。常语有：比丘、丘坟、丘墓、丘垄、丘园、丘垣、九丘、轩丘、古丘、帝丘、青丘、丘陵、丘阿、丘谷、丘壑、丘壤、云丘、丘夷、神丘、荒丘、高丘、山丘、青鸾之丘、就木丘中、一丘一壑。又，仁寿四年（604）《杨文愻志》记叙了这样一件事：“周明帝雅相赏异，许（文愻）以国姻。谓君头似尼丘山，乃赐敕以丘为名，以少尼为字，盖拟伦于孔甫也。”此足以见证当时不为圣人之名避讳。然有一例偶然缘尊崇释氏而避讳者，即大业十二年（616）《齐士干墓志》于“舍利”前空一格，与文中的“曾祖”、“祖”、“父”、

---

① 嫌名指与名讳字音相同或相近的字。《礼记·曲礼上》“礼不避嫌名”者，郑玄注曰：“嫌名谓音声相近，若禹与雨，丘与区也。”古礼臣子避君父名讳时，不讳声音相近的字。后世讳法加严，讳同字亦讳嫌名。此隋文帝以父名“忠”而兼避嫌名“中”，亦犹如汉宣帝名“询”而兼避嫌名“荀”也。讳嫌名实自汉以后始，如《颜氏家训》卷二“风操”云：“凡文与正讳相犯，当自可避，其有同音异字，不可悉然。吕尚之儿，如不为上；赵壹之子，倘不作一，便是下笔即妨，是书皆触。”可证齐隋之时嫌名之避尚宽泛未拘耳。

“皇朝”、“今上”等空格一致。

鉴于上述，则本章仅就隋代避讳中为帝君避讳之诸方面实例予以检讨辨析。

第二节 隋代避讳方法

隋代石刻所见常用的避讳方法主要有三种：改字、空字、空格与转行。

1. 改字

改字亦即代换字，此种避讳方式在隋代石刻文献中所见最多，知其为最常用之方式。北齐颜之推云：“凡避讳者，皆须得其同训以代换之：桓公名白，博有五皓之称；厉王名长，琴有修短之目。”① 将避讳归在“风操”，可知避讳一事在当时的主流认知中之于建设伦理纲常秩序的重要，正所谓“尊卑有序，以讳为首”②。隋代石刻文献中改字避讳即以同训代换为多见，如“忠”换“诚”、“中”换“内”等。此外，也有改字者，如“中书”改“内史”、“侍中”改“纳言”，“中正”改“平正”，“广宗县”改“宗城县”等。

2. 空字

《史讳举例》卷一《避讳所用之方法》第二避讳空字例云：“有因避讳，空其字而不书，或作空围，或曰‘某’，或径书‘讳’字，其例亦古。”③ 检寻隋代墓志文字，作空围、曰“某”者皆未见，仅有留出一格“空其字而不书”和不留空格亦不书父祖名讳而直书职衔者。前一种如开皇十年（590）《王曜志》：“祖，徐兖二州刺史；父，密云辽西安乐三郡太守。”开皇十五年（595）《尉永志》：“大父，千人别将，……父，朔州诸军事朔州刺史。”（泾阳县新出）后一种如开皇三年（583）《梁坦志》：“祖，廷尉，温温不猛。父，云中金声，外响玉润。”开皇十三年（593）《苏嶷志》：“曾祖，镇东将军、文城县开国公；祖，车骑将军、长水校尉、袭封文城公；考，卫将军、左光禄大夫、第一领民酋长。”这后一种不空亦不书者可否视为是与“空其字而不书”一样意在避讳的方式，还需考量。又见开皇三年（583）《寇遵考志》“公讳字遵考”，讳下不书名，

---

① （北齐）颜之推撰，王利器集解：颜氏家训集解，卷二，风操，上海：上海古籍出版社，1980年版，第74页。

② （隋）虞世南：北堂书钞：卷九四，“讳四十”注引《孔融集》，天津：天津古籍出版社，1988年版，第394页。

③ 陈垣：史讳举例，序，北京：中华书局，2004年，第3页。

亦不留空（据《周书》卷三七附传知遵考讳颙）；大业三年（607）《杨□志》“君讳 ，字 ”，讳下空一格而字下空两格且皆未填；大业六年（610）《李世举暨妻卢氏邢氏崔氏志》“君讳 ，字世举”与大业十一年（615）《元智志》“君讳 ，字 智”，“讳”下亦皆空一格未填，此仅见之四例志主不书讳与未及填讳者，或可归之于径书“讳”字的避讳方式，但又因为数量太少，似尚难以确认其是否皆有刻意避讳意图。若是，则宫人墓志中多只书姓氏，或仅仅以“讳字”二字代之者，也该属于避讳了，恐怕未妥。

此类不书名讳而或许也是意在对志主的一种避讳的形式虽不多见，但将名字位置作留空未填抑或是待填之情形，可能正是入唐后所演生的“填讳”方式，如大历九年（774）《张锐墓志》署“姊夫李西华题讳”，又如，贞元十五年（799）《彭王傅徐浩碑》碑末署“表侄河南府参军张平叔题讳”等皆是。

3. 空格与转行

隋代石刻所见此种避讳方式以国讳（包括前朝帝讳）为常见，约有：天子、大隋、皇隋、皇上、主上、今上、皇帝、皇后、皇族、皇运、皇基、天旨、诏书、敕书、令旨、朝旨、上圣、上皇、朝廷、圣朝、太祖、太上皇帝、文皇帝、高祖文皇帝、睿圣、睿想、帝、朕、御、銮舆、驾幸、公主、优旨、宸悼、元明太后、二祖、两宫、武元皇帝、王府、承华、大明、休明、明化、宫闱、天门、紫望、内宫、仙居、春宫、东宫等指代性字词，多于这些名称前或作空格（以一二字为率）或作转行（亦曰提行、抬头，又亦即唐代所谓的“平阙式”[①]，而所谓“平阙”的避讳方式在两晋南北朝碑志中已往往见之，尤以西晋咸宁四年（278）《临辟雍碑》、永嘉元年（145）《王浚妻华芳墓志》为典型）。而避讳之，然空格之数目与转行之标准，尚未有见专门之严格规定。故有同一名称而空格数目不同者，也有同一名称而有转行有不转行者。当然，这种方式也并非大多数石刻都严格执行，反而也有许多石刻（尤以开皇二年德广郡公《李和志》为代表）不作空格避讳，而作转行者更尤其少见，此亦可证隋世避讳之法尚宽。

---

① （唐）李林甫等撰，陈仲夫点校：唐六典，卷四，礼部尚书，“凡上表、书、笺、启及判、策、文章，如平阙之式。”李林甫注：“谓昊天、后土，天神、地祇，上帝、天帝，庙号，祧皇祖、妣，皇考、皇妣，先帝、先后，皇帝、天子，陛下、至尊，太皇太后、皇太后、皇后、皇太子皆平出；宗庙、社稷，太社、太稷，神主、山陵、陵号，乘舆、车驾，制书、敕旨，明制、圣化，天恩、慈旨，中宫、御前，阙廷、朝廷之类并阙字；宗庙中、陵中、行陵、陵中树木、待制、乘舆车中马，举陵庙名为官，如此之类，皆不阙字。若泛说古典，延及天地，不指说平阙之名者，亦不平出。若写经史群书及撰录旧事，其文有犯国讳者，皆为字不成。”北京：中华书局，1992年版，第113页。

相比于国讳，家讳所见用此种方式者较少，亦鲜见用指代性字词，通常以在父、大父、祖、曾祖、高祖前甚至还有的在指代志主的“君”字前空一格者为多。例如，开皇二年（582）《杨通志》、开皇六年（586）《于宽志》（大唐西市藏石）、开皇十年（590）《耿雄志》（大唐西市藏石）、仁寿四年（604）《李静暨妻曹氏志》、大业六年（610）《阎静志》、大业九年（613）《郝伏愿志》（延长县出土）、大业十二年（616）《齐士干志》、大业十三年（617）《陈雄志》（长治县出土）等皆是，而开皇十年（590）《张景略志》和开皇十三年（593）《苏嶷志》则分别于祖、考、君与曾祖、祖、考三代全用转行避讳方式。总之，此种情形虽未见严格，却也形成了一时相沿之风尚，更有仁寿二年（602）《邓州舍利塔下铭》于“皇帝”前空一格，又于“舍利”前亦空一格，显然表示与皇帝并尊，盖佞佛者敬礼之至焉，此亦一类特例。另外，前代帝王本不必空格，而隋刻开皇十三年（593）《陈思王曹植碑》竟于“魏太祖武皇帝”、“魏高祖文皇帝”、“齐孝昭皇帝”的“皇”字前皆空一格，却不在魏、齐下空格，复更在北齐年号“皇建”前亦空一格，尤不可解。“盖书碑者不通文义，但知皇字之尊，而不知所以尊之也。”①

再附带说一种叫作“缺笔”的避讳方法，此种方法通常是缺写某字之末笔。《史讳举例》卷一《避讳所用之方法》第三避讳缺笔例总结道：“避讳缺笔之例始于唐。唐以前刻石，字多别体，不能定何者为避讳。北齐颜之推《家训·风操篇》，言当时避讳之俗甚详，亦只云‘凡避讳者皆须得其同训以代换之’，可见当时尚无缺笔之例。”② 并进而推断：“避讳缺笔，当起于唐高宗之世。”③ 又特别举例说明：“《雪堂校刊群书叙录》下云：‘往在武昌，于杨星吾舍人许，见所藏古写本《春秋集解》桓公残卷，舍人跋称是北齐人书。然观《桓公十八（当作十六）年传》，冬城向，注引《诗》“定之方中”及“此未正中也”，二中字作㞢，缺末笔之下半，避隋讳，乃隋写本，非出北齐，舍人未之知也。’又跋敦煌本《文选》云：‘《王文宪集》序内，衷字缺笔作哀，为隋代写本，尤可珍。’是须先考定唐以前有无缺笔之例为主，似不能以六朝别体，或一时讹误之字，为避讳之证也。”④ 今普查以隋代碑版墓志为大端的石刻文字，确未发现一例作缺

① （清）叶昌炽撰：语石，卷九，抬头三则，王其祎校点，沈阳：辽宁教育出版社，1998年版，第245页。
② 陈垣：史讳举例，序，北京：中华书局，2004年新1版，第5页。
③ 陈垣：史讳举例，序，北京：中华书局，2004年新1版，第6页。
④ 陈垣：史讳举例，序，北京：中华书局，2004年新1版，第6-7页。

笔避讳者，是更能够充分印证陈垣老的见地之凿凿。

除上述之外，隋代石刻文献中亦未发现作“某”、作“某甲”及在行文中标“讳”的形式[①]，而作变体拆字、草书连字及析言倒言者，盖皆出现于唐宋以后。

第三节　隋代避讳释例

一、正讳“忠”

“忠”字是隋文帝父亲即隋文宗的名讳，按常理对开朝皇帝及其父祖三代应该是要严格避其正讳的。而实际上却有诸如大业十一年（615）《元智志》径称“曾祖忠”而不避讳的，更且文中“侍中”两见亦不改为“纳言”而兼避嫌名“中”字。罗振玉《读碑小笺》（增订本）即因此跋曰：“隋人避文宗讳，‘忠’字皆改作‘诚’，‘中’字亦以同音改作‘内’。隋太仆卿元公（即元智）墓志乃不讳‘忠’字，未详何故。”[②] 罗振玉所谓“皆改”自是偏颇过实之词，而“未详何故”之故，清人钱保塘尝有这样的解释：“忠字不避隋讳，殆临文不讳之义。”[③] 不过这里的“忠”字不仅是犯了正讳，更且是用为与隋文宗同名，应该不比于一般的临文书写，故按理显然是要避而易之，亦即“得其同训以代换之”的。《礼记·曲礼上》云：“诗书不讳，临文不讳，庙中不讳。”《疏》曰：“诗书，谓教学时也；临文，谓礼执文行事时也。”[④]《礼记·玉藻》云：“于大夫所，有公讳，无私讳。凡祭不讳，庙中不讳，教学临文不讳。”《疏》曰：“谓士及大夫言，但讳君家，不自私讳父母也。教学临文不讳者，教学为师长也，教人若讳，疑误后生也；临文谓简牒及读法律之事也，若讳则失于事正也。”[⑤] 行礼庙祭时读文乃至教学临写中不讳似可以理解，而当撰书文章甚至命名用字亦不加

---

① 《北史》卷七二《李德林传》有“（文）帝以之付晋王讳”云云，此盖避炀帝名讳而沿袭旧文（《隋书·李德林传》作“晋王广”），或可视为标讳一例，北京：中华书局点校本，1974年版，第2507页。

② （清）罗振玉：《雪堂类稿》甲《笔记汇刊》之《读碑小笺》“隋元公墓志不避忠讳”，沈阳：辽宁教育出版社，2003年版，第24页。

③ （清）钱保塘：清风室文钞，卷一一，清风室丛刊，民国二年（1913）刻本。

④ 礼记，曲礼上，北京：中华书局影印阮元校刻《十三经注疏》本，上册，1980年版，第1251页。

⑤ 礼记，玉藻，北京：中华书局影印阮元校刻《十三经注疏》本，上册，1980年版，第1482页。

避讳帝君者则实在于理不通。而这种于理不通的不讳不易现象又在大量而广泛的隋代石刻文字中竟比比可见，其远不止《元智志》一例。

仅以墓志铭统计，“忠”字不讳者有逾 40 例之多。其中，用为人名者，除《元智志》外，又有“成忠县开国公”（开皇二年《茹洪志》）、“西门忠”（开皇二十年《陈诩志》）、“阎怀忠”（大业六年《阎静志》）；用为爵号、谥号者，“忠简公”（开皇三年《封子绘暨妻王楚英志》）、“咸阳忠武王”（开皇十七年《斛律彻志》）、“临贞忠公”（仁寿元年《杨宏志》、大业三年《杨素志》与《杨实志》等）、“卢忠公”（仁寿三年《尉琼仁志》，大唐西市博物馆藏石）、“临贞忠壮公”（大业十年《杨岳志》）、“鄱阳忠烈王”（大业十一年《萧翘志》）、“忠武王”（大业十二年《段济志》）、“忠侯”（大业十二年《齐士干志》）；用为官名者，有“建忠将军”（开皇十二年《赵龄暨妻郭氏志》）、“忠坚将军”（仁寿元年《韩辅志》）、“忠书郎”（大业十一年《萧翘志》）；用为一般语词者，有“尽忠事主”（开皇三年《李亮志》）、“忠德在门”（开皇三年《刘鉴志》）、“晒忠謇之轨册……宽慈忠恕”（开皇三年《皇甫光暨妻辛氏志》，陕西省考古研究院藏石）、“赞助尽忠”（开皇九年《韩智志》）、“事君立荀宁之忠”（开皇十二年《赵龄暨妻郭氏志》）、“谁其能忠”（开皇十二年《李钦暨妻张氏志》）、“忠信之操弥成”（开皇十三年《叱奴辉暨妻贺遂氏志》）、“忠泉始涌”（开皇十四年《□敬暨妻董氏志》）、“忠而能力”（开皇十五年《梅渊暨妻李氏志》）、“酌损之忠”（开皇十六年《贺若谊碑》，今存咸阳市博物馆）、“不尚忠义立名”（开皇十九年《刘睦志》）、“忠以奉国”（仁寿元年《阳瑾志》）、“忠孝立身”（大业三年《陈君妻王氏志》）、“出忠入孝”（大业三年《常丑奴志》）、“包括忠孝之道”与“尽忠于国”（大业五年《元袆志》）、“弃身忠赵”（大业六年《张芳志》）、“奉上怀忠”（大业六年《羊玮志》）、“世笃忠良”（大业七年《□睦志》）、“代产忠良”（大业八年《李肃志》）、“忠良天素”（大业八年《高紧志》）、“德合忠孝”（大业八年《张伏敬志》）、“乃识忠贞”（大业九年《长子明志》）、“在国尽忠”（大业十年《宋文成志》）、“在国为忠”（大业十一年《明云腾志》）、“忠义高于战国”（大业十一年《张寿志》）、“忠敏内发”（大业十一年《萧翘志》）、“中兴台辅”（大业十二年《段济志》），等等，不尽枚举。可见隋代避讳犹相似于南北朝的“实无定制，宽严随人意而异，故矛盾之事，并见于一时”焉。①

① 陈垣：史讳举例，卷八，“历朝讳例”第七十五南北朝避讳，北京：中华书局，2004 年新 1 版，第 115 页。

再检对正史，复于《隋书》和《陈书》中得三条引征隋人文字不避“忠”字例：

（1）《隋书》卷六二《梁毗传》载梁毗劾杨素封事有云：“所私皆非忠谠，所进咸是亲戚。”[①]《北史》卷七七本传同。

（2）《隋书》卷七〇《杨玄感传》载玄感《与樊子盖书》云：“夫建忠立义，事有多途。”[②]《北史》卷四一本传同。

（3）《陈书·鲁广达传》载江总开皇九年（589）撰《侍中中领军鲁广达墓铭》云：“独摽忠勇，率御有方。”[③]

案：此三例皆用为常语，而非引经据典，故不当是唐人回改若“诚”、“忠”代换之类。

不过，《隋书》中竟也留下数条用为人名谥号而避讳“忠”字例，盖为唐人所疏于回改者：

（1）《隋书》卷二《高祖下》：“韩擒虎进师入建邺，获其将任蛮奴，获陈主叔宝。”校勘记曰：“任蛮奴，即任忠。隋人讳‘忠’，改称他的小字。”[④]

（2）《隋书》卷五二《贺若弼传》：“进屯蒋山之白土冈，陈将鲁达、周智安、任蛮奴、田瑞、樊毅、孔范、萧摩诃等以劲兵拒战。”校勘记曰：“鲁达任蛮奴，《廿二史考异》：‘《陈书》作“鲁广达”，此避讳去一字。蛮奴本名“忠”，亦避讳称其小字。’”[⑤] 上两条参详《陈书》卷三一、《南史》卷六七《任忠传》。

（3）《隋书》卷四六《张煚传》：“与素破陈将吕仲肃于荆门。”校勘记曰：“吕仲肃，张森楷《隋书校勘记》：‘《陈书·陈慧纪传》作“吕忠肃”，《南史》作“吕肃”，盖本是“忠肃”，隋人讳改或省。’”[⑥] 此是因隋人避讳而改陈人吕忠肃复名为单名例，又知改“忠”为“仲”而不避同音一例。

（4）《隋书》卷七九《外戚·高祖外家吕氏传》：“至开皇初，济南郡上言，有男子吕永吉，自称有姑字苦桃，为杨忠妻。”（《北史·外戚传》同）校勘记

---

① 隋书，卷六二，梁毗传，北京：中华书局点校本，1973年版，第1480页。

② 隋书，卷七〇，杨玄感传，北京：中华书局点校本，1973年版，第1617页。

③ 陈书，卷三一，鲁广达传，北京：中华书局点校本，1972年版，第420页。《全隋文》作“开皇九年”。

④ 隋书，卷二，高祖下，北京：中华书局点校本，1973年版，第32页、第56页。

⑤ 隋书，卷五二，贺若弼传，北京：中华书局点校本，1973年版，第1344页、第1347页。

⑥ 隋书，卷四六，张煚传，北京：中华书局点校本，1973年版，第1262页、第1264页。

曰："杨忠妻，'忠'原为空格，各本多作'讳'，今补'忠'字。"[①] 此亦隋人讳"忠"之的证。只是既然"原为空格"，则各本多作标"讳"的形式，也许为唐以后人所标。又《北史》卷七二《李德林传》亦有"（文）帝以之付晋王讳"一例[②]，盖与此同式。

（5）《周书》卷二五《李远传》：远卒于周武帝建德元年，"谥曰忠。隋开皇初……改谥曰怀"[③]。

此外，亦有不作人名而避讳"忠"字者。《隋书》易《忠节传》为《诚节传》[④]，即是一例为前人道及的避讳实证。《老学庵续笔记》尝云："唐初，魏郑公等撰《隋书》，以隋文帝之父名忠，故凡'忠'字皆谓之'诚'，谓死事之臣为《诚节传》，书中凡忠臣皆曰'诚臣'。书作于唐，犹为隋避讳，骤读之，殆不可晓。太宗诗云：'疾风知劲草，板荡识诚臣。'亦是避隋讳耳。"[⑤] 以此推之，则《隋书》之《诚节传》隋文帝云"我平陈国，唯获此人。既能怀其旧君，即是我诚臣也"，《杨素传》炀帝引古语云"疾风知劲草，世乱有诚臣"，文帝诏云"论素此心，事极诚孝"，《炀帝纪下》大业八年（612）正月诏云"虐及弗辜，诚而遇祸"，《于仲文传》仲文狱中上书云"子孝臣诚"等，当同样是当世讳"忠"为"诚"之习语。另，《南史》也有"我之诚臣"（见《王准之传》）、"以固诚节"（见《王猛传》）、"密布诚节"（见《垣崇祖传》）等，或以为皆是撰者李延寿袭用其父大师旧稿因避隋讳耳。[⑥] 又有成书于开皇年间的《颜氏家训》，亦多见"诚孝"、"诚臣"、"诚谏"等避隋讳之改字。[⑦]

综上，避讳"忠"字多以"诚"字代换[⑧]，或省却"忠"字。而"忠"字虽为正讳，犹有避与不避之矛盾并见于一时，特以石刻中不避者为多，盖实无定

---

① 隋书，卷七九，外戚·高祖外家吕氏传，北京：中华书局点校本，1973 年版，第 1788 页、第 1795 页。

② 北史，卷七二，李德林传，北京：中华书局点校本，1974 年版，第 2507 页。

③ 周书，卷二五，李远传，北京：中华书局点校本，1971 年版，第 422 页。

④ （清）顾炎武：日知录，卷二三，周苏平，陈国庆点注，兰州：甘肃民族出版社，1997 年版，第 1026 页。"前代讳"云："唐长孙无忌等撰《隋书》，易《忠节传》以诚节，称苻坚为苻永固，亦避隋文帝及其考讳。自古相传忠厚之道如此，今人不知之矣。"

⑤ （宋）陆游撰：老学庵笔记·老学庵续笔记，李剑雄点校，北京：中华书局，1979 年版，第 137 页。

⑥ 王彦坤：历代避讳字典，北京：中华书局，2009 年版，第 415 页。

⑦ （北齐）颜之推撰，王利器集解：颜氏家训集解·叙录，上海：上海古籍出版社，1980 年版，第 1 页。

⑧ 复有一特例，即（北魏）郦道元注，王先谦校订：水经注，卷四〇，渐江水："'昔子胥亮于吴，而浮尸于江。'全氏（祖望）云：'隋人避讳改忠为亮。'" 成都：巴蜀书社，1985 年版，第 605 页上。以亮代忠者仅此一例，未详确属避讳否？

规，诚所谓“宽严随人意而异”。

二、嫌名“中”

“忠”为正讳，那么与其同音近义的嫌名“中”字也自然在避讳之列。惟正讳尚且是“宽严随人意而异”，则嫌名之讳恐同样不会严格，而实际上在隋代文献中对于“中”字的避讳确是多见宽疏的。《通典》“中书令”条云：“隋初改中书为内史，置监令各一人，寻废监置令二人。炀帝大业十二年，又改内史为内书，后复为内史令。”[①]“侍中”条又云：“隋又改侍中为纳言，置二人，炀帝大业十二年又改纳言为侍内。”小注曰：“隋氏讳忠，故凡中皆曰内。”[②]《齐东野语》云：“隋文帝父讳忠，凡郎中皆去‘中’字。侍中为侍内，中书为内史，殿中侍御为殿内侍御，置侍郎不置郎中，置御史大夫不置中丞，以侍书御史代之，中庐为次庐。”[③] 所谓“凡中皆曰内”、“凡郎中皆去‘中’字”等，皆不免夸大偏颇之说。首先，地名之郡县确有“中邱”改“内邱”、“中江”改“内江”、“中牟”改“内牟”、“中部”改“内部”、“中乡”改“内乡”、“中陶”改“内陶”、“阆中”改“阆内”、“中阳”改“内阳”、“云中”改“云内”、“褒中”改“褒内”、“汉中”改“汉川”、“中山”改“鲜虞”等[④]，亦多得以《隋书》及隋代碑志证见之。例如，开皇九年（589）《赵市迁墓志》“在内丘城西廿二里卜茔厝兆”，开皇二十年（600）《独孤罗墓志》“云内（中）盛乐人”、仁寿元年（601）《裴相志》“开皇始追授内（中）牟”，大业二年（606）《鞠遵暨妻董氏志》“定州鲜虞（中山）人”，大业十二年（616）《宋永贵志》“汉川（中）赞治”者皆是。证以史册，有《隋书·地理志中》太原郡榆次县：“后齐曰中都，开皇中改焉。”[⑤]《汉书·地理志上》南郡中庐县下颜师古注曰：“在襄阳县南。今犹有次庐村。以隋室讳忠，故改忠为次。”[⑥] 此说当是改“忠”之嫌名“中”为次。《元和郡县图志》河北道定州：“后魏道武帝平慕容垂子宝为中山郡，…… 隋开皇元年，以‘中’字犯庙讳例，改中山郡为鲜虞郡。大业三年，改为博陵郡，

---

① （唐）杜佑：通典，卷二一，职官三，北京：中华书局，1984 年版，第 125 页。
② （唐）杜佑：通典，卷二一，职官三，北京：中华书局，1984 年版，第 122 页。
③ （宋）周密撰：齐东野语，卷四，“避讳”，张茂鹏点校，北京：中华书局，1983 年版，第 56 页。
④ 参见《隋书·地理志中》、《旧唐书·地理志二》、《旧唐书·地理志四》、《元和郡县图志》卷二二等。
⑤ 隋书，卷三〇，地理志中，北京：中华书局点校本，1973 年版，第 854 页。
⑥ 汉书，卷二八上，地理志第八上，北京：中华书局点校本，1962 年版，第 1567 页。

遥取汉博陵郡为名也。九年，又改为高阳郡。隋末陷贼，武德四年讨平窦建德，复置定州，复开皇之旧名也。”①《元和郡县图志》剑南道下绵州巴西县：“本汉涪县地，属广汉郡。……后魏改为巴中县，隋开皇元年避庙讳，改为巴西县。”②《资治通鉴》卷一七四《陈纪八》宣帝太建十二年（580）“梁睿至汉川”胡三省注曰：“汉川，即汉中，隋避讳，改曰汉川。”③

不过，更多的竟有不予讳改的实例，除了泛指地域名称中的关中、秦中、中原等不见讳改外④，又如，开皇九年（589）《元范妻郑令妃志》犹称“荥阳中牟人”，开皇九年（589）《王昌志》犹称“中牟爰雉”，大业元年（605）《常丑奴志》犹称“中牟乳雉”。又有开皇三年（583）《张颜志》径称“定州中山人”，开皇十四年（594）《侯肇暨妻古氏志》仍称“起家授息州朗中县令”，大业六年（610）《李椿妻刘婉华志》亦称“中山安喜人”。更有“中山贵族”（开皇十二年《李钦暨妻张氏志》“夫人张氏，中山贵族”）、“中部郡守”（开皇十五年《巩宾志》“周二年，除敷州中部郡守”）、“中阳郡守”（开皇九年《王昌志》“寻除中阳郡守”）、“中山郡守”（开皇二十年《谢成暨妻李氏志》）、“中都县开国侯”（仁寿元年《郝伟暨妻王氏志》）、“南中府长流将军”（大业六年《刘士安志》）、“资中武康獠”（大业九年《杨文思志》）等皆未予讳改。

另外，官职名称乃是体现宽疏程度最大的一类。检索墓志文中带“中”字的职名多达60余例。诸如侍中（未尽改纳言，如大唐西市博物馆藏开皇十四年《刘仁恩志》“父纳，魏侍中”，大业十一年《苟君暨妻周大娘志》“诏曰侍中”），中书令（未尽改内史令，大业十一年《王衮暨妻萧氏志》“曾祖暕，梁侍中……中书令。祖穉，梁侍中……考诵，梁侍中、中书令”），中书侍郎（未尽改内史侍郎，大业九年《萧瑾志》“拜中书侍郎，专直禁闼”），中书舍人（未尽改内史舍人，西安新出土开皇元年《华端志》“孝昌之始，解褐奉朝请，历任大行台右丞、中书舍人”，陕西省考古研究院藏开皇十一年《刘世清志》“齐皇建初……迁中书舍人”），中书监（大业十一年《王衮暨妻萧氏志》“高祖俭，齐侍中、中书监”），中书博士、秘书郎中、中外府记室、中散大夫、中书郎、中侍中、中

① （唐）李林甫撰：元和郡县图志，卷一八，贺次君点校，北京：中华书局，1983年版，第510页。
② （唐）李林甫撰：元和郡县图志，卷三三，贺次君点校，北京：中华书局，1983年版，第849页。
③ （宋）司马光等：资治通鉴，卷一七四，陈纪八，北京：中华书局，1956年版，第5423页。
④ 惟“中国”有讳作“内国”者，见：（宋）司马光等：资治通鉴，卷一七七，隋纪一，北京：中华书局点校本，1956年版，第5504页。开皇九年（589）春正月“陈人觇之，以为内国无船”胡三省注曰：“内国即中国，隋避讳，改曰内。”

常侍、给事中、中散别将、中军将军、中权将军、中垒将军、中卫将军、中坚将军、中监将军、中兵参军、中侍上士、太中大夫、正中大夫、内史上大夫、内史中大夫、司宪中大夫、乡伯中大夫、司成中大夫、典祀中大夫、左司武中大夫、右宫伯中大夫、前侍伯中大夫、右侍伯中大夫、右少司卫中大夫、右内雄俊中大夫、工部中大夫、王国中大夫、左司武中录、治中、南中郎、殿中监、殿中尚书、殿中少监、殿中司马、殿中将军、尚书礼部郎中、尚书驾步郎中、从事中郎、御史中丞①、太子中庶子、郎中令、前侍中士、右侍中士、右厩中士、掌式中士、给事中士、左给事中士、掌左中士、宫门中士、大府中士、天官府治中士、地官司赋中士、大丞相府中郎、都督大行台郎中、虎贲中郎将等，不尽一一，触目多见。

至于一般叙述性文字中出现的“中”字更多不见讳改。例如，开皇元年(581)《华端志》铭文曰：“先德乘乾，中宗封岳。”(西安新出土，自藏拓本)开皇三年(583)《皇甫光暨妻辛氏志》云：“君资黄中之纯气，踵遐迹于轩辕。……良木中摧，高峰倏坠。”(陕西省考古研究院藏)开皇六年(586)《于宽志》：“纨绮之中，卓然独立。”(大唐西市博物馆藏)开皇八年(588)《韩恒贵志》：“四海中分。”(西安新出土，自藏拓本)开皇九年(589)《安备志》：“上世慕中夏之风，大魏入朝。……入夏世久，与汉不殊。此即蓬生麻中，不扶自直者也。”(洛阳新出土，石藏大唐西市博物馆)仁寿四年(604)《首山栖岩道场舍利塔碑》云：“河东太守正议大夫陈公窦庆，武元皇帝之外孙、上柱国陈懿公之中子”，又云“齐圣中兴，王道深入”。大业五年(609)《宁赟碑》有“节尽中朝”、“中权后劲”之语。大业十一年(615)《元智志》亦云“道盛中原”、“粤自居中”。而迄今所见有讳改者，惟开皇十三年(593)《东阿王庙碑》“王乃黄内通理，温淑含英”一句改“中”为“内”一例。又，《隋书》卷一《高祖上》载周帝禅位诏改“允执厥中”作“允执厥和”②，盖亦缘避隋讳而为史

① 隋改御史中丞为治书侍御史，见：隋书，卷二八，百官下，御史台，北京：中华书局点校本，1973年版，第775页、第796页。《旧唐书》卷四四《职官三》“御史台”御史中丞下小注云：“隋讳中，改为持书御史，为从五品。武德因之，贞观末，避高宗名，改持书御史为中丞，置二员。”(中华书局点校本，1975年版，第1862页)唐书中的持书即治书，唐人避高宗名讳而改治为持。《初学记》卷一二《御史中丞第七》云：“五代史百官志云：北齐又改为中丞。隋室讳中，省中丞，增持书御史之品以代之。唐初因之，贞观末省持书侍御史，又置中丞。”(中华书局，2004年版，上册第290-291页)今隋代石刻文献中有“治书侍御史”与“御史中丞”互见，知其讳禁未严。

② 《隋书》卷一《高祖上》校勘记〔一一〕云：“‘和’应作‘中’，语出《古文尚书·大禹谟》。隋人讳‘忠’，‘中’与‘忠’同音，因改‘中’为‘和’。”北京：中华书局点校本，1973年版，第27页。

家追改者。

由前举碑志实例似能见证隋代避讳嫌名较之于唐代确乎不甚严格之情形，无论立于地表为人易见之碑版，抑或埋入墓中掩人耳目之志石，概莫能外。当然，既是“宽严随人意而异”，则行避讳者亦不乏其例。常见避讳的官职名称如下。

1. “侍中”改“纳言”

例如，开皇三年（583）《寇遵考志》、大业三年（607）《杨素志》、大业九年（613）《杨文思志》、大业十二年（616）《苏威妻宇文氏志》等皆有“纳言”之称。开皇十一年（591）《杨鹓志》又曰“纳言上士”。亦有改为“侍内”者，见开皇三年（583）《王士良志》、开皇十一年（591）《杨詘志》、大业十一年（615）《陈叔明暨妻到氏志》。

2. “中书监”、“中书令”改“内史监”、“内史令”、“内书令”

例如，开皇六年（586）《李敬族志》、开皇十四年（594）《赵芬碑》、大业三年（607）《杨素志》、大业九年（613）《杨约志》等皆曰“内史令”。开皇三年（583）《寇遵考志》曰“大内史”、“小内史”。大业三年（607）《杨素志》曰“河间内史”。大业四年（608）《杨德志》曰“方伯内史”。大业十二年（616）《唐直志》曰“内史”。大业十一年（615）《陈叔明暨妻到氏志》曰“内书令”。仁寿三年（603）《张俭暨妻胡氏志》云“起家为内史学生，专经字业”。大业十三年（617）《杜府君妻郑善妃志》云“大业十三年五月一日逝于宫城内史省”。墓志中尚未有见“内史监”实例，盖缘制置未久即废监存令。《隋书》卷一《高祖上》云开皇元年（581）二月甲子“以柱国、相国司马、渤海郡公高颎为尚书左仆射兼纳言，相国司录、沁源县公虞庆则为内史监兼吏部尚书，相国内郎、咸安县男李德林为内史令”①。可证隋初“内史监”与“内史令”尝并存，未久废监存令。

3. “中书侍郎”改“内史侍郎”

例如，大业三年（607）《杨素志》、大业六年（610）《韦夫人元咳女志》、大业七年（611）《姚辩志》及西安新出大业十一年（615）《尹彦卿志》等皆曰“内史侍郎”。又，仁寿元年（601）《裴相志》“祖，司徒内郎”的内郎当亦内史侍郎。

---

① 隋书，卷一，高祖上，北京：中华书局点校本，1973年版，第13页。

4. “中书舍人”改“内史舍人”

例如，大业九年（613）《豆卢寔志》、大业九年（613）《张顺暨妻王氏志》、大业十二年（616）《牛方大志》等皆曰“内史舍人”。仁寿四年（604）《杨文愻志》曰“补内史通事舍人”。亦有改称“内书舍人”者，见开皇三年（583）《王士良志》、开皇十一年（591）《杨緦志》及开皇十五年（595）《赵芬碑》。

5. “殿中”改“殿内”

例如，开皇八年（588）《韦略墓志》、开皇十四年（594）《扈志碑》、仁寿元年（601）《陈晖暨妻刘氏志》、大业十二年（616）《齐士干志》等皆曰“殿内将军”①，又大业十二年（616）《齐士干志》曰“殿内直长”，大业三年（607）《浩喆志》曰“殿内司马”等。

6. “御史中丞”改“治书侍御史”

例如，大业三年（607）《杨□志》曰“治书侍御史”，大业六年（610）《杨秀志》曰“皇子国治书”。亦有改为“御史内丞”者，见开皇三年（583）《王士良志》。

7. “中侍中”改“内侍”、“中常侍中”改“内常侍”、“给事中”改“内给事”（大业三年又改内承奉）、“中谒者”改“内谒者”

例如，开皇十四年（594）《惠云法师志》、大业六年（610）《姬威志》皆曰“内侍”，开皇五年（585）《宋虎志》、大业十一年（615）《荀府君妻宋玉艳志》皆曰“内常侍”，惟开皇六年（586）《韩祜志》犹作“中侍中”、“中常侍”。大业七年（611）《刘则志》曰“内给事”，而犹作“给事中”者更多。“中谒者”与“内谒者”尚未见到实例。

8. “中郎”改“内郎”

例如，仁寿元年（601）《裴相志》“祖，司徒内郎”，即司徒府从事中郎。又，开皇七年（587）《关明志》“虎贲内郎将”，即虎贲中郎将。开皇十五年（595）《赵芬碑》“尚书兵部郎”更将“郎中”省却为“郎”。

9. “民部中大夫”改“民部尚书”

例如，大业九年（613）《杨文思志》曰“民部尚书”。《隋书》亦有此一例可与互证，即《隋书》卷一《高祖上》：“开府、民部尚书、昌国县公元岩为兵

---

① （宋）司马光等：资治通鉴，卷一七九，隋纪三，文帝仁寿元（601）年“殿内将军河间刘炫”胡三省注曰：“殿内将军，即殿中将军，隋避讳改之，属左、右卫。”北京：中华书局点校本，1956 年版，第 5423 页。

部尚书。”校勘记曰：“民部尚书，本书《元岩传》作‘民部中大夫’。隋人讳‘忠’，改‘中大夫’为‘尚书’。”① 然依前所举碑志所见官职例，知隋人并未尽改“中大夫”为“尚书”焉。

至于正史，同样也有不少可以见证隋人避讳嵌有“中”字官职的情形，固然《隋书》等五史及南北史皆出唐人之手而多所回改，亦还是有案可稽。举两个例子：一是《隋书》卷四九与《北史》卷七二《牛弘传》有“晋秘书监荀勖定魏《内经》，更著《新簿》”② 语，检《晋书》卷三九《荀勖传》，知荀勖为“中书监”而非“秘书监”，“秘”字当是唐人回改有误而非隋人追改者，而《内经》乃是史家对“《中经》”之追改者。③ 又两史本传复有“晋内书监荀勖”语，显然此“内”字亦是史家追改之见证。二是《隋书》卷四二与《北史》卷七二《李德林传》有“假黄钺都督内外诸军事”和“授丞相府从事内郎”云云④，显然“内外”为“中外”之讳，“内郎”为“中郎”之讳。而是时隋未受禅，不当避讳，则此处盖亦史家追改耳。⑤

总之，对“中”字的避讳，主要表现为以“内”代“中”、省却“中”字和改易官名、地名等形式。特殊的有以“平”代“中”、以“和”代’中”等。

三、“大中正”改“大平正”、“中正”改“平正”

这是一例于隋代石刻文字中颇为多见的因避嫌名“中”字而常见讳改的官职名称，故单列一类以示说明。大中正又称州都大中正或州都，但非是州都督。《隋书》卷二七《百官中》：“诸州大中正，视第五品。诸州中正，畿郡邑中正，视从第五品。清都郡中正、功曹，视第八品。诸郡中正、功曹，清都郡主簿，

---

① 隋书，卷一，高祖上，北京：中华书局点校本，1973 年版，第 13、第 27 页。

② 分别见：隋书，卷四九，北京：中华书局点校本，1973 年版，第 1298 页；北史，卷七二，牛弘传，1974 年版，第 2493 页。

③ 此类追改引文例，又有《隋书》卷一五《音乐志下》引郑玄曰“燕乐，房内乐也”，而郑玄注《周礼·春官·盘师》“房内”本作“房中”，此亦避隋讳追改。北京：中华书局点校本，1973 年版，第 374 页。

④ 分别见：隋书，卷四二，北京：中华书局点校本，1973 年版，第 1199 页；北史，卷七二，李德林传，北京：中华书局点校本，1974 年版，第 2505 页、第 2506 页。

⑤《资治通鉴》卷一七五《陈纪九》宣帝太建十三年（581）又有“改元开皇……相国内郎李德林为内史令”语，胡注曰：“相国内郎，相国府从事中郎，避讳改为内郎。”北京：中华书局点校本，1956 年版，第 5435 页。

视从第八品。”[①] 隋以前郡有中正，亦有大中正；州有大中正，亦有中正，又有称小中正者，当即中正，以与大中正相区别耳。又，三国吴尝改大中正为大公平，《三国志》卷六一《吴书·潘浚传》裴松之注：“《襄阳记》曰：‘襄阳习温，为荆州大公平。’大公平，今之州都。”[②] 今《北史》卷六四《韦师传》“以司空杨雄、尚书左仆射高颎并为州都”一句校勘记亦云：“诸本都下有督字。钱氏《考异》云：‘州都下疑衍督字。魏晋以后，诸州皆置大中正以甄别流品。隋时避讳，改为州都而去中正之名。后人校书，不达州都为何语，妄加督字。’州都之号，晋及北魏已有，非始于隋，大约至隋时方定为正式名称，而废中正之名。”[③] 因知州都为中正之改称。然石刻文献中则多见以“平正”避讳“中正”者，而较少“州都”之例。[④]

“平正”是限见于杨隋一代的官职名称，但又不是一个新设置的官职，而是因为避讳的缘故对前朝官名的改称。“平正”即对“中正”的改称，因隋文帝父名忠，故兼避嫌名而改“中”为“平”。今通览隋代碑石墓志与造像题记等新旧石刻文字，特留意寻检，得“中正”改为“平正”者凡 10 例。

（1）开皇六年（586）《龙藏寺碑》碑阴题名：“前真定县平正维郇封孝瑜。”（是碑撰者张公礼题衔为“齐开府长兼行参军”，《庚子销夏录》云：“碑立于开皇六年，齐已久灭，而张公礼犹称齐官，书者不以为嫌，当时不以为禁，此皆尚有古道，尤可纪也。”）

（2）洛阳新出开皇九年（589）《赵罗墓志》：“齐乾明元年，本县令杨公召署平正。”（自藏拓本）然志文“中散大夫和之子”则又不避，盖“中散大夫”不在讳改之列。

（3）开皇九年（589）《杨真暨妻王氏志》：“夫人王氏，……父天，……为本州大平正。……神嘉元年，除恒州诸军事、恒州刺史。”

（4）开皇十一年（591）《杨朏志》：“祖钧，……华州大平正。”

（5）《八琼室金石补正》卷二六载开皇十七年（597）《王婆罗石窟造像残碑》：“宜显县平正王婆罗。”（任在隋）

---

① 隋书，卷二七，百官中，北京：中华书局点校本，1973 年版，第 770 页。

② 三国志，卷六一，吴书·潘浚传，北京：中华书局点校本，1959 年版，第 1399 页。

③ 北史，卷六四，韦师传，北京：中华书局点校本，1974 年版，第 2277 页、第 2294 页。

④ 隋墓志所见“州都”仅有开皇三年（583）《皇甫光志》“频辟州都主簿”、开皇八年《韦略志》“后阳使君斐辟为州都兼户曹参军”、开皇二十年（600）《张荫暨妻羊氏志》“父荫，鄙于远官，俯就州都”和仁寿元年《房吉志》“刺史敬公，召为州都”4 例。

（6）仁寿元年（601）《成公蒙暨妻李氏志》：“（蒙）父欄，凉城郡平正。”

（7）仁寿四年（604）《符盛暨妻胡氏志》：“（盛）父灵，……齐天统二年，除南秦州大平正。”

（8）大业元年（605）《李景亮志》：“除流江县令，又辟京兆郡平正。”（任在北周）

（9）大业八年（612）《刘宾暨妻王氏志》：“（宾）考鹭，司徒府左长史、徐州大平正、安东将军、青州刺史。”（任在北齐）

（10）大业十一年（615）《常景暨妻傅氏志》：“（景）年册二，本县平正。”（任在北周）

案：以上10例，诸州皆称大平正，郡、县皆称平正。需要说明的是，不仅县平正在正史中未留下痕迹，而且“平正”之称，也在正史等传世文献中迄无一例，故唯有依据当时的书刻文字以资见证。

前文已举《史讳举例》所说：“入隋则讳禁稍严，渐开唐人风气矣。”其实，与其说是稍严，不如说是稍宽，即犹然处于“宽严随人意”的矛盾一时。在隋墓志中，不改“中正”为“平正”者，亦不乏例证如下：

（1）开皇九年（589）《羊烈志》：“有齐受禅，……除黎阳郡守，食卫国县干。除光禄少卿，拜龙骧将军、兖州大中正。”

（2）开皇十一年（591）《刘世清墓志》：“蔚州大中正。”

（3）开皇十二年（592）《李钦暨妻张氏志》：“（钦）父僧显，郡中正。”

（4）开皇十二年（592）《张盛志》志题“故陕州大中正张君墓志”。（《河洛墓刻拾零》第51页）

（5）开皇十五年（595）《张盛暨妻王氏志》：“（盛）曾祖丰，卫将军、本州大中正、青州刺史。……考济，郡中正，寻迁给事中、颍川郡太守。”

（6）大业三年（607）《杨休志》：“父俭，……华州大中正。”（父俭，《魏书》卷五八、《周书》卷二二、《北史》卷四一均有传。）

（7）大业四年（608）《任轨暨妻薛氏志》：“（轨）父仲让，国子助教、骠骑大将军、义州大中正。”

（8）大业六年（610）《刘士安志》：“属周平东夏，改易簪缨，锺鼎膏腴，咸从县仕。遂三就县功曹，一居郡中正。”

（9）大业九年（613）《豆卢寔志》：“祖怀德，……青齐二州刺史、豫州大中正。”（志文犹书“内史舍人”是避隋讳，而却直言“大业元年，皇上初营土中，以均天下”，则避嫌名“中”字实不严格。）

（10）大业十一年（615）《伍道进志》："祖延畅，邓州大中正、镇东将军。"

上举10例，仍是诸州称大中正，郡称中正，而未见称县中正者。"中正"与"平正"的等量出现，正可以说明当时的讳禁犹未"稍严"。

隋代讳改"中正"又有一个特例，即改"中正"为"宗正"，见开皇二十年（600）《刘多志》："祖逵，华州大宗正。"赵万里《汉魏南北朝墓志集释》卷八云："案宗正即中正，当是撰文者因隋文帝父名忠，兼讳'中'字，故改宗正耳。"因仅此一例，且亦未见有郡县"大宗正"或"宗正"之说，前举开皇十一年（591）《杨朏志》有"华州大平正"，大业三年（607）《杨休志》有"华州大中正"，故赵氏的推测是否正确，还有待印证。唯"大宗正"本是"大宗正寺卿"（正三品）的简称（同于大宗伯），按理不当再改"大中正"（正五品）为"大宗正"以成淆乱和矛盾，故此案尚需悬疑。例如，仁寿四年（604）《杨孝偡志》云："父纪，上开府、大宗正、礼部尚书、荆州总管、上明恭公。"此大宗正即同于大宗伯，而不同于大中正。

四、正讳"祯"

隋文帝祖讳"祯"字不避例：

（1）开皇八年（588）《贺拔定妃志》："世代光华，悬之日月，金祯玉干，可略而详焉。"（石藏大唐西市博物馆）

（2）开皇九年（589）《元范妻郑令妃志》铭文："祯情自爽。"

（3）开皇十五年（595）《元纶志》："无愧于刘祯。"（自藏拓本）

（4）仁寿四年（604）《冯君暨妻李玉婍志》："作邦国之祯干。"

（5）大业六年（610）《阎静志》："考导，……东梁州刺史，谥曰祯。"

（6）《隋书》卷六九《王劭传》："仁寿中，文献皇后崩，劭复上言曰：'伏惟大行皇后圣德仁慈，福善祯符，备诸秘记，皆云是妙善菩萨。'"①

案：《王劭传》"祯"字未详是否唐人回改者。若为回改，则原来以何字代换尚是疑问。《史讳举例》于隋文帝祖讳"祯"下举"李孝贞以字符操行"例，以示当时有兼避嫌名"贞"字者。检核《隋书》卷五七《李孝贞传》，确有"开皇初，拜冯翊太守，以犯庙讳，于是称字"之说。② 而外又有改谥一例，即《周

① 隋书，卷六九，王劭传，北京：中华书局点校本，1973年版，第1608页。

② 隋书，卷五七，李孝贞传，北京：中华书局点校本，1973年版，第1405页。

书》卷三五《郑孝穆传》云孝穆卒于北周，“谥曰贞”，孝穆子译，“于隋文帝有翊赞功，开皇初，又追赠孝穆大将军、徐兖等六州刺史，改谥曰文”①。然《隋书》卷七六《王贞传》“王贞字孝逸”亦犯庙讳却竟不见其有称字之言。② 况且“贞”字于隋墓志中随处可见，如“真侯”、“文贞公”、“临贞忠公”、“临贞县开国伯”、“贞节”、“贞吉”、“贞石”、“贞诚”、“贞姿”、“松贞”、“清贞”、“贞祥”、“贞正”、“贞婉”、“贞孝”、“贞筠”、“忠贞”、“贞妻”、“贞础”、“贞洁”、“孤贞”，亦有以“贞”字为名者，则对于“祯”及其嫌名“贞”的避讳程度恐实际上并不严格。

五、正讳“坚”

隋文帝讳“坚”字不避例：

（1）“中坚将军”，见开皇九年（589）《韩智志》（北京房山）、开皇十二年（592）《荀舜才暨妻刘氏志》（山东临沂）。

（2）“执锐披坚”，见开皇二十年（600）《王干志》（安徽亳县）。

（3）“忠坚将军”，见仁寿元年（601）《韩辅志》（北京房山）。

（4）“开皇十一年岁次辛亥正月甲申朔十五日戊戌，首民坚昭礼为先亡七世父母……”见《坚昭礼造像铭》（《全隋文》卷二九据碑拓本著录）。

案：《史讳举例》于“坚”字避讳未有举例。而顾炎武《日知录》卷二三《前代讳》云：“唐长孙无忌等撰《隋书》，易《忠节传》以诚节，称苻坚为苻永固，亦避隋文帝及其考讳。自古相传忠厚之道如此，今人不知之矣。”③ 知“坚”字确有避讳。检之史册，复有陈长沙王叔坚“（祯明）三年入关，迁于瓜州，更名叔贤”④，又有《颜氏家训》引葛洪《抱朴子·内篇·杂应》“或问坚齿之道”作“牢齿之法”⑤，更有《北史·齐本纪》及《武成诸子传》北平王“仁坚”与“仁固”互见，校勘记以为：“盖李百药《齐书》因袭其父李德林旧稿，德林避

---

① 周书，卷三五，郑孝穆传，北京：中华书局点校本，1971年版，第611页。

② 隋书，卷七六，王贞传，北京：中华书局点校本，1973年版，第1736页。

③ （清）顾炎武撰：日知录，卷二三，周苏平，陈国庆点注，兰州：甘肃民族出版社，1997年版，第1026页。

④ 陈书，卷二八，长沙王叔坚传，北京：中华书局点校本，1972年版，第367页。校勘记云：“叔坚更名叔贤，避隋文帝杨坚讳。”

⑤ （北齐）颜之推撰，王利器集解：颜氏家训集解，卷五，养生，上海：上海古籍出版社，1980年版，第327页。

隋讳，改坚为固，百药复改为坚，此处漏改而《北史》承之也。”[1] 再结合迄今所见约 600 种隋墓志中亦仅见前举 4 例“坚”字，且全部出自中原地区以外，假如不是一个巧合的话，那么这是否意味着对于文帝名讳的避讳执行得最见严格呢，颇值得再做更多普查与考量。

六、正讳“广”

隋炀帝讳“广”字不避例：

（1）仁寿四年（604）《梓州内昌城县牛头山寺舍利塔铭》“皇太子广”（见《北京图书馆藏中国历代石刻拓本汇编》第 9 册第 165 页）。除此以外，今所见仁寿元年（601）至四年（604）相同文字之塔铭尚有 9 种，皆称“皇太子”而无“广”字。又，《隋书》卷五八《魏澹传》：“臣闻天子者，继天立极，终始绝名。……今所撰史，讳皇帝名，书太子字，欲以尊君卑臣，依春秋之义也。”[2] 则仁寿四年（605）杨广为太子时而直书“广”字或不为犯讳，而其余塔铭之不书者当亦非刻意避太子名讳耳。

（2）大业二年（606）《黎淳志》：“封岐州广化县开国子。”（自藏拓本）

（3）大业三年（607）《翟仲偘暨妻高氏志》：“曾祖秋，广州太守。”

（4）大业六年（610）《梁瓌志》：“诏妻广安尚公主，拜驸马都尉。”

（5）大业七年（611）《田德元志》：“祖广略。”

（6）大业八年（612）《僧志修塔述》：“大业五年，挂锡广陵。”（见《北京图书馆藏中国历代石刻拓本汇编》第 10 册第 62 页）

（7）大业九年（613）《徐纯暨妻王氏志》：“（王氏）父广之。”

（8）大业九年（613）《宋仲暨妻刘氏志》：“君讳仲，字铁锢，广平人。”

（9）大业十年（614）《宋文成志》：“君讳文成，字武遂，广平人也。”

（10）大业十一年（615）《崔玉志》铭文：“褒含广博。”

（11）大业十一年（615）《程谐暨妻石氏志》：“君讳谐，字辅相，清河广平人。”

（12）大业十二年（616）《段世琳志》：“齐故广陵郡守庆哲长子。”

（13）大业十二年（616）《宋俊志》：“君讳俊，字长颙，广平人也。”

---

① 北史，卷八，齐本纪下，北京：中华书局点校本，1974 年版，第 306 页。

② 隋书，卷五八，魏澹传，北京：中华书局点校本，1973 年版，第 1417 页。

案：依前例见嵌有“广”字的地名在墓志中颇有不加讳改者，更有径用“广”字为人名亦不避讳者。有避讳者于隋墓志中仅得一实例，即大业十一年（615）《张志相妻潘善利志》：“潘夫人讳善利，宗城人也”，是改“广宗县”为“宗城县”。“宗城”，《隋书》卷三〇《地理志中》清河郡属有宗城县，小注云：“旧曰广宗，仁寿元年改。”① 《后汉书》卷四《孝和帝纪》永元五年（93）正月“辛卯，封皇弟万岁为广宗王”条李贤注曰：“广宗，县名，今贝州宗城县。隋炀帝讳广，故改为宗城。”② 此是史志互证之绝好实例。

不过，检《隋书》，避讳“广”字者，犹不乏例证，举说如下：

（1）《经籍志二》：“《史记音义》十二卷，宋中散大夫徐野民撰。”校勘记曰：“《廿二史考异》：‘徐野民即徐广。隋人讳“广”，称徐氏字；唐人讳“民”，称徐氏名。’今书中或称徐广，或称徐野民之处，一律不加改动。”③ 徐广，《宋书》卷五五、《南史》卷三三有传。《隋书·经籍志》除此一处作“徐野民”外，复有6处皆作“徐广”，另，《隋书》卷一六《律历志上》亦作“徐广”。此盖隋人讳改而又为唐人回改未尽之证。

（2）《李敏传》：“敏字树生。高祖以其父死王事，养宫中者久之。及长，袭爵广宗公，起家左千牛。……后避讳，改封经城县公，邑一千户。”④ 依前文知“经城”盖为“宗城”之误，校勘记未及。

（3）《贺若弼传》：“进屯蒋山之白土岗，陈将鲁达、周智安、任蛮奴、田瑞、樊毅、孔范、萧摩诃等以劲兵拒战。”校勘记曰：“《廿二史考异》：‘《陈书》作“鲁广达”，此避讳去一字。蛮奴本名“忠”，亦避讳称其小字。’”⑤ 参详《陈书》卷三一《鲁广达传》、《陈书》卷三一、《南史》卷六七《任忠传》。

（4）《宇文恺传》：“《周官·考工记》曰：‘夏后氏世室，堂修二七，博四修一。’”又，“胡伯始注《汉官》云”。校勘记曰：“博，《周礼·考工记·匠人》原作‘广’，隋人讳改。”又曰：“胡广字伯始。隋人避讳，不称其名。”⑥ 胡广，《后汉书》卷四四有传。又检《隋书》卷三三《经籍志二》：“《汉官解诂》三篇，

---

① 隋书，卷三〇，地理志中，北京：中华书局点校本，1973年版，第847页。
② 后汉书，卷四，孝和帝纪，北京：中华书局点校本，1965年版，第175页。
③ 隋书，卷三三，经籍二，北京：中华书局点校本，1973年版，第953页、第993页。
④ 隋书，卷三七，李敏传，北京：中华书局点校本，1973年版，第1124页。
⑤ 隋书，卷五二，贺若弼传，北京：中华书局点校本，1973年版，第1344页、第1347页。
⑥ 隋书，卷六八，宇文恺传，北京：中华书局点校本，1973年版，第1589页、第1592页、第1599页、第1600页。

汉新汲令王隆撰，胡广注。”[1] 则此亦隋人避讳而经唐人回改未尽之证。

除上述以外，又有大兴城之“广阳门”改“显阳门”(《隋书·五行志上》)，“广恩坊”改“长寿坊”(《长安志》卷一〇，又有“广德坊”则未见言及避讳)。又有追改前代地名如“广县”改“大县”、“广戚”改“大戚”、“广平”改“大平”(皆见《晋书·地理志》)，“广至”改“大至”、“广梁”改“大梁”、“广德”改“大德”(皆见《隋书·地理志》)，以及追改“广”为“阔”(见《隋书·礼仪志七》“绶”)等。还有改书名如本朝陆法言《广韵》为《切韵》(参见清刘锡信《历代讳名考》)，改三国魏张楫《广雅》为《博雅》(参见《崇文总目》卷一小学类清钱东垣辑释)例。至于本朝州郡县名之讳改例则尤多见于《隋书·地理志》，且时间盖在仁寿元年（601）立广为太子后。约有县名：广川改长河、广通改通义、广丰改丰城、广平改永年、广宗改宗城、广饶改东海、广润改灵武、广安改延安、广恩改洮河、广长改修城、广威改化隆、广福改安福、广城改乐寿、广定改蒲江、广都改双流、广阿改象城、广牧改安兴、广泽改连山、广年改左封、广宁改汝北、广洛改金明、广化改河池、广陵改邗江、广乐改长乐、长广改胶水、南广改南溪、荥阳郡广武改荥泽、武威郡广武改邑次、雁门郡广武改雁门、延安郡广武改丰林、汶山郡广阳改汶山、丹阳郡广阳改南阳、上谷郡广昌改飞狐、春陵郡广昌改枣阳。州名：南海郡广州改番州、襄城郡广州改鲁州。郡名：广平改武安、广陵改江都。不另一一检举实例。[2] 惟以墓志证之，仅得开皇二年（582）《李君妻崔芷蘩志》“袭爵灵武县开国男”，大业三年（607）《常丑奴暨妻宗氏志》“荥泽县令”，大业六年（610）《辛偘志》“从江都”，大业九年（613）《杨文思志》“左封羌等逆命”，大业十一年（615）《伍道进志》“改授鲁州都尉”，大业十一年（615）《萧翘志》“武安郡肥乡县令”，大业十二年（616）《羊本暨妻周氏志》“番州鲁郡人”7例。从知民间与墓志书写对炀帝的避讳似不及对文帝的严格。

隋代礼制、礼俗乃至语言文化与书刻形式诸方面之情形，有赖避讳一事之归理检讨而得见其一般。代用字和新词语的出现，使得汉字在使用与发展中又不断产生新义项乃至新读音，并进而丰富了各时代的名物和礼仪，尽管其对于文献典籍与文化礼俗的影响总的来看还是消极作用大于积极作用的。总结隋代

① 隋书，卷三三，经籍二，北京：中华书局点校本，1973年版，第967页。

② (清) 钱大昕：十驾斋养新录，卷一一，避讳改郡县名，上海：上海书店出版社，2011年版，第219页。亦可参详岑仲勉：隋书求是，隋书州郡牧守编年表，二四七，广州，北京：中华书局，2004年版，第282-286页。

避讳之大端，约如：

（1）以帝君为对象之隋代避讳，据文献所见计有文帝杨坚、炀帝杨广、杨坚祖杨祯、杨坚父杨忠，而恭帝杨侑与越王杨侗则未见避讳。又，隋代为尊长先人避讳者少见，而为圣人避讳者未见。

（2）避讳方法主要为改字、省字、空字和“平阙式”空格转行，行文中标“讳”的形式仅有《北史》一例，而为尊长避讳的方式则多作空字或空格、转行，墓志中还有一例“公讳字遵考”而“讳”下无空格的形式。其他作“某”、作“某甲”及缺笔、变体、拆字、草书、连字、析言、倒言等方式，则概未见到。

（3）所见避讳实例，正讳有“忠”、“祯”、“坚”、“广”，嫌名有“中”、“贞”，而文帝、炀帝则未见有避嫌名案例。避讳类别有人名、爵名、谥号、地名、官名及其他专名，还有习语及对前代名称或引文的追改等。尤其特殊的是，对于“中正”改为“平正”之避讳，传世文献未见一例，亦未有文字述及，今赖石刻文献得以证见其确实存在。

（4）统计案例，以“坚”字避讳最严格，犯讳者最少，“忠”字及其嫌名“中”字避讳最广泛，其次为“广”字，再次为“祯”字及其嫌名“贞”字，然皆不免有大量“矛盾之事并见于一时”者，即避与不避，似无定制[①]，谓“入隋则讳禁稍严，渐开唐人风气矣”，亦只是比之南北朝“宽严随人意而异”稍强焉。另，石刻文献所见又比传世文献所见更趋宽松一些。

（5）避讳之于女性，在隋代传世与出土石刻文献中罕有见到。志主为女性者犹多书名字，惟仁寿元年（601）《王基暨妻刘氏志》全文有两处各空两格，一处为“妻河间刘氏”前，一处为“大隋”前，两相比照，似乎“妻”前空格亦有避讳之用意焉。又，宫人一类墓志，则全不书名字而以“讳字”之类标之。

---

① 隋代避讳尚未见到明确的制度约定，惟《隋书》卷三三《经籍志》有“《汝南君讳议》二卷”，其书失传，内容不详。

第三章
隋代墓志辨伪

石刻赝造之风，由来尚矣，而大肆煽起则特在晚清民初，顾今世承平日久，经济蒸蒸，又颇有“天下熙熙，皆为利来；天下攘攘，皆为利往”[①] 之态势，因此，随着古物收藏炽热，假冒伪劣亦自不免甚嚣尘上，鱼目混珠，为藏家和研究者皆带来诸多困惑与难堪，碑版拓本亦然。有鉴于斯，我们编纂完成的《隋代墓志铭汇考》也专门辟出“伪刻类”一目，共辑得 11 例；又辟出“存疑类”一目，共辑得 4 例。而今于此 15 例中，惟拣选 4 例以为代表，考究分析，鉴谬去伪，以惩赝托：1 例是近年新见之伪品，1 例是前贤已有揭示而今人犹多不措意之旧拓，1 例是迄今无人质疑而仍作隋志收录者，此 3 例皆属“以后代之石冒为前朝旧刻”性质而非翻版摹本。因详分缕析，一一究证原委，旨在尽可能提供辨伪识真之有益范例与基本方法，同时也诚心奉示好古而鉴别未精者，可不慎焉。最后 1 例是洛阳新见隋开皇十五年（595）《王节墓志》，竟为好事者伪造为北魏墓志，以谋厚利，亦纳入此章予以揭示，以正原委。

第一节　剔剥《杨公夫人墓志》之伪

甲申岁首，浏览中国碑帖网站，于洛阳松鹤斋网页见一新出隋代墓志，名曰《隋颍川郡杨公墓志》（案：此命名有误）（以下简称《杨公夫人墓志》）（图 3-1），传为洛阳出土，拓本售价 150 元，未见著录。该墓志基本要素为：拓本高、宽均 55 厘米，志文 25 行，满行 26 字，正书，撰者王玄质。墓志所署下葬

---

① 史记，卷一二九，货殖列传，北京：中华书局点校本，1959 年版，第 3256 页。

图 3-1　《杨公夫人墓志》

时间为大业五年（609）七月二十一日。我们因搜讨与研究隋代墓志，遂细细审读了网上所附拓本照片，发现疑窦与破绽颇多，足以断定其为伪品，因予鉴别辨识而公诸碑版研究者和收藏界朋友，并乞见教。兹先录文如下：

大隋泾原节度使检校左散骑常侍兼御史大夫杨公夫人颍川郡君墓志铭并序

观察判官宣义郎殿中侍御史内供奉赐绯鱼袋王玄质撰

忠臣泾原节度使弘农杨公改葬，夫人颍川陈氏命从事内弟观察判官宣义郎殿中侍御史内供奉赐绯鱼袋王玄质表志焉。夫人以开皇其七年二月十一日归于公，以忠归国，为贼帅猜怒，夫人并四子，其年九月三日苍卒罹祸。生人之痛，可胜道哉。仁寿其二年，十二月十三日，哀诏追赠颍川郡君，殁以义而封为荣，亦人道之极也。夫人五代祖亮，皇冀州刺史；高祖涓，皇京兆府高陵县令；曾祖皓，皇金州刺史；祖仙松，皇婺州兰溪县主簿；父宙，皇处士。轩裳道德，弈叶嗣世，储庆钟美，而生夫人。夫人即征君第三女也。柔谦惠和，娴婉明智，事上尽孝，抚下尽慈。恭敬以奉蒸尝，劳谦以勤澣濯。宜享寿福，宜无殃灾。行修而身非辜，夫忠而妻贻祸。天道神理，一何茫昧。以大业五年龙集癸卯六月甲申朔廿六日己酉迁启于蔡州，以七月癸丑朔廿一日癸酉归祔先茔于东京伊阙县归善乡浥涧里西原。长子雕儿，次子鹗儿，次子鹏儿，一二三四，次子鹤儿，凡四人，长纔丱殇，小未髫龀，衔痛抱恨，俱从葬而序列焉。俟寇灭年通，礼不为缓，輀车丹旐，薤歌引于上蔡；青松黄壤，马鬣封于洛都。旌彰明之懿节，惧变迁于陵谷。一铭贞石，万古同尘，媿以菲词，传诸不朽。铭曰：

贤惟为圣，天实生德。纵略输忠，毁家奉国。婉娩中馈，闲明壶则。弈叶轩盖，操心柔克。无辜鲸鲵，愤恨凄恻。传称缺妇，汉美鸿妻。馌食举案，□荆杖藜。杀身成仁，孰与之齐。古人有言，得死为贵。魂冤事著，□□□被。石窌开封，泉扉是慰。风日凄惨，涂蒭俨备。沕四德于贞珉，□□□□□□□。

案：这件《杨公夫人墓志》，甫观其气象，即觉书法殊有不类，细核之，问题接二连三暴露。谨归结以下八端剔剥其伪。

1. 书法不类

辨伪多从摩挲气息开始，即所谓“望气而定”，尤其是面对制伪水平低劣者，往往开卷已知其八九。观《杨公夫人墓志》书法，笔画疲软拙涩、结体松散瘦长，一如中唐以后书风习尚，而决无隋代整饬方严的精劲之神或略带北朝遗韵的朴稚面貌。

2. 避讳不知

志文“弈葉嗣世”和铭文“弈葉轩盖”两句，皆书“葉”字中间的“世”字作“云”，此是唐人为避太宗名讳而改写者，且凡与“世”字组合之字样，“世”字通写作“云”，而这种字样在隋志中绝无出现。又，志文“夫忠而妻贻祸”一句的“忠”字，为隋文帝父亲即隋文宗杨忠名讳，此犹直书未避。凡此，造伪者显然茫昧不知。

3. 字体抵牾

所谓字体是指现行的繁体字与简体字之区别，虽然有一些通行的简体字在隋唐时期甚至更早的北魏就已经出现在碑版中，但毕竟还有更多的简体字在当时根本不曾出现，这也是辨伪的一个基本因素。而《杨公夫人墓志》中竟出现

“仁寿”（第7行）的“寿”字写作简体，这在隋代乃至唐代的楷书碑版中是找不到的，更明显的是志文中“宜享寿福”（第13行）的“寿”字又作繁体，以至一繁一简两个“寿”字自相抵牾，且两字的书法风格和用笔特征也不相埒同，这就使人怀疑“仁寿”二字恐是伪造的马脚所在。

4. 改字明显

以简体“寿”字的书写特征为线索发散观察，不难看到墓志文中更有“大隋”（第1行）、“开皇其”（第5行）、“大业五”（第14行）、“一二三四”（第16～17行），以及“仁寿其”之“其”（第7行）、“并四子”之“四”（第6行）和“凡四人”之“四”（第17行）等字皆与整篇书法风格大相径庭，粗糙拙顿，字形亦不规整齐正，必是无所依本，而由不善书者草率书刻上石之证。如果相比于志文书法的总体风格如前所说是中唐以后气象，已经了乏生机，那么这些显然的改字就更加差之远甚，无以称其为书法了。

5. 推理不通

事物总有其逻辑关系和基本规则，因此推其合理与否也是辨伪的重要依据。《杨公夫人墓志》云：“五代祖亮，皇冀州刺史；高祖涓，皇京兆府高陵县令；曾祖皓，皇金州刺史；祖仙松，皇婺州兰溪县主簿；父寅，皇处士。”这里的“皇”字当然是指本朝而言，既如此，那么志主的父祖五代生年合起来至少可以上推百年有余，而隋朝总共只有38年，岂能容得下五代人同为一朝命官，真是极大的漏洞。

6. 官职有误

如同一时代有一时代的书法，一时代也自有一时代的官职。《杨公夫人墓志》首行题云：“大隋泾原节度使检校左散骑常侍兼御史大夫杨公夫人颍川郡君墓志铭并序”，这里最明显的就是“节度使”一职，其本是唐代高宗朝始设置、玄宗朝以后始普遍的官衔，怎能在“大隋”朝便已出现，更何况“泾原节度使”又晚到唐德宗大历三年（768）才有此职位，如此谬误，懂一些唐史常识的人应该是很容易识破的。同理，志文撰者王玄质的署衔“观察判官、殿中侍御史、内供奉”亦皆为唐朝所特有的官职。作伪无知到这种地步，岂能不马脚多多，破绽频频。

7. 干支不合

干支在墓志文中偶有差异，本是不足为奇的。但是，《杨公夫人墓志》所记“以大业五年龙集癸卯六月甲申朔廿六日己酉迁启于蔡州，以七月癸丑朔廿一日癸酉归祔先茔”中的五处干支竟全不相合，这就不能不是一个大问题了。检对

《二十史朔闰表》，只有唐穆宗长庆三年（823）的六月二十六日和七月二十一日方能与此五处干支一一对应，这不仅又从一方面证明了所据伪造的蓝本确是一方唐代墓志，而且还锁定了它的葬期。

8. 杨公者谁

对《杨公夫人墓志》的辨识，依前举 7 条已尽可剔剥其伪装，但是我们又不甘心仅止于此，欲问杨公者谁？又欲问《杨公夫人墓志》文字的真实性如何？于是，在遍检已出版的唐代墓志资料而未得结果的情况下，遂向《唐书》中寻觅，原来这位身居“泾原节度使兼御史大夫”要职的“弘农杨公”，正是新、旧唐书有传的杨元卿。《杨公夫人墓志》中所记杨公之官职与“公以忠归国，为贼帅猜怒，夫人并四子其年九月三日苍卒罹祸”之史事皆与杨元卿本传相合，据本传知“贼帅”乃是淮西叛将吴元济。又据《考古与文物》2002 年第 4 期检读到 2004 年 4 月洛阳伊川县城关镇浥涧村西出土的《杨元卿墓志》，所记内容亦复与《杨公夫人墓志》及《杨元卿传》尽同，三相比推，恰可以证得《杨公夫人墓志》中作伪的隋代“开皇”与“仁寿”两处年号皆应为唐代的“元和”年号，而《杨公夫人墓志》也颇有可以补正《杨元卿墓志》及其本传者，此是别一话题，容另撰专文详考。

综上，足已辨明《杨公夫人墓志》乃是据唐代墓志而造伪，惟因不得见其志石，故不知是据唐代原石磨写改刻，还是另外翻刻于他石。据与松鹤斋主人联系，他讲是从北邙山民间购得，云为新出土者。然从其书法之粗恶不整推测，笔者以为恐是弃原石而重新翻刻。惜至今未见唐志原石面世，亦不详何时何地出土，今藏何方。以《杨公夫人墓志》与《杨元卿墓志》之葬地同在“浥涧里”之西（阳）原，即今之浥涧村西，那么《杨公夫人墓志》当与《杨元卿墓志》同地出土，而出土时间则是《杨公夫人墓志》应当早于《杨元卿墓志》而得为无知无畏之好事者造伪射利。又以“寿”字作现行简体推断，造伪者必是当代人。惟《杨公夫人墓志》若尚匿存民间，则终有出世之日，若已毁失，则惜甚。

第二节　《陈思道墓志》之赝托

《陈思道墓志》（图 3-2），民国初吴鼎昌《慕汲轩志石文录续编》第 16 页下收有录文，孙兰风、胡海帆主编的《隋唐五代墓志汇编》（北京大学卷）（天津古籍出版社，1991年版，第16页）收有图版，杨殿珣的《石刻题跋索引》（商务印书馆，1940年版）与王壮弘、马成名的《六朝墓志检要》（上海书画出版社，1985年版）皆有录目。据著录知志石出陕西西安，曾归延鸿阁，而今存不详。举凡著录，皆以之为隋志不疑，北京大学图书馆藏拓本又系陆和九、张氏柳风堂递藏本，有陆和九题跋。拓本长31厘米、宽33厘米，四周残损，志文14行，满行13字，正书，所署葬时为大业二年（606）九月五日。

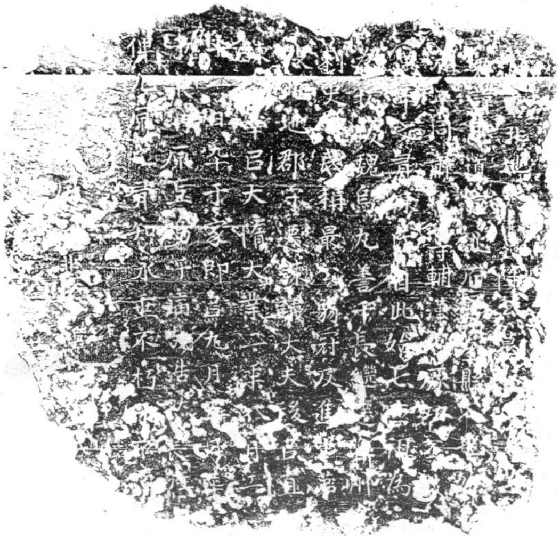

图 3-2 《陈思道墓志》

志文如下：

隋故北地郡守陈公墓志铭

君讳思道，京兆府万年县人也。始祖平，同萧、曹等辅汉□，厥功丕盛，万年之有，陈氏自此始。七世祖为，为拓跋魏乌丸善千长，继迁蕲州刺史，庶民称最。公弱冠及进士第，授北地郡守，迁谏议大夫，后以直谏□辜。以大隋大业二年八月二十一日卒于家，即以九月五日葬于乐游原上。呜呼痛哉！浩然长往，俾九原之有知；永垂不朽，于兹石以□铭：

□□□□，恩□悲□，熏□□□，□□松古。（下缺）

案：陈思道，史书无载。墓志虽署年代为“大隋大业”，然略有疑点，而为前人所未道及。一是“京兆府”，隋称京兆郡，唐武德元年（618）改为雍州，开元元年（713）改为京兆府（参见新、旧唐书地理志）。此题京兆府者，当是唐人称谓。二是“乐游原”，隋以前未见“乐游原”之说，而多作“乐游苑”、“乐游园”，“乐游原”当是唐人称谓。考《汉书》卷八《宣帝纪》曰：神爵“三年春，起乐游苑”。唐颜师古注云：“《三辅黄图》云在杜陵西北。又《关中记》云宣帝立庙于曲池之北，号乐游。案其处则今之所呼乐游庙者是也，其余基尚可识焉。盖本为苑，后因立庙乎?”[①]《三辅黄图》卷四“乐游苑”条云：“乐游苑，在杜陵西北，宣帝神爵三年春起。”[②] 又卷五“宣帝庙”条云：“宣帝庙，号乐游，在杜陵西北。”唐人小注曰：“神爵三年，宣帝立庙于曲池之北，号乐游，按其处则今呼乐游园是也，因乐游苑得名。”[③] 晋葛洪《西京杂记》卷一亦有“乐游苑”条[④]，则“乐游原”必是因汉之“乐游庙”与“乐游苑”而得名。而“乐游原”之谓，较早见于初唐佚名《三辅旧事》云“乐游原在曲江西北”，之后唐人多有是称，如李白《忆秦娥》：“乐游原上清秋节，咸阳古道音尘绝。”[⑤] 白居易《立秋日登乐游原》：“独行独语曲江头，迴马迟迟上乐游。”[⑥] 李商隐《乐游原》：“万树鸣蝉隔断虹，乐游原上有西风。”[⑦] 杜牧《登乐游原》：“欲把一麾江海去，乐游原上望昭陵。”[⑧] 张祜《登乐游原》：“今日南方惆怅尽，乐游原上见长安。”[⑨] 张籍《赠贾岛》：“篱落荒凉僮仆饥，乐游原上住时多。”[⑩] 皆是脍炙人口的诗句。三是“及进士第”，检隋志并《隋书》亦皆无此说法。又，进士科名在隋以前正史中实未出现，惟《北史》卷二六《杜正藏传》云：“大业中，与刘炫同以学业该通，应诏被举。时正藏弟正仪贡充进士，正伦为秀才，兄弟三人同时应命，当世嗟美之。”[⑪] 但这已是唐人的说法。陈思道享年不详，但依理推之，

---

① 汉书，卷八，宣帝纪，北京：中华书局点校本，1962 年版，第 262 页。

② 何清谷：三辅黄图校注，西安：三秦出版社，1995 年版，第 232 页。

③ 何清谷：三辅黄图校注，西安：三秦出版社，1995 年版，第 296 页。

④ （晋）潘岳《关中记》佚文（《太平御览》卷五七“地部·原”条引）曰：“宣帝少依许氏，长于杜县，乐之。后葬于南原，立庙于曲池之北亭，曰乐游原。”（中华书局影印本，1960 年版，第 278 页上。）笔者以为此条中的“原”字非讹即衍，不当成为“乐游原”在晋时已得其名之证据。又，（宋）宋敏求《长安志》卷五宫室“乐游庙”条小注云：“《关中记》曰：宣帝许后，葬长安县乐游里，立庙于曲江池北，名曰乐游庙，因葬为名。”（清乾隆五十二年灵岩山馆刊本，第 2 页上。）则前条“乐游原”之“原”，盖即“庙”之误。

⑤ （唐）李白撰：李太白集，补遗，成都：巴蜀书社，1987 年版，第 303 页。

⑥ （唐）白居易撰，朱金城笺注，白居易集笺校（二），卷一九，上海：上海古籍出版社，1988 年版，第 1256 页。

⑦ （唐）李商隐：李商隐集，卷三，乐游原，上海：上海古籍出版社，1999 年版，第 98 页。

⑧ （唐）杜牧撰，樊川诗集注，卷二，（清）冯集梧注，上海：上海古籍出版社，1978 年版，第 140 页。

⑨ （唐）张祜：张祜诗集，严寿澄校编，南昌：江西人民出版社，1983 年版，第 98-99 页。

⑩ （唐）张籍：张籍诗集，卷四，北京：中华书局，1959 年版，第 50 页。

⑪ 北史，卷二六，杜正藏传，北京：中华书局点校本，1974 年，第 962 页。

其若贡充进士最迟也在开皇年间，而进士科之设立则多认为始于炀帝时。四是书法不类隋人，颇有中唐气息。

依上述四点，我们虽然审慎地将此志仍归在《隋代墓志铭汇考》中的“存疑类”，而其显现出来的伪冒成分则已然比较明晰，故视之赝托，亦尤为不可。

第三节　凿改造伪的《贾玄赞墓志》

《贾玄赞墓志》（图 3-3）或云晚清出于河南洛阳，志石曾归天津徐世昌，今佚。世存拓本长、宽均 50 厘米，志文 21 行，满行 22 字，正书，署葬时为大业十年（614）六月二十二日。此志与前例皆为取唐墓志伪改以充隋墓志者，所见著录甚夥，而多以之为隋志，先后计有黄立猷《石刻名汇》卷三（民国十五年铅字印本，第 28 页），王壮弘、马成名《六朝墓志检要》（上海书画出版社，1985 年版，第 363 页），陈长安《隋唐五代墓志汇编》（洛阳卷）（天津古籍出版社，1991 年版，第 1 册，第 117 页），《北京图书馆藏中国历代金石拓本汇编》（中州古籍出版

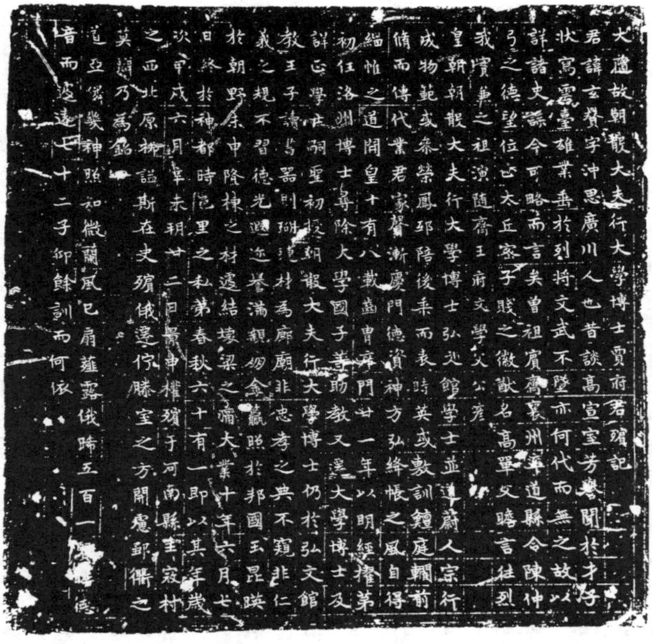

图3-3　《贾玄赞墓志》

社，1991年版，第10册，第102页），《洛阳出土墓志目录》（朝华出版社，2001年版，第58页），余扶危《洛阳出土墓志卒葬地资料汇编》（北京图书馆出版社，2002年版，第61、65页），以及韩理洲《全隋文补遗》（三秦出版社，2003年版，第312页）等，皆以为隋志而不之疑。其实，能具眼指出其为伪刻者早有人在，此人即清末民初之碑学大家罗振玉，他在《芒洛冢墓遗文四编》卷三已将此志伪改之处一一点到，即志题“唐”改为“随”，志文“贞观”改为“开皇”，“垂拱”改为“大业”，“乙酉”改为“甲戌”，“乙亥”改为“辛未”。尚有“垂拱元”之“元”字改为“大业十”之“十”字而为罗氏所未提及。后来的杨殿珣《石刻题跋索引》（商务印书馆，1940年版）正是依罗氏之说而列此志在唐垂拱元年（685）六月，王壮弘《增补校碑随笔》（上海书画出版社，1981年版）亦归之为“附伪刻”类（案：上海书画出版社1985年出版的王壮弘、马成名《六朝墓志检要》竟又归之为隋代墓志而未予质疑，可慨）。周绍良先生在编纂《唐代墓志汇编》（上海古籍出版社，1992年版）时，同样是依据罗氏此说而将《贾玄赞志》去伪存真收编为垂拱〇〇七号（第732页）。鉴于此志之如此淆乱视听，容易避人耳目，而前贤又未析说其破绽处之所以然，故很有必要揭示其风马牛不相及之道理，以为墓志研究与收藏鉴定之参考。兹先录文如下：

大隋故朝散大夫行大学博士贾府君殡记

君讳玄赞，字冲思，广川人也。昔谈高宣室，芳誉闻于才子；状写云台，雄业垂于列将。文物不坠，亦何代而无之。故以详诸史谍，今可略而言矣。曾祖宾，襄州率道县令，陈仲弓之德望，位止太丘；密子贱之徽猷，名高单父。赡言往烈，我实兼之。祖演，随齐王府文学。父公彦，皇朝朝散大夫、行大学博士、弘文馆学士。并道蔚人宗，行成物范。或参荣凤邸，陪后乘而表时英；或敷训鳣庭，辅前修而传代业。君家声渐庆，门德资神。方弘绛帐之风，自得缁帷之道。开皇十有八载，齿胄庠门，廿一年以明经擢第，初任洛州博士，寻除大学国子等助教，又迁大学博士及详正学士。嗣圣初，授朝散大夫、行大学博士，仍于弘文馆教王子读书。器则瑚琏，材为廊庙。非忠孝之典不窥，非仁义之规不习。德光遐迩，誉满亲朋。金籯照于邦国，玉昆暎于朝野。未申隆栋之材，遽结坏梁之痛。大业十年六月七日终于神都时邕里之私第，春秋六十有一，即以其年岁次甲戌六月辛未朔廿二日景申权殡于河南县王寇村之西北原。柳谥斯在，史殡俄迁，伫滕室之方开，虑邹衢之莫辩。乃为铭曰：

道亚邻几，神照知微。兰风已扇，薤露俄晞。五百一贤，瞻德音而遽远。七十二子，仰馀训而何依。

案：《贾玄赞墓志》亦可举析以下八端剔剥其伪：

其一，“嗣圣”（六八四）为唐中宗李显年号，犹昭然在石，造伪者竟未知磨改，可见水平不高。

其二，“弘文馆”为唐武德九年（626）改“修文馆”名，“详正学士”乃弘文馆长官，斯馆斯官，隋代皆无。

其三，“祖演，随齐王府文学，父公彦，皇朝朝散大夫……”，若公彦为隋官，何不亦书“随”而改书“皇朝”以相扞格。若公彦已入唐朝，志主身为儿辈又岂能反为隋人？

其四，志文云“开皇十有八载齿胄庠门，廿一年以明经擢第。初任洛州博士”。岂不知隋代开皇朝止二十年，并无二十一年。

其五，志文书“隋”作“随”凡两见，而“隋”字在隋代因文帝恶“随”字从“车”寓意行走不定而多书作“隋”，入唐后始改书为“随”，造伪者实不晓究竟。

其六，岁次干支改凿后虽与大业十年（614）相符，然“六月辛未朔”与“廿二日景申”却未及厘改而与葬年不相吻合，即大业十年（614）六月朔日为“丁卯”，廿二日为“戊子”。又，“景申”即“丙申”，“景”字乃是唐人避唐高祖父世祖元皇帝讳昞而改“丙”为“景”，这是基本常识，唐墓志中恒见之。

其七，“终于神都时邕里之私第”之“神都”即指洛阳。据新、旧唐书高宗、武则天、中宗本纪与《地理志》，唐高宗显庆二年（657）以洛阳为东都，武则天光宅元年（684）改东都为神都，唐中宗神龙元年（705）复东都旧称。又，墓志原刊卒葬年份本为垂拱元年（685），光宅正是垂拱前一年。可知隋代本无“神都”之说。

其八，志文书“谍”字右边“世”字头作“云”，此是唐人为避太宗名讳而改写者，且凡从“世”字头者皆写作“云”，而这种字样在隋志中绝无出现，造伪者亦大不谙熟。

凡此八端，尽足彰显其伪刻身份，而前贤能指出此志之伪者，是否还曾见到改凿前之拓本也说不定。但无论如何，《石刻名汇》与《六朝墓志检要》以之作隋志实在疏误，而《北京图书馆藏中国历代金石拓本汇编》、《洛阳出土墓志目录》、《隋唐五代墓志汇编》、《洛阳出土墓志卒葬地资料汇编》及《全隋文补遗》仍不分清浊者，更大不审也。尚有一点，前贤未加辨析，即以书刻风格论，整篇书风包括伪改文字均一致，而间架与笔力散软，用笔亦乏整饬方严，岂止去隋代书风已远，即使比之唐前期楷法亦不复合辙。因此，前贤以为据唐志原石改凿数字而充隋志之说，余以为不然，且怀疑它是全文翻刻并改字造伪耳，惜唐志原石不知下落而无由谛审矣。如果志石清末即已出土，又曾归天津徐世昌，而罗振玉所见又是伪刻，那么此志似应在出土后不久就已为人凿改甚或翻刻造伪，不知徐世昌当年所见犹是唐志原刻否？

第四节　伪刻为北魏墓志的《王节墓志》

2008 年从孔夫子旧书网上得见隋代《王节墓志》拓片一帧（图 3-4），而前此先在赵振华、王学春《谈隋唐时期丧葬文化中的墓志谶言》一文中读到：“近

图 3-4　《王节墓志》拓片

年，洛阳邙山出土的隋《王节墓志》夫妇合葬于开皇十五年（595）二月廿日。墓志盖为盝顶，阳文篆书‘齐梁州别驾王君墓铭’，3 行，行 3 字，盖侧坡面上纵刻八卦符号与隶书 1 行：‘（谦卦卦象）。一千八百年，吴奴子所发。诫之：厚葬得福累世。’”又云：“谶言年代以《王节墓志》为早，前有八卦符号，为大吉之卦象，这与发墓者见到死亡咒语、见到必歼开发者谶言的心绪，截然不同。但谶言让发墓者重葬墓主之本意相同。”[①] 惜网上未披露志盖拓片，遂无由确认盖题及谶语等信息，但可以确知此墓志在 2004 年前即已出土，并且迄今尚未见有考释文字。《王节墓志》拓本尺寸不详，志文 20 行，每行 20 字，隶书，有方界格。

誊录志文如下：

齐梁州故别驾王君墓志铭

君讳节，字仲礼，太原人也。自周王受命，光配彼天，副君羽化，泠然轻举。珪璋世载，冠冕相承，自北而南，金声玉振。汉司空公卓，君之十五世祖也。因封猗氏，自尔家焉。祖安明，秦州刺史；考儁，殷州刺史。君秉灵岳渎，降德星辰，幼志夙成，童年早慧。加以廊庙相传，钟鼎世袭，释褐奉朝请，又转散骑常侍、梁州别驾，毗赞有功，民歌来晚。春秋卅有九，薨于邺城。太夫人张氏，五陵盛族，四德在躬，母傅女师，终于邺第。君夫人南阳赵氏，早失覆荫，携稚孀居，三徙成功，一心万善。年将六十有七，寿终于河南县儒林乡，粤以大隋开皇十五年岁次乙卯二月庚寅朔廿日己酉合葬于洛城之西张方桥北清风乡。若夫衔珠两鹤，并归紫盖之松；玉匣双龙，共没延平之水。呜呼哀哉，乃为铭曰：

绵绵瓜瓞，济济周京。祥昭鱼跃，庆应凤鸣。远朴以茂，长澜载清。藉此蝉联，诞兹才令。家称孝友，国称水镜。入侍朝宗，出蕃辅政。与善无实，不终天命。张姑之德，赵母之仪。各明内训，并号女师。不俱偕老，荣养早辞。昊天不吊，何爽如之。日月忽矣，丘陇芒然。衰林下叶，寒野生烟。归于久地，终彼长天。青灯空照，香火徒燃。

案：志主王节及其祖秦州刺史安明、父殷州刺史儁，皆不载于史传，而其十五世祖司空公王卓见载于《后汉书》卷六《孝顺帝纪》，知阳嘉三年（132）十一月乙巳“光禄勋河东王卓为司空”，而永和二年（137）三月“乙卯，司空

① 西安碑林博物馆：碑林集刊（第十辑），西安：陕西人民美术出版社，2004 年版，第 196-197 页。

王卓薨"[1]。志云："汉司空公卓，君之十五世祖也。因封猗氏，自尔家焉。"《后汉书·孝顺帝纪》校勘记又云："王卓字仲辽，河东解人也。"[2] 由是知王卓尝封邑猗氏并著籍于斯。猗氏与解县皆置于汉，又皆属河东郡，故址也都在今山西临猗县界。而志文云王节"太原人也"，应是王卓后代迁于太原之一支。

王节仕于北齐，先后任"奉朝请，又转散骑常侍、梁州别驾"，开皇十五年（595）是其与夫人赵氏合葬年份，以其卒年39岁而其夫人开皇十五年（595）卒时67岁推之，王节卒时大约应在北齐河清（562—565）间。而其薨在邺城，后又缘夫人"早失覆荫，携稚孀居，三徙成功，一心万善"而合葬于洛阳，不详其缘故，或因其子时在洛阳莅职家居之故？然墓志未有交代。

王节夫人赵氏卒于"河南县儒林乡"，葬于"洛城之西张方桥北清风乡"。考隋墓志有开皇十五年（595）《韵智孙志》"薨于儒林乡"而"窆于洛城西北青风乡"，有开皇二十年（600）《刘多志》"终于河南县儒林乡崇训里"，有仁寿元年（601）《高虬志》"葬于洛阳城之西北河南县清风乡"，有仁寿四年（604）《王夏志》"窆于清风乡张方桥冯村之北一里"[3]。案：清风乡在洛阳城之西北，而文帝时隋东都尚未建成，故上述志文中所谓"洛城"、"洛阳城"当指隋以前之洛阳旧城。所云"洛城之西"、"洛城西北"、"洛阳城之西北"亦即旧城之西北，位于后来隋大业元年（609）所建洛阳城之东北。且《高虬志》出土于今洛阳东北大马村西，适可说明隋大业以后清风乡隶属于洛阳县，而不再属河南县。[4] 张方桥多见于隋文帝时期墓志，其地理位置在隋代洛阳城东。《洛阳伽蓝记》卷四城西"法云寺"条载："延伯出师于洛阳城西张方桥，即汉之夕阳亭也。"[5]"永明寺"条又载："出阊阖门城外七里长分桥，中朝时以谷水浚急，注于城下，多坏民家，立石桥以限之；长则分流入洛，故名曰长分桥。或云晋河间王在长安遣张方征长沙王，营军于此，因为张方桥也。未知孰是。今民间讹语号为张夫人桥。朝士送迎，多在此处。"[6] 则知张方桥在北魏洛阳城西。而所

---

① 后汉书，卷六，孝顺帝纪，北京：中华书局点校本，1965年版，第264页、第266页。

② 后汉书，卷六，孝顺帝纪·校勘记，北京：中华书局点校本，1965年版，第264页。

③ 上述四种墓志，分别见：王其祎，周晓薇：隋代墓志铭汇考（第2册），北京：线装书局，2007年版，第158页、第336页、第363页；王其祎，周晓薇：隋代墓志铭汇考（第3册），北京：线装书局，2007年版，第138页。

④ 周晓薇等：隋代东都洛阳城四郊地名考补，中国历史地理论丛，2009年第3期，第83页。

⑤（北魏）杨衒之撰，范祥雍校注：洛阳伽蓝记校注，卷四，上海：上海古籍出版社，1978年版，第203页。

⑥（北魏）杨衒之撰，范祥雍校注：洛阳伽蓝记校注，卷四，上海：上海古籍出版社，1978年版，第237-238页。

谓“今民间讹语号为张夫人桥”者，今见新出隋开皇元年（581）《□光志》云“卒于洛阳永康之里，葬张夫人桥西北二里”[1]，适可添一佐证。又，前贤赵万里先生跋《张礼暨妻罗氏墓志并盖》云：“是桥（张方桥）临谷水，南距谷水入洛水处当不甚远。《魏书·杨椿传》‘群公百寮饯于城西张方桥’。又《崔亮传》‘亮为仆射，奏于张方桥东堰谷水造水碾磨数十区’。亦桥临谷水之证。隋以后名渐不彰。《嘉庆洛阳县志》七〈土地记〉‘晋张方桥在城西’，盖至近世已不能实指其所在矣。”[2]

除上述考释之外，还需要专门说明的是，此《王节墓志》竟有被伪刻成北魏墓志出现于洛阳者，目前见到的有两种：

第一种伪刻（图 3-5）拓本见诸中国碑帖拓片网《碑帖论坛》（2008 年 12 月 24 日发帖）。造假者在格式上按照原刻的行字数翻刻，仅将志题“齐”字改为“魏故”二字，志文“大隋开皇”四字改为“大魏太和”，遂伪冒北魏墓志以射利。殊不知末行铭文中的“香火徒燃”一句前脱落“青灯空照”四字对文，并置年月日干支失和于不顾，皆颇露马脚处，更不要说书法之生硬局促全不似北

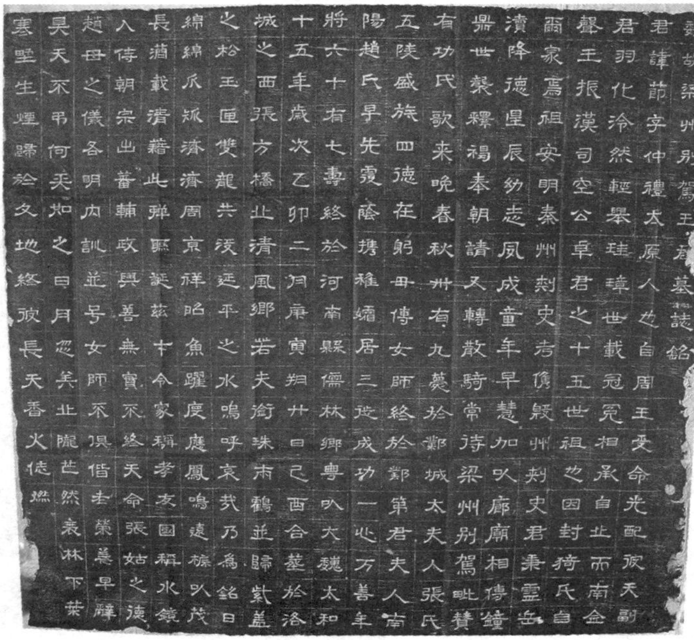
魏故梁州別駕王君墓誌銘
君諱節字仲禮太原人也自周王受命光配天副
君羽化泠然輕舉珪璋世載冠冕相承自北而南金
聲王振漢司空公卓君之十五世祖也因封猗氏自
爾家焉祖安明秦州刺史考儁毅州刺史君秉靈岳
瀆降德星辰幼志夙成童年早慧加以廊廟相傳鐘
鼎世襲釋褐奉朝請又轉散騎常侍梁州別駕毗贊
有功民歌來晚春秋卌有九薨於鄴城太夫人張氏
五陵盛族四德在躬母儀女師終於鄴第君夫人南
陽趙氏早先霣蔭携稚孀居三從成功一心万善年
將六十有七壽終於河南縣儒林鄉粤以大魏太和
十五年歲次乙卯二月庚寅朔廿日己酉合葬於洛
城之西張方橋北清風鄉若夫銜珠雨鶴並歸紫蓋
之松玉匣雙龍共淺延平之水嗚呼哀哉乃為銘曰
綿綿瓜瓞濟濟周京祥昭魚躍慶應鳳鳴遠族以茂
長瀾載清藉此辨聽誕茲十令家稱孝友國稱水鏡
入侍朝宗出蕃輔政興善無實不終天命張姑之德
趙母之儀各明內訓並号女師不俱偕老榮養早辭
昊天不弔何其知之日月忽矣北隴芒然哀林下葉
寒壟生煙歸於久地終夜長天香火徒燃

图 3-5　《王节墓志》伪刻本之一

① 赵君平，赵文成：河洛墓刻拾零，北京：北京图书馆出版社，2007 年版，第 45 页。
② 赵万里：汉魏南北朝墓志集释，卷八，北京：科学出版社，1956 年版，第 82 页上。

魏隶法之气象。原刻“大隋开皇十五年（595）岁次乙卯二月庚寅朔廿日己酉”于干支相合，而改为“大魏太和”，则十五年（595）干支值辛未而非乙卯，且二月值甲子朔而非庚寅朔，廿日值癸未而非己酉。造假者之无知，于斯可见。

第二种伪刻（图 3-6）拓本见诸圈网你我他“声闻过情”（2008 年 5 月 4 日发帖）。造假者虽然按照原刻的行字数排列，但因序文第 2 行“太原人”下落“也”字，第 4 行“十五世祖”下再落“也”字，致使格式与原刻显然不同，即第 15 行“铭曰”下空出两格。又，第 15 行“呜呼哀哉”的“哀”字妄加竖心旁，末行“于久地”前落一“归”字，末行“香火徒燃”的“徒”下复妄增一“归”字。更鲜明的是，造假者不以摹刻而用仿写，虽然仍是隶书，却俗拙板滞，不堪寓目，与原刻大相径庭，一望即是当世粗劣油滑之乡野笔法。此外，还有改字上的马脚，即在首行题上加“魏故”二字，却又未去掉“齐”字，致使墓主人死在北魏太和（477—499），竟又能在后来的北齐（550—577）任官，徒留笑柄。即便是墓主任官于南朝的萧齐（479—502），也绝无冠以北朝的“魏故”之理。另外，也是改“大隋開皇”四字为“大魏太和”，依然置年月日干支失和于不顾焉。此造假者之无知，更有甚于前者。

魏故齊梁州別駕王君墓誌銘
君諱節字仲禮太原人自周王受命光配彼天副君
羽化洽然輕舉圭璋世載冠冕相承自北而南金聲
玉振漢司空公卓君之十五世祖因封猗氏自爾家
焉祖安明秦州刺史考雋殷州刺史君秉靈岳瀆降
德星辰幼志夙成童年早慧加以廊廟相傳鐘鼎世
馥樗程奉朝請又轉散騎常侍梁州別駕毗贊有功
氏歌來晚春秋卌有九薨於鄴城太夫人張氏五陵
盛族四德在躬母傳女師終於鄴第君夫人南陽趙
氏早失霜蔭携稚孀居三從成功一心萬善年將六
十有七壽終於河南縣傈林鄉崇以大魏太和十五
年歲次乙卯二月庚寅朔廿日己酉合葬於洛城之
西張方橋北清風御指夫銜珠雨鶴並歸紫蓋之松
玉柩雙龍共沒延平之水嗚呼懷哉乃為銘曰
綿綿瓜瓞派流濟周京祥昭魚躍慶應鳳鳴遠標以
長瀰載清籍此彈聰誕茲才令家稱孝友國稱水鏡
入侍朝宗出蕃輔政興善無實不終天命張姑之德
趙母之儀各明內訓並女師號不俱偕老榮養早辭
昊天不弔何奐如之曰月忽矣業隴芒然衰林下葉
寒堅生煙於久地終彼長天青燈空照香火徒歸燃

图 3-6　《王节墓志》伪刻本之二

当然细审文字，还有两点也可以用来旁推，即志文云“汉司空公卓，君之十五世祖也”，按王卓为东汉顺帝（126—144）时人，薨于永和二年（137），以一世30年算，15世应为450年，以此相加为587年，与开皇十五年（595）颇相契合，而若以伪改后的北魏太和十五年（491）来推算，显然相差百年了。又，葬地“洛城之西张方桥北清风乡”是隋代墓志铭中常见地名，而在隋以前墓志中则几乎未见有云“张方桥”和“清风乡”者。是知此地名乃盛行于隋代，唐代亦多沿用，而非北魏时所特有。虽然《魏书》两见“张方桥”之名，恐怕也是以北齐名称言北魏之地罢了。

百年以来，多见将唐墓志伪刻成北魏或隋代墓志以谋厚利者，而今竟有将隋墓志伪刻成北魏墓志者，殊不知若论文物和史料乃至艺术价值，数量较少的隋墓志并不输于北魏墓志，一叹。

归结石刻之有赝鼎，无外乎这样几类情形：一是佳刻或亡或毁，碑估藉旧拓摹刻一本以充孤善，如唐《化度寺碑》、孙吴《天发神谶碑》。二是佳刻难能椎拓，碑估遂翻刻一本以应四方之求，如唐《皇甫诞碑》、唐《王居士砖塔铭》。三是凭空结撰、向壁虚托，全无其人其事之造伪，如北齐《赵通墓志》、唐《女子苏玉华墓志》。四是虽有所本，却是重起炉灶，与原石略不相涉之制，如唐《哥舒季通葬马铭》、唐《凉州刺史郭云墓志》。五是伪改年号、讳字等少数字词，以后代之石冒为前朝旧刻，如《东晋王夫人墓志》、北魏《高植墓志》。[①] 凡此，究其目的，多由碑估图财射利，而少出文人好事游戏。晚清陆增祥撰作《八琼室金石补正》，尝专附“袪伪”一卷，并在凡例中指出：“碑估妄托，所在多有，好事文人，间亦作伪，兹附成袪伪一卷，以谂来者。”[②] 而刘承干在《八琼室金石补正序》中则尤其强调此举是足以补正王昶《金石萃编》之一大进步。

以上选取四方伪志详加考辨，不惟揭示四方伪志之破绽，亦期望以此考证方法，作为碑志文献辨伪的生动实例，以便学人在采摭碑志文献并考据利用之时，能够取读运用真实可信的史料而剔除伪资料，具备洞察与通识的能力。同时，试图藉此总结墓志辨伪的着眼点和推证的方法。

① 参见（清）叶昌炽：语石，卷一〇，“摹本”、“赝本”条，王其祎校点，沈阳：辽宁教育出版社，1998年版，第257页。

② （清）陆增祥：八琼室金石补正，北京：文物出版社影印本，1985年版，第2页。

第四章
隋代主流书体与“隶楷之变”

“文字之变流，皆因自然，非有人造之也。南北地隔则音殊，古今时隔则音亦殊，盖无时不变，无地不变，此天理然。当其时地相接，则转变之渐可考焉。”① 这是康有为在《广艺舟双楫》中专门针对汉代以后隶书之迁变而生发的一段开篇引语。其实，万物的变迁，本有其自然天理，而与人文密相关的文字语言的流转变化，则恐怕并非没有人造的因素。譬如，“秦碑力劲，汉碑气厚，一代之书，无有不肖乎一代之人与文者。《金石略序》云：‘观晋人字画，可见晋人之风猷；观唐人书踪，可见唐人之典则。’谅哉。”② 又譬如，长期的分裂所造成的各地域的文字书写差异，待“时地相接”的大一统到来之时，其势必会在强大的人为因素下较速形成弃异求同的融并与化合，回首秦、隋两朝之事功，正可以覆案而知。因此，考察文字书写形体之演化，原本最能见证这般如万物变迁的“自然天理”。

第一节　隋代“新体”楷书的确立与其艺术旨趣

事物的发展本有其规律，譬如，代谢，旧体未亡而新体的因子已然孕生其中，所以新与旧乃是对立的统一，是一脉必然的承传与鼎革，书法文化现象亦

---

① 康有为：广艺舟双楫，卷二，分变第五，见：艺林名著丛刊，北京：中国书店版影印本，1983 年版，第 15 页。

② （清）刘熙载：艺概・书概，见：上海书画出版社，华东师范大学古籍整理研究室：历代书法论文选，上海：上海书画出版社，1979 年版，第 706 页。

犹然如斯。康有为《论书绝句》云："欧体盛行无魏法，隋人变古有唐风。"[①] 果真如此吗？本节谨以隋代的"新体"楷书（文中所称楷书、隶书皆就时下意义而言）与其艺术旨趣为探讨主题，并取征于《隋代墓志铭汇考》中的书法案例而略抒孔见。

一、"新体"的提出与其历史定位

对隋代书法及其价值的普遍关注与认定，大约始于晚清。而在诸多金石书家中，又尤以叶昌炽的总结最称到位："隋碑上承六代，下启三唐，由小篆八分趋于隶楷，至是而巧力兼至，神明变化，而不离于规矩。盖承险怪之后，渐入坦夷。而在整齐之中，仍饶浑古，古法未亡，精华已泄。唐欧、虞、褚、薛、徐、李、颜、柳诸家精诣，无不有之。此诚古今书学一大关键也。"[②] 把握住这个书学演化的关钥，方能认知隋代书法所承载的"变古出新"与"承魏开唐"的使命，以及变化而不离规矩、整齐而仍饶浑古的精髓。

"欧体盛行无魏法，隋人变古有唐风。"百年前南海康有为先生的这一界定，又恰好道出了隋代楷书的确立及其基本特征，即以欧阳询楷书为代表的摆脱魏法而开启唐风的"新体"面貌。而对所谓"新体"的更进一步的诠释，康有为又说："故有魏碑可无齐周隋碑？然则三朝碑，真无绝出新体者乎？曰齐碑之《隽修罗》、《朱君山》，隋之《龙藏寺碑》、《曹子建》，四者皆有古质奇趣，新体异态，乘时独出，变化生新，承魏开唐，独标儁异。"[③] 康有为在崇魏卑唐的前提下能昭示"承魏开唐"的"新体"乃出现在杨隋一代，的确是灼见。其实，"书道习法易而创体难，近世北朝石志出土者多矣，字画率朴茂，敛分势而为之。至率更出，始酝酿分法而尽变其势。厥后祖尚流风，虽峭厉如兰台，圆劲如裴休，卒莫窥浑厚之域"[④]。包世臣的看法应该正是康有为的先声，且为康有为发挥并肯定了隋代楷书已跨越"习法"而完成"创体"。

① 康有为：广艺舟双楫，"论书绝句"第二十七，小注又云："自隋碑始变疏朗，率更专讲结构，后世承风，古法坏矣。"见：艺术名著丛刊，北京：中国书店影印本，1983年版，第66页。

② （清）叶昌炽：语石，卷二，王其祎校点，沈阳：辽宁教育出版社，1999年版，第6页。

③ 康有为：广艺舟双楫，"备魏"第十，见：艺林名著丛刊，北京：中国书店影印本，1983年版，第31页。

④ （清）包世臣：艺舟双楫·论书，题隋志拓本，见：艺林名著丛刊，北京：中国书店影印本，1983年版，第97页。

“酝酿分法而尽变其势”者，除却已为人所熟知的《苏慈》[①]、《董美人》、《常丑奴》、《姬夫人》、《张通妻陶贵》等名刻，近数十年又有诸多更加鲜活明快的案例可资析理见证。例如，以长安与洛阳两京地区所见，有《李和》、《陈叔兴》（图 4-1）、《杨景》（图 4-2）、《杨异》（图 4-3）、《杨文愻》、《杨文思》、《杨纪》、《阴云》（图 4-4）、《窦俨》（图 4-5）、《贺拔毗沙》、《郁久闾可婆头》（图 4-6）、《刘婉华》、《萧妙瑜》（图 4-7）、《段威》、《薛保兴》、《解方保》（图 4-8）、《郑善妃》（图 4-9）、《齐士干》（图 4-10）、《长孙汪》、《王世琛》、《杨素妻郑祁耶》等，皆可举为隋代“新体”楷书的典型。

图 4-1 大业三年《陈叔兴》

图 4-2 开皇九年《杨景》

① 本节所列举的墓志铭，皆仅以墓主姓名为称谓而不再加墓志字样，特此说明。

图 4-3　仁寿元年《杨异》

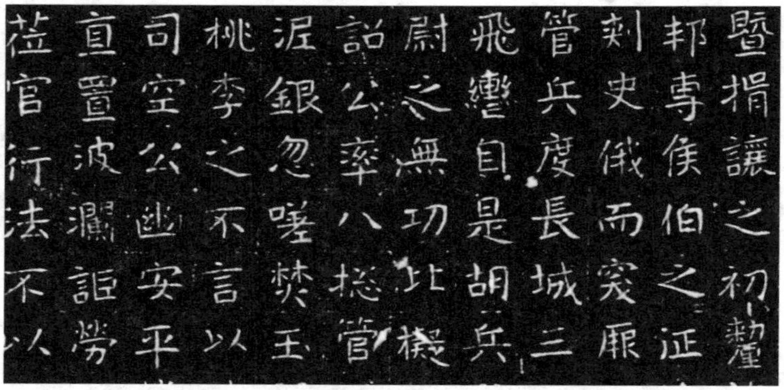

图 4-4　开皇三年《阴云》

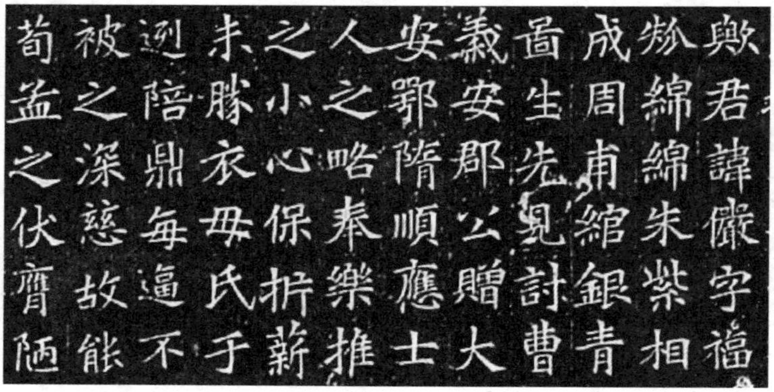

图 4-5　大业十二年《窦俨》

图 4-6 开皇十二年《郁久闾可婆头》

图 4-7 仁寿三年《萧妙瑜》

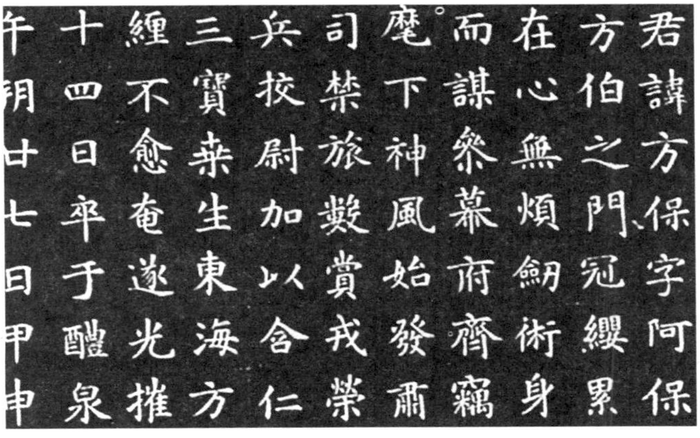

图 4-8 大业六年《解方保》

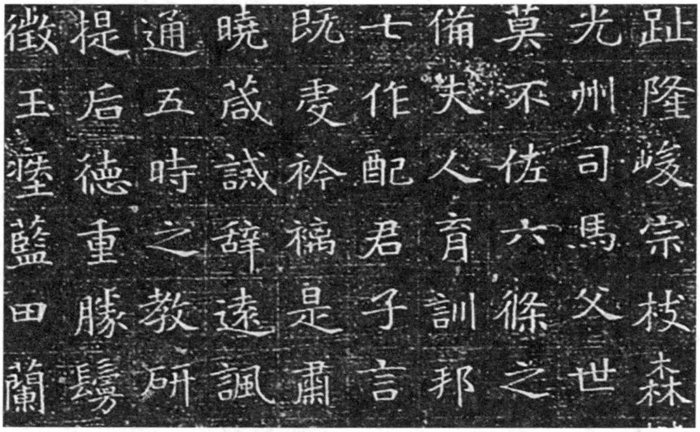

图 4-9　大业十三年《郑善妃》

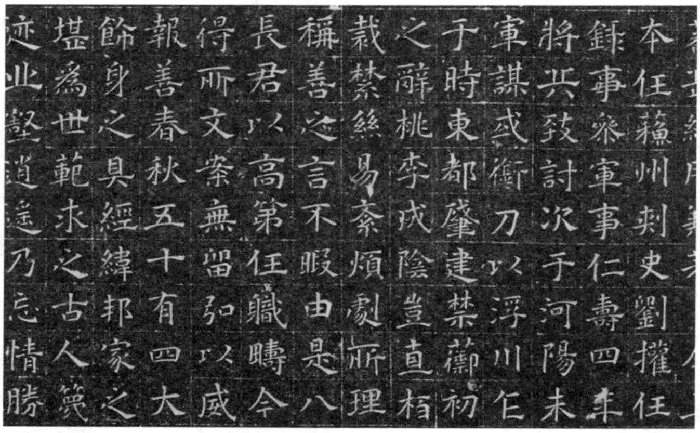

图 4-10　大业十二年《齐士干》

有鉴于清末民初所能见识的隋代碑版书法品类尚有局限，大不如今日之丰富多姿而更具说服力，因此对隋代“新体”楷书的定位与认知，必然会缘此而有更加充分可靠的案例支撑和论证依据。

二、“变古出新”的时代态势与文化背景

《易》曰：“观乎天文，以察时变，观乎人文，以化成天下。”[①] 隋代混一寰宇，化成天下，也正可以由人文观之。不妨就以下五个方面给予衡量评定。

---

① 周易正义，卷三，北京：中华书局影印清阮元校刻《十三经注疏》本，上册，1980 年版，第 37 页。

1. 时代格局

世人通常会用比较的眼光看问题，于是秦朝与隋代往往被相提并论。正如《隋书》卷七〇史臣曰：“其隋之得失存亡，大较与秦相类。始皇并吞六国，高祖统一九州，……原始要终，若合符契矣。”[①] 以此来比较两个王朝的文字书体的变化，亦颇有相类之处。即秦朝大一统下的“书同文”，终结了六国文字书体与字样的混乱，创立了天下奉行的小篆新体；而隋代的大一统则融并了数百年南北朝分立格局下的文化异同，磨合出包括书写字样和书法字体的新规范，所谓书法字体的新规范正是敛分势、弃险怪的“新体”楷书的确立与成熟。

2. 社会观念

中古时期特别是魏晋南北朝阶段受九品官人法的取士制度的影响，当时除了品德、文才、礼法、风仪、清谈之外，还有一项重要的标准就是对艺术的考量，而在艺术的诸多类别中，又尤以书法一门首当其冲，亦即最受社会重视。[②] 以当时人的审量尺度而论，最有代表性和说服力的莫过于颜之推的《颜氏家训》，其在“杂艺”篇中所列举的门类有九，而书法正是被放在了第一的位置，同时更指出了南北朝时期的书法流弊，即所谓“大同之末，讹替滋生。萧子云改易字体，邵陵王颇行伪字；朝野翕然，以为楷式，画虎不成，多所伤败。至为一字，唯见数点，或妄斟酌，逐便转移。而后坟籍，略不可看。北朝丧乱之余，书迹鄙陋，加以专辄造字，猥拙甚于江南”[③]。这也证明了书法一门在入隋前后得以随着文化艺术的大融合而能够“变古出新”确是势之使然。

3. 文化主流

文化的融合是多方面的，譬如，经学，“大抵南人约简，得其英华，北学深芜，穷其枝叶。考其终始，要其会归，其立身成名，殊方同致矣。……自正朔不一，将三百年，师说纷纶，无所取正。高祖膺期纂历，平一寰宇，顿天网以掩之，贲旌帛以礼之，设好爵以縻之，于是四海九州强学待问之士靡不毕集焉。……中州儒雅之盛，自汉、魏以来，一时而已”[④]。又譬如，文学，“自汉魏以来，迄乎晋、宋，其体屡变，前哲论之详矣。暨永明、天监之际，太和、天保之间，洛阳、江左，文雅尤盛。……周氏吞并梁荆，此风扇于关右，狂简斐

---

① 隋书，卷七〇，北京：中华书局点校本，1973 年版，第 1636 页。

② 毛汉光：中国中古社会史论，上海：上海书店出版社，2002 年版，第 395-401 页。

③ （北齐）颜之推撰，王利器集解：颜氏家训集解，上海：上海古籍出版社，1980 年版，第 514 页。

④ 隋书，卷七五，儒林传序，北京：中华书局点校本，1973 年版，1706 页。

然成俗，流宕忘反，无所取义。高祖初统万机，每念斲雕为朴，发号施令，咸去浮华，然时俗词藻，犹多淫丽，故宪台报法，屡飞霜简。炀帝初习艺文，有非轻侧之论，暨乎即位，一变其风。……并存雅体，归于典制。虽意在骄淫，而词无浮荡，故当时缀文之士，遂得依而取正焉。爰自东帝归秦，逮乎青盖入洛，四隩咸暨，九州攸同，江汉英灵，燕赵奇俊，并该天纲之中，俱为大国之宝”①。经史文学的人才云集京师，染变文化，自然也成了融合并孕生书法“新体”的直接催化剂。而这种催化，稍有别于政治体制、传统理念与文化精神的大要以北朝为主流，而在文学、艺术乃至书法的嬗变上则似更多受到了南人入北所带来的深度影响，其中尤以王褒、庾信为典型人事。② 于是，反映在书法艺术上，便有了“英华”与“枝叶”的融合和“雅体”与“典制”的确立。

4. 书学制度

《唐六典》卷八《门下省》弘文馆“学生三十人”条小注：“贞观元年，敕见任京官文武职事五品以上子有性爱学书及有书性者，听于馆内学书，其法书内出。其年有二十四人入馆，敕虞世南、欧阳询教示楷法。”③ 知虞与欧阳乃当时楷书宗师，俱以书艺地位烜赫而殊见朝廷重视。他们作为由隋入唐的旧臣，其书法面貌也理所当然是最纯正的隋代“新体”楷书之圭臬。唐代制度又设楷书手、搨书手、笔匠、熟纸装潢匠等皆若干人，推之隋代，虽正史未载，而其制度当是唐代上承于隋。

5. 书法旨趣

“前人谓北书方严遒劲，南书疏放妍妙，囿于风气，未可强合。至隋则浑一区宇，天下同文，并无南北之限。乃审其字体，上而庙堂之制作，下而闾巷之镌题，其石具在，未有如世所传法帖者。岂平陈之后，江左书派亦与国步俱迁乎？……余尝欲辑《隋石记》，以明书法流别，觉阮文达南北两派之说，犹不免调停之见，覃溪论唐初欧、褚诸家，一归之于山阴法乳，更为町畦未化已。”④ “方严遒劲”与“疏放妍妙”的相得益彰，或者说是楷法已正而隶意未尽的面目⑤，叶昌炽正道明了“变古出新”后的隋代“新体”楷书交融所呈现的两重基本特征。

---

① 隋书，卷七六，文学传序，北京：中华书局点校本，1973 年版，第 1729-1730 页。

② 参见《周书·赵文深传》、《周书·庾信传》、《隋书·杨素传》、《隋书·虞世基传》、《北史·王褒传》等。

③ （唐）李林甫等撰：唐六典，卷八，门下省，陈仲夫点校，北京：中华书局点校本，1992 年版，第 255 页。

④ （清）叶昌炽：语石，卷一，王其祎校点，沈阳：辽宁教育出版社，1999 年版，第 6 页。

⑤ （清）顾炎武《金石文字记》卷二“鹰扬郎将义城子梁罗墓志”跋：“此志正书犹带八分，凡隋以前之书法多如此。”

三、“新体”确立的表征

1. 取证于时人的书体比例

隋世书体以楷、隶二体为主流。故先就隋墓志书体中的楷书和隶书比例作量化统计如下。

兹以《隋代墓志铭汇考》所收可以见知书体形貌的491种墓志铭（仅存墓志盖及仅有存目者不在此数）为统计基数，其中，楷书386种，隶书100种，楷隶杂糅5种。又，其中，文帝开皇、仁寿年间225种墓志中有楷书158种（其中，仁寿年间楷书28种），隶书67种（其中，仁寿年间隶书21种）；炀帝大业年间266种墓志中有楷书228种、隶书33种、楷隶杂糅5种。由此数据应能这样认识：有隋一代书体面貌中的楷、隶书比例约为4∶1，当然在占4/5份额的楷书中，其实还有一部分略带隶书笔意者，特别是横、捺及右弯勾笔法偶见或尚未尽脱雁尾意趣者；以文帝、炀帝两朝相比较，文帝朝楷、隶书比例约为2∶1稍强，而炀帝朝楷、隶书比例则突变为近7∶1，这正好标志出“新体”楷书发展之趋向与确立之地位，这个现象也与后来的初唐楷书恰合为相承的一脉，并最终定格了“新体”楷书的成熟与完善，即“无魏法”（准确地说亦包括以北齐、北周为典型的颇带隶书笔意的旧体楷书气象）而“有唐风”（以欧、虞、褚为完成大化之高标）。

2. 取证于时人的书法实践

前人论隋楷的典范作品多举《苏慈》、《董美人》、《姬夫人》等，而今之所见已远多于前，可以视为圭臬者亦不胜屈指，大有出蓝胜蓝之势。以下特以新见墓志为例，并以最能代表和导引当时书法文化发展动向与潮流的长安（含华阴杨氏家族）和洛阳两京所在为取证地域而略事比说。[①]

开皇年间楷法尚多存旧体遗风，如长安出土开皇二年（582）《李和》、开皇三年（583）《阴云》、开皇三年（583）《贺兰祥妻刘氏》、开皇十一年（591）《杨朏》、开皇十五年（595）《段威》等，清劲韶秀，结体峻整，皆尚沿北派跌宕高古之习和质朴硬拙之风，或近于魏楷，或颇饶隶意，间架亦多于方正中略取横势，但毕竟已然透露出瘦劲俊秀的时代风尚之端倪。

---

① 《隋代墓志铭汇考》共收录645种墓志铭（含存目，不含塔铭、塔记与高昌墓表），其中，河南285种，陕西157种。两地合计约占隋墓志总数的69%。

同为陈孝宣皇帝之子，长安出土大业三年（607）《陈叔兴》比洛阳出土大业九年（613）《陈叔荣》和大业十一年（615）《陈叔明》在楷法上尤见规整而严谨更甚，差可视为南北书法融并的典型表征：恭肃周正，淳和清平，刚柔兼备，妍质并举。长安出土大业四年（608）《李静训》与华阴出土大业三年（607）《萧妙瑜》，冲和朗润，秀美端方，亦当归于此类。

长安出土大业十二年（616）《田行达》近于《元智》和《张通妻陶贵》，字法精严遒健，纯得魏齐神髓，而又宽博峻丽，蔚成隋代风尚。长安新出开皇十二年（592）《郁久闾可婆头》、大业六年（610）《刘婉华》、大业十二年（616）《窦俨》和《长孙汪》亦皆此类。书法遒劲婉约，锋颖如生，庶几庐山真面。长安出土大业六年（610）《薛保兴》楷法洒脱开朗，浑古朴茂，也是“新体”面目。所谓“最可见隋唐书学递嬗之迹，非徒下开率更，即虞、褚亦汲其流也”[①]。

长安出土仁寿元年（601）《贺拔毗沙》方博宽和，萧闲疏朗，整逸端妙，流美淳古，有帝都天府气象，远过早年邙洛所出《张贵男》，亦差胜早年长安所出《姬夫人》。杨守敬所谓：“此隋代变南北朝书体之始，以《苏孝慈》、《尉富娘》照之，可知其时风尚矣。”[②] 亦于斯可以证见。又如，长安出土大业六年（610）《解方保》，书法方严峻整，劲朗宽和，颇不乏《苏慈》之气象，堪为上品，且足以标志隋代楷书直接启发了初唐楷法“瘦硬通神”的风格面貌。

端方尝跋大业二年（606）《张贵男》云：“隋代闺媛圹志佳者林立，精严推《姬夫人》，幽峭属《董美人》，朴楙属《李尉娘》，秀逸推《张陶贵》。此石后出，文词华贵，书体盅龢，有初日夫容、晓风杨柳之致，信本、登善、永兴之先声也。诸石之中，尤当首屈一指。”[③] 今见新出者有《郑善妃》、《吴女英》、《刘婉华》、《李静训》、《郑祁耶》、《贺拔毗沙》、《萧妙瑜》等，无论精严、幽峭、朴楙、秀逸，皆能更擅胜场，更尽婉妙而端妍。

华阴杨氏家族墓志，多堪为楷模而趋逼《苏慈》，甚至大有过之者，如《杨景》、《杨异》、《杨文愻》、《杨文思》、《杨钦》、《杨纪》、《杨素》等。长安出土大业五年（609）《元世斌》和洛阳出土大业十三年（617）《郑善妃》亦颇近《苏慈》。即便大业六年（610）《史射勿》虽葬在平凉，而其书法却依然是《苏慈》法脉，

① 梁启超：碑帖跋，隋张通妻陶贵墓志，见：石刻史料新编（第4辑・第7册），台北：台湾新文丰出版公司，2006年影印本，第69页。

② （清）杨守敬：丁戊金石跋，卷下，跋《元□智暨妻姬氏志》，清光绪三十三年自刻本，第8页上。

③ 端方跋锡九藏拓本，见：秦公编：中国石刻大观・资料篇（第六册），京都：日本同朋舍编印，1991年版，第81页。

一派京师“新体”楷书面目。譬如，早于《苏慈》的开皇九年（589）《杨景》和仁寿元年（601）《杨异》，皆是极尽秀丽润泽而又瘦硬通神的楷书，已基本摆脱了前朝旧体中的魏楷与隶法影像，甚至间以行书意味，堪为隋楷“新体”之先锋，亦较《董美人》的华美妖娆而有过之。用梁启超的话来形容就是“结体极平整而不板滞，行笔极韶秀而不靡弱，信乎隋书无体不备也”[①]。其中，特别是《杨异》，堪为《苏慈》、《元智》、《董美人》之俦。清人毛凤枝尝跋《苏慈》曰：“此志楷法精健绝伦，实为佳刻。盖隋人楷法集魏齐之大成，开欧虞之先路，其沉着痛快处，有唐人所不能到者。”[②] 今观《杨异》更加信为不虚，而此端整妍美之书风，想亦足为当时干禄之资。

还需特别关注的是，洛阳出土大业十二年（616）韩凤卿书《齐士干》，楷书中间以隶书笔触，寓方于圆，宽舒灵动，清劲明朗，妍妙新奇，颇饶古趣，极有风采。书法与文法（吴郡陆搢撰）同样精整雅致，一派梁陈气象，堪称隋代书法之上品，且又有书者姓名留存，适可为隋代书坛留证一位精英。洛阳出土大业十二年（616）《王世琛》亦隶楷相间而以楷为主，近于《齐士干》然不及其端庄秀丽有逸气。此种面目，真是一例变隶为楷或者说融隶入楷的最成功而美丽者，并使人颇有“结体颇近虞褚，风神遒媚，姿态旷逸，可称能品，澄怀观之，当有神契”[③] 之同感。

3. 取证于时人的书法理论

试取欧、虞为例。由隋入唐的欧阳询，乃是隋唐间将楷法趋于规范面目的重要实践者和代表人物。例如，传为其手笔的《苏慈》，即是最典型的形象。而欧阳询的书法理论《用笔论》、《传授诀》，以及传为其总结的用笔《三十六法》，亦显然捕捉了这一时期楷书间架与笔法的时代风影，所谓“四面停均，八边具备，短长合度，粗细折中”（《传授诀》），已无疑是针对当时规范化的“新体”楷书而提出的审美旨趣。梁启超曾推论：“渤海入唐后，以文皇喜右军书，故所作益以南派风韵，镕铸成家。《姚恭公志》立于隋大业十三年，盖其少作，亦最见本色。”[④] 其实，《苏慈》更早于《姚恭公》17 年，其书法理论与其书法风韵

---

① 梁启超：碑帖跋，隋蜀王美人董氏墓志，见：石刻史料新编（第四辑・第七册），台北：台湾新文丰出版公司影印本，2006 年版，第 68 页。

② （清）毛凤枝：关中金石文字存逸考，卷九，清光绪二十七年刊本，第 36 页下。

③ 顾燮光：梦碧簃石言，卷四，河阴县新出土隋唐墓志，引胡荃跋《郑府君墓志》，王其祎校点，沈阳：辽宁教育出版社，2001 年版，第 136 页。

④ 梁启超：碑帖跋，隋张通妻陶贵墓志，见：石刻史料新编（第四辑・第七册），台北：台湾新文丰出版公司影印本，2006 年版，第 57 页。

亦已镕铸其中，而其入唐后的杰构如《皇甫诞》、《虞恭公》、《九成宫》等，亦皆一脉相承而无本质变革。

虞世南也是由隋入唐而开启楷书新风尚的旗手。其楷书传承智永，以“尚法”、“藏器”而为时所推，至其《书旨论》、《笔髓论》，也同样是“俯拾众美，会兹简易，制成今体，乃穷奥旨”（《书旨论》）而不惟“真书一体”的理论圭臬。

又有隋东都慧日寺僧智果，学书于智永，所撰《心成颂》总结了八对法则，即“回展右肩，长舒左足。峻拔一角，潜虚半腹。间开间合，隔仰隔覆。回互留放，变换垂缩。繁则减除，疏当补续。分若抵背，合如对目。孤单必大，重并仍促。以侧映斜，以斜附曲”[①]。此是专门就楷书“留意运工，特尽神妙”（张怀瓘《法书要录》）之审美原则的自觉解构，不仅可与后出的欧阳询《三十六法》相呼应，而且可以视作对智永真书乃至隋代“新体”楷书间架的理论归结和趋向规范化的导引，自然应推为隋代书论之先声。而唐人窦蒙《述书赋》对字格“正”的阐释曰：“衣冠踏拖，若止若行。”指的正是中规中矩的整肃面目，一如欧体的结构谨严。由是可知，唐人的书论与法则也多是沿承着欧虞的基本标准。[②]

四、“新体”楷书的艺术旨趣

应如何理解楷法大备于隋唐，以及隋代“新体”楷书何以开启欧虞先河？启功《题张猛龙碑》总结道：“古之铭石书，多故求方整，以示庄严，遂即形成相传之刊刻体。而简札书中手写体之弹性美，往往不可得见。其方不至于板滞，圆不失其庄严，每笔每字，时方时圆，或方或圆，相辅而成者，惟此碑得其妙。但仍是混合体，而非化合体。至唐之《醴泉铭》，则如盐入水，融合无间。刊刻体与手写体统一，庄严美与弹性美统一，故真书中，铭石之作，《张猛龙碑》为小成，《醴泉铭》为大成。”[③] 所谓“刊刻体与手写体统一，庄严美与弹性美统一”，正是趋近“化合”而楷法大备的隋代“新体”与其艺术旨趣的形象写照。而此间的过度及已然成熟的案例，旧者如《苏慈》、《董美人》，新者如《杨异》、《齐士干》、《解方保》、《萧妙瑜》等，正可以向隋代墓志中取证不竭。

宋人蔡襄尝评隋《启法寺碑》云：“此碑兼后魏遗法，隋唐之交，善书者

---

① （清）严可均辑：全隋文，卷三四，北京：商务印书馆，1999年版，第395页。

② 其实初唐对东晋六朝法书（特别是二王行楷）的过度偏好，又何尝不是沿袭着隋代书法艺术主流风尚的脉络而更加发扬光大的表征。所谓“隋人变古有唐风”，良非虚论。

③ 启功：启功丛稿，题跋卷，北京：中华书局，1999年版，第283页。

众，皆出一法。”[①] 此所谓“一法”者，乃指“天下同文无南北，险怪之后入坦夷”的正宗隋楷，亦正是包世臣所云：“中正冲和龙藏碑，擅场或出永禅师，山阴面目迷梨枣，谁见匡庐雾霁时。”[②] 沉实、雄峻、遒丽、沉毅、妍隽，皆是包世臣对隋楷艺术旨趣的总体揭示。

继包氏之后，对隋代“新体”楷书的认知与崇尚，推波助澜最为有力者，莫过于康有为。康氏《广艺舟双楫》“取隋第十一”云：“何朝碑不足取，何独取于隋？……以其由隶变楷，足考源流也。……隋碑内承周齐峻整之绪，外收梁陈绵丽之风。故简要清通，汇成一局。淳朴未除，精能不露，譬之骈文之有彦升、休文，诗家之有玄晖、兰成，皆荟萃六朝之美，成其风会者也。隋碑风神疏朗，体格峻整，大开唐风。唐世欧、虞及王行满、李怀琳诸家皆是隋人。今人难免干禄，唐碑未能弃也，而浅薄漓古甚矣。莫如择隋书之近唐，而古意未尽漓者取之。昔人称中郎书曰：‘笔势洞达。’通观古碑，得洞达之意莫若隋世。盖中郎承汉之末运，隋世集六朝之余风也。”[③] 又云：“书至于隋，齐周名手若赵文深、李德林，梁陈隽彦若王褒、庾信，咸集长安，故善书尤众。永叔跋《丁道护碑》曰：‘隋之晚年，书家尤盛。吾家率更与虞世南，皆当时人。余所集录开皇仁寿大业时碑颇多，其笔画率皆精劲。’盖隋碑之足赏久矣。”[④] 以此通观前举时人书法实践案例，颇能证见“方严遒劲”与“疏放妍妙”的曼妙融合所显现出的馨香情韵和清腴气息，亦能感知以欧书为基本体态的隋代楷法，多以“匀净整洁”、“峻朗丰好”为其艺术旨趣，正所谓当时“书家之常用，而干禄之鸿宝也”[⑤]。

晚清杨守敬亦有所总结：“隋代混一南北，其书法亦有整齐气象。《龙藏寺》、《贺若谊》，已开虞、褚之先声；《赵芬残碑》、丁道护《启法寺》，又为颜、柳之弥祖。《宁赟》一碑，体格与欧阳《化度》相似，余疑即欧阳中年之作。《张贵男》一志与欧阳之《化度寺》、《醴泉铭》，神理吻合，不独形似。他如

---

① （清）刘熙载：艺概·书概，见：上海书画出版社，华东师范大学古籍整理研究室：历代书法论文选，上海：上海书画出版社，1996年版，第698页。

② 康有为：广艺舟双楫，论书十二绝句之七，见：艺林名著丛刊，北京：中国书店影印本，1983年版，第83页。

③ 康有为：广艺舟双楫，取隋第十一，见：艺林名著丛刊，北京：中国书店影印本，1983年版，第31-32页。

④ 康有为：广艺舟双楫，取隋第十一，见：艺林名著丛刊，北京：中国书店影印本，1983年版，第33页。

⑤ 康有为：广艺舟双楫，干禄第二十六，见：艺林名著丛刊，北京：中国书店影印本，1983年版，第62页。

《元公姬氏》、《尉富娘》，论者谓小楷绝诣，直足上接两晋，笼罩三唐。”①

又读近人张玮为许成琮藏隋大业九年（613）《张受墓志》旧拓本所作长跋，不惟洋洋洒洒，而尤能够真知灼见于隋代“新体”楷书作为“八法正宗”的艺术真谛，谨录于此，以张扬脍炙之同感并有以印证于前举隋志案例之事实。其云：“就作者论，书则北方风气刚劲，南方风气柔弱，书为心画，迹象在人。就书体论，则简札贵婉丽，碑版宜坚质。以登善之高华，而《伊阙佛龛》不可与《神龙兰亭》等视，平原之雄厚，而《坐帖》、《祭稿》亦不必与《画赞》、《家庙》同科。言岂一端，胶执而谈，庸有当乎。二王楷则久矣，几绝人间。《淳化》、《大观》初本只字百镒，临池家不下千万，获见原刻者究得几人？求其次则初唐大家，乃八法正传，然唐石之未经洗凿者绝无仅有，今欲窥庐山真面，其道何由？不知欧、褚亦隋人耳。欧、褚不可必得，隋石则近日出土甚多也。隋人书虽不足与欧、褚相衡，但时代即同，规模斯近，风气之会，韵味难殊，与其宗后世手民之工，何如循侪辈观摩之迹，与其亿度于模糊影响之古拓，何如展玩于波发光洁之新硎。习书者欲求前贤奥妙，自以明法为先，得其法，神而明之，存乎人耳。法备而易见者莫如隋人，欧公尝言书至陈隋之间而工极，盖是时南北一统，偏胜渐泯，柔弱者得雄杰为资，犷悍者因虚和而化，《龙藏寺碑》其显例也。《元智志》乃小楷而势擅雄强，难可为对。此石与《姬氏》为近，似《伊阙》具体而微，此外则《伍弘义志》最可学，皆艺林至宝也。元氏两石已碎，《伍志》亦不知存否？此石稺丈既得而有之，不惟宜珍护，且必广为传播，俾学者识八法正宗，庶有以间执悠悠之口。”②

信然，“法备而易见者莫如隋人”，“书至陈隋之间而工极”，时代同而规模近，风气会而韵味谐，险怪弃而坦夷通，于是南北无所“偏胜”，从而得见刚柔相济，雅郑相化，妍质相兼。又，于是隋代“新体”楷书的鼎革作用始被定位于“上承六代，下启三唐”，而其艺术旨趣则被认同于“始酝酿分法而尽变其势”，始寓圆于方而“变古出新”，始蜕化魏法而完成“创体”，始“平整不滞”而“韶秀不靡”，始朗丽润泽而“瘦硬通神”。一言以蔽之，还需归结为本节开题所引征的康有为《论书绝句》：“欧体盛行无魏法，隋人变古有唐风。”

---

① （清）杨守敬：学书迩言·评碑，北京：文物出版社，1982年版，第24页。

② 秦公编：中国石刻大观·资料篇（第6册），京都：日本同朋舍编印，1991年版，第123页。

第二节　“隶楷之变”与隶书在隋代的式微

“沉舟侧畔千帆过，病树前头万木春。”① 秋风花落，春雨燕归，这本是自然之理，然亦可以观照人文规律。杨隋王朝统一数百年的南北分崩而勃然大兴文化事功，体现在书法样式的迁变上，正表现为“隶楷之变”在此时已经厥功告成，故相对于“无魏法”而“有唐风”的“新体”楷书的千帆过与万木春，作为愈显古旧之书体——隶书则呈现出势若“沉舟”而形如“病树”一般无可奈何花落去的颓势。前节所论“隋代‘新体’楷书的确立与其艺术旨趣”，以隋代墓志铭书法为审查主体而检讨了彼时楷书的全面成熟及其对隶书鼎革的基本事功，本节则欲逆而上溯，期望能梳理晋隋之间以“铭石书”（此是南朝齐王僧虔就汉晋间碑刻书体的主流即隶书而提出的称谓，本节谨藉以指代晋隋间碑刻墓志上的铭石书体②）为主体对象的隶楷迁变的基本经络及其终结点——隋代的隶书情形，并藉诸归理隋代墓志铭案例以释证隶书在南北一统后的式微及其与盛唐“开元体”即所谓“唐隶中兴”的关系。惟需特别强调说明的是，这里所言及的隶书与楷书名称，乃是宋代以后迄于今时约定俗成且与篆、草相并列的今隶和今楷两大书体，以免与唐宋以前隶、楷之说往往同义者相混淆。③

---

① （唐）刘禹锡：酬乐天扬州初逢席上见赠，见：（唐）刘禹锡：刘禹锡集，卷三一，诗，上海：上海人民出版社，1975年版，第290页。

② 启功先生云：“以书艺言，仍宜就碑版求之。盖树石表功，意在寿世，选工抡材，必择其善者。”斯言诚是，尤以研讨中古时期书艺之主流而舍碑版则不能见其大端。启功：论书绝句一百首，第二十一首，礼器碑、史晨碑，自注，见：启功：文心书魂·启功随笔，北京：北京大学出版社，2009年版，第210页。

③ 对于汉唐间隶、楷、八分书体名称释读较为清晰者有（清）万经《分隶偶存》“论汉唐分隶同异”云：“其实汉隶即唐八分，唐八分即汉隶，初无二也。”（崔尔平：历代书法论文选续编，上海：上海书画出版社，1993年版，第428页）“论隶分楷所繇起”又云：“汉以前并无楷与八分之名也。自魏及晋……无真书、楷书之名，仍总名之曰隶而已。至唐则直以隶为楷，而别以八分为隶。……要而论之，唐以前隶楷合为一，唐以后隶与八分分为二。”（崔尔平：历代书法论文选续编，上海：上海书画出版社，1993年版，第424-426页）（清）刘熙载《艺概·书概》亦云：“未有正书以前，八分但名为例隶；既有正书以后，隶不得不名八分。……自唐以前皆称楷字为隶。”（崔尔平：历代书法论文选续编，上海：上海书画出版社，1993年版，第687页）是知今之所谓楷书，即古之所谓隶书。今之所谓隶书，乃特区别于楷书而专指汉隶及其法嗣如晋隶、唐隶（唐人亦曰八分）耳。参见黄永年：树新义室笔谈，卷七，艺海拾贝·书体，上海：上海书店出版社，2000年版，第270页。

一、晋隋之间的隶楷迁变轨迹

信乎？书体可以判别时代。何也？古今风气不同，地域有别，人生一时一地，往往为风气地域所局限，故形诸书体亦不能有所掩蔽。所谓“一般风气一乡人，岁月推迁有故新”，援引启功先生的自注：“凡百艺能，莫得逃乎时代，亦莫得超乎地域。作者师承授受，口讲指画，波摹磔拟，不似则为不中程，固属有意所成之家法；亦有生于其时其地，谊非师生，耳濡目染，无意中而成其流派者。”复更强调：“时代所笼，则异中有同；地域所区，则同中有异。”[①] 持此视角，则略可见知隶楷变化之由、派别分合之故、世代迁流之异，亦能体味“人莫逃乎时代风气，虽大力者，创造与规避，两不可能”[②] 的道理。

一般认为，汉唐碑版盛，而锺鼎文字微；楷行之体兴，而隶书之法衰。那么隶书衰微的基本脉络究竟呈如何态势，不妨先为说明之。阮元论书而划分南北固有其偏颇，然以“地域所区，则同中有异”而论，确乎有所差别。故欲检讨晋隋之间隶楷之变，还应刻意观察南北朝之裂变所造成的地域文化与风气差异及其对书体特征“异中有同、同中有异”的影响。

1. 隶书的“正体”时代——汉晋间之情形

“汉晋之间，书学统系至纯不杂，降及六朝，至杂不纯。”[③] 至纯者，隶书为正体之时代也。不纯者，隶楷迁变及行草书出现也。西汉、新莽及东汉前期（约和帝以前）刻石书迹皆不脱篆书圆劲流转的笔法，惟笔画趋于减省且渐趋平直方折，即所谓“西汉以前无熹平隶体，和帝以前皆有篆意。……盖自秦篆变汉隶，减省方折，出于风气迁变之自然”[④]。东汉和帝以后至三国时期刻石书迹为隶书者（期间仍时见篆书及颇含篆意之碑版）多以波挑方折为笔法基本特征，而以趋扁整齐为字形基本特征，早期代表有元初二年（115）《子游残碑》，中期代表有《乙瑛》、《礼器》、《张景》、《孔宙》、《华山庙》、《史晨》、《熹平石经》、《赵宽》及《曹全》等，晚期有三国魏之《上尊号》、《受禅表》、《曹真》、《王基》与吴之《谷朗》、《天发神谶》（参用篆法）等。惟中晚期碑版已绝少专用篆

---

① 启功：论书绝句一百首，第九十三首，自注，见：启功：文心书魂·启功随笔，北京：北京大学出版社，2009 年版，第 261 页。

② 启功：论书绝句一百首，第九十八首，自注，见：启功：文心书魂·启功随笔，北京：北京大学出版社，2009 年版，第 265 页。

③ 张宗祥：书学源流论，见崔尔平：历代书法论文选续编，上海：上海书画出版社，1993 年版，第 880 页。

④ 康有为：广艺舟双楫，卷二，分变第五，见：艺林名著丛刊，北京：中国书店影印本，1983 年版，第 16 页。

书者，而晚汉《三公山》、《白石神君》诸碑更已略呈字形方正、笔画峻厉的风格，三国时碑版则已颇见影响后来晋魏北朝隶书趋于方笔折刀头的特征乃至楷化的端倪。[①] 由是而有隶楷之变肇端可上溯于汉末三国的论说，如清代钱泳《书学》“隶书”云：“三国既分，图籍无征，锺法一变，遂有真书，流为行草，而隶书由此绝矣。”[②] 此所谓“绝”，自然不是绝迹，而是说在传统汉隶中已开始融入新兴的楷书笔法，亦即言隶楷之变兆发于斯焉。刘咸炘《弄翰余沈》亦云：“凡一艺术皆有盛衰，一体既盛，其势渐方板而不复能变化生新，遂别开一体，故每一体当分别观之。……汉末分书波磔渐露，而结构渐板，已交衰运。”[③] 更有叶昌炽《语石》云：“两晋六朝，由分变隶之时。北之《郛休》，南之《谷朗》，波磔遒敛，已骎骎入隶室。”[④] 这里的“分”即指隶书，而“隶”则指楷书。今人启功先生也明确指出隶楷迁变之理：“自古字体递嬗，皆有其故。人事日趋繁缛，器用日求便利，此自然之理也。文字为日用之工具，字形亦必日趋便利，始足济用也。试计字体变迁，甲骨不出殷商，金文延续稍久，小篆与秦偕亡，隶书限于两汉。此谓其当日通用之时，不包括后世仿古之作也。唯真书自汉末肇端，至今依然沿用，中间虽有风格之殊，而结构偏旁，却无大异。其故无他，书写既能便利，辨识复不易混淆，其胜在此，其寿亦在于此。”[⑤] 而“汉隶至魏晋已非日用之体，于是作隶体者，必夸张其特点，以明其不同于当时之体，而矫揉造作之习生焉。魏晋之隶，故求其方；唐之隶，故求其圆，总归失于自然也”[⑥]。析其所以然，求其方者，乃缘楷书生焉；求其圆者，又因矫时弊焉。再举西晋成公绥《隶书体》云：“虫篆既繁，草藳近伪，适之中庸，莫尚于隶。规矩有则，用之简易。……或轻拂徐振，缓按急挑，挽横引纵，左牵右绕，长波郁拂，微势缥缈。……垂象表式，有模有楷。”[⑦] 此是当时人评述，亦

---

① （清）杨守敬《学书迩言》“评碑”言三国碑版：“下笔如折刀头，风骨凌厉，遂为六朝真书之祖。”见：杨守敬：学书迩言，北京：文物出版社，1982年版，第15页。

② （清）钱泳：书学，隶书，见：上海书画出版社，华东师范大学古籍整理研究室：历代书法论文选，上海：上海书画出版社，1979年版，第620页。

③ 崔尔平：历代书法论文选续编，上海：上海书画出版社，1993年版，第910页。

④ （清）叶昌炽撰：语石，卷八，分隶三则，王其祎校点，沈阳：辽宁教育出版社，1998年版，第233页。

⑤ 启功：论书绝句一百首，第三十八首，唐人真书，“真书汉末已胚胎，锺体婴儿尚未孩，直至二唐方烂漫，万花红紫一齐开”自注，见：启功：文心书魂·启功随笔，北京：北京大学出版社，2009年版，第221-222页。

⑥ 启功：论书绝句一百首，第二十五首，曹真残碑，“八分至此渐浇漓，披阅经年无所得”自注，见：启功：文心书魂·启功随笔，北京：北京大学出版社，2009年版，第213页。

⑦ 上海书画出版社，华东师范大学古籍整理研究室：历代书法论文选，上海：上海书画出版社，1979年版，第9-10页。

可以佐证隶书一体在汉晋间的“正体”主流地位。

其实两晋隶书宜两分之，即延续汉隶正体的西晋隶书与失却“正体”身份而退为“古体”且多数出现楷化元素的东晋隶书。西晋者以《郛休碑》、《三临辟雍碑》、《羊祜墓志》、《吕望表》、《徐君妻管洛墓碑》为代表，惟见太熙元年（290）《杜谡墓门题记》与元康八年（296）《徐文□墓志》隶书结体方拙，已呈楷书格局，而元康以后则多用笔方峻，结体方正。例如，杨守敬《学书迩言》“评碑”所云：“晋人分书，如《孙夫人》、《太公吕望表》，继述汉人，应规入矩，未可以时代为轩轾。《好大王碑》，近时出见，醇古整齐。此外汉晋墓砖，工拙不一，然时既近古，虽工匠为之，亦有古意。”[①] 东晋者以王谢家族墓志及《爨宝子碑》、《好大王碑》等为代表，大多已收敛波挑而多见折刀头的斩截笔法，而谢温、谢球墓志则更出现了率意流动的简札气息，基本上是潦草的楷法。

2. 隶书的“古体”时代——晋隋间之情形

如果说隶书在汉为大宗，在晋则为庶出。隶书自两晋而发生显然的分道扬镳，即渐次成为非世俗通行之书，这本是隶书步入衰运的信号，实际也是隶楷之变或者说是书体主流的逆转由此开始。然而，有道是“不废江河万古流”，隶书在晋隋之间尚缘其余风未沫、托体宜高而并未很快退出主体舞台，尤其是在“铭石书”中，虽已渐成“古体”，却依然能够占据相当的席位。不过相比之下，北朝又较南朝更显得恋古守旧得多，所谓“北方多朴，有隶体，无晋逸雅，谓之‘毡裘气’”[②] 者是也。究其缘由，一是南朝禁碑的限制，二是南朝新体书如“行押书”（又称行狎书，即宜于简札的时髦行草书）[③] 和“章程书”（即“凡诸教令，必应真正”[④] 及“世传秘书，教小学者

---

① （清）杨守敬：学书迩言，北京：文物出版社，1982年版，第17页。

② （宋）赵孟坚：论书法，见：崔尔平：历代书法论文选续编，上海：上海书画出版社，1993年版，第157页。

③ 启功《论书绝句一百首》第四十六首论褚遂良《伊阙佛龛碑》自注云：“盖行押书挑剔撩拨，便于简札，唐代之前不以入碑。晋祠、温泉，帝王之笔，作古自我，莫之敢议也。不宁是也，楷正之真书，于书碑者尤或嫌其未古，必搀以隶意，始觉庄严。如北齐诸刻，文殊般若碑，泰山金刚经，呼为隶则似真，呼为真又似隶。胥直此之由也。”见：启功：文心书魂·启功随笔，北京：北京大学出版社，2009年版，第227-228页。

④ （南朝·宋）虞龢《论书表》云：“于时圣虑未存草体，凡诸教令，必应真正。”见：上海书画出版社，华东师范大学古籍整理研究室：历代书法论文选，上海：上海书画出版社，1979年版，第51页。

也”[①] 的新生楷书）自东晋以后的勃兴与影响。而北朝虽然以杂糅隶楷的北魏书体形成主流，新体楷书正在渐渐完善与成熟的过程中，但北方广大地区所习见的汉魏西晋之“铭石书”依然较大程度为人们的仿古观念所宜接受，诚所谓“非隶不足以敬碑也”[②]。例如，阮元《北碑南帖论》所云：“前后汉隶碑盛兴，书家辈出。东汉山川庙墓无不刊石勒铭，最有矩法。降及西晋、北朝，中原汉碑林立，学者慕之，转相摩习。唐人修《晋书》、南北《史》传，于名家书法，或曰善隶书，或曰善隶草，或曰善正书、善楷书、善行草，而皆以善隶书为尊。当年风尚，若曰不善隶，是不成书家矣。……隶字书丹于石最难，北魏、周、齐、隋、唐，变隶为真，渐失其本。而其书碑也，必有波磔，杂以隶意，古人遗法，犹多存者，重隶故也。隋唐人碑画未出锋，犹存隶体者，指不胜屈。”[③]这里阮元将唐人所言隶书即楷书与后世所言隶书有所混淆，然不影响其“以善隶书为尊”和“重隶故也”的结论。再如，万经《分隶偶存》“论隶分楷所繇起”亦云：“流传既久，渐失其本，自魏及晋，钟、王以降，专务姿媚以悦人，妍巧万状，见者无不爱，于是楷法兴，而所谓古隶者，乃若自成一体矣。间有作碑刻者，犹循其旧作隶，而时无真书、楷书之名，仍总名之曰隶而已。”[④] 魏晋以降“间有作碑刻者，犹循其旧作隶”一句，正道明了已成为古体的隶书与“铭石书”之关系乃是或即或离。虽如此，而在中古时期的传统文化认知与接受中，犹以为惟隶书可以存古法而见庄严，故晋魏隋唐之间大有“非隶书不足以被丰碑而凿贞石”的观念。

至于晋室南渡，则所携皆帖（即卷帛缣纸之书）也。“且以南朝敕禁刻碑之事，是以碑碣绝少，见《昭明文选》惟帖是尚，字全变为真行草书，无复隶古遗意。……东晋民间墓砖，多出陶匠之手，而字迹尚与篆隶相近，与《兰亭》迥殊，非持风流者所能变也。……是故短笺长卷，意态挥洒，则帖擅其长；界

---

① （南朝·齐）王僧虔《论书》：“钟公之书谓之尽妙，钟有三体：一曰铭石书，最妙者也；二曰章程书，世传秘书，教小学者也；三曰行狎书，行书是也。三法皆世人所善。”见：上海书画出版社，华东师范大学古籍整理研究室：历代书法论文选，上海：上海书画出版社，1979年版，第61页。

② （清）阮元《北碑南帖论》：“李邕碑版名重一时，然所书《云麾》诸碑，虽字法半出北朝，而以行书书碑，终非古法。故开元间修《孔子庙》诸碑，为李邕文者，邕必请张庭珪以八分书书之，邕亦谓非隶不足以敬碑也。”见：上海书画出版社，华东师范大学古籍整理研究室：历代书法论文选，上海：上海书画出版社，1979年版，第637页。

③ 上海书画出版社，华东师范大学古籍整理研究室：历代书法论文选，上海：上海书画出版社，1979年版，第635页。

④ 崔尔平：历代书法论文选续编，上海：上海书画出版社，1993年版，第425页。

格方严，法书深刻，则碑据其盛。”[①] 而借由碑与帖引起的南北书体差异之大端[②]，阮元又在其《南北书派论》中强调：“南派字迹但寄缣楮，北派字迹多寄碑版。碑版人人共见，缣楮罕能遍习。……北朝族望质朴，不尚风流，拘守旧法，罕肯通变。惟是遭时离乱，体格猥拙，然其笔法劲正遒秀，往往画石出锋，犹如汉隶。其书碑志，不署书者之名，即此一端，亦守汉法。……至北朝诸书家，凡见于北朝正史、《隋书》本传者，但云‘世习钟、卫、索靖，工书、善草隶，工行草、长于碑榜’诸语而已，绝无一语及于师法羲、献。正史具在，可按而知。”[③] 此说不免偏颇，然仅就“铭石书”而言或差近其理。杨守敬《学书迩言》“评碑”亦云：“真书入碑版之最先者，在南则有晋、宋之小大‘二爨’，在北则有寇谦之《华岳》、《嵩高》二通，然皆杂有分书体格。可知钟、王之真书，当时只以供简帖，不以入金石。厥后渐趋整炼，如《刁遵》、《高湛》等志是其验。”[④] 此外，还有南朝士人多以书碑乃佐吏匠人所为而不屑于者也应是一大人为影响因素。

详细体察北朝各时段的铭石隶书情形，可见前燕至北凉时期，碑版墓志尚多保有隶书的基本笔法与结体面目，少数稍有楷化元素者，也只是结体略方整而波磔犹存焉。及至北魏则呈现出“隶楷错变，无体不有”[⑤]，结体茂密，用笔峻涩，而纯粹的汉晋体隶书竟尤为罕睹。即以墓志铭为例，更是百不一见，有之也是隶楷杂糅者，而非依稀仿古的隶书。至于东魏西魏，情况复有所逆变，以墓志铭为例，则比率忽然跃为十之一，而外又有约十之一为楷隶相兼者，且东魏后期隶书又较前期为多见，甚至还有武定二年（544）《元显志》序文为楷书而铭文为隶书的情形。可否认为在东魏、西魏到北齐、北周之间，隶书出现了一个因文化复古而趋近复兴的时段。所谓“北齐诸碑，率皆瘦硬，千篇一律，绝少异同”[⑥]，只是就碑版墓志的整体书风而言，而北齐摩崖书经的隶书，则颇

---

① （清）阮元：北碑南帖论，见：上海书画出版社，华东师范大学古籍整理研究室：历代书法论文选，上海：上海书画出版社，1979 年版，第 636-637 页。

② （清）钱泳《书学》“书法分南北宗”云：“南派乃江左风流，疏放妍妙，宜于启牍；北派则中原古法，厚重端严，宜于碑榜。”见：上海书画出版社，华东师范大学古籍整理研究室：历代书法论文选，上海：上海书画出版社，1979 年版，第 620-621 页。刘咸炘《弄翰余沈》亦云：“盖南方所传，本止小真、行草、简札之书，不宜碑碣。”见：崔尔平：历代书法论文选续编，上海：上海书画出版社，1979 年版，第 923 页。

③ 上海书画出版社，华东师范大学古籍整理研究室：历代书法论文选，上海：上海书画出版社，1979 年版，第 632-633 页。

④ （唐）杨守敬：学书迩言，北京：文物出版社，1982 年版，第 18 页。

⑤ 康有为：广艺舟双楫，卷二，体变，见：艺林名著丛刊，北京：中国书店影印本，1983 年版，第 14 页。

⑥ 康有为：广艺舟双楫，卷二，体变，见：包世臣：艺林名著丛刊，北京：中国书店影印本，1983 年版，第 14 页。

多波挑之势和圆浑重浊的笔法，在墓志铭中隶书的比例也提升到四居其一。“北周文体好古，其书亦古，多参隶意”①，则北周所见碑志隶书比例亦达到1/7，其中丰碑及重臣墓志尤多隶书。再检讨南朝的隶书情形，一则由于禁碑而甚少见用碑版墓志，二则既有的“铭石书”亦几乎脱尽隶书笔法笔意而皆呈现楷书样（前期个别者稍含隶意）。三则南朝书论多见论及草行书体与书家，而少见论及隶书，是知六朝时期正以行草书与楷真书为盛行的主体。② 自晋至魏合而分，自魏至隋分而复合，时事如此，书法亦然。故“至于隋世，率尚整朗，绵密瘦健，清虚之风，一扫而空。岂宙合不分，光岳晴霁，气运有当尔邪？南北书派，自是遂合。故隋之为书极盛，以结六朝之局，是亦一大变焉”③。这里的“结六朝之局，是亦一大变焉”的结论虽是主要针对于新体楷书的确立而言，但其实隋代的楷法亦包括隶法的清瘦爽健之风竟一直吹拂了前唐近百年。

上述隶书的迁变情由，还可参见本章所附表4-2《〈汉魏六朝碑刻校注〉等所见三国至北周隶书碑刻资料统计与说明》，此不赘言。

3. 隶书的“复古”时代——北齐之情形

对于隶书似乎在东魏、西魏与北齐、北周间出现的复兴情形，前人曾有关注，如叶昌炽云：“北朝碑正书者，无不兼带分书笔法，盖变之未尽耳。……所不可解者，高齐、宇文周，不少分书碑。”④ 今人刘涛先生亦认为，“隶书在北朝是古体，日常的书写很少作隶体。北魏时期，人们写碑文，写墓志，写造像记，废隶书而不用。到了北齐时期，隶书骤然多了起来，而且出现了鸿篇巨制的隶书刻经。这是很有意思的书法现象。一般说来，古体在人们心目中体现着某种庄重感，刻经采用隶书体，大概是出于体现佛典的庄严肃穆感吧。隶书的复兴，是北齐书风的一大特征”⑤。分析起来，这很可能是受了东汉刊刻儒家经典的《熹平石经》的影响吧。当时隶书表现为两种书写类型：一是河北邺都周围的刻经书体基本是仿汉晋古体，类似于《熹平石经》；另一种主要出现在山东境内，

---

① 康有为：广艺舟双楫，卷二，体变，见：艺林名著丛刊，北京：中国书店影印本，1983年版，第14页。

② （清）钱泳《书学》“隶书”云：“至东京、汉安以后，渐有戈法波势，各立面目，陈遵、蔡邕，自成一体，又谓之汉隶。……真书祖源实基于此。迨钟傅一出，又将汉隶变为转折，画平竖直，间用钩趯，渐成楷法，谓之真书，篆隶之道发泄尽矣。自此两晋六朝从事真书，真书一行，随有行草，行草纷杂，隶学自掩。”见：上海书画出版社，华东师范大学古籍整理研究室：历代书法论文选，上海：上海书画出版社，1979年版，第617页。

③ 康有为：广艺舟双楫，卷二，体变，见：艺林名著丛刊，北京：中国书店版影印本，1983年版，第14页。

④ （清）叶昌炽：语石，卷八，分隶三则，王其祎校点，沈阳：辽宁教育出版社，1999年版，第234页。

⑤ 刘涛：书法谈丛，北朝末年的摩崖刻经书法，北京：中华书局，1999年版，第126页。

特征是不刻意表现波挑，字形方整疏朗，用笔饱满圆浑，含蓄而有张力，有时还有意无意地掺杂篆、楷笔法以营造古意或流露新体，而这种杂糅篆隶楷书为一体的现象，其实也是受到了当时复古仿古之风盛行的影响。

再以北齐重刻的《夏承碑》为例，启功《论书绝句一百首》第二十四首《夏承碑》云："北朝重造《夏承碑》、《高肃》、《唐邕》故等夷。汉隶缤纷无此体，笔今貌古太支离。"所谓"笔今貌古"，正是对北朝隶书的普遍写照，"支离"则是言其不自然流美而多矫揉粗俗。为此启功先生又自注道："《夏承碑》疑北齐重立，如北宋之重立《吊比干碑》也。汉碑隶体，千妍万态，总其归趋，莫不出于自然。……遍观西京、东京诸石刻，再印证竹木简牍，无一故作矫揉者。且汉隶既变篆籀，自以简易为主。……历观诸碑，除碑额外，隶书之碑文中，绝不掺一篆体。掺杂篆隶之体而混于一碑中，此风实自魏末齐周开始，至隋而未息。今传《夏承碑》，字之结构杂用篆法，笔画又矫揉顿挫，转近唐隶之俗者，其整体气息，绝似《兰陵王高肃碑》、《唐邕写经记》一派。"① 再以碑版与地域关系而论，汉碑莫多于山东，正如唐碑莫多于陕西，故北齐故地所包括的今山东、河南、山西、河北及苏北地区，铭石书体自然最易受到汉隶书风的染化，这也是自东魏以迄北齐碑版书法尚能流行隶书的一大因由。考虑到地域文化诸如汉碑故地及佛教大兴造经运动等因素，或许有助于认识北齐"不少分书碑"的"不可解"现象。

相对于北齐隶书的复古风尚之特别，还可以关注一个时代相同的反例，即偏于西陲吐鲁番地区的高昌王朝。迄今所见高昌国墓志已逾 200 种（绝大多数为朱墨书手写体），竟略无一例作隶书者，也就是说大约从公元 6 世纪中叶到 7 世纪中叶的百年间，此地通行日用之书体皆为北碑笔法的楷书，而隶书即使作为古雅的艺术追求，也竟没有在此留下一锥之地，这就正好可以印证时同地异的差别，而之所以产生差异又或正是因为地域文化与传统元素不同的缘故。

二、隋代墓志铭所见隶书案例分析

隋代将分崩数百年的天下统一后，文化大融并的成效尤见凸显，而表现在书法上，则是南朝以文人与贵族为主体的书法风尚——流露情韵的圆融式书写和北朝以书吏与民众为主体的书法气象——自然朴茂的方斩式镌刻的交流与互补。譬如，西晋末年永嘉之乱后，北人南迁，将北方世家大族所代表的中原传

① 启功：文心书魂·启功随笔，北京：北京大学出版社，2009 年版，第 212 页。

统书法注入六朝，从而影响了书法主流的变革，并在绵延淘淬了数百年后又回向影响了隋代文化体系中书法的新融合。亦即隋唐之交完成了楷书数百年的演化过渡而达于本质的升华，并步入无以替代的成熟与完美。而楷书的达于极则，其书法精神亦由之转向以法度为主而以风韵为次，甚至影响到隶书与行草篆书等亦皆有一种程序般整齐规范的面貌。

然而，殊不知程序般整齐规范的面貌，对于艺术的自然与生趣而言，实质是趋向着它的反动。隶书之于隋代，正是这样一种典型表征。“隋虽统一南北，然以祚短，书家实皆南北朝人，此期亦即书学之末运，气韵渐弱，章法渐齐整，不复有飞逸雄强之美矣。”[①] 这里所谓“书学之末运”，比较于各体书法的发展趋势，实是主要针对隶书的末运而言。譬如，《宣和书谱》卷二《隶书叙论》，即言后汉以下隶书：“断碑墨本，几满天下，历千余载，精神如在，学者仰之，如景星凤凰，争先见之为快，是岂可多得欤？然斯道高古，非世俗通行之书，以故阙然不讲久矣。”[②] 而唐人杜甫的所谓“中郎《石经》后，八分盖顑颔”[③]，也早已经形象地勾勒出隶书自汉末至隋唐之交的式微态势，并藉以反衬盛唐“开元体”隶书的中兴气象。

从隶书始现衰运的三国两晋到隋代，之间跨越了三百多年，其所完成的隶楷之变正标志了楷书从隶楷杂糅的魏碑体向基本成熟的隋代新体楷书的过渡，而隋代隶书所见的“疏瘦劲炼”与章法整齐之象，实亦同楷书一样直接营造了隋唐之际书法（特指楷书与隶书）“瘦硬通神”的时代风尚。因此，大凡论及隋代书法的事功，多言其以新体楷书为标志的整齐峻丽气象及其对初唐楷法的影响。然而以隶楷迁变的轨迹论，方知新体楷书的完善及其主体地位的确立，同时也迫使着“古体”隶书不得不走向衰泯的末路穷途。《宣和书谱》卷三《正书叙论》指出：“字法之变，至隶极矣，然犹有古焉，至楷法则无古矣。”[④] 章法整齐而气格不古，乃是多见指责隶书至隋代已然衰朽的两大弊端。譬如，康有为《广艺舟双楫》卷三《取隋》云：“隋碑渐失古意，体多闿爽，绝少虚和高穆之风。”[⑤] 叶昌炽《语石》卷八“分隶三则”言隋碑“步伐整齐，容止都雅。变北

---

① 祝嘉：书学史，第九章，隋朝之书学，成都：成都古籍书店，1984年版，第128页。

② （宋）佚名：宣和书谱，卷二，顾逸点校，上海：上海书画出版社，1984年版，第17页。

③ （唐）杜甫：杜甫全集，卷八，上海：上海古籍出版社，1996年版，第108页。

④ （宋）佚名：宣和书谱，卷二，顾逸点校，上海：上海书画出版社，第19页。

⑤ 康有为：广艺舟双楫，卷二，体变，见：艺林名著丛刊，北京：中国书店影印本，1983年版，第32页。

朝乔野之习，开唐人伟丽之风。分书变态，至是极矣。势之所趋，有莫知其然者”[①]。又譬如，唐人孙过庭《书谱》云：“趋变适时，行书为要；题勒方畐，真乃居先。……篆尚婉而通，隶欲精而密，草贵流而畅，章务检而便。”[②] 确已俨然说明隶书与篆书皆已作古而不册于“趋变适时”和“题勒方畐”的主流书体。而由隋入唐的书法家虞世南在其《笔髓论》中对真行草三体皆有释论，却独不见释论隶分，或亦可以反证彼时隶书已退居末流而不为书家与贵族文化所注重焉。再譬如，近人张宗祥《书学源流论》更有详细分析：“朴之弊也野，法之失也拘。夫所谓野，非鄙陋之谓也，……譬若岩栖之士，游侠之徒，不知廊庙为何地，法律为何物，兴之所到，意之所快，即掉臂攘袂游行其间。彼其为书，盖不知世上复有何等书，此所谓野也。所谓拘者，非局促之谓也，……譬如儒家者流，言行动止，一范乎礼，舍礼之外，不敢妄为，此所谓拘也。然野之弊魏齐已极，拘之弊魏齐犹未尽显。……而法律严整之书遂演而为隋碑也。隋碑字体大小、用笔结构几于无不同者，惟停匀工致是求，瘦硬是贵。字体虽小，笔无不尽之锋，锋无不尽之势，是游行界格之中而无局促不安之弊，既异晋人之洒脱，复非魏齐之雄浑。盖魏齐之间殆如百乐齐鸣，箫管鼓鼙各尽其声，至隋皆息，琴音独奏。琴者，禁也，非礼之心止，而守法之意胜，遂能纳诸家于一冶而尽归于法。隋虽享国不久，而书则独能统一，盖尚法之力也。自晋至魏合而分，自魏至隋分而复合。然法不能久而无弊，此后人所以有排比运算子之讥也。隋碑亦有生动者，如《寇使君》之类，然刀多笔少，且偶见之，不足为定例。隋碑之弊既失之板滞，然其起源则在魏齐。救之者自必反之以流动而上法乎晋，此唐字之所由兴也。”[③] 用“百乐齐鸣”、“至隋皆息”而“琴音独奏”，以及“琴者，禁也”的形象比喻，来说明“隋碑字体大小、用笔结构几于无不同者，惟停匀工致是求，瘦硬是贵”的时代弊端，可知其“法律严整”和“排比运算子”般板滞者乃是更多指向着古旧的隶书而言。

那么，隶书在隋代的式微或者说步入“穷途”，究竟是一种怎样的窘蹶？我们不妨以隋代墓志铭所见隶书的基本情形来予以证见。证见主要从三个方面来判断：一是使用数量，二是流行地域，三是书法面貌。关于使用数量的比例变化，可由表 4-1 见知。

---

① （清）叶昌炽：语石，卷八，分隶三则，王其祎校点，沈阳：辽宁教育出版社，1999 年版，第 234 页。

② 上海书画出版社，华东师范大学古籍整理研究室：历代书法论文选，上海：上海书画出版社，1979 年版，第 126 页。

③ 崔尔平：历代书法论文选续编，上海：上海书画出版社，1993 年版，第 881-882 页。

表 4-1 隋代墓志铭所见隶书资料统计与说明

朝代	总数	隶书数量	说明
隋（581—618）	550（不含志盖）	145 约占隋墓志总数之 26.8%。又，其中，文帝朝 97 种（开皇 75、仁寿 22），约占文帝朝墓志总数 263 种之 36.9%；炀帝朝 48 种（大业 45、开明元年 2），约占炀帝朝墓志总数 287 种之 16.7%。可见炀帝朝隶书比例明显较文帝朝隶书比例骤减了半数还多	此总数 550 种是《隋代墓志铭汇考》① 所收有图版者 491 种（其中，楷书 386 种，隶书 105 种）与新见隋墓志 59 种（其中，楷书 44 种，隶书 15 种）之和。笔者尝在本章第一节“隋代‘新体’楷书的确立与其艺术旨趣”中有这样的统计说明：“兹以《隋代墓志铭汇考》所收可以见知书体形貌之 491 种墓志铭（仅存墓志盖及仅有存目者不在此数）为统计基数，其中，楷书 386 种，隶书 100 种，楷隶杂糅 5 种。又其中文帝开皇、仁寿年间 225 种墓志中楷书 158 种（其中仁寿年间楷书 28 种），隶书 67 种（其中仁寿年间隶书 21 种）；炀帝大业年间 266 种墓志中楷书 228 种，隶书 33 种，楷隶杂糅 5 种。由此数据应能这样认识：有隋一代书体面貌中的楷、隶书比例约为 4：1，当然在占 4/5 份额的楷书中，其实还有一部分略带隶书笔意者，特别是横、捺及右弯勾笔法偶见或尚未尽脱鴈尾意趣；又以文帝、炀帝两朝相比较，文帝朝楷、隶书比例约为 2：1 稍强，而炀帝朝楷、隶书比例则突变为近 7：1，这正好标志出‘新体’楷书发展之趋向与确立之地位，这个现象也与后来的初唐楷书恰合为相承的一脉，并最终定格了‘新体’楷书的成熟与完善，即‘无魏法’（准确地说亦包括以北齐、北周为典型的颇带隶书笔意的旧体楷书气象）而‘有唐风’（以欧、虞、褚为完成大化之高标）。”
			又有图版可以见证的 35 种隋代塔铭，其中，有隶书 5 种（开皇 2 种、仁寿 3 种），惟仁寿元年（601）《青州舍利塔下铭》署名“孟弼书”，隶书“秾劲饶古意”甚佳。仁寿元年（601）《同州舍利塔下铭》隶书亦“古雅可观”。同为佛教性质刻石，而与北齐刻经多用隶书相比，比例终是大为下降。另外，有开皇十一年（591）隶书《南宫令宋君像碑》，文 22 行、行 44 字，确是隋代少见的隶书丰碑，惜不署书者名（见王壮弘《增补校碑随笔》433 页）。而《金石录》收录隋刻 72 种，仅有开皇二年（582）庞恭之八分书《老子庙碑》（上、下）和大业二年（606）侯孝真八分书《栾州使君江夏公碑》两种。又，《寰宇访碑录》著录隋碑八分书者有开皇十一年（591）《建安公构尼寺铭》、开皇十三年（593）《行唐邑龛观世音普门品经》、开皇十六年（596）《宋文彪等造泮水石桥碑》、开皇十七年（597）《安喜公李使君碑》、大业七年（611）《陈叔毅修孔子庙碑》及《沐涧魏夫人祠碑》、《青州默曹残碑》等

依表 4-1，在总数 540 种可以见证图版的隋墓志中，隶书有 145 种，比例为 26.8%，这与后文所附表 4-2《〈汉魏六朝碑刻校注〉等所见三国至北周隶书碑刻资料统计与说明》中北齐北周石刻所见隶书总和比例占 23.9%

① 王其祎，周晓薇：隋代墓志铭汇考（全 6 册），北京：线装书局，2007 年版。

略高，而与北齐26.5%的比例相当，至于同时期的南朝陈竟未见一例隶书，由知隋代对于齐周书法继承的延续性和“铭石书”一类对于北方文化传统元素的依赖性。但若详细考察，便可看到隶书在文帝朝的比例为36.9%，而到了炀帝朝，比例则骤减为16.7%，下降比例之大是值得关注的，其不仅可资证见“新体”楷书的成熟与“古体”隶书的式微在隋代短时间内变化之迅速，而且也不当排除和忽视有南人入北对于楷书得以强化和完善的影响因素存在。

关于流行地域，文帝朝所见隶书墓志97例，竟有3/4出自山东、山西、河北、河南亦即北齐旧地。而炀帝朝所见48例，依然有3/4出自北齐旧地。这其中又以河南洛阳、安阳地区最见集中，占到145例的50%以上，当然墓志出土的大宗本来就在此地（约有300种之多，包括已不能见到图版者）。不过，有趣的是，长安地区作为隋代帝都京畿，墓志出土也是大宗所在（约有近200种，包括已不能见到图版者），却很少见有隶书者，几乎只能占到145例的5%，这是否说明了“新体”楷书的成熟与建立，以及像王褒、庾信等南人善书者入北对书法的催化，首先在京师之地产生了巨大的影响力和充分的鼎革作用，而河南及其以北地区的守旧，则主要是缘于北齐旧地文化传统及刻经书法的濡染。

至于书法面貌，总的来看，“世传六朝、唐初碑上字，分隶相杂，疑当时正书如此”①，其实又何止正书如此，隶书亦然。只是这里所能够定性隶书者，乃取其蚕头燕尾式的波磔笔法尤见明显者为准。不过这样一种方板峻厉而端凝清瘦的“统合分隶”的状貌，却也成了“虽大力者，创造与规避，两不可能”而“可决时代”的书法风尚。那么隋代墓志铭中的隶书究竟有哪几种风格样式？不妨举例说明并归纳之。

前人曾分汉隶有方正、流丽、奇古三类（清人朱彝尊），又有古雅、方整、清瘦，抑或雄古、浑劲、方整之分（清人王澍）。还有区别为纵横排奡、体兼篆分、方整、淳古、飘逸、流美、柔润等体势者（清人杨守敬）。若要大体举例区分，则方正方整者，即如《韩敕》、《娄寿》二碑；流丽清瘦者，即如《曹全》、《史晨》二碑；奇古雄古者，即如《西岳》、《孔宙》二碑；浑劲者，即如《礼

① （清）冯班：钝吟书要，见：上海书画出版社，华东师范大学古籍整理研究室：历代书法论文选，上海：上海书画出版社，1979年版，第554页。

器》、《乙瑛》二碑；而飘逸者，即如《石门颂》与《开通褒斜》二摩崖等。另外，康有为所分隶书体气为骏爽、疏宕、高浑、丰茂、华艳、虚和、凝整、秀韵八种者，则太过于文学含蓄而难以体会。但对于已交末运的隋代隶书而言，毕竟远没有汉隶的千姿百态和自然生趣，故其风格样式只能从结体的方狭疏密与笔法的清浊润涩、瘦硬圆腴上稍事区分，当然也有少数刻意仿古而近乎汉晋隶书者和复古成分显著而杂糅篆书笔法者。

1. 追法汉晋

追求汉隶而能做到整齐周正与秀丽开张者，有开皇八年（588）《□子建志》（邺城）（图4-11）与大业四年（608）《郭王志》（洛阳）和开明元年（619）《那卢君妻元买得志》（洛阳）等如一脉相延，而开皇六年（586）《田悦志》（长安）的清劲秀朗（图4-12）与开皇九年（589）《尔朱君志》（洛阳）的俊俏灵活（图4-13），诚亦此类之佼佼者。又有温润淳古而略具《曹全》气息者，如开皇九年（589）《元范妻郑令妃志》（洛阳）与开皇十八年（598）《段君妻元渠姨志》（洛阳）皆是。另外，开皇十七年（597）《斛律彻志》（太原），颇见简穆高古、绵密丰茂（图4-14），而仁寿四年（604）《冯君妻李玉婍志》（河南辉县），亦整齐而多有汉晋韵味，仁寿四年（604）《马少敏志》（安阳）（图4-15），则更显姿态挺拔，笔法纯熟，颇有精神。然而毕竟书道兴废，运数已尽，整齐而不能错杂，光润而不能拙朴，相较于汉晋的高古气韵，虽面貌体格相似，亦不过优孟衣冠耳。

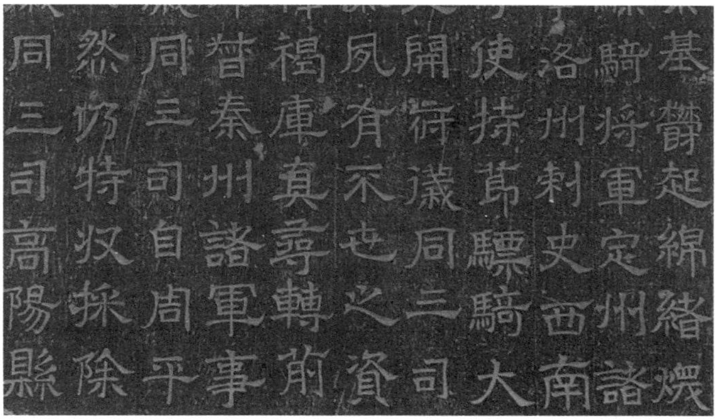

图4-11　开皇八年《□子建志》（邺城）

图 4-12　开皇六年《田悦志》（长安）

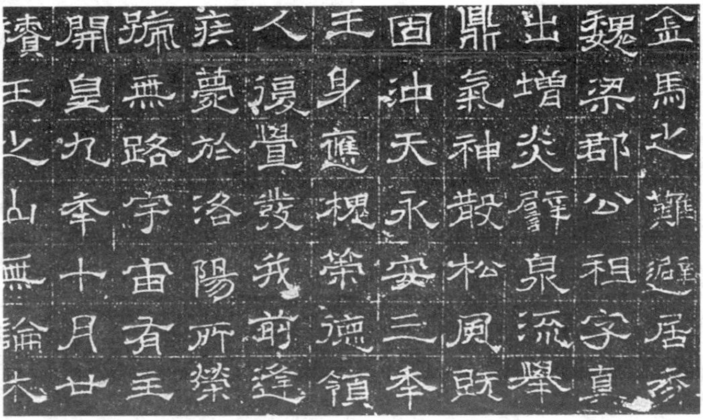

图 4-13　开皇九年《尔朱君志》（洛阳）

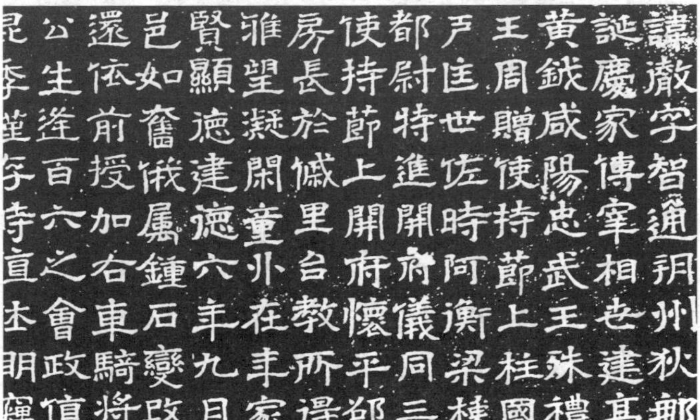

图 4-14　开皇十七年《斛律彻志》（太原）

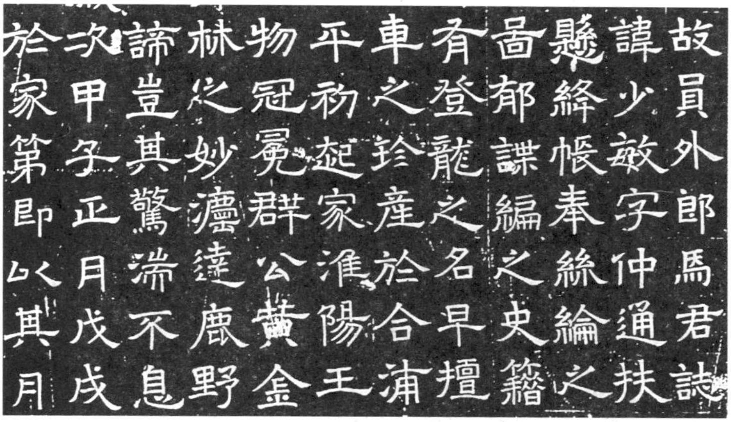

图 4-15　仁寿四年《马少敏志》（安阳）

2. 沿袭魏齐

方严茂密而恣意流宕，具隶书形态而用魏碑笔法者，有开皇九年（589）《赵罗志》（洛阳）（图 4-16）；隶法瘦硬耸长如北齐风格，又以楷书落款，显然意在追求古趣者，有开皇十六年（596）《张协志》（洛阳）（图 4-17）；序文隶书，字形与笔法皆方正端严，时透楷书笔意，但铭文全用楷书，且与当时流行的长安、洛阳楷书主流面貌颇相一致者，有开皇十二年（592）《虞弘志》（太原）。而端方板滞、严峻拘谨者，乃是隋代隶书最见普遍的常态，如开皇十四年（594）《刘仁恩志》（长安）、大业九年（613）《杨约志》（华阴）、大业六年（610）《姬威志》（长安）与洛阳所出开皇十一年（591）《尔朱端志》、开皇十二年（592）《杨济志》（图 4-18）、仁寿三年（603）《杨君妻高氏志》、大业六年（610）《杨秀志》与《□礼暨妻司马氏志》、大业九年（613）《豆卢寔志》与《张囧妻苏恒志》（洛阳）（图 4-19）等皆是典型，即山东新泰所出开皇十二年（592）《羊烈妻长孙敬颜志》与广东南海所出大业三年（607）《陈君妻王氏志》，亦与长安、洛阳的中原样式无异。总体视之，布白密而磔笔短，风骨瘦硬、气韵清腴的风格，还是大多承继了北齐乃至东魏隶书的衣钵。

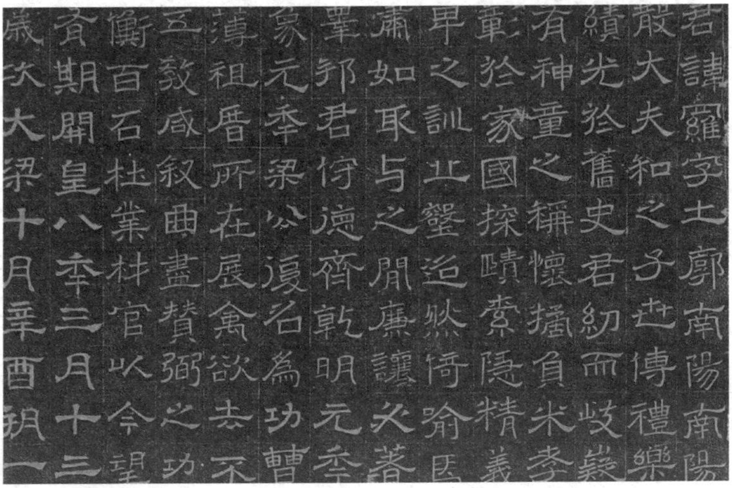

图 4-16 开皇九年《赵罗志》（洛阳）

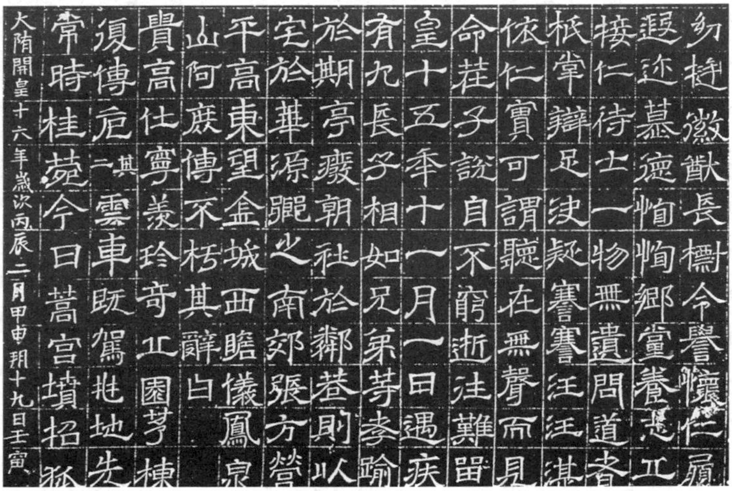

图 4-17 开皇十六年《张协志》（洛阳）

图 4-18　开皇十二年《杨济志》（洛阳）

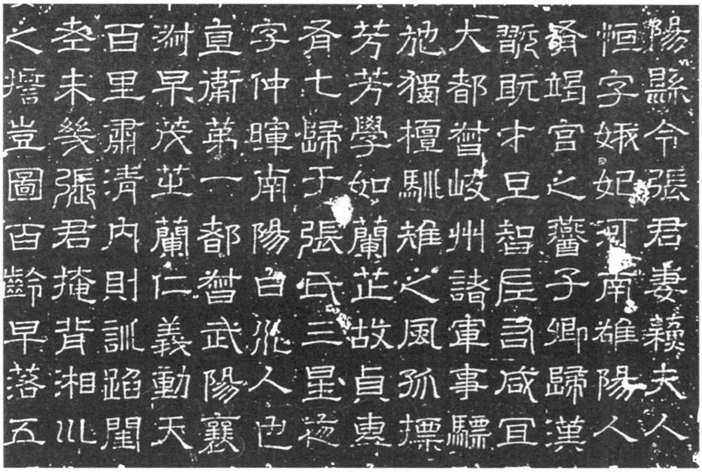

图 4-19　大业九年《张囧妻苏恒志》（洛阳）

3. 规模六朝

仁寿四年（604）《李静暨妻曹氏志》（河北石家庄）（图 4-20）与大业四年（608）《吴严志》（河北赵县），以及大业三年（607）《□爽志》（安徽亳县）（图 4-21）等，笔法皆有东晋六朝风格，方严而少波磔挑踢，强直硬朗如折刀头。而其势皆方板，笔皆显露，神皆萧散者，颇疑是工匠简率所为。因而此类隶书面貌实不多见，且盖非书家之自觉。

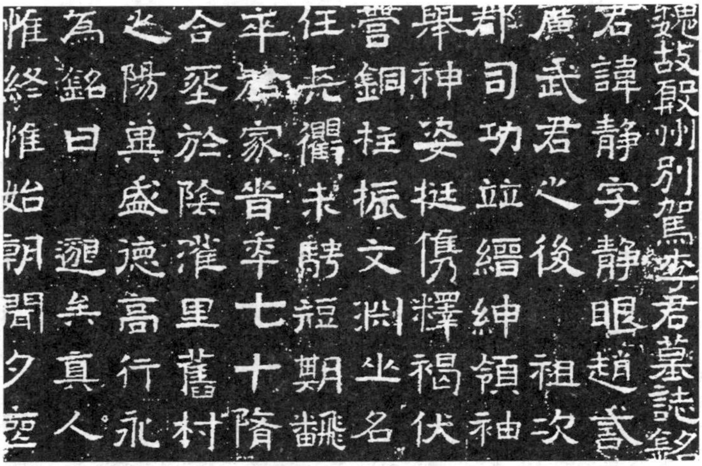

图 4-20　仁寿四年《李静暨妻曹氏志》（河北）

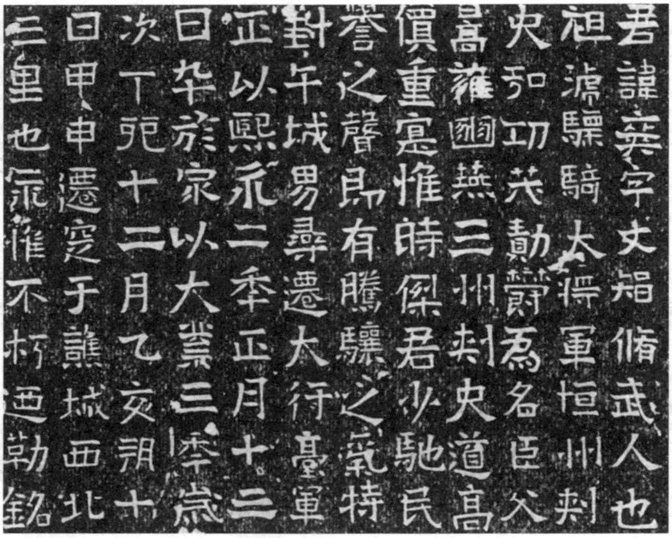

图 4-21　大业三年《□爽志》（安徽）

4. 复古融今

大业三年（607）《浩喆志》（山西襄垣），正、隶、篆三体相间，最饶古趣（图 4-22）；开皇六年（586）《王乾绪志》（河北临漳）与仁寿元年（601）《郭休志》（洛阳），皆杂用篆书，可证“掺杂篆隶之体而混于一碑中，此风实自魏末齐周开始，至隋而未息”①。这种刻意仿古的企图，乃欲极尽炫示之能事而又终不能掩其粗俗。反倒是开皇十五年（595）《郭均志》（长安）、大业十二年（616）韩凤卿书《齐士干志》（洛阳）（图 4-23）、大业二年（606）《李冲志》（山西潞州）、大业四年（608）《张开志》（河南洛阳）（图 4-24）等，妙合楷法，看似楷书而每以横笔作隶书波磔写法，意象古雅，取势洞达，时代感鲜明，颇耐玩味。由此也颇能体会到“楷隶大范相同”和“分书变态，至是极矣”的笔法旨趣之所在。

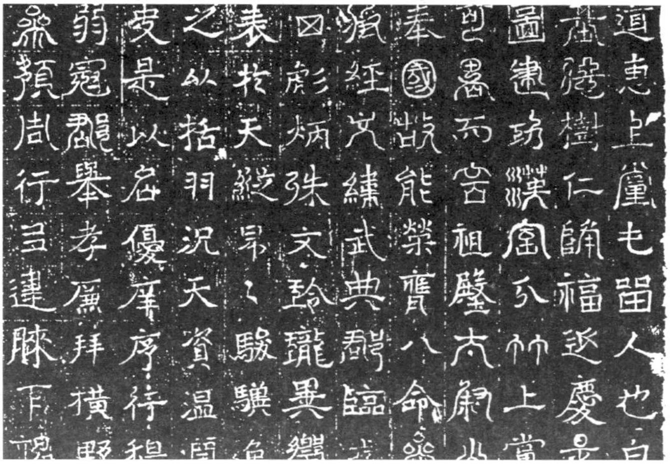

图 4-22　大业三年《浩喆志》（山西）

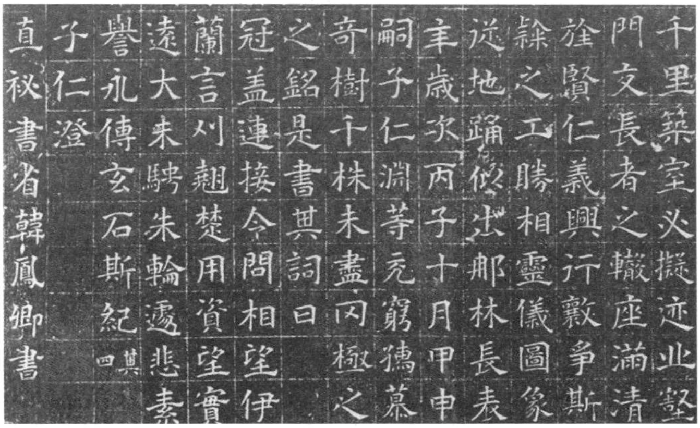

图 4-23　大业十二年《齐士干志》（洛阳）

① 启功：论书绝句一百首，第二十四首，“夏承碑”自注，见：启功：文心书魂·启功随笔，北京：北京大学出版社，2009 年版，第 212 页。又，晚清杨守敬《学书迩言》“绪论”云：“南朝至齐梁，北朝至魏齐周，所刻碑碣，皆具体八分，或杂篆书而用之。”见：（清）杨守敬：学书迩言，北京：文物出版社，1982 年版，第 4 页。

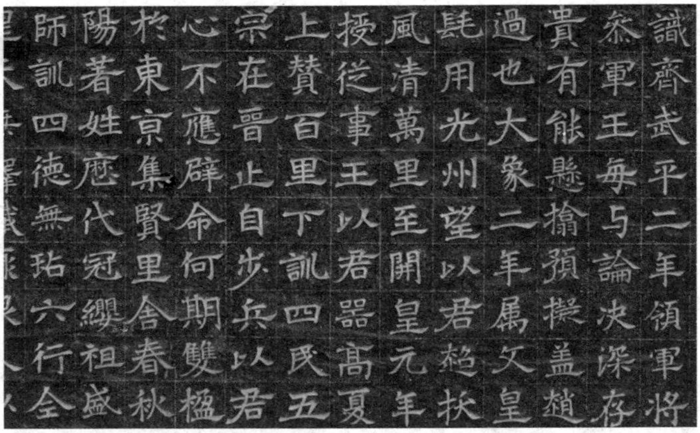

图 4-24　大业四年《张开志》（洛阳）

除前述数量、地域和书法面貌诸情形外，隋代碑版墓志犹未多见署题书撰者姓名的习惯，是亦无从研讨书者的情况。检查隋代隶书墓志，仅见大业十二年（616）《齐士干志》（洛阳）为直秘书省韩凤卿书和仁寿二年（602）《青州舍利塔下铭》为孟弼书两种，而隋碑中又有仲思那书《造桥碑》、寇文约书《完县文宣王庙碑》、庞恭之书《老子庙碑》和侯孝真书《栾州使君江夏公碑》等，之外，更无类似于北齐郑述祖、北周贝义渊一样的隶书名家署名。当然，以隋人入唐的欧阳询本亦隶书圣手，虽然其遗世作品尚未见有隋刻，但武德年间的《宗圣观记》、《房彦谦碑》等全然可以视为隋隶之典范，这也是瘦削窘迫的隋隶能够犹然濡沫初唐数十年的重要因素。

三、隋代隶书对于唐代的影响与“唐隶中兴”

隋代书法体变之于南北朝，固有化乔野而集大成，筚路蓝缕，进于文明之功，如南朝行书已在两京与更广大的中原地区迅速为人们所乐于接受并流行，又进而影响到新体楷书也开始逾见彻底地摆脱隶法余沫并蜕去最后的尾巴，而这个过程又绵延到了初唐时期。毕竟隋祚短暂，唐初书坛领袖人物皆为由隋入唐者，即有唐初成长起来的书家，也不能不受到隋代书法潜移默化的影响，所谓“隋碑上承六代，下启三唐。唐初诸家精诣，皆所自出”[①]，本无论是隶是楷。

① （清）叶昌炽：语石，卷七，总论唐书人一则，王其祎校点，沈阳：辽宁教育出版社，1999 年版，第 193 页。

以隶书而论，则欧阳询、褚遂良、殷仲容等皆为典型书手。

叶昌炽《语石》卷七《唐人分书名家一则》云：“国初欧、虞、褚、薛诸家，惟信本兼工此体。今所传有《宗圣观》、《房彦谦》两碑。”[①] 其实虞、褚虽未见有隶书传世，亦不能怀疑其没有隶书造诣。梁巘《评书帖》即云：“欧、褚真书参八分。……开宝前，欧、褚诸家提空笔作书，体皆瘦硬。自明皇学魏隶，力趋沉着，笔实体肥。”[②] 阮元《南北书派论》亦云：“褚遂良虽起吴越。其书法遒劲，乃本褚亮，与欧阳询同习隋派，实不出于二王。褚书碑石，杂以隶笔，今有存者，可复按也。”[③] 体皆瘦硬而遒劲自是初唐书法的普遍气象，而参八分、杂隶笔之说，则又点明了初唐书家多衣钵北朝尤其是齐隋隶楷掺杂而不能骤然脱尽的普遍书法面貌，诚所谓“唐初书家，无不从分隶出”[④]。

对于率更隶法，或以为“隶甚淳雅饶古趣，犹是汉法。第恨无《受禅》折刀头劲力耳”[⑤]，此是过誉之词，其实犹是齐隋隶法，方整板滞，与其杂有隶趣的新体楷法相比，全处下风。真实的欧体隶法应该是：“北魏书笔方铺而曲，势横宕而广，乃出于分。北齐承之，或变趋瘦削。隋沿其风，又与南法相合，遂成短笔狭势。……欧之短狭，固齐隋之通风。”[⑥] 亦即全以楷法作隶书。又或以为“以虞、欧与褚对立，一为旧派，一为混变之派，乃近确之论。……然而虞终衰，褚终盛”[⑦]。何也？时势使然。旧者终亡，变者必生，试观初唐楷书名笔率近褚而不近欧、虞可知也。然亦值此缘故，则褚书凡刻意混用隶法者，实不能成其模范而为后世诟病。譬如，《伊阙佛龛碑》，疑其嫌楷书之未古，而掺杂

---

① （清）叶昌炽：语石，卷七，总论唐书人一则，王其祎校点，沈阳：辽宁教育出版社，1999 年版，第 204 页。

② 上海书画出版社，华东师范大学古籍整理研究室：历代书法论文选，上海：上海书画出版社，1979 年版，第 580-581 页。

③ 上海书画出版社，华东师范大学古籍整理研究室：历代书法论文选，上海：上海书画出版社，1979 年版，第 632 页。唐人张怀瓘《书断》略云：褚遂良尝师史陵，盖当时名笔也；然史亦有高古，伤于疏瘦。又云遂良少则伏膺虞监（世南）。

④ （清）叶昌炽：语石，卷七，总论唐书人一则，王其祎校点，沈阳：辽宁教育出版社，1999 年版，第 194 页。

⑤ （明）孙矿：《书画跋跋》跋，宗圣观帖，见：崔尔平：历代书法论文选续编，上海：上海书画出版社，1993 年版，第 406 页。

⑥ 刘咸炘：弄翰余沈，见：崔尔平：历代书法论文选续编，上海：上海书画出版社，1993 年版，第 922 页。

⑦ 刘咸炘：弄翰余沈，见：崔尔平：历代书法论文选续编，上海：上海书画出版社，1993 年版，第 923 页。

隶意以求庄严，殊不知“河南书趣，本不适于方整，而此碑独架构求其方，笔势求其挺，于是鼎折膑绝，两败俱伤，则误追隶意，舍长就短之故耳”①。还需提到一位颇以复古为能事者，即欧阳询之子欧阳通。其代表作《道因法师碑》与《泉男生墓志》掺杂分隶遗意的横挑波磔笔法，然结体颇显头大身小、上疏下密，用笔更衣钵其父的方劲而有过之，以致骏厉有余而秀润不足。以之与前举大业十二年（616）韩凤卿书《齐士干志》的隶法灵动、笔致秀逸、结体端方相较，当不得不拜在下风。

又，初唐可与欧阳询比肩的隶书大匠，惟殷仲容一人足以号称专家。殷仲容乃《裴镜民碑》书者殷令名之子，承传家学，尤工隶法，且能远师汉晋，显庆四年（659）《凉国太夫人郁久闾氏碑》、乾封二年（667）《郑国夫人武氏碑》、总章二年（669）《大兴善寺舍利塔铭》与上元元年（760）《马周碑》等皆其名品，惜今多不传。而以与欧书相较，则欧有个性，殷多古法；欧以新样改古装，殷以旧款裁新衣。然殷之古法，盖又不期然引导了玄宗朝弃魏齐周隋之瘦削而上追东汉石经之丽泽的基本风向。与隋相较，初唐近百年间所见隶书碑版毕竟愈见稀少，而以隶书名家者亦屈指可数，因知隋唐之间隶书之风尚确已成弩末。

玄宗朝书法的丽泽风尚正是以“开元体”隶书为典型的丰妍腴秀气象。既然初唐挑拨平硬折刀头的峭厉笔致尚沉病于齐隋旧法而不能成为唐隶的典型，那么真正可以标志“唐隶”者便是唐玄宗及其笔端所呈现的“开元天宝体”风范：笔画丰腴、体态宽博、字势横逸，一扫初唐隶书的方折瘦硬。《平碑记》云：“书法丰腴，力矫当时枯槁之病，自此之后，唐人分法又一大变，虽过于浓浊，无汉人劲健之气，而体格波法，无一苟且之笔，不得不谓唐隶中兴。”② 不仅隶书，开天以后所煽起的盛唐书风还影响到楷书的趋尚，即以苏灵芝、徐浩乃至颜真卿所代表的圆浑腴厚的楷书新样。所谓“开元应乾，神武聪明。风骨巨丽，碑版峥嵘”③，又所谓“开宝前，欧、褚诸家提空笔作书，体皆瘦硬。自

---

① 启功：论书绝句一百首，第四十六首，论褚遂良《伊阙佛龛碑》自注，见：启功：文心书魂·启功随笔，北京：北京大学出版社，2009 年版，第 228 页。

② （清）杨守敬：平碑记，卷三，转引自：刘涛：书法谈丛，唐隶，北京：中华书局，1999 年版，第 157 页。

③ （唐）张彦远撰：法书要录，卷六，引《述书赋下》，范祥雍点校，北京：人民美术出版社，1986 年版，第 199 页。

明皇学魏隶，力趋沉着，笔实体肥。一时王缙、苏灵芝悉宗之，虽季海、清臣、诚悬亦不免”[1]，盖皆就“开元体”隶书与盛唐书法的普遍风格而言。甚至“唐开元年，时主恢然知隶字不传，无以矜式后学，乃诏作《字统》四十卷，专明隶书，于是人间得以应其求”[2]，亦不啻为唐隶中兴之能够盛且大的原动力。

当然“唐隶中兴”并非偶然，所谓“明皇酷嗜八分，海内书家，翕然化之”者[3]，亦自有其渊源，譬如，玄宗朝之前所见卢藏用、张廷珪、韩择木等隶书碑版，其笔法格局实已开启了“开元体”的伟丽先河，固然上有所好而下必甚焉终究是决定中兴成就的最大力量。如果再往前推，则隋代隶书也并非尽皆瘦削枯窘，譬如，大业九年（613）《杨约志》（华阴）（图 4-25）和大业六年（610）《姬威志》，隶书面貌皆近似于雍容腴润、八面停匀、严整警策、茂密精光的开元样，而更有趣的是这两方墓志不仅皆属炀帝朝，而且皆出自长安地区，甚至是长安地区仅见的两方炀帝朝隶书墓志，这是否与“开元体”隶书在长安的勃兴有着某种迁延影响关系，颇值得考究。

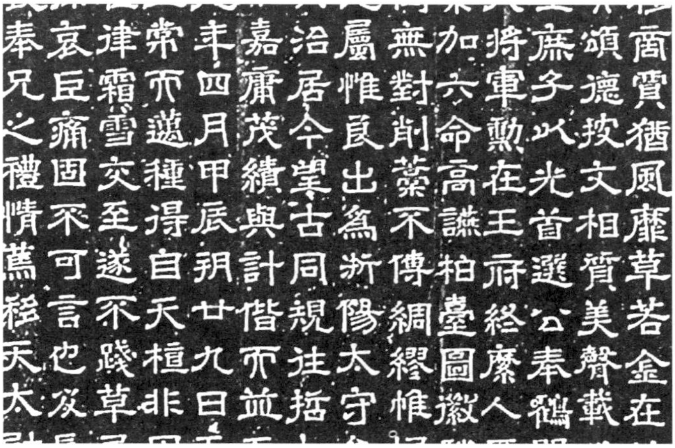

图 4-25　大业九年《杨约志》（华阴）

弃瘦趋肥，起死回生，“力矫当时枯槁之病”，不仅是理想中书法随着社会而达于鼎盛的附会，也是书法自身演变趋势的天然之理。然“今观唐所传明皇

① （清）梁巘：评书帖，见：崔尔平：历代书法论文选，上海：上海书画出版社，1979 年版，第 581 页。

② （宋）佚名：宣和书谱，卷二，隶书叙论，顾逸点校，上海：上海书画出版社，1984 年版，第 17 页。

③ （清）叶昌炽：语石，卷七，唐人分书名家一则，王其祎校点，沈阳：辽宁教育出版社，1999 年版，第 204 页。

《泰山》、《孝经》与梁升卿、史惟则、蔡有邻、韩择木诸石刻，何尝去汉碑径庭乎？特汉多拙朴，唐则日趋光润；汉多错杂，唐则专取整齐；汉多简便如真书，唐则偏增笔划为变体，神情气韵之间，迥不相同耳。至其面貌体格，固优孟衣冠也”①。又或以为“八分之俗，肇韩择木”，当是针对“开元体”而言，其实纤丽而乏纯朴之气的隋代隶书先已是一种俗态，只不过号称中兴的唐隶之俗在笔画上的表现转成为重浊腴厚罢了。既然书格递降，则其精气固不足以常留，而矫枉过正，渐使韩择木的丰妍秾劲流于史惟则的肥俗滞拙，亦终不免导致“以肉胜”的唐隶在中唐以后又复归于瘦硬与衰落焉。至于“五代、宋、元而下，全以真行为宗，隶书之学亦渐泯没，虽有欧、赵、洪氏诸家著录以发扬之，而学者殊少”②。

或云：“论隶书则汉为大宗，晋为庶出，唐为小宗矣。”③ 站在“唐一代丰碑，分书亦不少”乃指开元以后巨擘尤多的角度，小宗之说似是对唐隶中兴的肯定。然而“唐人习者虽多，实与汉法愈远”，何也？势之所趋。既然初唐宗王兴楷的磅礴光辉犹不能救隋隶于西山日下，又岂是唐隶中兴可以挽“沉舟”而荣“病树”哉？当然，即是自然之天理，则唐隶的起灭兴衰，亦固有其存在的道理和积极的意义。诚如刘涛先生对于唐隶的中肯评述：“汉隶和唐隶，作品多，影响大，宋朝以来，人们学习隶书，是从汉唐碑版中窥隶法之妙。但是，汉隶之法古，唐隶之法新，习古难而趋新易，所以宋朝以来人们写的隶书，多近唐隶面目，大概是遥想汉隶写唐隶。自宋朝始，唐人的各体书法成了上攀魏晋、秦汉的津梁：写篆书者，由李阳冰接上李斯；写草书者，由旭素追踪张芝；写楷书者，由虞褚溯及二王。唐人的隶书，或许也有这种神奇的功能，成为后人攀附汉隶的阶梯。”④

将“铭石书”作为主体对象来检讨晋隋之间的隶楷之变，以其载体的广泛性和恒久性而论，应该是贴近普遍阶层与主流文化意义的。将汉晋以降隶书失却正体地位而愈趋古旧的式微脉络特选择隋代作为终结，则是考虑到晋隋之间

---

① （清）万经：分隶偶存，论汉唐分隶同异，见：崔尔平：历代书法论文选续编，上海：上海书画出版社，1993 年版，第 428 页。

② （清）钱泳：书学，隶书，见：崔尔平：历代书法论文选，上海：上海书画出版社，1979 年版，第 617 页。

③ 张宗祥：书学源流论，论“隶书”，见：崔尔平：历代书法论文选续编，上海：上海书画出版社，1993 年版，第 871 页。

④ 刘涛：书法谈丛，唐隶，北京：中华书局，1999 年版，第 152 页。

的数百年分崩与民族离乱所造成的南北甚至中原与四夷之差异，实由隋代一统而完成了民族的融合与文化的整饬，故隋代的集成作用也应该是具有鼎旧革新的重大意义。又，既然书法文字的迁变原本与时代人文密切相关，那么可以作为“铭石书”大宗以取证的隋代墓志铭书法也就同样在数据和地域上具有比较全面的意义。惟其如此，本节依次梳理了晋隋之间的隶楷迁变轨迹、隋代墓志铭所见隶书案例分析、隋代隶书对于唐代的影响与“唐隶中兴”三重纵向贯穿的问题，以见证汉晋间隶书作为“正体”时代的至纯不杂和晋隋间隶书作为“古体”时代的至杂不纯的迁变情形与楷、行、草诸体勃兴的影响因素，以及颇为特殊的东魏北齐时代隶书的骤然“复古”，当与其地域所濡染的汉碑文化元素及所兴起的佛教刻经活动的昌旺有关。而对于隋代墓志铭的案例分析，正可以发现因南北书法统合、诸体相互染化、新体楷书确立给隶书所造成的极端形整气弱面貌，恰所谓势若“沉舟”而形如“病树”，这种量变与质变所共同生成的巨变，乃是时代推迁的风气使然，故无人可以创造奇迹，亦无人可以规避其弊。因此，本节虽强分隋隶为追法汉晋、沿袭魏齐、规模六朝、复古融今等数类，却并非想要刻意区分褒贬，即使“沉舟”、“病树”之喻，亦不过是相较于新体楷书与行草书对于古体隶书的冲击与鼎革的大势所趋而言。既然书法艺术的发展无从逃乎时代，则隋代隶书的迁流与式微也就有其无需苛责诟病的自然之理，何况在百年之后更上演了一场声势浩大的“唐隶中兴”，目的不正是为了救隋之弊。且无论这种救弊的成效如何，作为隶书一体能够在书法艺苑迄今未泯而特秀一枝，“唐隶中兴”的推广意义无疑是颇见积极而重大的。

想来本节的撰作还有一点缺憾，即仅仅以“铭石书”为案例依据，而不暇搜讨隶楷之变时代的南北方手写体墨迹诸如简牍笔札或朱墨书墓志等，以作更全面的比较参证，故有可能在表述与结论上不免于狭隘甚或偏颇。启功先生曾自注其“《礼器》方严体势坚，《史晨》端劲有余妍”诗句而强调：“以书艺言，仍宜就碑版求之。盖树石表功，意在寿世，选工抡材，必择其善者。……汉隶风格，如万花飞舞，绚丽难名。核其大端，窃以《礼器》、《史晨》为大宗。证以出土竹木简牍，笔情墨趣，固非碑刻所能传，而体势之至精者，如春君诸简，并不出此之外，缅彼诸碑书丹未刻时，不禁令人有天际真人之想。”① 因想南北朝之间的手写体与镌刻体的差异或趋同之处，总还是有以比较而更见其变化之

① 启功：论书绝句一百首，第二十一首，《礼器碑、史晨碑》自注，见：启功：文心书魂·启功随笔，北京：北京大学出版社，2009 年版，第 210 页。

由、分合之故、迁流之异的。

最后想到祝嘉先生的一段话："自来书法，其始也，遒丽天成，千变万化，不可端倪；其终也，专讲整齐，圆规方矩，几若算子，古意漓而俗气盛，遂亦不足观矣。……书愈工整，则格愈卑，气愈薄，力愈弱，故康氏有观其书而可知其时代之说，即此理也。"① 权且引来照应本节开篇立意的旨趣吧。

《汉魏六朝碑刻校注》等所见三国至北周隶书碑刻资料统计与说明，如表 4-2所示。

表 4-2 《汉魏六朝碑刻校注》等所见三国至北周隶书碑刻资料统计与说明②

朝代	总数	隶书数量与百分比	说明
三国（220—280）	25	25（100%）	仅吴国有极个别碑版（以《谷朗碑》为代表）略见楷化萌芽，如稍去波磔而略趋方正。或以为自三国以降，隶书始步入衰落。清钱泳《书学》"隶书"："三国既分，图籍无征，钟法一变，遂有真书，流为行草，而隶书由此绝矣。"
西晋（265—317）	37	37（100%）	所见皆为隶书。此时的隶书样式，如张朗、吕望碑表，荀岳、左棻墓志等，多与《熹平石经》差相仿佛，或曰西晋隶书乃东汉隶书正体之延续。然《郛休碑》与《杜谡墓门题字》则可视为趋向方笔楷化的雏形。又太康三年（282）《张伯通造像记》全然作楷书样式者颇有嫌疑，似唐人书刻
东晋（317—420）	39	23（59.0%）	方正而楷化的成分趋于明显和广泛，带有波磔的纯隶书面貌偏少，亦多不作蚕头而字形方兼长，或称之为楷隶，实际是隶的成分多于楷。有鉴如此，或以为隶书失却正体之身份而退为"古体"盖于斯肇端矣，同时也是楷书地位日渐攀升的表征。这样一种易曲为直、变巧为拙、化圆为方的方笔隶书样式，应该是做"铭石书"的写手与工匠们刻意（这种刻意是时代使然，以致即使想模仿汉隶亦已不能像焉）将新生的楷书笔法揉入隶书之中所自然呈现的与其说呆板松懈毋宁说"朴厚古茂"的稚拙面目，因为"铭石书"在六朝本是以卷札写行草楷书自负的文人雅士所不屑为的。是故隶书由盛转衰始作俑于东晋； 又，《六朝墓志检要》著录两晋 53 种，其中隶书 30 种，正书（实是正隶相兼）12 种，书体不详 11 种，纯隶书所占比例为 56.6%
前燕—北凉（352—460）	11	11（100%）	多保有隶书基本笔法与结体面目，少数稍有楷化形象者，亦只结体略方整而波磔犹存

① 祝嘉：书学史，第九章，隋朝之书学，成都：成都古籍书店，1984 年版，第 128-129 页。

② 毛远明：汉魏六朝碑刻校注（全 10 册），北京：线装书局，2008 年版。该书总共收录汉至北周间碑版墓志造像刻经等石刻文字 1417 种，并皆有图版可资核实，故以为统计数据之参照。

续表

朝代	总数	隶书数量与百分比	说明
南朝、宋、齐、梁、陈（420—589）	41	0（0%）	受东晋书风影响，书刻几不见隶书笔法笔意而皆呈楷书样（前期个别者稍含隶意）。以云南二爨碑比较，东晋大亨四年（405）《爨宝子碑》书体以隶为主而兼楷势，故前人多定之为隶书，后王壮弘谓“乃正书，非隶书”，实已显现由隶趋楷之影响。而后此半个世纪的宋大明二年（458）《爨龙颜碑》，则已结体完全趋方而几无波磔矣，即以楷为主而仅存隶意耳。又，齐永明五年（487）《刘岱墓志》恐有疑问，其书刻形式与楷法面目皆似6世纪下半叶样式风格，若非，则南朝碑版楷书独立并成熟当以此为标杆，而后此约三十年梁天监十三年（514）《瘗鹤铭》的圆熟楷法便不足为奇矣，而再后之梁普通三年（522）《萧憺碑》更可视为南朝碑版楷书之领袖（贝义渊）也。 又，《六朝墓志检要》著录宋齐梁陈22种，无一隶书
北魏（386—534）	556	6（1%）	虽为北方刻石而隶书比例颇低，且所见6种亦非全是纯粹的隶书，其中不乏只是隶意较为明显者。又，延昌四年（515）《山晖墓志》阴面文字为隶书，但不与阳面志文相关联，审其书法特点，郭玉堂《洛阳出土石刻时地记》认为是以晋碑之阴毁治。又，《六朝墓志检要》著录北魏290种，仅有正光二年（521）《高植墓志》、太昌元年（532）《元文墓志》两种隶书，约0.7%
东魏（534—550）	154	15（9.7%）	比例约为1/10，而外又有约1/10为楷隶相兼者，而东魏后期隶书又较前期为多见，另，武定二年（544）《元显志墓志》序文为楷书而铭文为隶书； 又，《六朝墓志检要》著录东魏54种，隶书5种。约占9.3%； 又，《寰宇访碑录》著录山东肥城东魏石刻题名凡19种，皆作八分书
西魏（535—556）	27	3（11%）	比例与东魏相近。又，《寰宇访碑录》著录陕西咸阳大统十三年（547）《司空周惠达碑》为八分书，今佚，不详如何面貌
北齐（550—577）	268	71（26.5%）	比例较高，近1/4，且以楷书为主者亦多兼杂隶书笔意。这种情形应该是受到了北齐所盛行的以隶书刊刻佛经的影响。诸如河清年间《石佛寺佛经碑》，武平元年（570）《徂徕山佛号》、《映佛岩佛经》摩崖、《徂徕山大般若经》，武平二年（571）《平等寺碑》、武平四年（574）《南阳寺碑》，武平六年（576）《尖山摩崖》，武平九年（580）《马天祥造像记》，以及《石经峪金刚经》、《韦子深造像碑》、《水牛山佛经摩崖》等，皆其著者； 《金石录》收录北齐50种，仅有皇建二年（561）姚叙八分书《崇因寺碑》和天统五年（569）王思诚八分书《蒙山碑》两种； 又，《六朝墓志检要》著录北齐66种，隶书28种。约42.4%； 又，《寰宇访碑录》著录天保五年（554）《西门豹祠碑》、乾明元年（560）《郑述祖夫子庙碑》、河清三年（564）《重登云峰山记》、天统元年（565）《天柱山铭》、《郑述祖题云居馆石刻》、武平四年（573）《王象碑》等，亦皆是北齐著名隶书刻石

续表

朝代	总数	隶书数量与百分比	说明
北周（557—581）	79	12（15.2%）	约1/7，而丰碑及重臣墓志多见用隶书。著者有天和二年（567）贝义渊书《华岳颂》及大象年间小铁山、葛山佛经铭等；又，《六朝墓志检要》著录北周21种，隶书1种，约4.7%

注：近年新出而为《隋代墓志铭汇考》所不及备载的隋墓志，为笔者所见又有逾百种之多，以书体比例衡之，楷书与隶书的比例约为9：1，且有7成出土于长安、洛阳两地，其中亦自不乏“新体”楷书之杰构，而尤以长安所出楷书面貌的端严整饬近乎欧体唐风者居于主流。例如，开皇十年（590）《耿雄墓志》、开皇十四年（594）《辛瑾墓志》、仁寿三年（603）《尉琼仁》、大业三年（607）《温州刺史杨府君夫人元氏墓志》、大业四年（608）《苏师统墓志》、大业六年（610）《辛偘墓志》、大业十二年（616）《于纬墓志》、大业十三年（617）《元统师墓志》等新品，皆极整饬不让欧书，即便张掖所出开皇二十年（600）《张荫墓志》和长治所出大业十三年（617）《陈雄墓志》亦与长安书风相谐，惟洛阳所出，似隶书体比例稍高于长安。容待渐次整理刊布后，皆可成为本书之论据补充与论点支撑

第五章
隋代墓志纹饰图像解读

墓志铭这一石刻类型，其方块形制与志、盖合一的完备及其线刻（包括少数减地浅浮雕）图案纹饰的普遍出现，可以追溯到北魏时代的早期。其意图和作用，除了可通过一般意义上的美化装饰手法与图案而探寻其艺术造诣和审美旨趣，更特别寄存了民俗、宗教、地域等特定历史时期的社会理念和文化阐释。南北朝时期的墓志石，已有颇多图案纹饰堪称精美，主要表现为祥云、瑞兽、四神、十二辰兽、莲花、蔓草、连珠等纹饰类别。而隋代墓志不但大多数志文典雅流畅，书法清扬婉丽，志盖与志石线刻纹饰也精彩绝伦。隋代墓志上的图案基本继承了南北朝以来的式样，但亦有所出新，从而反映了隋墓志刻绘纹饰的特色。

集中研讨隋代墓志石、墓志盖上的纹饰图样，不但可以管窥其时纹饰图案的各种类别，勾勒、探究其文化艺术精髓，还可与文献记载比照探讨中古绘画艺术发展的基本脉络、传统艺术创作的文化理念、艺术风格等。并能藉以了解其时图绘风尚所反映的丧葬制度，更能进一步深入研究当时社会的民俗观念、民间信仰等诸多问题。

第一节　隋墓志所见山水花草纹饰与古代早期绘画史论的印证

本节特就隋代墓志石纹饰中所镌刻的山水、花卉、卷草图案，略作归类分析，并与中古绘画史论相印证，以期形象地理解和把握中古绘画艺术发展的基本脉络，特别是山水花草画的发萌、发展及其艺术特征等，更藉以弥补早期绘画史论的阙佚和不足，进而真实表征隋代石刻绘画和试图探讨其中所蕴含的精神与文化理念诸问题。

一、古代山水绘画萌芽的表征

1. 简率淳朴的山川动物类纹饰

隋代墓志中刻绘的山川动物类纹饰以目前所见可举说4例，其中3例山川画是以壶门内线刻山川动物的手法完成的。例如，开皇九年（589）《宋忻暨妻韦胡磨志》，志石四侧线刻壶门与十二辰兽，每一壶门中的动物为主图案，而下方的陪衬图案则是几座绵延的山冈（唯有龙下为云纹、蛇下为水纹），山冈上方飘浮着云朵，动物四周点缀着屈曲流动的线状花草，营造出烟霞翳薄、云水飕飗的氛围。大业六年（610）《解方保志》同样是每种动物（蛇除外）的四周线刻起伏的山脉和簇拥茂密的树木（图5-1），图案简洁随性，充满淳朴稚拙的气息。开皇十五年（595）《段威暨妻刘妙容志》志盖四杀线刻四神图案（图5-2），四神均为动态奔走状，四神前后均用白描写意手法陪衬一座山峦（朱雀身后有两座），山间缭绕着云朵，山势纵横，郁郁生机，笔简意臻，有自然天成之韵。

图5-1 《解方保志》志石右侧山川十二辰纹

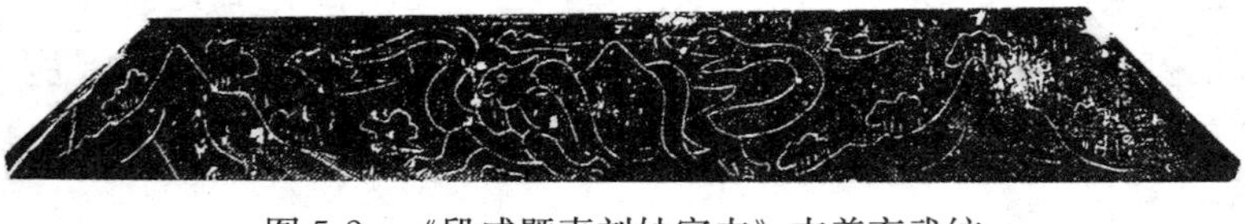

图5-2 《段威暨妻刘妙容志》志盖玄武纹

最有代表性的则是开皇二年（582）《李和志》，其墓志志盖、志石均保存完整，志盖盖题四周及四侧均为卷叶草图案，四杀分别饰以两条似龙似虎的瑞兽。志石四侧线刻山川动物纹饰（图5-3～图5-6），虽然四个侧面使本来连绵的图案自然分割成四组，但其气势浑然一体，犹如一帧连环有序的山水长卷。图案中的动物有熊、鹿、猴、虎等，它们在逶迤的山川中或露出脑袋，或露出半身，或面面相觑，或三驱比肩而立。更有奋力向山下俯冲的、在山间悠闲徜徉的、探头探脑张望的等，整个图面气脉连贯，线条流畅，简朴自然，富有情趣。尤其注重用线条表达动物的灵性，显得出神入化，妙得天真。

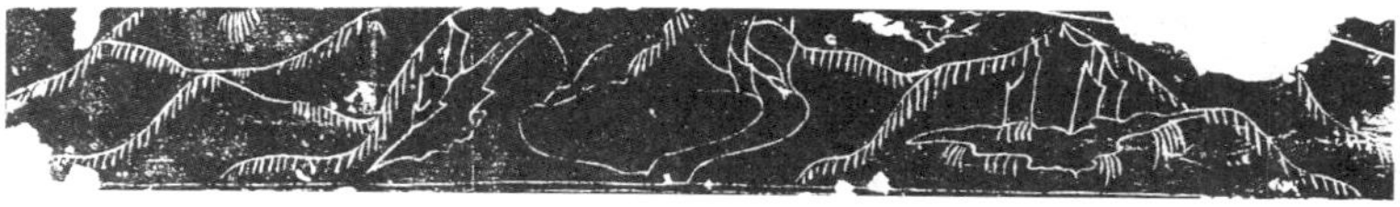

图 5-3　《李和志》志石四侧山川图之一

图 5-4　《李和志》志石四侧山川图之二

图 5-5　《李和志》志石四侧山川图之三

图 5-6　《李和志》志石四侧山川图之四

2. 传世绘画文献与隋墓志山川纹饰的互证

归纳前举 4 例山川动物纹饰的最显著特点：图案中的山川树石只为点缀和突出动物的形象，而并非刻意于对山水树石的细致表达。画面中的山川动物，正好传递着中古时期早期山水画的淳朴创意和基本手法。也就是说，此种画法，正应合了魏晋以来绘画发展所经历的萌芽阶段，以及当时画家描绘山水的笔法风格。

唐代张彦远在《历代名画记》卷一《论画山水树石》中总结：

> 魏晋以降……，其画山水，则群峰之势，若细饰犀栉，或水不容泛，或人大于山，率皆附以树石，映带其地，列植之状，则若伸臂布指。详古人之意，专在显其所长，而不守于俗变也。[1]

是说魏晋至隋以来，人们绘画山水，对于山峰的画法是“细饰犀栉”、“人大于山”，务在写意，不刻意雕琢求真。并明确说明古人如此描绘山水，是“专

---

① （唐）张彦远：历代名画记，卷一，论画山水树石，周晓薇校点，沈阳：辽宁教育出版社，2001 年版，第 14 页。

在显其所长”，即张扬画家所擅长的人物画，而避山水画不够精当的短。因此，画面中的山水仅作为对人物的陪衬，只能充当人物画的背景。早于这个时代的东汉墓壁画《山与飞鸟图》[①] 及东晋顾恺之《女史箴图》局部之二“道罔隆而不杀”一段的崇山峻岭图[②]，虽然可视为早期的山水画的滥觞，但在主题上仍表现为人物或动物的陪衬，且在艺术上稚拙简率，尚不能标志山水画科的独立形成。

唐代朱景玄《唐朝名画录·序》则对此有更好的诠释，他在谈及此时的绘画艺术时说：

> 夫画者以人物居先，禽兽次之，山水次之，楼殿屋木次之。何者？前朝陆探微屋木居第一，皆以人物禽兽，移生动质，变态不穷，凝神定照，固为难也，故陆探微画人物极其妙绝，至于山水草木，粗成而已。[③]

陆探微是南朝刘宋的著名画家，画“山水草木”也只能是“粗成而已”，可见此时绘画山水犹处在萌芽状态。

入隋以来，著名的画家展子虔就是一位以专攻人物画而兼写山水的大家，他精意于绘画宫观，开创了楼阁山水一体的画法。正由于他非常注重于画台阁楼宇，才逐渐用心于山水树石的描写，而山水树石在他的画面里其实也就是对台阁楼宇的精心点缀，相映成辉。时人评论：“触物留情，备皆妙绝，尤善台阁，人马山川，咫尺千里。”[④] 这里的“咫尺千里”指的就是用散点透视的写意白描手法勾勒出山石树木之大体轮廓，而不刻意于精雕细凿，亦即所谓：远近高低无不同。

隋代另一位大画家郑法士画亭台楼阁的风格也是：“飞观层楼，间以乔林嘉树；碧潭素濑，糅以杂英芳草。”[⑤]“乔林嘉树”与“杂英芳草”仅仅是对楼台的陪衬。“中唐以来，吴道玄以人物画大家兼写山水，落笔务事豪放，以‘怪石崩滩’显其所长，于是真正的山水画才开始出现，渐渐脱离楼阁画的背景而独立了。二李（李思训、李昭道父子）师法展子虔，改山水为台阁的主体，山水画

---

① 山西平陆枣园村东汉墓壁画，山西省博物馆收藏。

② 英国伦敦博物馆收藏。

③ （唐）朱景玄：唐朝名画录·序，台北：台湾商务印书馆影印文渊阁本四库全书，1984 年版，第 812 册，362 页。

④ （唐）张彦远：历代名画记，卷八，周晓薇校点，沈阳：辽宁教育出版社，2001 年版，第 73 页。

⑤ （唐）张彦远：历代名画记，卷八，周晓薇校点，沈阳：辽宁教育出版社，2001 年版，第 73 页。

才开始确实的成立。”[①] 可见有隋一代绘画的山水正是山水画初创的幼稚时期，具有陪衬人物画或楼阁画的显著特点。再来看《李和志》等隋墓志上刻画的山川动物，恰与文献中记载的隋代山水画的风格相吻合，绘刻者用几笔大的曲线粗略地勾画出山川的走势，仅仅是简疏的几笔而赋予了盎然生机，画面中小动物的神情与动态，则被描绘得惟妙惟肖，而将小动物安排在山川沃野的大环境之中，其视觉效果就出现了：山高水远，景物交融，动静有序，主次分明。并且与敦煌莫高窟北魏《鹿王本生》壁画上的山水在大的布局与格调上极其相似，山头与树整齐排列，人兽均大于山。[②]

《李和志》上的这幅山川动物画还为我们揭示出一个传世文献中没有叙述到的信息，即此时的山水画不仅有陪衬人物画或楼阁画的作用，还被用作动物画的背景，这一点应能补充古代画史及画论文献记载的不足。[③] 而且李和在隋代任官“使持节上柱国德广郡开国公”，尚属上层官宦，为其墓志铭刻绘图案花纹的工匠自然不会是无名小辈，其绘画水平应能体现出隋代的绘画风格。更为重要的是，隋代见于记载的著名画家的画作均未传世（题为隋展子虔《游春图》仅相传为其所作，甚不足为凭）。有了这几方山川动物纹饰的墓志，当对研考隋代绘画风格留下了真实可靠的依据，还可为唐代张彦远《历代名画记》记载隋代绘画山水等理论予以佐证。

二、古代写意花草维形的勾勒

（一）哀婉缠绵的卷草纹饰

隋墓志纹饰中刻绘的卷草，可分为如下几种。

1. 第一种即古人常说的蔓草

蔓草即蔓生的野草，有枝有叶，枝叶缠连，绘刻在墓志上，富有流连灵动的装饰效果。这类纹饰在隋墓志中最常见，数量也最多，以笔者所见有近 30

① 童书业：童书业说画，中国山水画南北分宗说新考，上海：上海古籍出版社，1999 年版，第 13 页。

② 参见林树中，周积寅：中国历代绘画图录，敦煌莫高窟第 257 窟，北魏壁画《鹿王本生》（局部），天津：天津人民美术出版社，1981 年版，第 14 图。

③ 又有北魏永安五年（262）《尔朱袭墓志》志盖刻绘四神纹饰，其中玄武的前面画有树石，也是玄武大于树石，虽仅为整个墓志的局部反映，亦可添为一证。见：赵万里：汉魏南北朝墓志集释（第四册），北京：科学出版社，1956 年版，第 172 页下。

例。颇典型的如大业六年（610）《范高暨妻苏氏志》、大业九年（613）《衙君妻王氏志》、大业十一年（615）《苟府君妻宋玉艳志》、大业十一年（615）《程谐暨妻石氏志》、大业十一年（615）《萧翘志》及《万君志》志盖（图 5-7），皆为志盖四杀刻卷草纹饰，且多用减底技法镌刻，与北魏孝昌二年（526）《侯刚墓志》志盖四侧的纹饰很接近①，叶大枝繁，线条婉转流畅，运用了唯美的写实手法，展现了蔓草纹饰图案鲜明的艺术特色。

图 5-7　《万君志》志盖斜杀卷草纹

又如，开皇二年（582）《李和志》、开皇九年（589）《宋忻暨妻韦胡磨志》、大业元年（605）《李景亮志》、开皇十二年（592）《郁久闾可婆头志》等，盖题四周及四侧刻饰卷草连珠纹，开皇十五年（595）《韵智孙志》、大业十一年（615）《明云腾志》、大业十一年（615）《伍道进志》的志盖四杀刻饰卷草纹，大业六年（610）《韦圆照妻杨静徽志》则在志盖四侧刻饰卷草纹。这些志盖所刻绘的卷草纹饰，线条细致柔美，蜿蜒多变，生发出清新流动的质感。

还有一些卷草纹饰则加强了上述蔓草图案的艺术深化，即运用蔓草的基本式样作大胆创新和变格。例如，开皇二十年（600）《杨钦志》、大业三年（607）《杨休志》、大业六年（610）《史射勿志》的盖题四周皆刻卷草纹，大业六年（610）《韦圆照妻杨静徽志》盖题四周并四杀皆刻卷草纹，大业六年（610）《姬威志》志盖四杀刻饰卷草纹，大业六年（610）《解方保志》与大业十二年（616）《张濬志》的志石四周皆刻卷草纹，这些多是对蔓草叶状部分进行了艺术再创造，使其更具艺术的夸张与灵动，即以流畅的线条来展示藤萝般蜷曲的支脉和多角度变幻着的生命长青的枝叶，随着志石的周边与侧面，更可任意转折牵延，正所谓“更行更远还生”，从而带给人荡气回肠的悲悯之情和“剪不断理还乱”的相思之意，因而此类卷草纹饰特别具有图案艺术的装饰效果。另外，此类卷草纹饰同北魏孝昌二年（526）《世宗宣武皇帝嫔李氏墓志》志盖杀面与侧面，北魏永安三年（530）《苟景墓志》志盖杀面与侧面，以及北魏普泰元年

① 参见西北历史博物馆：古代装饰花纹选集，西安：西北人民出版社，1953 年版，第 43 页。又参阅：张伯龄：北朝墓志英华，“侯刚墓志盖”，西安：三秦出版社，1988 年版，第 102 页。

（531）《元天穆墓志》志石侧面的纹饰较为相似[①]，当是继承了北魏以来卷草纹饰的基本风格而又予以变化的新面貌。

《毛诗·国风》有一篇《野有蔓草》，以清柔婉约的语言表达了一对青年男女邂逅相遇、相互爱慕的感怀，其云："野有蔓草，零露漙兮。有美一人，清扬婉兮。邂逅相遇，适我愿兮。"[②] 揣摩其语境，正是盛满着晶莹露珠的蔓草，营造了一派令人遐想联翩的原野景象和情爱绵长。而藉这首千古流传的诗篇，蔓草与相思爱慕有了濡沫关联，梁朝范云就曾写诗道："自君之出矣，罗帐咽秋风。思君如蔓草，连延不可穷。"[③] 蔓草是相思的代言，因而墓志石上的卷草纹饰当亦寄托了相思勿忘之义。

蔓草为野生植物，生命力极旺盛，可以连年生长而不枯竭。唐代诗人韦应物《汉武帝杂歌三首》其二有云："蔓草生来春复秋，碧天何言空坠露。"[④] 白居易的名篇《赋得古原草送别》更曰："离离原上草，一岁一枯荣。野火烧不尽，春风吹又生。远芳侵古道，晴翠接荒城。又送王孙去，萋萋满别情。"[⑤] 这些句子无不形象地传达了蔓草不尽、春风又生的离愁别绪和相思情怀。蔓草既然是永生的，那么墓志石的卷草纹饰又当蕴涵了对逝者不竭的追念与祈祷灵魂不朽的意义。

"川长蔓草绿，峰迴杂花明。"[⑥] 蔓草寄托相思的文化理念与其生命的经久不衰，恰成为人们的情感希望所系。因此，从南北朝至隋唐，人们多在墓志石上绘刻卷草纹，开始将哀婉的埋幽文字与缠绵的卷草纹饰结合到一起。以诗为例，如李白的《行路难》三首之二："昭王白骨萦蔓草，谁人更扫黄金台？"[⑦] 刘希夷的《洛川怀古》："君看北邙道，髑髅萦蔓草。"[⑧] 岑参的《骊姬墓下作》："此事成蔓草，我来逢古丘。"[⑨] 张祜的《过石头城》："累累墟墓葬西原，六代同归蔓

---

① 参见张鸿修编《北朝石刻艺术》之"宣武皇帝嫔墓志盖"、"荀景墓志盖"、"元天穆墓志"，西安：陕西人民美术出版社，1993年版，第100页、第101页、第107页。

② 毛诗正义，卷四，北京：中华书局影印阮元校刻《十三经注疏》本，1980年版，上册，第346页。

③ 逯钦立：先秦汉魏南北朝诗·梁诗，卷2，北京：中华书局，1965年版，第1552页。

④ （唐）韦应物撰，陶敏，王友胜校注：韦应物集校注，卷一〇，歌行下，上海：上海古籍出版社，1998年版，第585页。

⑤ （唐）白居易撰，朱金城笺注：白居易集笺校，卷一三，律诗，上海：上海古籍出版社，1988年版，第768页。

⑥ 陈子良：赞德上越国公杨素，见：（宋）李昉等：文苑英华，卷二四八，北京：中华书局影印本，1966年版，第二册，第1253页上。

⑦ （唐）李白撰：李太白集，卷三，张式铭标点，长沙：岳麓书社，1987年版，第24页。

⑧ （宋）李昉等：文苑英华，卷三〇八，北京：中华书局影印本，1966年版，第二册，第1578页上。

⑨ （唐）岑参撰，陈铁民，侯忠义校注：岑参集校注，卷一，编年诗，上海：上海古籍出版社，2004年版，第63页。

草根。”[1] 诗人已为我们留下了太多借蔓草以怀幽的感情真挚的诗句。

2. 第二种卷草是分别由几枝套叠着的心形草叶环成的半圆形图案

例如，大业六年（610）《李椿妻刘琬华志》盖题四周、大业七年（611）《刘则志》（图 5-8）、大业十一年（615）《吴弘暨妻高氏志》、大业十二年（616）《张濬志》的志盖四杀都刻饰这类卷草图案，图案主题醒目，哀婉缠绵，草叶组成的心形图饰，象征着人们对逝者的真切怀念心情。此类纹饰在著名的唐代《道因法师碑》[2] 碑侧也因循绘刻。

图 5-8 《刘则志》志盖斜杀卷草纹

3. 第三种卷草是单株阔叶组成的独立图案或连续图案

例如，仁寿元年（601）《雍长暨妻刘氏志》志盖四杀共线绘八株大叶卷草（图 5-9），每株卷草由一根草茎和六枚叶子组成，以竖直的草茎为中心，上面对称翘起两片刚冒头的小草叶，进而展开两枝窄长阔叶，最下面是两枝对称的从草茎根部升起又自然弯卷的草叶，卷草叶茎描绘的自然流畅，粗犷淳朴。仁寿二年（602）《郭休志》则用最简洁的线条描绘了象征单株卷叶草的连续图案，以最原始的白描线条传达了卷草的最基本特征，深化了卷草岁岁欣荣的深刻印象。

图 5-9 《雍长暨妻刘氏志》志盖斜杀单株阔叶卷草纹

4. 第四种卷草为忍冬草纹（忍冬草亦称金银花）

例如，开皇十二年（592）《虞弘志》（图 5-10）志盖四侧及志石四侧皆刻这类纹饰，对草叶造型的描绘极为逼真，清晰地勾勒出忍冬叶的脉络气韵，加之流线型的水波走势，枝叶间透露着自然的渲染和弥漫着灵动的感召。忍冬草纹在南北朝的墓志纹饰中多见，唐以后逐渐淡出而被其他更加富丽多彩的诸如西番莲式样的花草类纹饰所替代。

---

① 霍松林：万首唐人绝句校注集评，太原：山西人民出版社，1991 年版，中册，第 392 页。

② 西北历史博物馆：古代装饰花纹选集，西安：西北人民出版社，1953 年版，第 65 页。

图 5-10　《虞弘志》志盖侧面忍冬草纹

（二）思绪萦绕的花卉纹饰

隋代墓志石所见花卉类纹饰的数量也有近 20 例之多，其表现样式也可分为四种。

1. 单枝花朵

例如，开皇十八年（598）《李盛暨妻刘氏志》，志盖无字（图 5-11），唯独饰以巨型单枝花朵，诚可谓孤魂缥缈，香花陪伴。圆形花蕊与四个花瓣、组成“X”形，每片花瓣间有两枝对称内卷的花须，极具装饰效果。此墓志志盖仅有一花而无一字，为志盖纹饰图案中仅见的一个特例。大业十二年（616）《张浚志》志盖四角各以角为中心刻绘四分之一朵大花，形似莲花，由莲蓬、莲叶组成。四角莲朵微露而怒绽，有笔断意连之美。

图 5-11　《李盛暨妻刘氏志》志盖花纹

2. 点缀在其他纹饰中的小朵野花

例如，开皇九年（589）《宋忻暨妻韦胡磨志》志盖四侧为卷草与花朵相间的纹饰，花朵为双环圆心、八瓣，瓣为鼬形，每瓣之上点缀一颗空心小圆点。随着上下流动的波浪形线条，花朵与卷草如同音符律动，延续着生命的张力和灵魂的永恒。开皇十五年（595）《韵智孙志》志盖四杀为四神图案，夹杂在四神造型周围的是蔓缠在一起的卷草与花朵纹饰，有的是四瓣花蕊的野草花，也有的是欣欣怒放的喇叭花。大业元年（605）《李景亮志》志石四侧刻十二辰兽纹，每只时辰动物的四周都被缀有小花朵的卷草簇拥包围着。开皇五年（585）《宋虎志》志盖四杀刻四神图案，每神四周饰云纹或水纹，最外侧对称刻四五朵小野花组成的图案。开皇十二年（592）《郁久闾可婆头墓志》志盖四杀刻四神，每神两侧对称刻一组飘浮的四瓣小花草纹饰。这方墓志的志文四侧还刻有壸门十二辰兽纹，每一壸门内的动物两侧均刻有一朵四瓣小花，花朵的线刻简洁随意，只求其形似而不精雕细琢其枝叶的细节。

3. 穿插在卷草纹中的莲花

例如，开皇十二年（592）《虞弘志》志盖四杀刻八朵莲花（图 5-12），位置为：四杀每角刻一大朵莲花，四角共四朵；杀面每面在卷草纹之间居中刻一朵莲花，四面共四朵。莲花绽开呈立体状，双层桃心，五片花瓣，桃心两侧有对称花蕊护绕。另外，盖题四周各有一朵圆形八瓣花朵，花似剪纸，点缀在文字的上下左右。又如，大业十一年（615）《明云腾志》、大业十一年（615）《伍道进志》、大业十一年（615）《萧翘志》皆在志盖四杀卷草纹间蓦然盛开一朵莲花，桃心莲蓬向上，花瓣随意舒展，天然生成，尽显纯美丽质。《明云腾志》盖题四角各有四分之一朵写意莲花，寥寥几笔，神形皆备。莲花在人们的观念中本是仰含清液，俯濯素波，亭亭玉立，不染不污的君子形象，表现在墓志刻绘上的莲花却在卷草中绽露，逆向创意，亦有巧夺天工之奇。

4. 团花，即许多花朵簇拥在一起的花朵纹饰

笔者所见共有 4 例，其中两例为莲花，两例为牡丹花。仁寿元年（601）《王基暨妻刘氏志》（图 5-13）盖题四周刻八朵团花，每排中间为一大朵立体莲花，两侧分别间以较小的仰莲，并配以花叶，值得注意的是此花叶并非真正的莲花叶。莲花朵朵簇拥，犹如芙蓉出水，荡漾着清雅高洁的气韵。大业十一年（615）《吴弘暨妻高氏志》盖题四周各刻有一大朵莲花，大朵莲花的四周则由连续不断的小朵莲花组成。古人盛赞："莲花在泥，清净无染。"[①] 一念心清净，处

① （清）严可均：全上古三代秦汉三国六朝文·全梁文，卷六九，北京：中华书局，1958 年版，第 4 册，第 3366 页。

图 5-12　《虞弘志》志盖莲花纹

图 5-13　《王基暨妻刘氏志》志盖团花纹

处莲花开，应是墓志石上刻绘莲花的原初寓意。

仁寿四年（604）《李静暨妻曹氏志》（图5-14、图5-15）志盖四杀上下方各绘刻半朵牡丹，花朵上点缀着轻盈婉转的蕊须和阔叶，构成对称和谐的图案纹饰。四杀左右亦各绘半朵牡丹，造型稍异于前者，多层次的朵瓣与花蕊，流畅的线条与镂空构架，突出了牡丹花盛开繁茂的千姿百态，表现了“千片赤英霞烂烂，百枝绛点灯煌煌”的美丽与富贵。[①] 大业九年（613）《赵觊暨妻樊氏志》志盖四杀各刻三株牡丹花，正反交错，排列有序。此牡丹花刻绘得简朴含蓄，看似粗枝大叶的笔触，准确展现了牡丹花枝叶的特征和“清晓牡丹芳，红艳凝金蕊”的气象。[②] 墓志石上刻饰牡丹花，当是借牡丹花的富丽堂皇，创意出灿烂华美的艺术图案造型，同时亦有借牡丹花来寄托对亲人的离别悲情，即所谓“相见牡丹时，暂来还别离”[③]。

图5-14 《李静暨妻曹氏志》志盖斜杀牡丹花纹之一

图5-15 《李静暨妻曹氏志》志盖斜杀牡丹花纹之二

当然，隋代志石刻绘的牡丹花较之于唐代，无论是从数量的普遍、造型的富丽、品种的繁多、艺术的升华上都不能企及，如唐代贞元六年（790）《杨万

① （唐）白居易撰，朱金城笺校：白居易集笺校，卷四，牡丹芳——美天子忧农也，上海：上海古籍出版社，1988年版，第218页。

② 张璋，黄畬：全唐五代词，卷六，五代词，孙光宪《生查子》，上海：上海古籍出版社，1986年版，第811页。

③ 张璋，黄畬：全唐五代词，卷二，唐词，温庭筠《菩萨蛮》，上海：上海古籍出版社，1986年版，第197页。

荣墓志》志盖、元和十三年（818）《张怙墓志》志盖刻绘的牡丹花精湛细腻，这两方唐志志盖的牡丹纹饰，完全可以用美轮美奂来比喻。①

总体来讲，隋代墓志石上的花卉纹饰与唐代相比，有如下特点：一是隋代种类少，只有莲花、牡丹花等可数的几种，而唐代则有莲花、牡丹、茶花、菊花、百合花等较多品种；二是隋代刻绘的花卉图案相对单一，不如唐代形式多样；三是隋代绘刻的花卉大多呈自然简朴形式，而唐代则尽显富丽华美之势。如果从绘画艺术的角度去审视，隋代比唐代的花卉纹饰差之甚远，这主要是时代因素造成的，尤其是与中国古代花鸟画的发展进程息息相关。

（三）传世绘画文献与隋墓志花草纹饰的互证

中国的花鸟画在南北朝晚期以至于隋代，其实还没有发展起来，或者说尚处于萌芽状态。张彦远《历代名画记》选取“历代能画之人”的标准是“何必六法俱全，但取一技可采”。所谓“一技可采”，原注云：“或人物、或屋宇、或山水、或鞍马、或鬼神、或花鸟。”② 可见当时唐人将绘画分为以上六类，花鸟画算其中一类。尽管如此，唐以前著名的花鸟画家，张彦远未能举出一人，只是从《宣和画谱》的记载可知南北朝时期陈朝的顾野王“画草虫尤工，多识草木虫鱼之性”③。可见其时专攻花鸟或以画花鸟著名的画家的确屈指可数，也说明其时花鸟画的专门地位还没有确立。根据《历代名画记》卷九、卷十的记载，花鸟画真正的确立时期应在唐代。比如，唐代的薛稷“尤善花鸟，……画鹤知名”。殷仲容“工写貌及花鸟，妙得其真，或用墨色，如兼五采”。最为著名的是边鸾，“善画花鸟，精妙之极，至于山花园蔬，亡不偏写。……花鸟冠于代而有笔迹”④。《唐朝名画录》也称边鸾“少攻丹青，最长于花鸟，折枝草木之妙，未之有也”，并且在作画时“下笔轻利，用色鲜明”⑤。“大约他的花鸟画是用细

---

① 参见张鸿修：《唐代墓志纹饰选编》，“杨万荣墓志盖”，“张怙墓志盖”，西安：陕西人民美术出版社，1992 年版，第 82 页、第 92 页。

② （唐）张彦远：历代名画记，卷一，叙画之兴废，周晓薇校点，沈阳：辽宁教育出版社，2001 年版，第 6 页。

③ （宋）佚名：宣和画谱，卷二〇，蔬果叙论，台北：台湾商务印书馆影印文渊阁本四库全书，1984 版，第 813 册，第 204 页。

④ （唐）张彦远：历代名画记，卷一，叙画之兴废，周晓薇校点，沈阳：辽宁教育出版社，2001 年版，第 84 页、第 85 页、第 91 页。

⑤ （宋）佚名：宣和画谱，卷二〇，蔬果叙论，台北：台湾商务印书馆影印文渊阁本四库全书，1984 版，第 812 册，第 370 页。

劲的勾勒法作轮廓，而以鲜明的色彩填成的。”[1] 边鸾之后，画花鸟的人就层出不穷了，《历代名画记》就记有于锡、强颖、梁广、陈庶、陈恪、周太素、萧悦等。尤其是唐末的刁光胤（胤一作引），“攻画湖石、花竹、猫兔、鸟雀，性情高洁，交游不杂，入蜀之后，前辈有攻花雀者顿减价矣”[2]。当时还有滕昌祐亦相当著名。五代时期也有十名左右善于绘画花鸟者被记载到宋代郭若虚的《图画见闻志》里。鉴于花鸟画发展到五代时期名家辈出，形成了不同绘画风格的画派，郭若虚更撰写了关于花鸟绘画方面的较有建树的艺术理论，比如，《论徐黄异体》等（案：“徐”、“黄”指当时花鸟派两大代表人物徐熙与黄筌，徐熙扬名于江南，黄筌驰誉于西蜀。有所谓“黄家富贵，徐熙野逸”之说）[3]。均说明花鸟绘画在其时才真正发达起来。郭若虚在《论古今优劣》中还讲道：

> 近代方古多不及，而过亦有之。若论佛道、人物、士女、牛马，则近不及古；若论山水、林石、花竹、禽鱼，则古不及近。……至如李与关、范之迹，徐暨二黄之踪，前不谢师资，后无复继踵。借使二李、三王之辈复起，边鸾、陈庶之伦再生，亦将何以措手于其间哉。故曰：古不及今。[4]

更能进一步说明宋之前的花鸟画，在南北朝隋代只是初创时期，到了唐代，花鸟画才确立并进入发展时期，而真正的发达时期应在五代，兴盛时期则为两宋。唐代以前，花鸟画法度未精，画家作品也极少，五代、宋初的大画家方创作了远胜古人的花鸟作品。根据画史文献记载来了解花鸟画的发展进程，则能清晰认识到处于初创时期的隋代花草绘画，在彼时还没有形成真正的花鸟画科，当然也不可能在文献记载中出现花鸟画大家。需要说明的是，以上引据画史画论皆说的花鸟画，而本节所列举的则是花草纹饰图案，其实并不矛盾，因为花鸟画中的一部分即为花草，通过古人论述花鸟画的发展，是能够看出花草绘画发展的轨迹的。而通过隋代墓志石上的花草纹饰，则不但能进一步证实画史记载的不谬，而且能藉以了解唐前的花鸟花草画究竟发展到什么程度。虽说隋代的花鸟花草画还未形成专门的画科，然而墓志石上那些淳朴自然的花卉卷草纹饰，不但呈现出自然界原生态的美妙，亦通过艺术的再创造形成了花卉卷草纹

---

① 童书业：童书业说画，上海：上海古籍出版社，1999 年版，第 163 页。
② （宋）黄休复：益州名画录，卷中，妙格下品十一人，北京：人民美术出版社，1964 年版，第 29-30 页。
③ （宋）郭若虚：图画见闻志，卷一，王其祎校点，沈阳：辽宁教育出版社，2001 年版，第 10 页。
④ （宋）郭若虚：图画见闻志，卷一，王其祎校点，沈阳：辽宁教育出版社，2001 年版，第 11-12 页。

饰奇特的图案效果，至于结合墓志铭的文字内容，又可以图文并茂地寄存民俗、宗教、地域等特定历史时期的社会理念和文化阐释，则其意义便不仅仅限于装饰和美化，而更加升华到情感的寄托和理想的祈福等层面上来。当然，以其能够最直接地反映这一时期花草花鸟乃至山川动物画的真实状况，其可裨补文献记载与绘画资料之不足的价值又无疑是弥足珍贵的。

第二节　隋墓志线刻图案中的四神与十二辰纹饰

四神亦称“四象”、“四灵”，其义一也，即分别指代青龙、白虎、朱雀、玄武。这“四神”，文献记载中多有之，文物图案中亦多见之，如汉代瓦当上绘刻的四神及铜镜背面的四神纹等。十二辰是古代对周天的一种划分方法，即由东向西将赤道带附近天区等分为十二部分，并用十二地支即子、丑、寅、卯、辰、巳、午、未、申、酉、戌、亥来命名，应与天上的二十八宿有一定的对应关系。大约在汉代，民间又用十二种动物，也就是鼠、牛、虎、兔、猴、鸡、狗、猪、龙、蛇、马、羊来表示十二辰。四神与十二辰在演变过程中出现的对应关系，反映了古人文化观念与自然信仰中的一种感性认知和理性象征。

隋代墓志承继了北魏、北齐、北周时期以来墓志纹饰上出现的四神与十二辰纹饰，不仅表现了四神与十二辰动物形象的神采灵动，起到了美化墓志的艺术效果，而且也蕴含着古人意识中灵魂不灭的思想。人们巧妙地运用志盖的覆斗形制与墓志表面刻绘神灵动物纹饰的寄托方式，力图为死者营造一个臆想中的冥界，希冀得到天地四方神灵的陪伴和护佑。

笔者从《隋代墓志铭汇考》的图版中得以较为集中地见识了墓志石上的四神与十二辰纹饰，因此特别与北朝及唐代相类纹饰予以比对，并探讨其变化发展及反映于其中的古代信仰、文化观念等相关问题。

一、隋墓志纹饰中的四神

（一）从“四象”到“四神”的演变

“四神”的雏形本是远古时代的几种动物，其最早被称为“四象”，则是因为这四种物象原本代表着天空星宿的方位。形于外者皆曰象，正如《周易》卷七《系辞上》所云："在天成象，在地成形，变化见矣。"[①] 天苍苍，野茫茫，上古时候，人们通过观察星空，将群星依照方位划分成许多组合，这样就有了二十八星宿和东西南北四个方位的天象体系，人们又根据四个方位星宿排列的形状，以其形象于地上的青龙、白虎、朱雀、玄武，遂借用它们的称谓来命名天空四方的神秘星宿，即东方青龙、西方白虎、南方朱雀、北方玄武。四象的实际意义是星宿的分划，每象相当于二十八宿中的七宿，这在《淮南子·天文》、《史记·天官书》，以及《汉书》、《后汉书》、《魏书》、《隋书》等正史的天文志中都可以得到释证。

追古溯源，有关四象的记载，早在战国时期已经出现。《礼记》卷三《曲礼上》云："行，前朱鸟而后玄武，左青龙而右白虎，招摇在上。"[②] 汉代郑玄解释道："以此四兽为军阵，象天也。"《吴子·治兵第三》讲到三军进止时说："必左青龙，右白虎，前朱雀，后玄武，招摇在上，从事在下。"[③] 从两文均有"招摇在上"的句子可以推断，这里的青龙、白虎、朱雀、玄武所代表的是古代用兵的旗帜。因为当时的人们本已熟悉了四象在天空的方位，于是便用它们作为旗帜上的标志来表示东西南北。而随着时代的变迁，四象又有了新的含义，《后汉书》中就有一段颇富诗意的描述："览天地之幽奥兮，统万物之维纲；究阴阳之变化兮，昭五德之精光。跃青龙于沧海兮，豢白虎于金山；凿岩石而为室兮，托高阳以养仙。神雀翔于鸿崖兮，玄武潜于婴冥；伏朱楼而四望兮，采三秀之华英。"[④] 这里将青龙、白虎、神雀（即朱雀）、玄武同天地万物、阴阳五德紧密地联系起来，赋予它们神圣的气魄和神秘的光环。透过跳动着韵律的字符，四象的举止与神情被拟化得活灵活现。文人有关四象的描绘，逐渐深入人心，于是四象纹饰在墓葬中的大量运用，如北魏永安五年（532）的《尔朱袭墓志》[⑤]，志盖四杀刻绘着青龙、白虎、朱雀、玄武，而且它们的背上都有一个飞带飘逸的仙人驾乘，其意义突出了神灵崇拜影响下的方位指示与神灵护佑。如此一来，四象便随着文化的播进和民俗的信奉，特别是借助道教的力量而被演化成为保

---

① 周易，卷七，系辞上，北京：中华书局影印阮元校刻《十三经注疏》本，1980年版，上册，第76页。

② 礼记，卷三，曲礼上，北京：中华书局影印阮元校刻《十三经注疏》本，1980年版，上册，第1250页。

③（战国）吴起：吴子，卷上，治兵第三，上海：上海书店1989年据商务印书馆1926年《四部丛刊初编》本重印，第60册，第8页上。

④ 后汉书，卷二八，冯衍传，北京：中华书局点校本，1965年版，第999页。

⑤ 张鸿修：北朝石刻艺术，尔朱袭墓志盖，西安：陕西人民美术出版社，1993年版，第89页。

护天地四方的神灵，于是“四象”的名称逐渐被“四神”、“四灵”所替代。

（二）隋墓志纹饰中的四神形态

隋代墓志四神纹饰数量较多，画面镌刻完整和谐。四神一般绘刻在志盖四杀或四周，还有一些直接穿插于十二辰纹饰当中。以下谨选取一些隋墓志四神纹饰就其形态予以析说。

开皇三年（583）《阴云志》，志盖四杀刻四神纹，上朱雀展翅奔走，其左侧有人面鸟身的天女导引，其右侧有兽面鸟身兽足的神物跟随（图5-16）。下玄武为龟蛇合体，蛇绕龟身两周，龟蛇对视。右青龙、左白虎均作奔走状，青龙、白虎背上均有四只长鳍。最奇特而罕见的是人面鸟身天女形象，天女眉目清秀，梳双丫角，着右衽衫，系以飘带，当是从汉魏时期的羽人形象演化而来，颇有意味。

图5-16　《阴云志》志盖上侧面四神之朱雀与仙女

开皇五年（585）《宋虎志》，志盖四杀刻四神纹，上朱雀面向而立，下玄武蛇绕龟背三匝，龟蛇首尾相视（图5-17）。左青龙奋勇向前，右白虎回首跳跃。

图5-17　《宋虎志》志盖四神之玄武

开皇九年（589）《宋忻暨妻韦胡磨志》，志盖四杀刻四神纹，位置为上朱雀，下玄武，右青龙，左白虎。朱雀展翅，并足而立，玄武蛇绕龟身两匝，龟蛇相视。青龙有两爪，逶迤爬行。白虎瘦长如龙，作奔腾状。青龙白虎略有残缺，似为志盖提环处。

开皇十二年（592）《郁久闾可婆头志》，志盖四杀刻四神纹（图5-18～图5-21），上朱雀展翅，下玄武之蛇缠绕龟身三匝，蛇龟相对而视。左青龙、右白虎作奔跑状。

图 5-18　《郁久闾可婆头志》志盖四神之朱雀

图 5-19　《郁久闾可婆头志》志盖四神之白虎

图 5-20　《郁久闾可婆头志》志盖四神之玄武

图 5-21　《郁久闾可婆头志》志盖四神之青龙

开皇十五年（595）《段威暨妻刘妙容志》，志盖四杀刻四神纹，上朱雀飞腾，下玄武龟蛇对望（图 5-22），左青龙、右白虎的体态细瘦，二者极为相似。

图 5-22　《段威暨妻刘妙容志》志盖四神之玄武

大业元年（605）《李景亮志》，志盖四杀刻四神纹，上有两只相互对望的展翅朱雀（图 5-23），下有两对蛇龟对视的玄武（图 5-24），左青龙、右白虎仍为细长身躯奔跃向前。

图 5-23　《李景亮志》志盖四神之双朱雀

图 5-24　《李景亮志》志盖四神之双玄武

大业三年（607）《杨休志》，志盖四杀刻四神纹，上朱雀昂首挺拔，下玄武肃然站立。右青龙腾空而起，左白虎呼啸飞奔。

大业六年（610）《李椿妻刘琬华志》，志盖四周刻四神纹，仍然为上朱雀下玄武，左青龙、右白虎均身形细长，背上有四五只上翘的锯齿形的鳍。

大业六年（610）《史射勿志》，志盖四杀刻四神纹，上朱雀形象已模糊，下玄武之蛇未缠绕龟背，蛇身极长，与龟相对而视。左青龙、右白虎均作水波之势腾跃。

大业六年（610）《范高暨妻苏氏志》，盖题四周刻四神纹，上青龙下白虎，形态极为相似，左朱雀展翅飞翔，右玄武之蛇身自绕一圈与龟张口相对。

大业十二年（616）《李元暨妻邓氏志》，志盖四周刻十二辰，而四神纹亦画在其中，朱雀跨步展翅，玄武之蛇缠绕龟身两匝，与缩着的龟头相向而视。青龙、白虎不存，似为提环位置。

大梁永隆二年（618）《梁明达志》，志盖四杀刻四神纹，上朱雀收翅站立，下玄武有两蛇缠绕龟身之后成一圆环相对而视，龟对着两蛇首张口大吼。左青龙、右白虎均头大身细，奔腾跳跃。

隋墓志纹饰中的四神主要继承了传统观念中四神的最早意义，即代表着星象所表示的东、南、西、北四个方向，同时也包含着古人祈求四神护佑之意。在绘刻风格方面，诸如四神的形象，刻画的位置，四神与十二辰动物的对应（即在同一方墓志上志盖四杀或四周刻四神而志石四侧刻十二辰动物饰纹），四神周围云纹花草水波的交相映衬等，均继承了北朝以来的基本格调，但亦有不少创新处，体现了隋代墓志的绘刻特征。

（1）隋墓志上的四神大多刻绘在志盖上，处于显著位置，并与志盖四周的卷草、花卉、流云、水波等纹饰交融在一起，笔迹气调，古雅脱俗。从绘画艺术的审美角度来看，起到了神化精灵，和谐自然的作用。尤其是与北朝墓志四神纹饰相比，在整体装饰艺术格调上有很大不同，即北朝四神纹饰的墓志大多刻绘得雍容繁富、奢侈华贵，张扬了家族显盛的宏大气魄。而隋代四神纹饰的墓志相对自然简洁，返璞归真，以淡雅的笔力气韵表露超俗脱凡的魅力。

（2）受到正方形墓志的格局的限定，青龙、白虎的形象均被描绘得十分相似。这正继承了北朝以来墓志中的青龙、白虎形象，如北魏神龟三年（520）《元晖墓志》所绘青龙、白虎的体态就十分接近。[①] 隋墓志中刻绘的青龙、白虎，二者的身形大多被描绘得清秀细瘦，有四腿四爪，尾巴细长。个别在背上描绘了四五只上翘的锯齿形鳍。青龙、白虎除了一为龙头，一为虎头外，姿态与动作几乎一模一样。当然，在细微的表达方面，常常是青龙身上绘有椭圆形龙纹，而白虎身上绘有条形虎斑。值得提出的是，在青龙、白虎间配饰最多的是云朵，线绘者能够根据青龙、白虎的特性，将云朵绘成不同的式样，用以夸张和突出二者的个性。龙上方的云朵轻柔流转，衬托了龙的神圣飘逸；虎上方的云朵翻卷飞升，展示了虎的威吼怒啸。另外，青龙、白虎均作腾跃奔跑状，亦与晚唐以来青龙、白虎多站立或行走的势态有很大区别。

（3）对于朱雀的描绘，大致有如下几种形态：一为两只朱雀相对，展翅飞翔；二为朱雀展翅，并足而立；三为朱雀展翅，跨步行走；四为朱雀收翅，侧身站立；这一类描绘得尤为稚拙，如《梁明达志》的朱雀竟像一只被水打湿的小鸭，毫无朱雀凤鸟“劲翮翘尾而捷足”的高贵华丽；五为朱雀收翅，飘游空间。但也有一个特例，如《李椿妻刘琬华志》的朱雀为配合青龙、白虎的体态，也被刻画得细瘦形似龙虎，翅尾长羽飘飞，营造了闲逸安详的意境。

两只朱雀对飞，继承了北魏以来的画法（其他三神亦分别以成双形式出现）。尤其是隋《阴云志》志盖上的朱雀展翅奔走，朱雀左侧有人面鸟身的天女导引，朱雀右侧有兽面鸟身兽足的神物跟随。含义与北魏尔朱袭石棺刻绘的“驾龙升天”纹饰接近，尔朱袭石棺左侧绘有一条飞龙，龙身上乘驾一位仙人，而龙的前面有两位神仙作前导，龙的身后有一位神仙作护侍，突出表现了神佑升天的主题。[②]《阴云志》刻绘的朱雀纹饰亦围绕此类主题，只不过将龙变为朱

① 张鸿修：北朝石刻艺术，元晖墓志饰纹，西安：陕西人民美术出版社，1993年版，第87页。

② 张鸿修：北朝石刻艺术，尔朱袭石棺，西安：陕西人民美术出版社，1993年版，第90页。

雀，将神仙导引、神仙护驾改为天女导引、神兽护驾罢了。

隋墓志中朱雀展翅站立、行走、飞翔的姿态，大多被初唐至盛唐墓志的朱雀纹饰所继承。

（4）在隋墓志上出现的玄武形象继承了南北朝以来墓志、砖画、壁画的传统，玄武大多为龟蛇合体，蛇缠绕龟身二到三匝，龟蛇对视、蛇龟相向而视等，但也还有一些较新的变化。例如，大梁永隆二年（618）《梁明达志》的玄武身上缠绕着两条蛇等，当为西汉瓦当及汉碑中玄武形象的遗制。西汉汉城遗迹出土的瓦当玄武图案，多作龟蛇合体、相互缠绕状，个别有作两条蛇盘桓在一只龟两侧的形象。汉碑中的玄武形象亦同样十分逼真，如《柳敏碑》、《益州太守无名碑》、《六物碑》、单排《六玉碑》、《是邦雄桀碑》、《汉谒者北屯司马左都侯沈府君神道碑》，其玄武形象均作龟蛇合体，只是不若瓦当中蛇身多从龟甲上缠绕一周，而是蛇身从龟身下逶迤而出，且未见有二蛇一龟合体的现象。[①] 另有东汉“上太山兮见仙人”铜镜和画像砖、画像石上的玄武形象亦与碑版图案相仿，且更富装饰效果。随着墓志的出现，玄武的形象又频频刻饰于墓志盖的下端，更有石棺、石椁与壁画也多刻绘玄武图案，且其指示北方方位的意义始终未变。例如，北魏永安二年（529）尔朱袭墓志盖下端、北齐天保二年（551）崔芬墓室北墙壁画、隋开皇二年（582）李和石棺后档、唐贞观五年（631）李寿石椁后门下端、唐天宝二年（743）史思礼墓志盖下端、唐天宝四年（745）苏思勖墓室北墙壁画、唐贞元三年（787）郯国大长公主墓志盖下端、唐大历十九年（784）曹惠琳墓志盖下端等[②]，玄武皆作龟蛇交互缠绕状，而且在造型上更富演变，即蛇的首尾往往相交如环，蛇龟回首对望，且蛇身在龟身上缠绕的圈数渐趋增多，或两圈，或三圈，甚或有四圈者。龟甲与蛇身也有了富丽的花纹，龟首与蛇首的形象更十分夸张且不尽雷同。至于视图的方向，通常都作首左尾右的左侧视图，而在汉代瓦当中曾有作正视与俯视者，墓志中个别也有作正视与右侧视者。

隋墓志中对玄武形象的描绘，使玄武的形象灵活多变而富有情趣，为唐代墓志的玄武图案起到了引导与启示作用，更重要的是为玄武原本就是龟蛇的形象做了很充分的印证，弥补了此一时期文献记载的缺憾。[③]

① （宋）洪适：隶续，卷五，北京：中华书局，1985年版，第319页、第321页、第324页、第325页、第330页、第357页。

② 所举各例除北齐与唐墓壁画外，实物皆存西安碑林博物馆。

③ 参见周晓薇：释玄武，中国典籍与文化，2004年第4辑，第30-36页。

（5）关于隋墓志中四神的位置，可以看出其排列大多为左青龙、右白虎、上朱雀、下玄武的传统顺序，但亦出现了青龙、白虎换位，或青龙、白虎居上下位，朱雀、玄武居左右位的情形。这些有违常规的排列也许是出于绘刻者的无意，也许另有原因，仍需进一步探讨。

二、隋墓志纹饰中的十二辰

（一）文献记载的十二辰

《左传》云："日月之会是谓辰。"[①] 藉此可以推断"辰"本意是指日、月的交会点。"十二辰"是古代对周天的一种划分方法，不但将天区等分为十二部分，并用十二地支即子、丑、寅、卯、辰、巳、午、未、申、酉、戌、亥来命名，从而与天上的二十八宿有着一定的对应关系。

文献记载中常将十二辰作为时辰的表示，如《国语》云："是以先王之祀也，以一纯、二精、三牲、四时、五色、六律、七事、八种、九祭、十日、十二辰以致之，百姓、千品、万官、亿丑，兆民经入畡数以奉之。"[②] 上述提到的十二辰指的就是从子到亥，选择吉日令辰来致奉神灵。史书也记载，梁天监六年（507），"武帝以昼夜百刻，分配十二辰"[③]。随之十二辰也逐渐成为祭祀的对象，梁天监十七年（518），"帝以威仰、瑰宝俱是天帝，于坛则尊，于下则卑。且南郊所祭天皇，其五帝别有明堂之祀，不烦重设。又郊祀二十八宿而无十二辰，于义阙然。于是南郊始除五帝祀，加十二辰座，与二十八宿各于其方而为坛"[④]。唐张守节《史记正义》也讲道："自平明寅至鸡鸣丑，凡十二辰，辰尽丑又至明朝寅，使一日一夜，故曰幽明。"[⑤] 不过，也有记载认为十二辰代表着王侯之国，如《晋书》的《地理志》云："天有十二次，日月之所躔；地有十二辰，王侯之所国也。"[⑥]《墉城集仙录》亦有"所主十二辰，配十二国之分野"的

① 春秋左传正义，卷四四，北京：中华书局影印阮元校刻《十三经注疏》本，1980年版，下册，第2050页。

② 国语，卷一八，楚语下，上海：上海书店影印1934年商务印书馆本，1987年版，第205页。

③ 隋书，卷一九，天文志，北京：中华书局点校本，1973年版，第527页。

④ 隋书，卷六，礼仪志，北京：中华书局点校本，1973年版，第111页。

⑤ 史记，卷二六，历书第四，北京：中华书局点校本，1959年版，第1256页。

⑥ 晋书，卷一四，礼仪志，北京：中华书局点校本，1974年版，第409页。

相类说法。[1] 尽管古人对十二辰有些不大统一的认识，而十二辰与十二种动物联系在一起，并以这十二种动物指代时辰这种主流意识，却早在汉代已经出现了。比如，王充在《物势篇》写道：

> 寅，木也，其禽虎也。戌，土也，其禽犬也。丑、未，亦土也，丑禽牛，未禽羊也。木胜土，故犬与牛羊为虎所服也。亥，水也，其禽豕也。巳，火也，其禽蛇也。子亦水也，其禽鼠也。午亦火也，其禽马也。水胜火，故豕食蛇；火为水所害，故马食鼠屎而腹胀。[2]

可以看出这段引文只有十一种动物，缺者为龙。而王充在《言毒篇》又写道："辰为龙，巳为蛇，辰巳之位在东南。"[3] 如此一来这十二种动物便齐全了。蔡邕《月令问答 》又云："凡十二辰之禽，五时所食者，必家人所畜，丑牛、未羊、戌犬、酉鸡、亥豕而已。其余龙、虎以下，非食也。"[4] 文献中十二辰与十二种动物的结合，很快影响到民间（也许是文人将民间早已流传的上述说法写进文章里），因其形象生动而表征具体，便被古人随意地运用到铜镜、墓室、墓志图案纹饰当中了。

（二）隋墓志刻绘的十二辰动物

在墓志上刻绘十二种动物表示十二辰大约始于南北朝时期，隋代墓志继踵，其含义如同前代，以示天地间的时辰概念，象征墓主在阴间地府亦能知晓时辰。既然代表十二辰的十二种动物被视为神灵，其中自然亦蕴含着冀求十二辰保佑之意。

目前，所见隋墓志上刻绘的十二辰动物共十三方，其中八方是将十二种动物分别绘在志石四侧的壶门内，布局是墓志每侧三个壶门，排序均为鼠在志石下方中间位置，依次顺时针排列为鼠、牛、虎、兔、龙、蛇、马、羊、猴、鸡、狗、猪。壶门内的十二辰动物的刻绘颇为肖形，极尽写实。例如，开皇十五年（595）《段威暨妻刘妙容志》、大业六年（610）《韦圆照妻杨静徽志》、大业六年（610）《解方保志》等，所刻十二辰动物活泼可爱，生机盎然。不仅抓住了动物的形态，

---

① 《太平广记》卷六二注出《墉城集仙录》"谌母"条。见：太平广记，卷六二，北京：中华书局，1961年版，第 386 页。

② （东汉）王充：论衡，卷三，物势篇，上海：上海人民出版社校点本，1974 年版，第 48 页。

③ （东汉）王充：论衡，卷二三，言毒篇，上海：上海人民出版社校点本，1974 年版，第 350 页。

④ （清）严可均：全上古三代秦汉三国六朝文·全后汉文，卷八〇，北京：中华书局，1958 年版，第 1 册，第 902 页。

也充分表现了动物的情态。开皇十二年（592）《郁久闾可婆头志》对十二辰动物的描绘则小巧玲珑（图5-25），细腻真切，可谓栩栩如生。此种壶门中刻绘十二辰动物的艺术手法使得单个壶门中的十二种动物在表现各自形态的同时，又构成了整体的十二个壶门，并从相互的关联中得到和谐一致的时辰概念，这正是古人通过壶门线绘来表示某种象征的实际意义，有着微妙的相互联系作用。[①]

图5-25 《郁久闾可婆头志》十二辰动物之蛇、马、羊

另外，五方墓志石上的十二辰动物，其中两方刻在志石四侧、两方刻在志盖盖题四周、一方刻在志盖四杀面上。

刻在志石上的十二辰动物各自占据一个区域，四周配以卷草或云纹，动物皆作奔跑状。大业元年（605）《李景亮志》上刻画的动物形象灵动自然，大业六年（610）《李椿妻刘琬华志》上刻画的动物线条粗犷率真。

志盖上的十二辰动物均为单个出现而不配其他纹饰。而大业十一年（615）《张寿志》盖题四周刻十二辰动物，四角之左上和右上均为方形四叶纹饰，四角之左下为圆形三足乌图，右下为圆形桂树蟾蜍玉兔捣药图案，实属罕见之作。大业十二年（616）《李元暨妻邓氏志》志盖四周刻十二辰动物及四神图案，青龙、白虎、朱雀、玄武（青龙、白虎图已不存）夹刻在十二辰动物之间。

（三）十二辰动物与古代动物绘画

中国古代绘画发展到魏晋南北朝时期，不但人物画朝着尽善尽美的方向发展，而且动物画也出现了一批名家，如南朝刘宋朝王微能够“犬马禽鱼，物以状分，此画之致也”。刘胤祖“蝉雀特尽微妙，笔迹超越，爽俊不凡”[②]。南齐毛惠远“善画马”，其《赭白马图》、《骑马变势图》、《叶公好龙图》并传于世。[③]北齐高孝珩“博涉多艺，尝于厅事壁上画苍鹰，睹者疑其真，鸠雀不敢近”。杨子华“尝画马于壁，夜听蹄啮长鸣，如索水草。图龙于素，舒卷辄云气萦

① 关于壶门类纹样的叙述，详见本章第三节“隋代墓志刻饰图案中的稀见纹样”。

② 以上两条见（唐）张彦远：历代名画记，卷六，周晓薇校点，沈阳：辽宁教育出版社，2001年版，第61页、第62页。

③ （唐）张彦远：历代名画记，卷七，周晓薇校点，沈阳：辽宁教育出版社，2001年版，第66页。

集。……天下号为‘画圣’”。刘杀鬼“画斗雀于壁间，帝见之为生，拂之方觉”[①]。凡此均说明南北朝时期，人们创作的动物画，诸如犬、马、鱼、蝉、雀、鸠、苍鹰、龙等，已展示了画家高超的画技，表明这一时期动物画的成熟，当然也就为隋代墓志十二辰动物的创作提供了很好的范例。一个时代的著名画家固然能够代表一个时代的画风，隋代墓志上的十二辰动物图案，虽不必出于大家名手，但其笔下一只只目光闪烁的鼠、强壮奋勇的牛、御风疾行的虎、纯真优雅的兔、翻卷风云的龙、迴转舞动的蛇、腾空飞跃的马、温顺柔情的羊、机警活泼的猴、引颈高歌的鸡、吠天向月的狗、憨实肥壮的猪，展现了绘画者丰富的想象力和精湛的绘画技巧，藉此正可探讨隋代及民间画匠绘画动物的实际水平，对古代绘画史的研究颇具现实意义。

十二辰动物纹饰在墓志中的出现还表达了当时社会随葬的风尚，以及人们祈求十二辰动物护佑的某些观念，特别是一合墓志在志石上线绘十二辰动物，在志盖上线绘四神图饰，上下结合，天地对应，成为一些高官和贵族墓葬等级的象征。当然，其中的更深层次的内涵仍需进一步探讨。

隋代墓志线绘的十二辰动物，不仅继承南北朝以来的传统，也为初唐到盛唐之间墓志线绘十二辰动物开辟了先河，唐代墓志十二辰动物数量很多，初唐、中唐基本与隋代画法相似，所绘十二辰动物大多奔跑于山冈树草之间，如显庆四年（659）《苏妫墓志》等。[②] 盛唐以后则出现了以人身兽首来表现十二辰形象的样式，如贞元十九年（803）《宜都公主志》等[③]，所绘图象还有身穿文吏官员袍服的人物，他们或手抱十二辰动物，或冠顶十二辰动物，用十二辰人物与动物结合的形象逐渐替代了十二辰动物，不但表现出人神结合的艺术再创造，也体现了墓葬纹饰由自然天成到人世表征的较大转折。

此外，盛唐墓志石上所描绘的上述十二辰图案，也逐渐演化成墓葬中的明器，亦即人身十二辰动物头像的唐三彩俑。此种明器且已列入唐代的丧葬制度中，《唐会要》卷三八“葬”载元和六年（811）十二月条流文武官及庶人丧葬云：“三品以上，明器九十事，四神、十二时在内，……；九品以上，明器四十事，四神、十二时在内，……；庶人明器十五事，……四神、十二时各仪请不

---

① 以上两条见：（唐）张彦远：历代名画记，卷八，周晓薇校点，沈阳：辽宁教育出版社，2001 年版，第 71 页、第 72 页。

② 张鸿修：唐代墓志纹饰选编，苏妫墓志，西安：陕西人民美术出版社，1992 年版，第 12 页。

③ 张鸿修：唐代墓志纹饰选编，宜都公主墓志侧，西安：陕西人民美术出版社，1992 年版，第 85 页。

置。”[1] 业师黄永年先生在《十二时神》一文中，运用笔记小说文献对十二时神明器作了简要的诠释，谨将其主要论述引据如下：

> 当年我以余力研究明器之时，也曾搜集到一点有关这十二时神的唐代资料，写过两短文。[2] 资料的一条就是韩愈的《毛颖传》，一开头就说：“毛颖者，中山人也。其先明视，佐禹治东方，土养万物有功，因封于卯地，死为十二神。”这“十二神”自即十二时神，说明十二时神者在唐代是人所共知而非冷僻的东西，所以韩愈会把它写进这篇用古文创作的小说里。再有一条是《太平广记》卷三〇一“食羊人”条引《纪闻》说：“开元末，有人好食羊头者，常晨出，有怪在门焉。羊头人身，衣冠甚伟，告其人曰：‘吾未之神也，其属在羊，吾以汝好食羊头，故来求汝，辍食则已，若不尔，吾将杀之。’其人大惧，遂不复食。”可见在唐人心目之中，十二时神的标准形象便是人身而长着所属生肖之头，唐三彩明器中十二时神就是用此观念来烧制的。还有一条是《广记》卷四四七“长孙无忌”条引《广异记》，说：“唐太宗以美人赐赵国公长孙无忌，……忽遇孤媚，……术者言相州崔参军能愈此疾。……崔设案几坐，书一符，……顷之，宅内井、灶、门、厕、十二辰等数十辈，或长或短，状貌奇怪，悉至庭中，崔呵曰：‘诸君等为贵官家神，职任不小，何故令媚孤入宅？’神等前白云：‘是天孤，力不能制，非受赂也。’崔令捉狐，去少顷复来，各著刀箭，云：‘适已苦战被伤，终不可得。’言毕散去。……”这“十二辰”自即十二时神，他们在人们的心目中只是贵官的家神，与井、灶、门、厕等神的地位相等，无怪乎可被烧成明器埋入墓中，让他们为地下的贵鬼尽保护之责。[3]

永年师的论述很好地释证了唐人心目中十二时神的标准形象，以及墓葬中的十二时神明器所担负的庇护责任。

第三节　隋墓志刻饰图案中的稀见纹样

除却前两节文字所涉及的山水花草与四神、十二辰纹样以外，隋墓志中尚

---

① （宋）王溥：唐会要，卷三八，上海：上海古籍出版社，1991年版，第813-814页。

② 笔者案：黄永年师所称两篇短文即《〈十二支神像〉补考》和《唐代的十二神——文物随笔》，见：黄永年：茭蒲青果集，北京：中华书局，2012年版，第152-158页。

③ 黄永年：树新义室笔谈，上海：上海书店出版社，2000年版，第266-227页。

有不属于主流和常态出现的图案纹样，如连珠、壶门、碑形墓志的碑首纹样、特形与浮雕圆雕纹样，以及日月、羽人、飞轮、卦符与文字等特殊纹样，正是本节所要分析说明的内容。

一、连珠纹样

连珠纹亦称联珠纹。“连珠”与“联珠”在词性上为同义。

《隋代墓志铭汇考》所见连珠纹图案者共有八方，有四方刻绘在志盖上，四方刻绘在志石上。其刻绘的方法分为两种不同形式的连珠纹：

第一种均以单个小圆珠缀连刻绘。有如下墓志：出土于长安韦曲的开皇九年（589）《宋忻暨妻韦胡磨志》，志盖盝顶四边刻连珠纹；出土于陕西咸阳的开皇二十年（600）《独孤罗志》盖题四周刻连珠纹；出土于西安东郊的大业六年（610）《姬威志》志文四周刻连珠纹；出土于长安县的大业六年（610）《解方保志》（图 5-26），不但志文四周刻连珠纹，而且四杀四侧的对角线与四杀四周亦刻连珠纹，且为双排连珠纹。可与《解方保志》志盖纹样相媲美的，唯有 1971 年昭陵陵区出土的唐显庆四年（659）《尉迟敬德妻苏斌墓志》志盖。

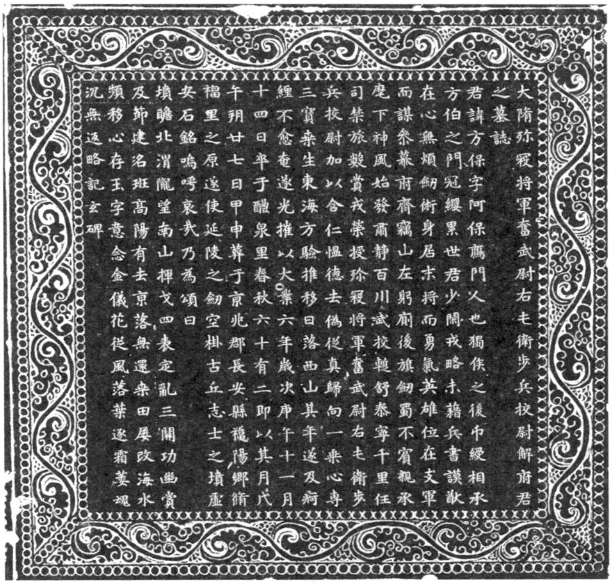

图 5-26　《解方保志》双排连珠

第二种的连珠纹仿佛镶嵌在双线框内，连珠犹如镂空而成，其刻绘方法很具特色。有如下墓志：出土于陕西华阴的大业三年（607）《杨君志》、大业三年（607）《杨君妻李叔兰志》（图 5-27）志文四周刻单排连珠纹；出土于洛阳城北的大业十二年（616）《张浚志》盖题四周边上刻单排连珠纹；出土于西安东郊的大业六年（610）《姬威志》志盖盝顶四周刻连珠纹，四杀四侧对角线与四杀四周亦刻连珠纹，为双排连珠纹。

隋墓志运用连珠纹来装饰志石，应该也是有着对前代的承继关系，如汉代的瓦当、铜镜、画像石等图案中就有不少连珠纹样，北朝墓志中也略有见证。另外，联系到连珠语词的文化寓意，也对此图案的实际应用当有间接地启发。古代运用“连珠”或“联珠”一词，较早较多的是对天体星辰的形容。例如，《汉书》就有“日月如合璧，五星如连珠”之描述。① 《南齐书》叙述得更为直接：“十月戊寅，南面有流星，大如鸡卵，赤色，在东南行没，没后如连珠。”② 《宋书》亦云：“合璧之曜，信而有征，连珠之晖，于是乎在，群流共源，实精古法。”③ 在古诗词中出现的频率也很高，如隋杨素《赠薛播州诗》：“五纬连珠聚。千载浊河清。”④ 隋以后这一文化理念更是广为传播，如唐李渊《为秦王制诗》：“圣德合天地，五宿连珠见。”⑤ 宋秦观诗：“天如倚盖临坛上，星若连珠绕御前。”⑥ 宋毛滂水调歌头《元会曲》：“一段升平光景，不但五星循轨，万点共连珠。”⑦ 不胜枚举。从中应可推断隋代墓志中刻绘连珠纹的主体意图当含有古人对天际星辰，既怀有神秘莫测的敬畏，又冀望天际星辰对天地人事的暗中护佑的心态。而且古人认为天象出现了所谓的“日月合璧”、“五星循轨”，方可映现“五纬连珠”、“千载浊河清”的祥瑞。并且在德行方面强调“信而有征”、“圣德合天地”的善政美德，便会出现“连珠之晖”、“星若连珠绕御前”的祥和安宁的升平气象。因此，将连珠纹刻绘在墓志上，可能既有着人们祈求天际星辰护佑的观念，又有着赞颂和感怀墓主德行的意思。

在古文献里，“连珠”也常被比为泪水。这大约也应当是墓志绘刻连珠纹的另一个重要理念。例如，汉诗《古诗为焦仲卿妻作》：“今日还家去，念母劳家

---

① 汉书，卷二一上，律历志上，北京：中华书局点校本，1962 年版，第 976 页。又，《元史》卷 52《历志》一《授时历议上》亦有“日月合璧，五星联珠”句。

② 南齐书，卷一三，天文志五，北京：中华书局点校本，1972 年版，第 236 页。

③ 宋书，卷一三，律历志，北京：中华书局点校本，1974 年版，第 290 页。

④ 逯钦立：先秦汉魏南北朝诗·隋诗，卷四，北京：中华书局，1965 年版，下册，第 2677 页。

⑤ 陈尚君：全唐诗补编·全唐诗续补遗，卷一，北京：中华书局，1992 年版，上册，第 323 页。

⑥ 傅旋琮：全宋诗（第 18 册），卷 1060，北京：北京大学出版社，1995 年版，第 12108 页。

⑦ 唐圭璋：全宋词（第 2 册），北京：中华书局，1965 年版，第 661 页。

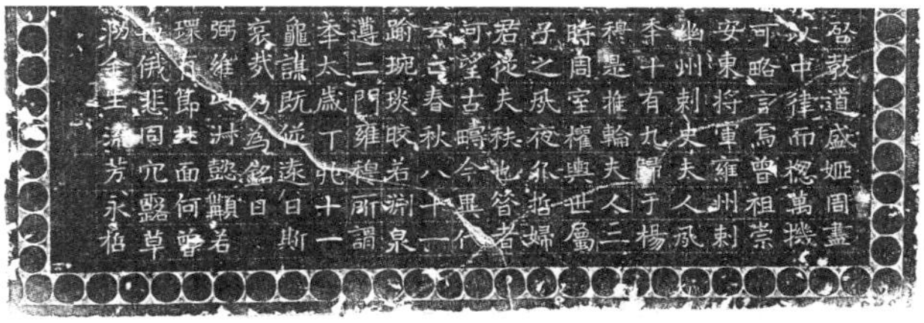

图 5-27　《杨君妻李叔兰志》

里。却与小姑别，泪落连珠子。”[1] 曹魏吴质《思慕诗》：“茕茕靡所恃，泪下如连珠。”[2] 梁鲍泉《奉和湘东王春日诗》：“新落连珠泪，新点石榴裙。”[3] 北魏祖叔辨《千里思》：“忧来似悬旆，泪下若连珠。”[4] 北周庾信《拟咏怀诗二十七首》：“残月如初月。新秋似旧秋。露泣连珠下。萤飘碎火流。”[5] 这些均有离别、思念、忧郁时所流淌的连珠泪水。将泪水比作晶莹的连珠，甚或洒在晨曦花叶上的“露泣连珠”，意境是何等凄美！因此，隋墓志上的连珠纹饰除了含有对逝者所寄托不尽哀思的主题之外，也通过简洁而朴实的连珠组合达到唯美而伤感的艺术效果。不过，此种纹样到了唐代特别是盛唐以后却很少出现，值得探究。

二、壸门类纹样

《隋代墓志铭汇考》所见壸门类纹饰图案者共有九方，除一方刻画花草纹外，其余八方是将十二辰动物分别线绘在志石四侧，并将每只动物都定格在一个壸门内，志石每侧三个壸门，共绘三只动物，排序均为鼠在志石下方中间位置，依次顺时针排列为鼠、牛、虎、兔、龙、蛇、马、羊、猴、鸡、狗、猪。壸门内的十二辰动物被刻画得千姿百态，神情各异，不仅抓住了各个动物的形态，也张扬出各自的情态。例如，陕西咸阳出土的开皇十五年（595）《段威暨妻刘妙容志》，在表现各个动物特征的同时，描绘动物的体形则趋于相似，如猴与鼠，狗与猪，稍加比对便可见其如出一辙。长安韦曲出土的大业六年（610）《韦圆照妻杨静徽志》，刻画的动物圆浑粗壮，充满勃勃生机。出土于长安县的

---

① 逯钦立：先秦汉魏南北朝诗·汉诗，卷一〇，乐府古辞，北京：中华书局，1965 年版，第 284 页。
② 逯钦立：先秦汉魏南北朝诗·魏诗，卷五，北京：中华书局，1965 年版，第 412 页。
③ 逯钦立：先秦汉魏南北朝诗·梁诗，卷二四，北京：中华书局，1965 年版，第 2026 页。
④ 逯钦立：先秦汉魏南北朝诗·北魏诗，卷二，北京：中华书局，1965 年版，第 2225 页。
⑤ 逯钦立：先秦汉魏南北朝诗·北周诗，卷三，北京：中华书局，1965 年版，第 2369 页。

大业六年（610）《解方保志》（图 5-28～图 5-31），所绘十二辰动物强劲有力，活泼自然。尤其是猪的憨态、猴的机敏、兔的温顺、鸡的雄健，都跃然而现，楚楚动人。出土于长安县的开皇十二年（592）《郁久闾可婆头志》（图 5-32），对十二辰动物的描绘则细腻真切，精于巧思。

图 5-28　《解方保志》十二辰之猪、鼠、牛

图 5-29　《解方保志》十二辰之虎、兔、龙

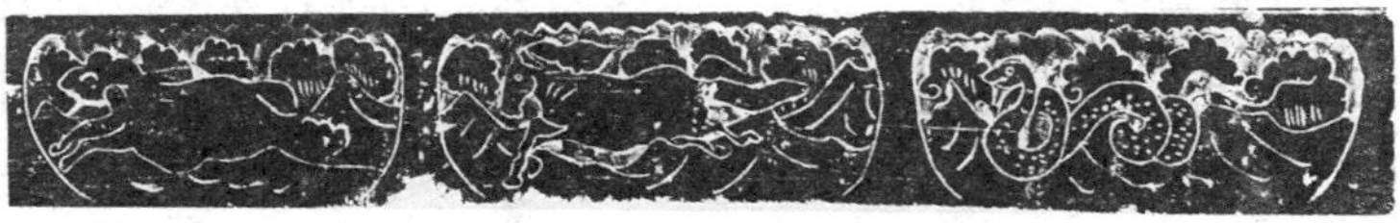

图 5-30　《解方保志》十二辰之蛇、马、羊

图 5-31　《解方保志》十二辰动物之猴、鸡、狗

图 5-32　《郁久闾可婆头志》四侧壶门

这里需要强调说明的是，此种画法的妙处在于每一壶门内的动物都拥有一个独立的天地、独立的王国，如出土于西安的开皇七年（587）《王懋暨妻贺拔氏志》，壶门中龙蛇的四周均配以火焰般的云朵和翻卷的水浪，以彰显龙、蛇的习性。大业六年（610）《解方保志》，则在牛、马等动物的四周缀以山、石、树木。出土于陕西咸阳的开皇二十年（600）《独孤罗志》，动物的四周均绘有树丛，同样都是为了表现其生活环境。并且，这些绘在壶门

中的动物，在表达各自形态的同时，壶门又将它们联系起来组成了完整的十二辰动物，既可以从独立中显现每只动物的个性，又可以从相互的关联中得到和谐一致的时辰概念，这正是古人通过壶门图案来表示某种象征的实际意义，深蕴妙不可言的玄机。

墓志中刻绘十二辰动物大约始于南北朝时期，隋代墓志继踵，其含义如同前代，以示天地间的时辰推算，供墓主在阴间地府掌控时辰。并且，既然十二辰动物被视为神灵，当然亦含有冀求十二辰动物保佑之意。

最后一则特例是出土于长安县郭杜镇的开皇五年（585）《宋虎志》，志石四侧刻了八个壶门，每侧两个壶门，壶门内皆线绘水波卷草图案，几个壶门内的卷草图案大势基本相同，略有小异。壶门内线绘卷草图案，一是因循了南北朝以来墓志纹饰大多喜欢线刻卷草纹饰的传统习惯，二是试图通过壶门的形式来展现对饰纹写意的创新艺术手法。志石四侧刻饰八个壶门的模式，到了唐代也偶有出现，但通常八个壶门的模式中壶门不刻饰十二辰动物形象，而是多为瑞兽、花草、水云等图案。至于壶门及壶门中饰以十二辰动物的纹样，在唐代已成最常见定式，而非稀见纹样了。

三、碑形墓志的碑首纹样

《隋代墓志铭汇考》所见碑形墓志共有八方，其中圭首碑志二方，即开皇六年（586）《朱神达志》和开皇九年（589）《□丘志》，皆无图饰，其余六方均为圆首而有纹样。

（1）出土于山东淄川的开皇八年（588）《淳于俭暨妻孟氏志》（图 5-33），志额正中减底刻绘一大朵莲花，莲花两侧相背站立两只低头扬尾的仙鹤。刻绘仙鹤，当象征着驾鹤升仙："翠凤逶迤登介丘，仙鹤徘徊天上游。借问乾封何所乐，人皆寿命得千秋。"[①] 也含有鹤去楼空的追思留恋之意，譬如，"粉壁图仙鹤，昂藏真气多。骞飞竟不去，当是恋恩波"[②]。

（2）出土于四川奉节的开皇二十年（600）《臧质志》（图 5-34），志额正中线刻一朵莲花，莲蓬呈桃形，花朵花蕊均采用婉转对称的线条，莲花的上方呈

① （唐）卢照邻撰，李云逸校注：卢照邻集校注，卷三，登封大酺歌四首之三，北京：中华书局，1998年版，第 164 页。

② （唐）宋之问：咏省壁画鹤，见：（宋）计有功：唐诗纪事，卷一一，上海：上海古籍出版社，1987年新 1 版，第 166 页。

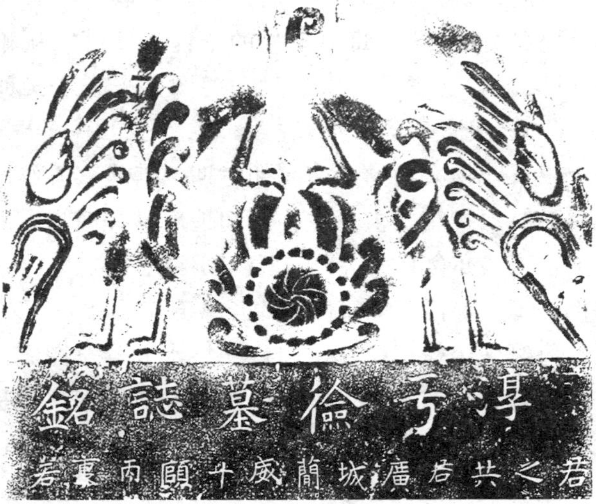

图 5-33 《淳于俭暨妻孟氏志》志额

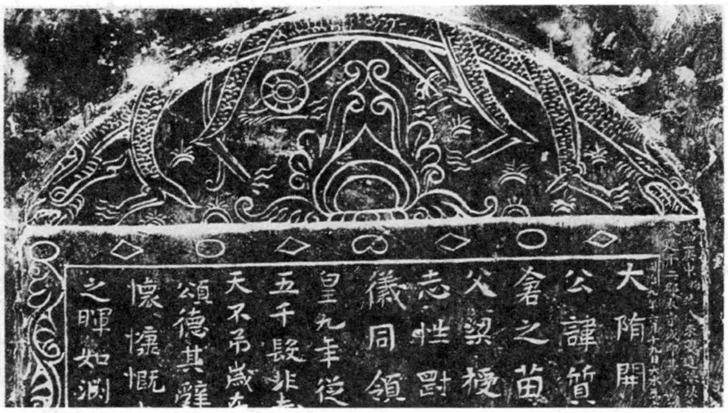

图 5-34 《臧质志》志额

弧形交错着两龙（画面上两龙仅可见四爪），两只龙首分别垂向碑石两侧。

（3）出土于甘肃天水的大业六年（610）《王伏生志》，志额正中题“大业六年正月廿五日造”，题字两旁各刻一朵绽放的仰莲。

（4）出土于广东番禺的大业八年（612）《徐智竦志》（图 5-35），志额正中刻一璧形图案，内圆中刻绘一朵八瓣莲花，外圆中刻绘卷草波浪纹，圆璧上方又装饰一朵小花，两侧各有一枝弯曲的卷草。圆璧两侧各有一只相向展翅的凤鸟，口中各衔一枝飘动着的忍冬草叶。轻盈阿娜，似翩翩起舞；翘尾舒羽，如升腾九天。借助凤鸟“耀丹紫之倏烁，应晨风以悲鸣”的灵应，寄托人们对逝者的哀思。

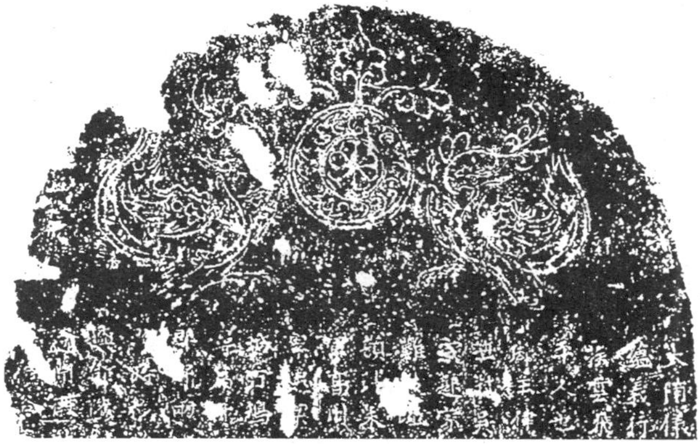

图 5-35　《徐智竦志》志额

（5）出土于山东济南八里洼的开皇八年（588）《陈遵志》（图 5-36、图 5-37），额题“陈君之铭”四字，题字两旁减底刻绘螭首，碑侧刻绘螭爪。以螭首绘于碑额，到唐代已是丧葬制度中高官显贵们权力和地位的象征，有严格的等级限制。而《陈遵志》记其“起身为开府督护，后转张公府主簿”，并非高官厚禄之属，亦能刻绘螭首，正见其时尚未形成碑刻形制的等级制度。

图 5-36　《陈遵志》志额阳面

（6）广东番禺出土大业五年（609）《刘猛进志》（图 5-38），志石呈碑形圆首，刻饰螭纹，形象简率，螭首沿碑体两侧呈半包围状下垂到几近碑身之半，上部则形成一道圆弧状，与当时身首一体的北朝碑版螭首风格式样（如北魏

图 5-37 《陈遵志》志额阴面与侧面

《司马芳残碑》及前举《陈遵志》）相似，而与唐以后的螭首造型多有不同，值得留意。《寰宇贞石图》徐无闻整理本介绍《刘猛进墓志》云：“清光绪三十二年夏在番禺县西北约三里之王圣堂出土。初为王秉恩所得，后经曹有成、甘翰臣等递藏，一九四八年归简又文。现藏台湾台北历史博物馆。”[①] 因南方六朝刻石极少，此志亦其中仅有少数南碑之一，故极为世重。

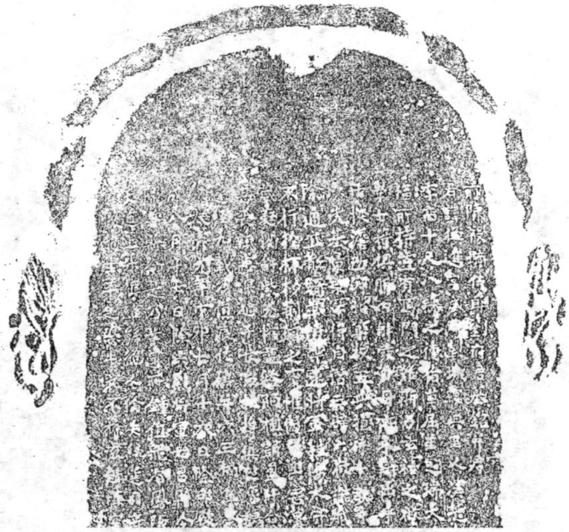

图 5-38 《刘猛进志》志额

① （清）杨守敬：杨守敬集（第 9 册），武汉：湖北人民出版社，湖北教育出版社，1988 年版，第 367 页。

碑形墓志在唐代亦不多见，可资参照者试举几例：景龙三年（709）《梁嘉运墓志》为碑形，额题“梁君墓志”[①]，仪凤二年（677）《杜行宝墓志》为碑形，额题“周豫州刺史淮南公杜君之墓志”[②]，调露元年（679）《杜秀墓志》为圆首碑形，额题“大唐故御史杜君墓志之铭”[③]，开元九年（721）《夏侯法宝墓志》为圆首碑形[④]，咸通八年（867）《萧弘愈墓志》为圆首碑形，额题“唐故兰陵萧公墓志”[⑤] 等。

四、特形与浮雕圆雕纹样

《隋代墓志铭汇考》所见此类纹样者共有三方。

一是民国早期出土于河南洛阳的开皇四年（584）《杨居志》（图 5-39），《古志抱守录》称此志“盖上琢兔形隆起，至奇”。《汉魏南北朝墓志集释》更云：“盖镌一兔，首尾四足毕具，古志中殊罕见。”此志志盖盝顶正中高浮雕玉兔一只，玉兔俯卧，四肢如蛙泳水，双耳竖立，双目圆瞪，资质皓朗。正好比“寒螀翔水曲，秋兔依山基。芳年有华月，佳人无还期”[⑥]。兔走乌飞，日月流逝，乞守兔鹿之志，终其寄生之命，则浮雕玉兔之意当亦在于藉此传递对生命的延续和寄托。另外，兔为月魄的象征，汉墓画像砖石中即恒见日轮月轮图案，月主阴，墓志又为瘗幽之物，则刻饰兔形当亦有寄托魂魄于阴间之意。

二是开皇九年（589）《封祖业妻崔长晖志》，志盖盖题“封氏崔夫人之墓志”八字，阳文篆书，分两行刻在盝顶两边，两行篆书中间似有一浮雕形象，布局结构与前举《杨居志》志盖相近，但从拓本看，形象已被凿缺，未详是何面目。此志 1948 年出于河北景县，今藏中国国家博物馆。

三是 2001 年新出山西襄垣的大业三年（607）《浩喆志》（图 5-40），隋志中所见圆雕纹样者仅此一种。此志外形呈一圆雕乌龟形象，下为龟身形石函，上

---

① 张宁等：隋唐五代墓志汇编·北京卷（第 1 册），天津：天津古籍出版社，1991 年版，第 127 页。
② 毛汉光：唐代墓志铭汇编附考（第 9 册），842 号，中央研究院历史语言研究所专刊，1983 年版，第 429 页。
③ 毛汉光：唐代墓志铭汇编附考（第 9 册），894 号，中央研究院历史语言研究所专刊，1983 年版，第 429 页。
④ 张宁等：隋唐五代墓志汇编·北京大学卷，天津：天津古籍出版社，1991 年版，第 122 页。
⑤ 余华青，张廷皓：陕西碑石精华，西安：三秦出版社，2006 年版，第 194 页。
⑥ （南朝）萧统编，（唐）李善注：文选，卷三一，［诗］杂拟下刘休玄《拟古二首·拟行行重行行》，北京：中华书局影印本，1977 年版，第 441 页。

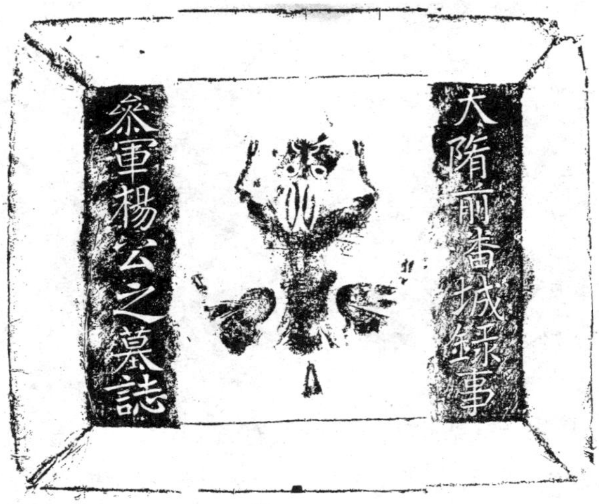

图 5-39 《杨居志》志盖

为龟甲形志盖，首尾通长一米，刊刻志文的长方形石块就嵌在龟身形石函中。龟形志石特不多见，迄今可见唯北魏有《元显儁志》、唐代有《李寿志》，再加上此隋代的《浩喆志》，恰好连成了龟形墓志在北朝的一条发展脉络。[①] 龟的形象自古象征着岁月长久、传世永年，诸如曹操尝有《步出夏门行·龟虽寿》的篇章，又如，唐人也有“化鹤千龄早，元龟六代春，浮云今可驾，沧海自成尘”[②] 的诗句。《浩喆志》志盖线刻六边形龟甲纹，盖顶正中浮雕一只龙形小兽，有穿如纽，可用于提拿志盖。龟龙合体，似乎要表达“麟凤龟龙，众祥之瑞”[③]，“龟龙开宝命，云火昭灵庆”[④] 的意蕴吧。此外，从造型效果和艺术结构上看，亦显得新颖奇特、与众不同。

又于《隋代墓志铭汇考》以外另见一例近年甘肃新出的开皇二十年（600）《张荫墓志》（图 5-41），志石四侧各镂空一个壸门，志盖盝顶正中减底浮雕一条团龙形象，此种造型与纹样亦为隋志乃至中古时期墓志中所仅见。而前举《浩

① 除此圆雕肖形龟墓志外，还有在志盖上方浮雕一小型乌龟形象者，如 2003 年年初在河南荥阳市广武镇后王庄出土的唐开元二十三年（735）《李廉墓志》，其志盖盝顶正中即高浮雕一匍匐乌龟形象，俯视一首一尾与四足俱全，盖题九字环刻在龟形四周，与前揭开皇四年（584）《杨居志》志盖高浮雕玉兔形式相同。见：刘彦锋等：荥阳后王庄唐墓发掘简报，中原文物，2007 年第 6 期，第 20 页。

② （唐）王勃：王子安集，卷三，《出境游山二首》之一，上海：上海古籍出版社影印本，1992 年版，第 24 页上。

③ 汉书，卷九九上，王莽传上，北京：中华书局点校本，1962 年版，第 4074 页。

④ （唐）杨炯撰：杨炯集，卷二，奉和上元酺宴应诏，徐明霞点校，北京：中华书局，1980 年版，第 20 页。

图 5-40　《浩喆志》

喆志》盖顶正中浮雕一只龙形小兽的形象或许与此有着相同的文化意蕴。北朝时期的北方特别是河西与甘陕地区还时有所见小体量的碑形墓志，有些碑首还雕刻有简洁的螭首纹饰，那么《张荫墓志》志盖盝顶的团龙刻饰，或许也是刻意将碑形螭首移于方形志盖的一种遗制。

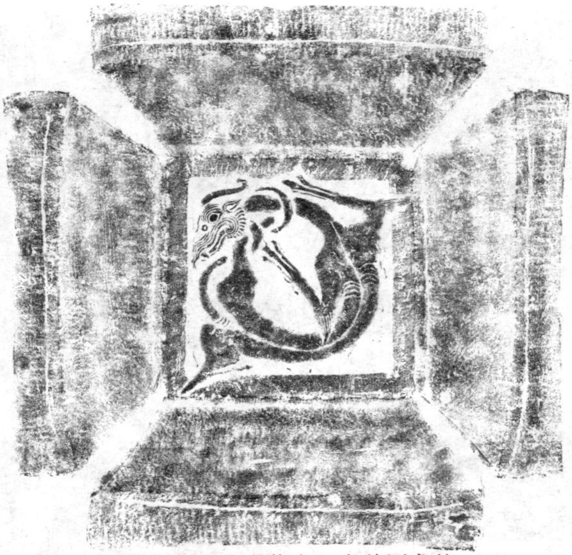

图 5-41 《张荫志》志盖团龙纹

五、其他纹样

1. 日月纹样

出土于洛阳前海资村西的大业十一年（615）《张寿志》（图 5-42、图 5-43），志盖盖题四边线刻十二辰动物形象，而左右上角皆为方框十字花图案，奇特的是其左下角的圆环中饰以线图三足乌形象，右下角的圆环中饰以线图玉兔捣药与桂树蟾蜍形象，自然是分别象征着日月。此类形象当是从汉墓画像石砖上的日月轮图案传承过来的。

2. 羽人纹样

本章第二节在列举开皇三年（583）《阴云志》（图 5-16）时特别强调了其四神图案中最奇特而罕见的是人面鸟天女形象，而这一形象当是从汉魏时期的羽人形象演化而来。此外，可以与之发生渊源关照的有北魏永安二年（529）《尒朱袭墓志》①，志盖四杀刻四神，而且青龙、白虎、朱雀、玄武之上都有一个飞带飘逸的仙人驾乘，其意义突出了神灵崇拜影响下的方位指示与神灵护佑。再看北魏尔朱袭石棺刻绘的“驾龙升天”纹饰，其石棺左侧绘有一条飞龙，龙身上乘驾

① 张鸿修：北朝石刻艺术，尔朱袭墓志盖，西安：陕西人民美术出版社，1993 年版，第 89 页。

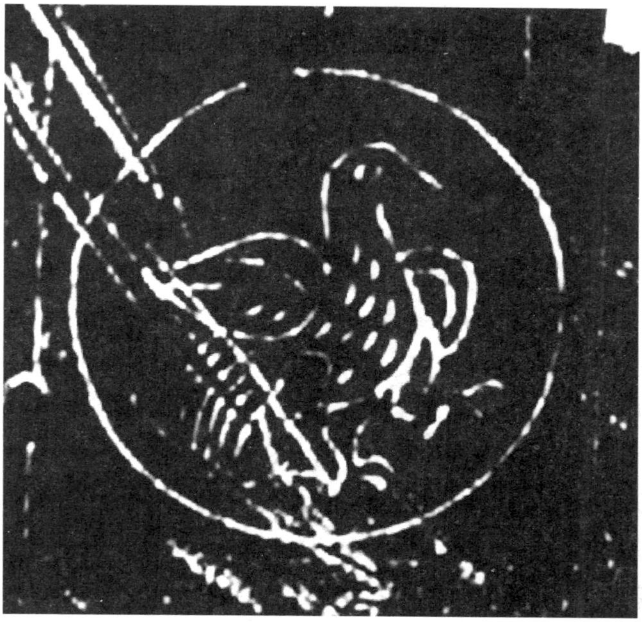

图 5-42 《张寿志》志盖三足乌图

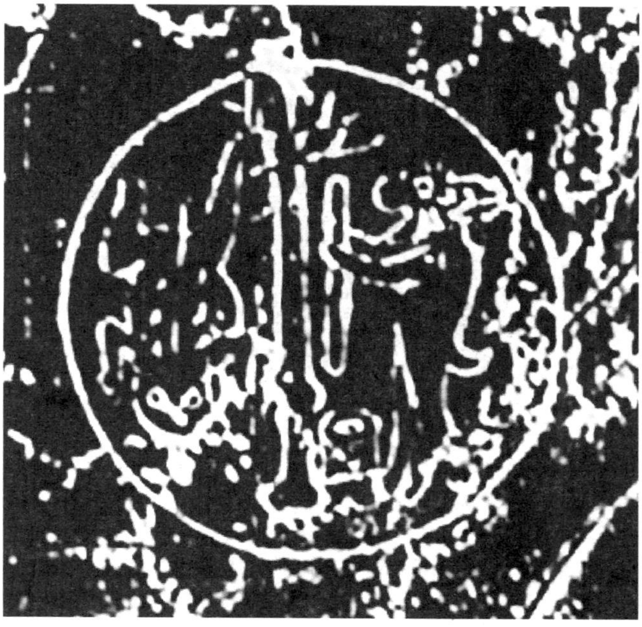

图 5-43 《张寿志》志盖玉兔蟾蜍图

一位仙人，而龙的前面有两位神仙作前导，龙的身后有一位神仙作护侍，突出表现了神佑升天的主题。[①]《阴云志》刻绘的朱雀纹饰亦围绕此类主题，只不过将龙变为朱雀，将神仙导引、神仙护驾改为天女导引、神兽护驾罢了。又有北魏永安二年（529）《笱景墓志》[②]，志盖上端亦有人面鸟身形象，则这种人面鸟身颇似佛教图案中的伽陵频迦（妙音鸟）形象，当又含有佛教文化因素，值得留意。

3. 飞轮纹样

开皇二十年（600）《臧质志》（图 5-34），志额正中莲花图左上方有一飞轮纹样；开皇八年（588）《淳于俭暨妻孟氏志》（图 5-33）碑额正中减底刻绘一大朵莲花，而花心部分颇似扇叶形飞轮纹样；开皇九年（589）《宋忻暨妻韦胡磨志》（图 5-44），志盖四杀刻四神纹，在朱雀的左侧与玄武的右侧各绘一飞轮纹样。此图案若向前朝寻找承递关系，也有例证。最早可以追溯到西周的青铜器纹样上，如涡纹罍和強伯四耳方座簋上都有顺时针方向的五分涡纹图案。[③] 再如，山东微山汉画像石中亦有此图形（图 5-45）[④]，月轮中心的五分涡纹或以为是对蟾蜍的俯视形象（多见于陕北汉画像石的月轮图案）的简化。又如，西安碑林藏北魏《元君墓志》，盖题正中刻饰圆形八分卷草纹，连绵回转，又似水波，也似飞轮（图 5-46），联系前举微山汉画像石的月轮图案，此形象也仿佛是对汉代月轮图的异化。所谓“阳乌晴展翅，阴魄夜飞轮”[⑤]，正是对月轮意义的描绘。

图 5-44 《宋忻暨妻韦胡磨志》志盖

① 张鸿修：北朝石刻艺术，尔朱袭石棺，西安：陕西人民美术出版社，1993 年版，第 90 页。

② 高峡等：西安碑林全集，卷六四，广州：广东经济出版社，深圳：海天出版社，1999 年版，第 716 页。

③ 上举两青铜器物均藏宝鸡青铜器博物馆。又，关于此图案信息为陕西师范大学历史文化学院 2008 级郭长波同学提供，特此感谢。

④ 马汉国：微山汉画像石选集，北京：文物出版社，2003 年版，第 123 页。

⑤ （宋）计有功：唐诗纪事，卷五八，李敬方《天台闲望》，上海：上海古籍出版社，1987 年新 1 版，第 880 页。

图 5-45 微山汉画像石日月轮纹样

图 5-46 北魏《元君墓志》志盖飞轮纹样

4. 八卦符号与文字纹样

中国古代思想文化观念中始终存在着人与天的感应和合，面对生死两茫茫的境界，人的生存则要合乎于天地运行规律的伦理道德，死亡则需灵魂融入宇宙轮回以求得精神永恒。这种带有通达哲理的或伴随着原始巫术的思想，体现着道德伦理和社会意义的生死观，并在中国古代社会的群体意识的土壤中不断发扬光大，代代相承。“覆斗形墓志与其他象天之物相比，其最为显著的特征是将象天通神的观念与文献档案功用结合在一起。从某种意义上来讲，墓志聚合历史上多种象天之物的蕴涵，并以一种新的、更为理性化的、更接近古人观念中宇宙模式的造型和图像符号组合来反映宇宙观及其相关术数思想。”[①] 隋代墓志石上饰有一些特殊意义的文字和八卦符号等，便表达或显露了这种思想与观念。

《隋代墓志铭汇考》所见此类文图符号者共有两方：一是出土于洛阳的开皇二十年（600）《马穉暨妻张氏志》（图 5-47）盖题四周有八卦符号，四杀四角相应为八卦符号标上“乾”、“天”、“艮”、“山”、“巽”、“风”、“坤”、“地”八字，在标示八卦符号的同时，又阐明八卦的象征意义。四杀还按顺序从志盖左侧起依次标写了代表天干的文字，如“甲乙、丙丁、庚辛、壬癸”八字（无“戊己”两字），中间还穿插着代表地支的文字，即由志盖下方最中央起顺时针刻写“子、丑、寅、卯（残缺）、辰、巳、午、未、申、酉、戌、亥”，并在四侧相对应地刻上了“鼠、牛、虎、兔（原文已残缺）、龙、蛇、马、羊、猴（原作侯）、酉、狗、猪（原作月旁）”等十二辰动物名称。十二辰动物名称之下，又刻了表示五行的文字，受志盖四侧四面的局限，五行不能完整表示，就采用了“水、木、火、金”各占一侧，并在每一侧都加上“土”的办法，如志盖下方相对“猪、鼠、牛”分别写“水、水、土”，志盖左侧相对“虎、兔、龙”分别写“木、木（原文已残缺）、土”，志盖上方相对“蛇、马、羊”分别写“火、火、土”，志盖右侧相对“猴、酉、狗”分别写“金、金、土”。通过如此复杂的符号与文字的组合，一方志盖就容纳了《易周》八卦、天干地支、阴阳五行等内涵，反映当时社会上这几种观念较为流行。人们将早期的阴阳五行哲学和巫筮观念作为思想源泉，并不断渗透于社会的各个领域。天干地支则反映了人们对天地观念较为朴实而形象的认识。墓志上刻写这些文字作为装饰，实际上正包含了这种主导思想与观念。其中，有古代关于天地宇宙的朴素观念，又有糅合

① 李星明：唐代墓室壁画研究，西安：陕西人民美术出版社，2005 年版，第 212 页。

图 5-47　《马穉暨妻张氏志》志盖

了道家思想的阴阳五行的观念，而用《周易》占卜，又是社会生活中最经常性的活动。加之古人认为死者灵魂不灭，虽死而在另一个世界犹有生活，因此运用传统观念中的宇宙环境，为死者营造一个缩小了的象征性的地下宇宙，把当时流行的五行观念、占卜的符号刻写在志盖上，以供死者在阴间继续运用，当然同时也寄存着镇墓的理念与功用。在唐代墓志中这种天干地支等文字的刻饰仍不多见（实际上这种宇宙观念表现在中古时期墓志一类石刻中的主流形式是以四神与十二辰图像予以寄托），可以比较者有神龙二年（706）《宋祯墓志》志盖盖题四周[①]与开元六年（718）《金城县主李季英墓志》志盖盖题四周[②]皆环刻十二地支文字，当是上述习惯的延续。惟《李季英墓志》志盖十二地支文字为篆书，且上端居中的“午”字写作“马”，十分特别。

另一方是出土于洛阳的仁寿四年（604）《王荣暨妻刘氏志》，志盖四杀刻十二辰兽（甚为模糊），并在每个杀面刻两字，左侧起依次为“甲乙、丙丁、庚辛、壬癸”八字，仍无“戊己”二字，是因为墓志仅有四面，每面两字写不下十个干支名称？但为何不按顺序而仅去掉“戊己”（前举《马穉暨妻张氏志》志盖亦如此），不明何意，有待进一步考究。另外，唐代天授二年（691）《杨师善

① 徐殿魁：河南偃师杏园村的六座纪年唐墓，考古，1986 年第 5 期，第 433 页。

② 毛汉光：唐代墓志铭汇编附考（第 17 册），1617 号，中央研究院历史语言研究所专刊，1983 年版，第 77 页。

志》志石下侧纵刻“千年城郭万古泉门”八个大字[①]，虽与上述观念不尽相同，然期望为逝者构筑一个永久的冥界生活所在倒是十分明了的。唐代更有在墓志盖上或志石侧面刻上厌劾谶语、先世茔域所在、先世名讳官职、心经及挽歌等文字者，似比隋代墓志要丰富多样一些。又见洛阳出土北魏正光三年（522）《冯邕妻元氏墓志》纹饰极为丰富精美，志盖四角刻饰四兽，并皆有题名，依次曰：啥螭、拓仰、攫天、拓远。志身四侧亦环刻瑞兽，右起依次题字曰：乌获、礔电、玃撮、挠撮、掣电、懽憘、寿福、迴光、捔远、长舌、挟石、发走、获天、啮石。[②] 最为珍稀，特附记于此，容后再作比较探讨。

总结以上关于隋代墓志石上的刻饰图案的研究，主要集中探讨了如下问题。

第一，归类分析隋代墓志纹饰中所镌刻的山水、花卉、卷草图案，并与中古绘画史论相印证，以期形象地理解和把握中古绘画艺术发展的基本脉络，特别是山水花草画的发萌、发展及其艺术特征等，更藉以弥补早期绘画史论的阙佚和不足，进而真实表征隋代石刻绘画和试图探讨其中所蕴含的精神与文化理念诸问题。

第二，旨在阐明在古代思想文化的传播过程中，四神曾经代表着天空的方位，十二辰代表着地支的流转交替，二者有一定的对应关系，成为古人观念或信仰中的空间与时间的表征。又通过与北朝及唐代同类纹样的对比，探讨其变化与发展，并寻绎文献记载中的四神与十二辰的人文意识、自然信仰、民俗理念等层面的问题，归纳出隋代四神与十二辰的石刻纹样特征与文化意义。

第三，特别挑选隋墓志中出现的、尚不属于主流和常规出现的图案纹样，如连珠、壶门、碑形墓志的碑首纹样、特形与浮雕圆雕纹样，以及日月、羽人、飞轮、卦符与文字等特殊纹样来分析总结其纹饰的艺术流变、文化意义及民俗传承等方面的内涵。

---

① 北京图书馆金石组：北京图书馆藏中国历代石刻拓本汇编（第 17 册），郑州：中州古籍出版社，1991 年版，第 135 页。

② 赵万里：汉魏南北朝墓志集释，图版五一，北京：科学出版社，1956 年版。柯昌泗《语石异同评》卷四“墓志”云：“甲戌洛阳出后魏直阁将军辅国将军冯邕妻元氏志，盖无字，与四周之平䂳处，皆雕镂人物之形，志石四侧亦如之，皆有题榜。盖上曰攫天、曰蛤螭、曰拓远、曰拓御，四面各一榜。志石四侧之端，上曰挟石、曰发走、曰攫天、曰啮石，下曰挠撮、曰掣电、曰懽喜、曰寿福，各四榜。左曰迴光、曰捔远、曰长舌，右曰乌获、曰礔电、曰攫撮，各三榜。石才出，海舶即载去，以其刻绘之工，最为海外人所重也。”见：柯昌泗：语石异同评，卷四，北京：中华书局，1994 年版，第 255 页。

第六章 隋代两京地名稽考

对隋代西京大兴与东都洛阳的历史地理研究，特别是关于城坊的考订，前贤已多有用功并成就斐然，而集中利用隋代墓志中的新资料，更可以补充辅证以往的推论。并且，对于两京四郊地名的整理与考订，鉴于传世文献相关记载的匮乏，尚待掌握较为充分的出土墓志资料方得展开。因此，本章以隋代墓志铭为基本素材，并结合传世文献与今人成就，对隋代两京属县所辖乡、城坊、里、村、原、山、川等地名，分门别类，稽考订补，冀能继踵前贤而略进一程。①

第一节 西京大兴城坊与四郊地名稽考

秦中自古帝王州，其中尤以素称“天府陆海之地”的隋唐两朝首都——长安最负盛名，缘由是隋唐两朝乃是中国古代封建社会发展的巅峰时期，并且是中西方经济与文化交流最灿烂辉煌的阶段，而更为世人关注的一大要素还在于

① 利用隋代墓志铭相关资料稽考两京地名，笔者曾指导2004级硕士研究生王灵同学在撰写毕业论文的基础上发表了《隋代长安城郊地名考补——以隋代墓志铭为基本素材》（碑林集刊（第十二辑），陕西人民美术出版社，2007年版，第223-239页），又曾合作发表了《隋代东都洛阳城四郊地名考补——以隋代墓志铭为基本素材》（《中国历史地理论丛》2009年第3期，第75-91页），这次编入本书之前，笔者又进行了较大的修改。不仅利用近年新出土隋墓志丰富了对两京城郊地名的考订资料，而且补充了不少之前所没有的新地名。例如，西京长安部分的城坊原先仅有辖于大兴县城坊4个，辖于长安县城坊9个，补充后的是辖于大兴县城坊8个，辖于长安县城坊13个。又兼补得长安县乡数7个、里数10个、大兴县乡数4个、里数6个。东都部分原未考订河南县与洛阳县所辖城坊，今得辖于河南县城坊19个，辖于洛阳县城坊18个，属县未详里坊5个、洛阳故城坊里14个，等等。谨此说明，并对王灵同学之前所做的工作表示感谢。

规模空前的隋唐两朝帝都——长安城的建设，不啻为中西古代城市建筑与规划史上的一座高标，至今其巍峨的城垣和“十二街如种菜畦，百千家如围棋局”的坊里格局，犹依稀在目，令人怅忆当年景象。

关于隋代帝都大兴城（流俗亦可称为长安城）的创建，《隋书》卷一《高祖纪上》：

（开皇二年）六月丙申诏曰：“今区宇宁一，阴阳顺序，安安以迁，勿怀胥怨。龙首山川原秀丽，卉物滋阜，卜食相土，宜建都邑，定鼎之基永固，无穷之业在斯。公私府宅，规模远近，营构资费，随事条奏。”仍诏左仆射高颎、将作大匠刘龙、巨鹿郡公贺娄子干、太府少卿高龙叉等创造新都。……（十二月）丙子，名新都曰大兴城。……（开皇三年）春正月庚子，将入新都，大赦天下。……（三月）丙辰，雨，常服入新都。①

唐韦述《两京新记》原序云：

两京创自隋代，至开元百有余年，乃载其废置迁徙之由。西京始于开皇，东都起于大业。②

又，卷一《西京》云：

西京俗曰长安城，亦曰京城。隋文帝开皇二年夏自故都移今所。在汉故城之东南，属杜县，周之京兆郡万年县界，南直终南山子午谷，北据渭水，东临灞浐，西枕龙首原。左仆射高颎总领其事，太子左庶子宇文恺创制规模。谓之大兴城。③

又，《唐六典》卷七“工部郎中员外郎”条记叙京城四门小注云：

今京城，隋文帝开皇二年六月诏左仆射高颎所置，南直终南山子午谷，北据渭水，东临浐川，西次沣水。太子左庶子宇文恺创制规模，将作大匠刘龙、工部尚书贺娄子干、太府少卿高龙义并充检校。至三年三月，移入新都焉，名曰大兴城。④

---

① 隋书，卷一，高祖纪上，北京：中华书局点校本，1973版，第17-18页。
② （唐）韦述撰，辛德勇辑校：两京新记辑校，西安：三秦出版社，2006年版，第2页。
③ （唐）韦述撰，辛德勇辑校：两京新记辑校，西安：三秦出版社，2006年版，第1页。
④ （唐）李林甫等撰：唐六典，陈仲夫点校，北京：中华书局，1992年版，第216页。

又，《旧唐书》卷三八《地理志》“关内道”云：

京师，秦之咸阳，汉之长安也。隋开皇二年，自汉长安故城东南移二十里，置新都，今京师是也。①

由是可知大兴城建设的时间、主事人与命名等。

关于隋代大兴城的规模与影响，《隋书》卷二九《地理志上》“京兆郡”条小注云：

开皇三年，置雍州。城东西十八里一百一十五步，南北十五里一百七十五步。东面通化、春明、延兴三门，南面启夏、明德、安化三门，西面延平、金光、开远三门，北面光化一门。里一百六，市二。②

复据《隋志》可知京兆郡所统有大兴、长安、始平、武功、盩厔、醴泉、上宜、鄠、蓝田等22县，户口308 499。而大兴、长安两县的地理分布则以大兴城内的朱雀门街为界，城东属大兴县，城西属长安县，此分界线又从明德门延伸到终南山麓。

唐韦述《两京新记》卷二《京城》云：

外郭城东西一十八里一百一十五步，南北一十五里一百七十五步，周六十七里。高一丈八尺。南面三门，中明德门，东启夏门，西安化门；东面三门，中春明门，北通化门，南延兴门；西面三门，中金光门，北开远门，南延平门。北面一门曰光化门，皇城西芳林门。（朱雀门）街东西各五十四坊。其中有折冲府四、僧寺六十四、尼寺二十七、道士观十、女观六、波斯寺二、胡祆祠四，隋大业初有寺一百二十，谓之道场；有道观十，谓之玄坛。③

北宋吕大防《长安图题记》又说：

隋氏设都，虽不能尽循先王之法，然畦分棊布，闾巷皆中绳墨。坊有墉，墉有门，逋亡奸伪，无所容足。而朝廷宫寺、民居市区，不复相参，亦一代之精制也。唐人蒙之以为治，更数百年间，

① 隋书，卷二九，地理志上，北京：中华书局点校本，1975年版，第1394页。
② 隋书，卷二九，地理志上，北京：中华书局点校本，1973年版，第808页。
③ （唐）韦述撰，辛德勇辑校：两京新记辑校，西安：三秦出版社，2006年版，第12页。

但能增大别宫观游之美者矣，至其规模之正，则不能有改。其功亦岂小哉！噫！隋文之有国，才二十二年而已。其铲除不廷者非一国，兴利后世者非一事，大趣皆以惠民为本，躬决庶务，未尝逸豫，虽古圣人夙兴待旦，殆无以过此。①

由是又可见隋代大兴城的“规模之正”对唐代长安城的影响之巨。②

对隋唐长安城的历史地理研究，今天已成为隋唐史学领域的热门。从晚清徐松《唐两京城坊考》以后，这种专门的著述和文字遂渐多渐广，研究也渐细渐深，其中，尤以辛德勇《隋唐两京丛考》（三秦出版社，1991 年），阎文儒《两京城坊考补》（河南人民出版社，1992 年），史念海《西安历史地图集》（西安地图出版社，1996 年），李健超《增订唐两京城坊考》（三秦出版社，1996 年），杨鸿年《隋唐两京坊里谱》（上海古籍出版社，1999 年），杨鸿年《隋唐两京考》（武汉大学出版社，2005 年），史念海《唐长安城外龙首原及其邻近的小原》（《中国历史地理论丛》1997 年第 2 辑），武伯伦《唐万年、长安县乡里考》（《考古学报》1963 年第 2 期），［日］爱宕元《唐代两京乡里村考》（《西北历史资料》1982 年第 2 期），杜文玉《唐长安万年县乡里补》（《中国历史地理论丛》1999 年增刊《汉唐长安与关中平原》），尚民杰《唐长安县、万年县乡村续考》（《西安文物考古研究——西安市文物保护考古所成立十周年纪念》，陕西人民出版社，2004 年），程义《隋唐长安辖县乡里考新补》（《中国历史地理论丛》2006 年第 4 期）等，堪为代表。然而在上述成果中，限于文献的匮乏，其对隋代的关注和研讨仍然薄弱，发现和可资凭借的第一手数据还不够充分，因而成就也就大不如对唐代的研究那样突出。另有辛德勇《隋大兴城坊考稿》（《燕京学报》2009 年第 2 期），其中亦利用隋墓志资料对大兴城坊进行了研究考证，很值得借鉴。

史念海先生在《古长安丛书》总序中强调：“这样丰硕而又复绚丽的撰述，古长安的往事遗迹赖以流传和保存，值得珍视；只是由于传世已久，间有残缺散佚，难得全帙；即令幸存于今，由于辗转抄录，鲁鱼亥豕的讹误又在所难免。

① ［日］平冈武夫：长安与洛阳，西安：陕西人民出版社，1957 年版，第 39 页。

② 陈寅恪先生认为：“隋创新都，其市朝之位置所以与前此之长安殊异者，实受北魏孝文营建之洛阳都城及东魏、北齐之邺都南城之影响，此乃隋代大部分典章制度承袭北魏太和文化之一端。”参见陈寅恪：隋唐制度渊源略论稿，二、礼仪（附：都城建筑），上海：上海古籍出版社，1982 年版，第 62 页。

而古今地名复累经改易，旧迹往往未能确指，致使前贤功绩，仿佛轻掷虚牝。如何使之发挥更多更大的作用，这是不容忽视的问题。”又说：“地理时有变迁，古今颇难一致。……由于历年较久，与现今多有违异。虽间有旧说诠释，却难免舛讹，而辗转相传，治丝愈紊，更不易得其真象，前代学人于此，多力于考证，成就斐然可观，自宜继踵旧规，期臻完密。”① 这正是研究古都长安的问题和路径，同时也是本节撰述的旨归所在。

有鉴于此，笔者遂意欲对隋代两京作相关的历史地理学研究，并侧重于两京的地理名称考证，资料则主要采摭近世以来大量出土的墓志铭文。所幸笔者近年主持的《隋代墓志铭汇考》已出版面世，遂得以成就检讨的基本素材，再参详所能阅读到的唐代前期的墓志铭文，终使此项研究得以在资料的利用上较为充分。

本节旨在摭取依附于大兴城的大兴、长安两县之地名为考补对象（不局限城中的坊里，更注重城郊的乡里），区为“辖于大兴县之地名”和“辖于长安县之地名”两部分，依次就其所辖乡、坊、里、村、原等名称及其地理方位予以考核，至有不实不尽之处，则期待读者的纠正和后来的续补。

一、辖于大兴县之地名

《隋书》卷二九《地理志上》京兆郡“大兴”县小注云：“开皇三年置，后周于旧郡置县曰万年，高祖龙潜，封号大兴，故至是改焉。有长乐宫。有后魏杜城县、西霸城县、西魏山北县，并后周废。”② 古今文献与研究成果中可以确知的隋大兴县与唐万年县所辖乡名约有：《长安志》卷一一《万年县》载有所辖七乡二里之名，依次为洪固乡管胄贵里（毕沅补延信里于此乡）、龙首乡管神鹿里、少陵乡（毕沅补黄渠里于此乡）、白鹿乡、薄陵乡、东陵乡、苑东乡，小注又云“唐四十五乡，霸桥东有大陵乡，元载祖墓在黄台乡，真光中有霸城乡，余不传”。毕沅再补广明乡、洪原乡、平原乡与吉迁里、龟川乡、上好乡、庆义乡。③《西安历史地图集》复据新出墓志与相关研究成果而绘入隋大兴县所辖永

① 辛德勇：隋唐两京丛考，西安：三秦出版社，1991 年版，第 1 页。
② 隋书，卷二九，地理志上，北京：中华书局点校本，1973 年版，第 808 页。
③ （宋）宋敏求：长安志，卷一一，清乾隆五十二年灵岩山馆刊本，第 1 页下-第 2 页下。

宁、安盛、洪固、宁安、山北五乡与唐万年县所辖渭阴、东陵、苑东、霸城、龟川、大陵、义丰、铜人、崇道、崇义、云门、长乐、永宁、庆义、进贤、乐游、龙首、芙蓉、义善、宁安、薄陵、白鹿、高平、洪固、御宿、金龟、少陵、神禾、洪原、灵泉、义川、加川三十二乡，以及因位置难以确定而未能绘入的万年县所辖黄台、安福、上好、平原、青盖五乡。① 此外，杜文玉、尚民杰、程义及爱宕原等中外学者亦续有增补②，不尽一一，虽大多为唐代乡名，却往往与隋代乡名有着承继关系。今以《隋代墓志铭汇考》及所能知见的新出隋代墓志为基本素材，对大兴县所辖之乡、坊、里、村、原等地名作总和稽考如下：

（一）乡

隋代墓志所见辖于大兴县属乡凡十六，如表 6-1 所示。

表 6-1　大兴县所辖乡名表

名称	墓志名称	志主卒年或葬年	墓志相关志文节录	考证文字编号
洪（鸿）固乡	《元仁宗志》	开皇十年（590）	殡于大兴县洪固乡永寿里李村东权葬	洪（鸿）固乡考证 1
	《赵世摸志》	开皇十一年（591）	葬于雍州大兴县界洪固乡所	
	《刘安志》	开皇十八年（598）	葬于京师□□洪贵乡胄贵里（案：“洪贵乡”应即洪固乡，盖因“贵”、“固”音近或相沿“胄贵里”之“贵”字而误。）	
	《杨文愿志》	开皇二十年（600）	权瘗于雍州大兴县洪固乡	
	《鲁阿鼻志》	仁寿元年（601）	迁葬小□之原洪固乡畴贵里（案：“小□之原”当即“小陵之原”。）	
	《鲁钟馗志》	仁寿元年（601）	归葬于雍州大兴县洪固乡畴贵里之原	
	《施太妃志》	大业五年（609）	葬于高阳原洪固乡	
	《韦圆照妻杨静徽志》	大业六年（610）	迁窆旧茔鸿固乡畴贵里（案：“鸿固”即“洪固”，唐代亦有混用。）	
	《杨岳志》	大业十年（614）	改殡于大兴县洪固乡之原③	

① 史念海：西安历史地图集，西安：西安地图出版社，1996 年版，第 73 页、第 78 页。

② 杜文玉：唐长安万年县乡里补，中国历史地理论丛，1999 年增刊，第 395-401 页。尚民杰：唐长安县、万年县乡村续考，西安文物考古研究——西安市文物考古研究所成立十周年纪念，西安：陕西人民出版社，2004 年版，第 365-390 页。程义：隋唐长安辖县乡里考新补，中国历史地理论丛》，2006 年第 4 期，第 93-105 页。[日] 爱宕元：唐代两京乡里村考，李健超译，西北历史资料，1982 年第 2 期，第 26-81 页。

③ 石存大唐西市博物馆。胡戟，荣新江：大唐西市博物馆藏墓志（上册），北京：北京大学出版社，2012 年版，第 52 页。

续表

名称	墓志名称	志主卒年或葬年	墓志相关志文节录	考证文字编号
洪原（源）乡	《元纶志》	开皇十五年（595）	合葬于大兴县之小陵原洪原乡延信里①	洪原乡考证 2
	《张振志》	仁寿元年（601）	权殡于大兴县洪源乡洪济里②	
	《张振妻韦氏志》	仁寿元年（601）	权殡于雍州大兴县洪源乡洪济里③	
	《柳机志》	仁寿元年（601）	迁厝于雍州大兴县洪原乡延信里④	
	《尉琼仁志》	仁寿三年（603）	葬于大兴县洪原乡之小陵原⑤	
	《杜祐志》	大业九年（613）	归葬于大兴县洪原乡小陵原⑥	
	《尹彦卿志》	大业十二年（616）	改葬于大兴县洪原乡小陵原⑦	
	《长孙汪志》	大业十二年（616）	葬于城南里京兆郡大兴县洪原乡洪原里	
	《元统师志》	大业十三年（617）	归瘗于大兴县洪源乡之小陵原⑧	
宁安乡	《吕武暨妻宇文氏志》	开皇十二年（592）	遂乃合葬于大兴县宁安乡	宁安乡考证 3
安道乡	《梁龛志》	开皇十四年（594）	大隋开皇十四年（594）岁次甲寅四月乙丑十五日己卯大兴县安道乡常乐坊民梁龛铭记	安道乡考证 4
浐川乡	《罗达志》	开皇十六年（596）	葬于大兴县浐川乡长乐里白鹿原	浐川乡考证 5
	《姬威志》	大业六年（610）	永窆于京兆郡大兴县浐川乡之白鹿原	
	《田德元志》	大业七年（611）	归葬于大兴县浐川乡白鹿原	
	《吴弘暨妻高氏志》	大业十一年（615）	合葬于大兴县产川乡白禄之原（案：“产”即“浐”，“禄”即“鹿”，皆别写。）	
	《刘世恭志》	大业十一年（615）	葬于城东白鹿原浐川乡之原	
	《冯淹志》	大业十一年（615）	葬于大兴县浐川乡白鹿之原	
安盛乡	《李文都志》	大业元年（605）	唯大业元年（605）岁次乙丑二月壬戌朔六日丁卯，雍州大兴县安盛乡民李文都铭记	安盛乡考证 6
义阳乡	《陈叔兴志》	大业三年（607）	葬于大兴县义阳乡贵安里高阳之原	义阳乡考证 7
	《周良志》	大业七年（611）	合葬于京兆郡大兴县义阳乡阳原里高阳之原⑨	

① 魏秋萍：长安新出隋开皇十五年《元纶墓志》释读，考古与文物，2012 年第 6 期，第 100-103 页。

② 据笔者自藏拓本著录。

③ 据笔者自藏拓本著录。

④ 据笔者自藏拓本著录。

⑤ 石存大唐西市博物馆。胡戟，荣新江：大唐西市博物馆藏墓志（上册），北京：北京大学出版社，2012 年版，第 46 页。

⑥ 石存西安碑林博物馆。王其祎，周晓薇：长安新出隋大业九年《杜祐墓志》疏证——兼为梳理隋唐墓志所见京兆杜氏世系，见：杜文玉：唐史论丛（第 14 辑），西安：陕西师范大学出版社，2012 年版，第 1-2 页。

⑦ 周晓薇，王其祎：新见隋代《尚衣奉御尹彦卿墓志》研读——兼说“小陵原”与“少陵原”的名称沿革，考古与文物，2011 年第 4 期，第 95-98 页。

⑧ 石存大唐西市博物馆。胡戟，荣新江：大唐西市博物馆藏墓志（上册），北京：北京大学出版社，2012 年版，第 58 页。

⑨ 又有《宋礼墓志》与此墓志文辞书法、行字布局乃至葬年月日全同，疑有一伪。以世系渊源推之，似为周姓，故以《周良墓志》为案例。

续表

名称	墓志名称	志主卒年或葬年	墓志相关志文节录	考证文字编号
大明乡	《吕昙志》	大业三年（607）	维大业三年（607）十一月十（下缺）郡大兴县大明乡（下缺）伏波将军通议（下缺）令寺丞吕昙（下缺）	大明乡考证 8
御肃（宿）乡	《王摩侯终南山舍利塔铭》	大业五年（609）	大隋大业五年（609）岁次己巳正月己巳朔廿日，京兆郡大兴县御肃乡便子谷至相道场，建立佛舍利塔。弟子王摩侯供养	御肃（宿）乡考证 9
高平乡	《耿雄志》	开皇十年（590）	大兴县南小陵原高平乡通明里[①]	高平乡考证 10
	《尼那提志》	大业九年（613）	归窆于京兆郡大兴县高平乡之杜原	
永宁乡	《吴弘暨妻高氏志》	大业十一年（615）	终于大兴县永宁乡之本第	永宁乡考证 11
	《尹君妻王氏志》	大业十二年（616）	隋大业十二年（616）正月廿日，大兴县永宁乡住在安邑里民尹氏故人妇女王铭记	
义成乡	《王昌志》	开皇九年（589）	迁葬于义成乡孝曲里之东原	义成乡考证 12
进贤乡	《刘世恭志》	大业十一年（615）	大隋京兆郡大兴县进贤乡左备身府故骁果刘世恭	进贤乡考证 13
弘政乡	《扈志碑》	开皇十四年（594）	以开皇十四年（594）二月十九日薨于京师弘政乡敬仁里[②]	弘政乡考证 14
永寿乡	《高裔志》	大业四年（608）	葬于大兴县永寿乡黄原里小陵原[③]	永寿乡考证 15
	《长孙公妻薛氏志》	仁寿三年（603）	葬于大兴县永寿乡小陵原[④]	
轵道乡	《朱干志》	开皇八年（588）	（天和）六年二月四日卜兆于万年县轵道乡。大隋膺运，迁都改筑，窀穸之所，迩于王城，以开皇八年（588）十一月二十日移坟泾阳县鸿川乡诚义里[⑤]	轵道乡考证 16

考证（以下各条考证序号皆对应于表 6-1 中的考证文字编号）：

（1）其中《赵世摸志》出土于今西安市长安县韦曲东洪固原，与墓志中所说“葬于雍州大兴县洪固乡所”的地理方位基本相同，另有《刘安志》、《杨文愿志》、《鲁阿鼻志》和《鲁钟馗志》亦出土于今西安市长安县洪固乡。《施太妃志》和《韦圆照妻杨静徽志》则出土于今西安市长安县韦曲镇北原，与上述几方墓志的出土地接近，因知洪固乡范围盖在当时小陵原北段。唐代亦有洪固乡，

① 石存大唐西市博物馆。胡戟，荣新江：大唐西市博物馆藏墓志（上册），北京：北京大学出版社，2012 年版，第 28 页。

② 参阅上海书画出版社：隋扈志碑，上海：上海书画出版社，2003 年版，第 37 页。

③ 据笔者自藏拓本著录，石存西安碑林博物馆。

④ 石存西安市文物保护考古所。国家文物局：2009 中国重要考古发现披露，北京：文物出版社，2010 年版，第 136 页。

⑤ 赵君平，赵文成：秦晋豫新出墓志蒐佚（第 1 册），北京：国家图书馆出版社，2011 年版，第 82 页。

地点与隋代略同，如《长安志》载万年县所辖“洪固乡在县南一十五里，管村四十八，胄贵里”①。史念海《唐长安城外龙首原及其邻近的小原》考证初唐洪固乡的位置，大致在今西安市长安县政府附近一带②，当承隋制而设。洪固乡名，当在北魏已设，历隋唐沿用。例如，北魏孝昌二年（526）《韦彧志》“君讳彧，字遵庆，京兆杜人也，今分山北县洪固乡畤贵里”③，西魏大统十二年（546）《邓子询志》“窆于长安洪固乡永贵阜”④，天和四年（569）《长孙瑕夫人罗氏志》“薨于长安之洪固原”⑤。宣政元年（578）《宇文瓘志》“反葬于万年县洪固乡寿贵里”⑥。再取证于唐墓志：1980 年西安市南郊三爻村新安建材厂内出土麟德元年（664）《张楚贤妻王氏志》“十一月乙巳朔廿八日壬申迁厝于京城南万年县洪固乡凤栖原”⑦，西安市东郊郭家滩出土元和十五年（820）《韦端志》“奉迁灵座祔于万年县洪固乡毕原”⑧，1984 年长安县韦曲西街北原坡出土太和五年（831）《韩自明志》“迁神于京兆府万年县洪固乡贵胄里之凤栖原”⑨，西安市南郊出土会昌六年（846）《韦文度志》“葬于万年县洪固乡韦曲胄贵里先夫人茔之西”⑩。

（2）“洪原乡”又称“洪源乡”，为史籍所阙。其名称当沿用前朝旧称，如北周天和五年（570）《侯莫陈道生志》“葬于京兆某县洪源乡”⑪。隋墓志有葬地谓“洪固乡”者颇多，据前洪固乡条知“洪固乡”自与汉洪固原相关，但亦有题“小陵之原洪固乡”、“高阳原洪固乡”者，知隋唐间长安城南小（少）陵原、高阳原、凤栖原、毕原、乐游原等这些小原，其实往往相互交织迭错，新旧名

---

① （宋）宋敏求：长安志，卷一一，清乾隆五十二年灵岩山馆刊本，第 2 页上。

② 史念海：唐长安城外龙首原及其邻近的小原，中国历史地理论丛，1997 年第 2 期，第 15-32 页。

③ 周伟洲等：新出土的四方北朝韦氏墓志考释，文博，2000 年第 2 期，第 65-72 页。

④ 石存西安碑林博物馆。中国文物研究所，陕西省古籍整理办公室：新中国出土墓志·陕西贰（上册），北京：文物出版社，2003 年版，第 3 页。

⑤ （北周）庾信撰，徐逸民校点：庾子山集注，卷一六，北京：中华书局，1980 年版，下册，第 1063 页。

⑥ 宋英，赵小宁：北周《宇文瓘墓志》考释，见：西安碑林博物馆：碑林集刊（第八辑），西安：陕西人民美术出版社，2002 年版，第 49-56 页。

⑦ 张宁等：隋唐五代墓志汇编·陕西卷（第 3 册），天津：天津古籍出版社，1991 年版，第 67 页。

⑧ 高峡等：西安碑林全集，卷八六，广州：广东经济出版社，深圳：海天出版社，1999 年版，第 3578 页。

⑨ 马咏钟：西安碑林新藏唐志考，见：西安碑林博物馆：碑林集刊（第一辑），西安：西北大学出版社，1993 年版，第 154 页。“贵胄里”即“胄贵里”之倒。

⑩ 张宁等：隋唐五代墓志汇编·陕西卷（第 4 册），天津：天津古籍出版社，1991 年版，第 127 页。

⑪ （北周）庾信撰，徐逸民校点：庾子山集注，卷一六，北京：中华书局，1980 年版，下册，第 950 页。

称亦往往混用。以此推之，“洪原乡洪原里”当与洪固乡相毗连，同在小陵原上，或当在洪固乡之南。唐代亦沿用洪原乡名，如1985年长安县大兆乡兆寨村东北半公里鲍陂砖瓦厂出土唐武德元年（618）《李制志》“合葬于万年县洪原之乡”[①]。1958年长安县大兆乡庞留村出土唐至德二年（757）《清源县主志》“悬窆于咸宁洪原乡少陵原”[②]。1979年长安县大兆乡司马村南涝池出土唐开成五年（840）《杜公长女志》“葬于万年县少陵原下洪原乡主茔之隅故土也”[③]。又见毕沅注《长安志》“万年县洪固乡”条列举“欧阳詹撰《左骁卫将军马实墓志》云葬于京兆府万年县洪固乡延信里司马村之少陵原”[④]，则与上表开皇十五年（595）《元纶志》“葬于大兴县之小陵原洪原乡延信里”，仁寿元年（601）《柳机志》“迁厝于雍州大兴县洪原乡延信里”之里名相合，而乡名互异，或是唐代已将洪原乡之“延信里”划入洪固乡矣。

（3）《吕武暨妻宇文氏志》1957年出土于西安市东郊韩森寨，即隋代大兴城东垣春明门外。唐代亦有宁安乡，《文苑英华》卷九三二郑熏撰《内侍省监楚国公仇士良神道碑》：“以（会昌）四年正月二十三日归葬于万年县宁安乡凤栖原社季村。”[⑤] 据武伯纶考证，唐代宁安乡是距离京城南壁启夏门外最近之乡。[⑥] 再以唐墓志为例，1956年西安市东郊韩森寨出土武德八年（625）《苏永安志》“合葬于雍州万年县宁安乡”[⑦]，2001年西安市南郊雁塔区曲江乡三兆村出土唐长庆三年（823）《刘安平志》“归葬于万年县宁安乡三赵村”[⑧]。知隋代宁安乡地理位置南北跨度或与唐代相当。

（4）《梁龛志》出土于今西安市长安区，则安道乡应在今西安城东南郊一带。唐代迄未见有此乡。

---

① 陈尊祥，郭盼生：唐李制墓志考释，见：西安碑林博物馆：碑林集刊（第三辑），西安：陕西人民美术出版社，1995年版，第47页。

② 高峡等：西安碑林全集，卷八一，广州：广东经济出版社，深圳：海天出版社，1999年版，第2980页。

③ 高峡等：西安碑林全集，卷八八，广州：广东经济出版社，深圳：海天出版社，1999年版，第3782页。

④ （宋）宋敏求：长安志，卷一一，清乾隆五十二年灵岩山馆刊本，第2页上。

⑤ （宋）李昉等：文苑英华，北京：中华书局影印本，1982年版，第4905页。

⑥ 武伯纶：唐万年、长安县乡里考，考古学报，1963年第2期，第90-91页。

⑦ 高峡等：西安碑林全集，卷七三，广州：广东经济出版社，深圳：海天出版社，1999年版，第1864页。

⑧ 王育龙，程蕊萍：西安南郊三兆村出土唐代墓志举说，见：陕西省历史博物馆：陕西历史博物馆馆刊（第十二辑），西安：三秦出版社，2005年版，第145页。

（5）这几方墓志的出土地都集中在今西安东郊，大致在西起韩森寨，东至郭家滩浐河东西两岸地域，当因浐水而得名。唐代亦有浐川乡，武伯纶《唐万年、长安县乡里考》有所论及[①]，认为浐川乡地跨浐河东西两岸。由此可知，唐之浐川乡乃承隋之旧。唐墓志有1953年西安东郊高楼村出土神龙元年（705）《李思贞志》"迁窆于雍州万年县浐川乡务政里长乐原"[②]，西安东郊郭家滩出土神龙三年（707）《严君妻任氏志》"权殡于雍州万年县浐川乡之白鹿原"[③]，西安东郊田家湾出土咸通四年（863）《吴德墉妻赵氏志》"葬于万年县浐川乡南姚村"[④]。

（6）《李文都志》1954年出土于西安市东郊郭家滩。武伯伦尝有论及认为："李文都盖是籍贯安盛乡。此铭记1954年出土郭家滩，穷苦人民无力远求葬地，或即在安盛乡范围。"[⑤] 若确如其所言，则安盛乡位置应距今西安市东郊郭家滩不远的浐河沿岸。唐代迄未见有此乡。

（7）从高阳原的范围可以推知义阳乡应位于大兴县西南，《陈叔兴志》1992年8月于西安市长安县韦曲镇民间征集，出土地不详，但应在今长安县韦曲镇范围或距韦曲镇不远。唐代亦有义阳乡，《长安志》载长安县所辖"义阳乡在县西南二里，管布政里"[⑥]，可知唐代义阳乡属长安县，具体地理位置据武伯伦《唐万年、长安县乡里考》附"唐长安郊区万年、长安县乡里位置示意图"所标，与隋代义阳乡属大兴县方位有所差异，唐义阳乡位于唐长安城西南[⑦]，隋义阳乡在城南。再以2002年西安市长安区郭杜镇茅坡村南出土唐开元二十四年（736）《孙承嗣志》"祔葬于长安县义阳乡高阳原"[⑧] 为证，唐之义阳乡确属长安县，即城南偏西。

（8）大兴县属京兆郡。《吕昙志》1955年于西安市东郊韩森寨出土，则墓志出土地当属隋大明乡范围。[⑨] 唐代迄未见有此乡。

---

① 武伯纶：唐万年、长安县乡里考，考古学报，1963年第2期，第87页。

② 高峡等：西安碑林全集，卷七六，广州：广东经济出版社，深圳：海天出版社，1999年版，第2344页。

③ 高峡等：西安碑林全集，卷七六，广州：广东经济出版社，深圳：海天出版社，1999年版，第2362页。

④ 赵力光：西安碑林博物馆新藏墓志汇编（下册），北京：线装书局，2007年版，第829页。

⑤ 武伯纶：唐万年、长安县乡里考，考古学报，1963年第2期，第93页。

⑥ （宋）宋敏求：长安志，卷一二，清乾隆五十二年灵岩山馆刊本，第2页上。

⑦ 武伯纶：唐万年、长安县乡里考，考古学报，1963年第2期，第98页。

⑧ 张全民等：唐孙承嗣夫妇墓发掘简报，考古与文物，2005年第2期，第18页。

⑨ 武伯纶：唐万年、长安县乡里考，考古学报，1963年第2期，第93页。

(9)《王摩侯终南山舍利塔铭》出土于今西安城南百塔寺遗址。陆耀遹《金石续编》卷三《王摩侯舍利塔记》考证云：

> 按隋至相道场亦名至相寺，即唐百塔寺也，在今西安城南五十里，隋为至相道场，唐为信行禅师塔院。万岁通天二年《梁师亮墓志》葬雍州城南终南山至相寺楩梓谷信行禅师塔院之东。唐时慕信行者皆葬其左右，而置塔焉。大历中建百塔寺。隋大兴为唐万年，即今咸宁县楩梓谷，在豹林谷东，石鼈谷西。《玉海》引吕大防《城图》云：唐城南直石鼈谷。《长安志》：石鼈谷以谷水为长安、万年二县分界，迄今不改。自唐宋以来皆以楩梓谷隶长安，据此记则隋入大兴境内矣。《长安志》御宿川在万年县西南四十里。杨雄《羽猎赋序》：武帝开上林，东南至御宿川。《汉元后传》：夏游御宿。师古曰：御宿苑在长安城南，今御宿川是也。御宿乡因川而名，御宿作御肃，楩梓作便子，音同而误。①

毛凤枝《关中金石文字存逸考》卷三《终南山舍利塔铭》曰：

> 《寰宇访碑录》云“在长安”，《关中金石记》云“在终南山”，文云“京兆府大兴县御肃乡便子谷至相道场建立佛舍利塔”。案：御肃即御宿川也。杨雄《羽猎赋》：“武帝广开上林，东南至宜春鼎湖御宿昆吾。”（小注：李善《文选注》引辛氏《三秦记》曰：樊川一名御肃。《汉书·杨雄传》颜师古注曰：御宿川在樊川西。《方舆纪要》云：樊川在西安府南三十里，御宿川在西安府西南四十里。然则樊川、御宿乃二川非一川矣。）古肃与宿通。便子谷一名楩梓谷，在今长安县南。《长安县志》云此铭为王摩侯建，在楩梓谷。一云此石在长安城南五十里百塔寺。今久逸矣。②

西安碑林博物馆藏唐景龙三年（709）《裴觉志》“归窆于万年县御宿川大韦曲之旧茔”③，可知御肃（宿）乡在隋属大兴县，在唐属万年县，因御宿川而得名，西与长安县为界，位置在今西安市长安区南部至终南山一带，乡名唐承

---

① （清）陆耀遹：金石续编，石刻史料新编（第一辑，第四册），台北：台湾新文丰出版有限公司，1982年版，第3061页。

② （清）毛凤枝：关中金石文字存逸考，清光绪二十七年刊本，第14页。

③ 张宁等：隋唐五代墓志汇编·陕西卷（第1册），天津：天津古籍出版社，1991年版，第89页。

隋旧。

（10）《尼那提志》1952年于西安市长安县韦曲镇附近出土，则隋代“高平乡”似当在小陵原西畔而近于长安县界。唐代亦有高平乡，元和三年（808）吕温撰《故太子少保赠尚书左仆射京兆韦府君神道碑》云“合葬于万年县高平乡少陵原”[①]，1987年西安南郊出土唐贞元十四年（798）《马浩志》曰“迁窆于万年县高平乡凤栖原”[②]，又，唐大和八年（834）《杨迴志》亦云“安厝于万年县高平乡高望里”[③]。武伯纶认为，“唐高平乡位置当在洪固乡北而与之接近。乡名高平，盖因在原上”[④]。倘若唐承隋制，则隋代高平乡位置亦应在此。

（11）《尹君妻王氏志》1955年于西安东郊郭家滩东国棉四厂基建工地出土。以出土地推之，隋代永宁乡在都城之东、白鹿原西。唐代迄未见有此乡。

（12）《王昌志》1997年出土于西安市灞桥区洪庆街道办事处教委住宅楼工地，以出土地推之，义成乡当属大兴县。而“孝曲里之东原”，盖指白鹿原而言。另有与《王昌志》同时同地出土之开皇九年（589）《王瑱志》“改葬霸城之东茔”。此“霸城之东茔”，正与出土地点吻合，说明今西安市灞桥区洪庆街一带及霸城镇以东皆属隋义成乡辖地。唐代迄未见有此乡。

（13）进贤乡名称在隋墓志中仅见，且为史籍所不载。唐仪凤三年（678）《王藏子妻吴波奈罗碑铭》有“雍州明堂县进贤乡”云云[⑤]，而唐之明堂县即万年县之改名，亦即隋之大兴县，故隋唐两“进贤乡”当为承继关系。

（14）弘政乡无考。以大兴城坊里长安县属无名“敬”字、“仁”字者，而大兴县属有崇仁、宣仁、亲仁诸坊推之，姑附“弘政乡敬仁里”于大兴县下。唐代迄未见有此乡。

（15）永寿乡名称在隋墓志中迄见两例，且为史籍所不载。唐武德二年（619）《颜宏志》“返葬于雍州万年县永寿之乡”[⑥]，因知唐之永寿乡乃承隋旧。又，永寿乡在唐似界于高阳原与毕原之间。

（16）轵道乡在北周属万年县，故墓志言“万年县轵道乡”。轵道又作枳道，

---

① （宋）李昉等：文苑英华，北京：中华书局，1982年版，第4746页。

② 赵力光：西安碑林博物馆新藏墓志汇编（中册），北京：线装书局，2007年版，第577页。

③ （清）陆增祥：八琼室金石补正，卷七二，北京：文物出版社，1985年版，第499页。

④ 武伯纶：唐万年、长安县乡里考，考古学报，1983年第2期，第91页。

⑤ 石存西安碑林博物馆。吴纲：全唐文补遗（第八辑），西安：三秦出版社，1995年版，第270页。

⑥ 石存大唐西市博物馆。胡戟，荣新江：大唐西市博物馆藏墓志（上册），北京：北京大学出版社，2012年版，第62页。

为秦咸阳城东出霸上的大道，有轵道亭在霸陵。《战国策》卷一九《赵策二》“夫秦下轵道则南阳动”[①]，鲍彪注：“轵道，《秦纪》注：亭名，在霸陵。”[②]《史记》卷六《秦始皇本纪》：“子婴为秦王四十六日，楚将沛公破秦军入武关，遂至霸上，使人约降子婴。子婴即系颈以组，白马素车，奉天子玺符，降轵道旁。”《集解》徐广曰：“在霸陵。”裴骃案：苏林曰“亭名，在长安东十三里”[③]。《史记》卷八《高祖本纪》：“汉元年十月，沛公兵遂先诸侯至霸上。秦王子婴素车白马，系颈以组，封皇帝玺符节，降轵道旁。”裴骃《集解》引苏林曰：“亭名。在长安东十三里。”《索隐》“枳音只”。《汉宫殿疏》云：“枳道亭东去霸城观四里，观东去霸水百步。”《正义》“轵音纸”。《括地志》云：“轵道在雍州万年县东北十六里苑中。”[④]《汉书》卷一上《高帝纪上》“降枳道旁”下颜师古注曰：“枳音轵。轵道亭在霸成观西四里。”[⑤] 北周沿用汉代长安城为都城，故轵道亭在汉及北周长安城东十三里，至隋代迁建新都大兴城，恰在北周长安城东十数里，故秦汉轵道亭已罗入隋大兴城北部禁苑中，于是才有《朱干志》所云“窀穸之所，迩于王城”，而被“移坟泾阳县鸿川乡诚义里”。因志文所称“轵道乡”当是北周时乡名，至隋代建立大兴城后，随着轵道亭一带纳入禁苑，于是轵道乡或者向禁苑以外的更为东北的地域迁移，或者干脆就在入隋后不久而省并了这一乡名，所以文献中竟仅此一见。唐代亦未见有此乡。

（二）坊

《隋书》卷二九《地理志上》“京兆郡”下小注云：“里一百六，市二。”[⑥] 所谓“里一百六”，即指都城内坊里数，坊和里的称谓可以互换，因此某里可称某坊，某坊亦可称某里。《隋书》卷二八《百官志下》记：“炀帝即位，多所改革。三年定令。”[⑦] 其中，就有“京都诸坊改为里，皆省除里司”[⑧] 之说。又，《全唐

---

① （汉）刘向集录：战国策，卷一九，赵策二，周晓薇，王其祎校点，沈阳：辽宁教育出版社，1997 年版，第 142 页。

② （汉）刘向集录：战国策，卷一九，赵策二，苏秦从燕之赵始合从，上海：上海古籍出版社影印本，1985 年版，中册，第 637 页。

③ 史记，卷六，秦始皇本纪，北京：中华书局点校本，1959 年版，第 275 页。

④ （唐）李泰等：括地志，北京：中华书局点校本，1959 年版，第 362 页。（唐）李泰等著《括地志》贺次君辑校本作“轵故亭在雍州万年县东北十六里苑中”，北京：中华书局，1980 年版，第 9 页。

⑤ 汉书，卷一上，高帝纪上，北京：中华书局点校本，1962 年版，第 22 页。

⑥ 隋书，卷二九，地理志上，北京：中华书局点校本，1973 年版，第 808 页。

⑦ 隋书，卷二八，百官志下，北京：中华书局点校本，1973 年版，第 793 页。

⑧ 隋书，卷二八，百官志下，北京：中华书局点校本，1973 年版，第 803 页。

文补遗》第八辑著录唐会昌四年（884）《卢厚德墓志》云“奄然长丧于东都敦厚坊敦厚里之私第”，先称坊，再称里，同名复指，意在强调，则此亦坊里在当时可以互称之明证。① 据辛德勇《隋唐两京丛考》推断，大兴城最初的坊里数目为一百零九坊，“即朱雀街东五十四坊，街西五十五坊。《隋书·地理志》一百零六坊，‘六’应是‘九’之讹”②。今检索隋代墓志，仅得大兴县属坊凡六，存疑二，如表 6-2 所示。

表 6-2 大兴县所辖坊名表

名称	墓志名称	志主卒年或葬年	墓志相关志文节录	考证文字编号
道兴里	《杨㝢妻萧妙瑜志》	仁寿三年（603）	薨于长安之道兴里	道兴里考证 1
静安里	《尔朱端志》	开皇十一年（591）	薨于京师静安里	静安里考证 2
安邑里	《尹君妻王氏志》	大业十二年（616）	大兴县永宁乡住在安邑里民尹氏故人妇女王铭记	安邑里考证 3
宣平里	《韦圆照妻杨静徽志》	大业六年（610）	薨于宣平里第	宣平里考证 4
永嘉里	《长孙汪志》	大业十二年（616）	薨于京师永嘉里第	永嘉里考证 5
常乐坊	《梁龛志》	开皇十四年（594）	大兴县安道乡常乐坊民梁龛铭记	常乐坊考证 6

考证（以下各条考证序号皆对应于表 6-2 中的考证文字编号）：

（1）道兴里即道兴坊，隋大兴城无此坊名。有兴道坊，乃朱雀门街之东从北第一坊。辛德勇考证：“宋郑樵《通志》卷二〇有记述云，身为南朝梁明帝萧岿之女的炀帝萧皇后，在唐贞观四年由突厥回归京师之后，系被太宗‘赐宅于兴道里’，故颇疑此《萧妙瑜墓志》之‘道兴’为‘兴道’之误，而萧皇后在唐初得以居止于兴道里，或即与萧氏家族在此本拥有宅邸密切相关，因而姑系萧妙瑜宅于此。”③ 而若是兴道坊，则西南隅有至德女冠观，开皇六年（568）立。④

（2）“静安里”即“靖安里”，唐承隋旧。乃朱雀街东第二街，北当皇城南面之安上门，街东从北第五坊。《长安志》卷七“靖安坊”条小注曰“靖或作静”⑤，以《尔朱端志》与《唐会要》卷四八“寺”⑥、《旧唐书》卷一五八《武元衡传》⑦ 皆作“静安”，则或当以“静”为是。又据唐墓志等文献分析，盖自开

① 吴纲：全唐文补遗（第八辑），西安：三秦出版社，2005 年版，第 168 页。
② 辛德勇：隋唐两京丛考，西安：三秦出版社，1991 年版，第 18 页。
③ 参阅辛德勇：隋大兴城坊考稿，燕京学报，2009 年第 2 期。
④ （宋）宋敏求：长安志，卷七，清乾隆五十二年灵岩山馆刊本，第 6 页下。
⑤ （宋）宋敏求：长安志，卷七，清乾隆五十二年灵岩山馆刊本，第 12 页上。
⑥ （宋）王溥：唐会要，卷四八，上海：上海古籍出版社，1991 年版，第 990 页。
⑦ 旧唐书，卷一五八，武元衡传，北京：中华书局点校本，1975 年版，第 4161 页。

元朝以后俱以“静安”为“靖安”。[①]

（3）安邑里即安邑坊，唐承隋旧。安邑坊乃朱雀街东第四街，即皇城之东第二街，街东从北第七坊。据《长安志》知此坊街北有隋开皇六年（586）以礼部尚书张颖宅所立玄法寺及隋右武卫大将军、宋国公贺若弼宅。[②]

（4）宣平里即宣平坊，唐承隋旧。宣平坊乃朱雀街东第四街，即皇城之东第二街，街东从北第八坊。据《长安志》知此坊西南隅有法轮尼寺，本太保薛国公长孙宽宅，隋开皇三年（583）为太傅郧国公韦孝宽所立。[③] 寺东有隋义阳军府[④]。

（5）永嘉里即永嘉坊，唐承隋旧。永嘉坊乃朱雀街东第五街，即皇城东之第三街，街东从北第三坊。据《长安志》知此坊南有龙首渠，一名浐水渠，隋开皇三年（583）开。小注又曰：“此坊隋末有方士云贵气特盛。自武德、贞观之后，公卿、王、主居之多于众坊。”[⑤]

（6）常乐坊乃朱雀街东第五街，即皇城东之第三街，街东从北第六坊，此坊唐承隋旧。据《长安志》知此坊西南隅有隋开皇三年（583）独孤皇后为父赵景武公独孤信所立弘善寺，开皇十八年（598）改赵景公寺；坊南门之西又有隋开皇六年（586）大司马窦宪舍宅所立太慈寺，唐改灵花寺。[⑥] 又，隋唐长安城坊又有名“长乐”者，位于朱雀门街东第四街即皇城东之第二街街东从北第一坊，音同而字异。

附：存疑待考两坊，如表 6-3 所示。

表 6-3 大兴县所辖存疑坊名表

名称	墓志名称	志主卒年或葬年	墓志相关志文节录	考证文字编号
敬仁里	《扈志碑》	开皇十四年（594）	以开皇十四年（594）二月十九日薨于京师宏政乡敬仁里[⑥]	敬仁里考证 1
永吉里	《李椿志》	开皇十三年（593）	薨于京师之永吉里第[⑦]	永吉里考证 2

考证（以下各条考证序号皆对应于表 6-3 中的考证文字编号）：

（1）隋大兴城无“敬仁里”，以大兴城长安县属坊无名“敬”字、“仁”字

---

① 参详李健超：增订唐两京城坊考，卷二，靖安坊，西安：三秦出版社，2006 年版，第 65-68 页。

② （宋）宋敏求：长安志，卷八，清乾隆五十二年灵岩山馆刊本，第 11 页下。

③ （宋）宋敏求：长安志，卷八，清乾隆五十二年灵岩山馆刊本，第 12 页上。

④ 大业十一年《吴弘墓志》“（弘）第四子义阳府备身”，见：王其祎，周晓薇：隋代墓志铭汇考，北京：线装书局，2007 年版，第 237-241 页。

⑤ （宋）宋敏求：长安志，卷九，清乾隆五十二年灵岩山馆刊本，第 1 页下。

⑥ （宋）宋敏求：长安志，卷九，清乾隆五十二年灵岩山馆刊本，第 4 页上。又，李健超：增订唐两京城坊考，卷三，“常乐坊”条考“灵花寺为云华寺之讹”，西安：三秦出版社，2006 年版，第 152 页。

⑦ （清）毛凤枝：关中金石文字存逸考，卷五，“咸宁县”，清光绪二十七年刊本，第 14 页。

⑧ 王其祎，周晓薇：隋代墓志铭汇考（第 2 册），北京：线装书局，2007 年版，第 117 页。

者，而大兴县属有崇仁、宜仁、亲仁诸坊推之，“敬仁里”或亦辖于大兴县，然此坊是否为大兴城内里坊则未可确知，姑备此待考。

（2）隋大兴城无“永吉里”，辖于长安县有永隆、永安二坊，辖于大兴县有永福、永昌、永兴、永嘉、永乐、永宁、永崇七坊，故不知“永吉里”是否为大兴城内里坊，备此待考。

（三）里

此之所谓“里”的名称，专指城外四郊所见里名，通常不称为坊，而多与乡里并称。检索隋代墓志，得大兴县所辖城郊里名凡十二，如表 6-4 所示。

表 6-4 大兴县所辖里名表

名称	墓志名称	志主卒年或葬年	墓志相关志文节录	考证文字编号
永寿里	《元仁宗志》	开皇十年（590）	殡于大兴县洪固乡永寿里李村东权葬	永寿里考证 1
	《元世寿志》	开皇十四年（594）	卒于大兴县私第，春秋十有七。仍以其月廿八日戊子窆于县之厶乡永寿里[①]	
畴（胄）贵里	《皇甫光志》	开皇三年（583）	合窆乎京兆郡杜县高阳原胄贵里[②]	畴（胄）贵里考证 2
	《刘安志》	开皇十八年（598）	葬于京师□□洪贵乡胄贵里（案：“洪贵乡”当即“洪固乡”之音近而误。）	
	《鲁钟馗志》	仁寿元年（601）	归葬于雍州大兴县洪固乡畴贵里之原	
	《鲁阿鼻志》	仁寿元年（601）	迁葬小陵之原洪固乡畴贵里	
	《韦圆照妻杨静徽志》	大业六年（610）	迁窆旧茔洪固乡畴贵里	
长乐里	《罗达志》	开皇十六年（596）	葬于大兴县浐川乡长乐里白鹿原	长乐里考证 3
孝义里	《李椿志》	开皇十年（590）	厝于孝义里地	孝义里考证 4
贵安里	《陈叔兴志》	大业三年（607）	葬于大兴县义阳乡贵安里高阳之原	贵安里考证 5
阳原里	《周良志》	大业七年（611）	合葬于京兆郡大兴县义阳乡阳原里高阳之原[③]	阳原里考证 6
孝曲里	《王昌志》	开皇九年（589）	葬于义成乡孝曲里之东原	孝曲里考证 7

---

① 据笔者自藏拓本著录。

② 2006 年出土，石存陕西省考古研究院。

③ 又有《宋礼墓志》与此墓志文辞书法、行字布局乃至葬年月日全同，疑有一伪。以世系渊源推之，似为周姓，故以《周良墓志》为案例。

续表

名称	墓志名称	志主卒年或葬年	墓志相关志文节录	考证文字编号
洪原里	《长孙汪志》	大业十二年（616）	葬于城南里京兆郡大兴县洪原乡洪原里	洪原里考证 8
洪济里	《张振志》	仁寿元年（601）	权殡于大兴县洪源乡洪济里①	洪济里考证 9
	《张振妻韦氏志》	仁寿元年（601）	权殡于雍州大兴县洪源乡洪济里②	
延信里	《元纶志》	开皇十五年（595）	合葬于大兴县之小陵原洪原乡延信里③	延信里考证 10
	《柳机志》	仁寿元年（601）	迁厝于雍州大兴县洪原乡延信里④	
通明里	《耿雄志》	开皇十年（590）	大兴县南小陵原高平乡通明里⑤	通明里考证 11
黄原里	《高奣志》	大业四年（608）	葬于大兴县永寿乡黄原里小陵原⑥	黄原里考证 12

考证（以下各条考证序号皆对应于表 6-4 中的考证文字编号）：

（1）《元仁宗志》出土于今西安市长安区，以永寿里属洪固乡推之，永寿里应位于今长安县韦曲与大兆两镇之间的洪固原（少陵原）一带。以此推之，《元世寿志》所云“窆于（大兴）县之厶乡永寿里”当即洪固乡之永寿里。

（2）《皇甫光志》出土于今西安市长安区高阳原，“杜县”设于北魏，相沿于西魏、北周而废，或作“杜城县”。雍州与大兴县皆始置于开皇三年（583），则此志之称“杜县”虽在改置县名之初而犹沿用旧称。“洪固乡畴贵里”之名早在北魏已有，如孝昌二年（526）《韦彧志》云：“君讳彧，字遵庆，京兆杜人也，今分山北县洪固乡畴贵里。”⑦ 畴贵里又别称寿贵里，如北周宣政元年（578）《宇文瓘志》云：“反葬于万年县洪固乡寿贵里。”⑧ 参详前文“洪固乡”条考证。《刘安志》、《鲁钟馗志》与《鲁阿鼻志》皆出土于今西安市长安区洪固乡，而《韦圆照妻杨静徽墓志》出土于今西安市长安区韦曲镇北原。由此或可断定畴贵里之大致方位在今洪固乡与韦曲镇之间。隋之畴贵里，又称胄贵里。

① 据笔者自藏拓本著录。
② 据笔者自藏拓本著录。
③ 详参魏秋萍：长安新出隋开皇十五年《元纶墓志》释读，考古与文物，2012 年第 6 期，第 100 页。
④ 据笔者自藏拓本著录。
⑤ 石存大唐西市博物馆。胡戟，荣新江：大唐西市博物馆藏墓志（上册），北京：北京大学出版社，2012 年版，第 28 页。
⑥ 石存西安碑林博物馆。
⑦ 周伟洲等：新出土的四方北朝韦氏墓志考释，文博，2000 年第 2 期，第 65-72 页。
⑧ 宋英，赵小宁：北周《宇文瓘墓志》考释，见：西安碑林博物馆：碑林集刊（第八辑），西安：陕西人民美术出版社，2002 年版，第 49-56 页。

唐代亦有胄贵里，而未见畴贵里。顾况撰《韩滉行状》“京兆府万年县洪固乡胄贵里韩滉年六十五”[①]，路岩撰《浑公神道碑》“葬于京兆府万年县洪固乡胄贵里”[②]。又据《长安志》“洪固乡在县南一十五里，管村四十八，胄贵里”[③] 云云，推知唐代洪固乡位置与隋基本一致，则隋唐之“胄贵里”盖亦当在同一区域。

(3)《罗达志》出土于西安市东郊郭家滩西北国棉五厂，则今浐河东岸的郭家滩一带当即隋代长乐里所在。《太平寰宇记》卷二五《关西道一》“雍州”载：“长乐坡，在县东北十三里，即浐川之西岸也，旧名浐阪。隋文帝恶有‘反’字，改为长乐坡焉。”[④] 则长乐里疑因长乐坡得名。西安碑林博物馆藏唐贞观十六年（642）《李绍志》[⑤] 和李绍母《李方元妻长乐县君志》[⑥] 皆云“葬于长乐乡长乐里”，两墓志 1956 年同出于西安市东郊韩森寨。新近西安东郊华山厂出土贞观二十年（646）《李晋宝志》亦云：“葬万年县长乐里。”[⑦] 是知唐代亦沿用长乐里，地理位置似比隋代长乐里偏西，亦即唐代长乐里在浐河西岸，隋代长乐里在浐河东岸，但也不排除隋代长乐里辖域可能跨越浐河东西两岸。又，隋无长乐乡，长乐里属浐川乡，而唐代长乐里则属长乐乡，不属浐川乡，这也说明唐代长乐里盖处在长乐乡与浐川乡交界。

(4)《李椿志》1984 年 9 月于西安市东郊庆华厂出土。以出土地推之，孝义里属大兴县。

(5)《陈叔兴志》1992 年 8 月于西安市长安县韦曲镇民间征集，出土地不详，但应在韦曲镇范围或距韦曲镇不远。

(6)《周良志》出土地不详，以义阳乡与高阳原云推之，当位于大兴城南的大兴县与长安县交界地域，参详前文“义阳乡”考证。又，唐代长安县所辖亦有“阳原里”，如上元三年（676）《阎庄志》“合葬于雍州乾封县福阳乡阳原里高阳原”[⑧]，据前文“义阳乡”考证知唐代义阳乡属长安县，方位在长安城西南，

---

① （唐）顾况：华阳集，卷下，台湾商务印书馆景印《文渊阁四库全书》，1986 年，第 1072 册，第 558 页。

② （宋）李昉等：文苑英华，卷九一六，北京：中华书局影印本，1966 年版，第 6 册，第 4824 页下。

③ （宋）宋敏求：长安志，卷一一，清乾隆五十二年灵岩山馆刊本，第 2 页。

④ （宋）乐史撰：太平寰宇记（第 2 册），王文楚等点校，北京：中华书局，2007 年版，第 522 页。

⑤ 中国文物研究所，陕西古籍整理办公室：新中国出土墓志·陕西贰（上册），北京：文物出版社，2003 年版，第 22 页。

⑥ 张宁等：隋唐五代墓志汇编·陕西卷（第 1 册），天津：天津古籍出版社，1991 年版，第 13 页。

⑦ 据赵力光藏拓本著录。

⑧ 石存陕西师范大学博物馆。吴纲：全唐文补遗（第五辑），西安：三秦出版社，1998 年版，第 9 页。

与福阳乡南北毗邻，则同在高阳原上的隋之“义阳乡阳原里”与唐之“福阳乡阳原里”是否为前后承袭关系，值得再究。

(7)《王昌志》1997年于西安市灞桥区洪庆街道办事处教委住宅楼工地出土。参见前文“义成乡”考证。

(8)《长孙汪志》出土地不详，参见前文“洪原乡”考证。唐代亦有洪原里，如唐贞观五年（631）《李立言志》“葬于洪原里之地”[①]。又见长安区杜陵出土的显庆五年（660）《刘贵志》云“合葬于义善乡洪原之宇”[②]，疑“洪原之宇”即“洪原之里”，则隋唐之间的洪原乡与义善乡或亦有省并关系。

(9)《张振志》出土地不详，“洪济里”名讫为仅见，参见前文“洪原乡”考证。

(10)《元纶志》出土地不详，当在小陵原西畔，参见前文“洪原乡”考证。

(11)《耿雄志》出土地不详，当在小陵原西畔，参见前文“高平乡”考证。又，大业元年（605）《李景亮志》“卒于通明里第”[③]，而大兴城坊里名并无“通明里”，则不知两“通明里”有何关系，阙疑。

(12)“黄原里”在隋墓志中仅见，且不为史载。位于小陵原上的“黄原里”在唐墓志中亦不见载。

（四）村

隋墓志所见村名甚少，辖于大兴县之村名，隋志中仅见一例。

李村：开皇十年（590）《元仁宗志》“殡于大兴县洪固乡永寿里李村东权葬”。该志出土于西安市长安区，参见前文“洪固乡”与“永寿里”考证。唐代亦有李村，如长安区韦曲镇北原出土唐大中十年（856）《庾承欢妻李氏志》“葬京兆万年县洪固乡李村”[④]。相距两个半世纪之久，则隋唐两“李村”虽然都还隶属同一乡，但是否仍为同一村，已颇难肯定。

（五）原

检索隋志，得大兴县所辖原名凡五，如表6-5所示。

---

① 陈安利：西安新出两方唐志考释，西安碑林博物馆：碑林集刊（第一辑），西安：西北大学出版社，1993年版，第160页。

② 赵力光：西安碑林博物馆新藏墓志汇编（上册），北京：线装书局，2007年版，第102页。

③ 王其祎，周晓薇：隋代墓志铭汇考（第3册），北京：线装书局，2007年版，第159页。

④ 岳联建，柯卓英：唐京兆府功曹参军庾承欢夫人李氏墓志考释，考古与文物，2005年第4期，第93页。

表 6-5　大兴县所辖原名表

名称	墓志名称	志主卒年或葬年	墓志相关志文节录	考证文字编号
小陵原	《华端志》	开皇元年（581）	窆于大兴县小陵之原①	小陵原考证 1
	《薛舒志》	开皇三年（583）	厝于小陵原②	
	《史冈志》	开皇九年（589）	窆于雍州大兴县之小陵原③	
	《成备志》	开皇九年（589）	窆于雍州大兴县小陵之原④	
	《宋忻暨妻韦胡磨志》	开皇九年（589）	葬于小陵原	
	《耿雄志》	开皇十年（590）	大兴县南小陵原高平乡通明里⑤	
	《元威志》	开皇十一年（591）	葬于大兴之小陵原，其地原接终南，川通御宿，生平游践，志在斯焉⑥	
	《元纶志》	开皇十五年（595）	合葬于大兴县之小陵原洪原乡延信里⑦	
	《韩恒贵志》	开皇十八年（598）	窆於大兴县之小陵原⑧	
	《鲁阿鼻志》	仁寿元年（601）	迁葬小□之原洪固乡畴贵里“（案：“小□之原”应即“小陵之原”。）	
	《长孙公妻薛氏志》	仁寿三年（603）	葬于大兴县永寿乡小陵原⑨	
	《尉琼仁志》	仁寿三年（603）	葬于大兴县洪原乡之小陵原⑩	
	《高奣志》	大业四年（604）	葬于大兴县永寿乡黄原里小陵原⑪	
	《杜祐志》	大业九年（613）	归葬于大兴县洪原乡小陵原⑫	
	《尹彦卿志》	大业十二年（616）	改葬于大兴县洪原乡小陵原⑬	
	《窦俨志》	大业十二年（616）	葬于京兆郡大兴县小陵原	
	《元统师志》	大业十三年（617）	归瘗于大兴县洪源乡之小陵原⑭	

① 据笔者自藏拓本著录，石存西安碑林博物馆。
② 据笔者自藏拓本著录。
③ 据笔者自藏拓本著录。
④ 石存大唐西市博物馆。胡戟，荣新江：大唐西市博物馆藏墓志（上册），北京：北京大学出版社，2012 年版，第 26 页。
⑤ 石存大唐西市博物馆。胡戟，荣新江：大唐西市博物馆藏墓志（上册），北京：北京大学出版社，2012 年版，第 28 页。
⑥ 详参赵宝良等：隋元威夫妇墓发掘简报，考古与文物，2012 年第 1 期，第 24 页。
⑦ 详参魏秋萍：长安新出隋开皇十五年《元纶墓志》释读，考古与文物，2012 年第 6 期，第 100 页。
⑧ 据笔者自藏拓本著录，石存西安碑林博物馆。
⑨ 石存西安市文物保护考古所。国家文物局：2009 中国重要考古发现，北京：文物出版社，2010 年版，第 136 页。
⑩ 石存大唐西市博物馆。胡戟，荣新江：大唐西市博物馆藏墓志（上册），北京：北京大学出版社，2012 年版，第 46 页。
⑪ 石存西安碑林博物馆，据笔者自藏拓本著录。
⑫ 石存西安碑林博物馆，据笔者自藏拓本著录。
⑬ 据笔者自藏拓本著录。
⑭ 石存大唐西市博物馆。胡戟，荣新江：大唐西市博物馆藏墓志（上册），北京：北京大学出版社，2012 年版，第 58 页。

续表

名称	墓志名称	志主卒年或葬年	墓志相关志文节录	考证文字编号
高阳原	《皇甫光志》	开皇三年（583）	合窆乎京兆郡杜县高阳原胄贵里①	高阳原考证 2
	《王猛志》	开皇十一年（591）	葬于大兴县高阳原	
	《刘玄志》	开皇十一年（591）	葬于大兴县高阳原②	
	《刘绍暨妻郭氏志》	开皇十七年（597）	合葬于大兴县高阳原	
	《陈叔兴志》	大业三年（607）	葬于大兴县义阳乡贵安里高阳之原	
	《周良志》	大业七年（611）	合葬于京兆郡大兴县义阳乡阳原里高阳之原③	
神和原	《席渊志》	开皇二十年（600）	以开皇二十年（600）八月廿七日葬于大兴城神和之原	神和原考证 3
白鹿原	《罗达志》	开皇十六年（596）	葬于大兴县浐川乡长乐里白鹿原	白鹿原考证 4
	《姬威志》	大业六年（610）	永窆于京兆郡大兴县浐川乡之白鹿原	
	《田德元志》	大业七年（611）	归葬于大兴县浐川乡白鹿原	
	《吴弘暨妻高氏志》	大业十一年（615）	夫妻合葬于大兴县浐川乡白禄之原”（案：“白禄”即“白鹿”之音近而别。）	
	《刘世恭志》	大业十一年（615）	葬于城东白鹿原浐川乡之原	
	《冯淹志》	大业十一年（615）	葬于大兴县浐川乡白鹿之原	
杜原	《李景亮志》	大业元年（605）	迁厝于京兆杜原	杜原考证 5
	《尼那提志》	大业九年（613）	归窆于京兆大兴县高平乡之杜原	

考证（以下各条考证序号皆对应于表 6-5 中的考证文字编号）：

（1）隋之“小陵原”即唐之“少陵原”。《长安志》卷一一《万年县》载：“少陵原在县南四十里，南接终南，北至浐水。西屈曲六十里入长安县界，即汉鸿固原也。宣帝许后葬于此，俗号少陵原。”④ 因知少陵原命名与汉宣帝许后陵有关。《汉书》卷九七上《外戚孝宣许皇后传》：“许后立三年而崩，谥曰恭哀皇后，葬杜陵，是为杜陵南园。”颜师古注曰：“即今之所谓小陵者，去杜陵十八里。”⑤ 宋程大昌《雍录》卷七“少陵原”条云：“在长安县南四十里。汉宣帝陵

① 2006 年出土，石存陕西省考古研究院。

② 2006 年出土，石存陕西省考古研究院。

③ 又有《宋礼墓志》与此墓志文辞书法、行字布局乃至葬年月日全同，疑有一伪。以世系渊源推之，似为周姓，故以《周良墓志》为案例。

④ （宋）宋敏求：长安志，卷一一，清乾隆五十二年灵岩山馆刊本，第 5 页上。

⑤ 汉书，卷九七上，外戚孝宣许皇后传，北京：中华书局点校本，1962 年版，第 3967 页。

在杜陵县，许后葬杜陵南园。《许后传》师古曰：‘即今谓小陵者也。去杜陵十八里。’它书皆作少陵。杜甫家焉，故自称杜陵老，亦曰少陵也。”[①]《类编长安志》卷七《少陵原》云：“宣帝许后葬司马村，冢比杜陵差小，号曰小陵，以杜陵大故也，语讹为少陵。杜甫称少陵野老。杜曲在其彷。”[②] 今见西魏、北周、隋墓志皆作小陵，而唐墓志则多作少陵，知“小陵原”之号称于西魏，而“讹为少陵“则始于唐代，故此名称之嬗变乃成为断代的一个重要参数。[③] 例如，大统二年（536）《赵超宗妻王氏墓志》“合窆于山北县小陵原”[④]，又如，西安碑林博物馆藏北周《拓跋育志》“（周）二年十月十二日葬于小陵原”[⑤]，该志出土于长安县大兆乡小兆寨，其地正在少陵原。综上，小陵原即唐之少陵原，亦即唐以后之鸿（洪）固原。史念海先生在《游城南记校注》中云“少陵原纵贯于长安城南的东部”，又云：“少陵原南接终南山，呈东南、西北走向，跨万年、长安两县。”[⑥] 而《宋忻暨妻韦胡磨志》的出土地在今长安县韦曲镇东街，正在小陵原（即今少陵原）的范围内。又见一特殊案例，即大业十二年（616）《独孤俭志》云“瘗于咸阳之小陵原”[⑦]，惜《独孤俭志》出土地不详，而若葬地确在咸阳底张湾，则或当与独孤氏族茔在同一地域，即“小陵原”之谓似当与《独孤信志》云葬“石安之北原”，《独孤藏志》云葬“泾阳胡渎川”，《独孤罗志》云葬“雍州泾阳县洪渎原奉贤乡静民里”者为同一地，然“小陵原”之名在西魏、北周、隋代时期乃专指长安城南的汉宣帝及许后夫妇葬地杜陵所在的鸿固原，亦即入唐后所称的少陵原[⑧]，故此“咸阳之小陵原”的“咸阳”，似指北周尝分京兆郡置咸阳郡之旧称而言，虽然严格来说北周的咸阳郡并未管辖到长安、万年两县，但很可能彼时撰写墓志者是意在代指隋之京兆郡，故小陵原的位置

① （宋）程大昌撰：雍录，黄永年点校，北京：中华书局，2002年版，第146页。

② （元）骆天骧撰：类编长安志，卷七，黄永年点校，北京：中华书局，1990年版，第206页。

③ 参见周晓薇，王其祎：新见隋代《尚衣奉御尹彦卿墓志》研读——兼说“小陵原”与“少陵原”的名称沿革，考古与文物，2011年第4期，第96页。

④ 赵力光：西安碑林博物馆新藏墓志汇编（上册），北京：线装书局，2007年版，第24页。

⑤ 祥生：长安发现北魏献文皇帝之孙墓志，见：西安碑林博物馆：碑林集刊（第五辑），西安：陕西人民美术出版社，1996年，第62页。

⑥ （宋）张礼撰，史念海，曹尔琴校注：游城南记校注，西安：三秦出版社，2003年版，第151页、第47页。

⑦ 据笔者自藏拓本著录，石存西安碑林博物馆。参见王其祎：新见隋大业十二年《独孤俭墓志》笺证，书法丛刊，2012年第6期，第34页。

⑧ 参见周晓薇，王其祎：新见隋代《尚衣奉御尹彦卿墓志》研读——兼说“小陵原”与“少陵原”的名称沿革，考古与文物，2011年第4期，第96页。

仍然是指隋大兴县属之小陵原，而不当是咸阳的北原或洪渎原。

(2) 高阳原横界于大兴、长安两县，故墓志所见葬于高阳原者，或题大兴、或题长安皆有，亦有只题高阳原而不言属县者。惟此，这里仅将明言大兴县的六条史料归在大兴县下，其只提“高阳原”而未言明属县者则权且归在长安县下，以俟再考。参详后文长安县属“高阳原”条。

(3)《席渊志》新近于西安市长安县神禾原出土，《席渊志》云：“以建德四年正月薨于王壁，春秋五十有六，以开皇廿年八月廿七日葬于大兴城神和之原。”志文言卒曰“薨于王壁”，颇不多见。王壁盖即王城，亦即北周国都长安。“葬于大兴城神和之原”，即长安城南之神禾原，据目前所见墓志文献知神禾原之称至少在武周朝已经出现，如天授二年（691）《梓州飞乌县令南阳郡公王九功墓志》“归葬于雍州明堂县神禾原从祔先茔”[①]。然而在唐代，“神和”与“神禾”两种名称皆有大量出现，直到晚唐才以“神禾”为多。关于“神和”与“神禾”名称的嬗变，笔者拟撰专文探讨，此不赘说。又以显庆四年（659）《韦君妻李瑶墓志》“迁厝于万年县北山乡长原里神和之原”[②]，可知神和原确属万年县。《类编长安志》卷七《神禾原》：“在御宿川北樊川之原，东西三四十里。《剧谈录》曰：‘晋天福六年，生禾一穗，重六斤，故号为神禾原。’”[③] 此后，凡言神禾原得名之由者，皆援引此说，然今本《剧谈录》中并未见此文字，存疑。今据墓志文献，盛唐以后已颇见其名，可证此说之不实。《游城南记》：“复相率济潏水，陟神禾原，西望香积寺塔。原下有樊川御宿之水交流，谓之交水，西合于沣，北入于渭。”史念海先生校注云：“神禾原起自终南山北坡，与少陵原同为东南、西北走向，隔樊川东西对峙。……神和原也就是神禾原。则神禾原名唐代已有。”[④]

(4) 表 6-5 涉及白鹿原案例的六方墓志，出土地主要集中在今西安市东郊韩森寨至郭家滩的浐河东西两岸白鹿原一带，隋代白鹿原即位于此地域，唐代白鹿原与隋代相同。《长安志》卷一一《万年县》载：“白鹿原在县东南二十里。自蓝田县界至浐水川尽，东西一十五里。南接终南，北至霸川尽，南北一十里。

---

① 赵君平，赵文成：秦晋豫新出墓志蒐佚（第 1 册），北京：国家图书馆出版社，2012 年版，第 284 页。

② 赵君平，赵文成：秦晋豫新出墓志蒐佚（第 1 册），北京：国家图书馆出版社，2012 年版，第 173 页。

③ （元）骆天骧撰：类编长安志，黄永年点校，北京：中华书局，1990 年版，第 209 页。

④ （宋）张礼撰，史念海，曹尔琴校注：游城南记校注，西安：三秦出版社，2003 年版，第 123-124 页。

亦谓之霸上。”[①] 刘庆柱《三秦记辑注》云：“白鹿原在骊山西南，今西安市东南，位于浐、灞二河之间。白鹿原为西北-东南走向。西北起自今西安市东郊纺织城，东南至秦岭北麓。白鹿原南北约二十多公里，北宽南窄，一般宽约六七公里。”[②] 所据六方墓志史料，白鹿原皆属浐川乡，不知白鹿原一带有否其他乡名？唐亦有白鹿原、白鹿乡之称，如1954年西安市东郊郭家滩出土长安三年（703）《骞绍业志》“卜宅于万年县白鹿乡之原”[③]，西安市东郊郭家滩出土神龙三年（707）《严君妻任氏志》“权殡于雍州万年县浐川乡之白鹿原”[④]。

（5）大业元年（605）《李景亮志》2005年5月发现于西安市长安县杜陵原。大业九年（613）《尼那提志》出土于西安市长安县韦曲镇附近。案：《雍录》卷七《杜县地名图》：“秦武公灭杜，以杜国为杜县，县之东有原名为东原，（汉）宣帝以为已陵，故东原之地遂为杜陵县也。……或言杜县之东有杜原。”[⑤] 知杜原即杜陵原，盖与隋唐之小（少）陵原为一脉，而其走向当为今西安市长安区杜陵原迤西至韦曲镇一带。北周时亦有称杜原者，如天和六年（571）《侯莫陈君夫人窦氏志》云：“迁葬于咸阳万年县之杜原。”[⑥]

（六）其他

霸城：开皇九年（589）《王瑱志》“改葬霸城之东茔”。墓志1997年出土于西安市灞桥区洪庆街道办事处教委住宅楼工地。《隋书》卷二九《地理志上》：“大兴，有后魏西霸城县，后周废。”[⑦] 霸城即霸陵故城，《括地志》卷一《雍州万年县》曰：

> 霸陵，汉文帝陵，在雍州万年县东二十里。霸陵，故芷阳也。《汉晋春秋》云：愍帝建兴三年，秦人发霸、杜二陵，珠玉采帛以千万计。……霸陵即霸上，在雍州万年县东北二十五里。[⑧]

---

① （宋）宋敏求：长安志，卷一一，清乾隆五十二年灵岩山馆刊本，第5页上。

② （东汉）辛氏撰，刘庆柱辑注：三秦记辑注，西安：三秦出版社，2006年版，第99页。

③ 高峡等：西安碑林全集，第七六卷，广州：广东经济出版社，深圳：海天出版社，1999年版，第2331页。

④ 高峡等：西安碑林全集，第七六卷，广州：广东经济出版社，深圳：海天出版社，1999年版，第2362页。

⑤ （宋）程大昌撰：雍录，黄永年点校，北京：中华书局，2002年版，第155页。

⑥ （北周）庾信撰，徐逸民校点：庾子山集注，卷一六，北京：中华书局，下册，第1049页。

⑦ 隋书，卷二九，地理志上，北京：中华书局点校本，1973年版，第808页。

⑧ （唐）李泰等：括地志，贺次君辑校，北京：中华书局，1980年版，第7页。

《长安志》卷一一《万年县》载：

> 霸陵故城在县东北二十五里霸水之东。《十三州志》曰："霸陵，秦襄王所葬芷阳也，汉文帝更名霸陵。莽曰水章。"《郡国志》曰："在通化门东二十里，秦襄王葬于其阪，谓之霸上。其城即秦缪公所筑，汉王元年十月至霸上，子婴降。文帝后六年，宗正刘礼为将军次霸上。"文帝后葬其地，谓之霸陵。因为县东南至文帝陵十里，王仲宣诗曰："南登霸陵岸，回首望长安。"晋改为霸城。后周建德二年省。①

《雍录》卷七《霸上鸿门霸浐图》之"霸水杂名一"云：

> 《水经注》曰："新丰县西五十里为霸城，城西十里为霸水，水西二十里为长安城。"其地里甚明也。系地说事者止云霸水，不复及浐，盖霸已包浐故也。此地最为长安冲要，凡自西东两方而入出峣、潼两关者，路必由之。其系事多，故名称尤杂。予于是率其最而言之。凡霸城、芷阳、霸上、霸头、霸西、霸北、霸陵县，相去皆不踰三二十里，地皆在白鹿原上，以其霸水自原而来，故皆系霸为名也。别而言之，则霸上云者，为其正岸霸水也，故既名上霸，亦名霸头也。霸城也者，秦穆公之所尝城，又名芷阳也。《郡国志》曰："秦襄公葬芷阳。"予求之《史记·秦纪》，则惠文公四十一年固尝即之以葬悼太子矣，明年又葬宣太后矣，而庄、襄二王古皆不记葬处，故疑襄王不葬此地也。以其悼、宣两墓在焉，而汉世文帝霸陵又适在此，故世人误取文帝之陵以名秦之霸陵也，秦时未名此地为陵也。高帝入关之初，驻军于此，史书其地止名霸上，不名霸陵，则可验矣。②

可知秦芷阳、汉霸陵县、霸上及晋之霸城为一脉相承关系，又知凡霸城。芷阳、霸上、霸头、霸西、霸北、霸陵县，皆相去不过二三十里。关于霸城之位置，前人考证殊多。李健超《霸上与长安》认为，"霸城在今西安市东郊灞桥东北的谢王庄附近"③。刘庆柱《三秦记辑注》认为，霸城应在浐河东、灞河西，即今西安市灞桥区席王镇新市村附近。而秦芷阳县在今霸陵东南，灞河以东，

---

① （宋）宋敏求：长安志，卷一一，清乾隆五十二年灵岩山馆刊本，第10页上。
② （宋）程大昌撰：雍录，卷七，黄永年点校，北京：中华书局点校本，2002年版，第142页。
③ 李健超：霸上与长安，西北大学学报（哲学社会科学版），1984年第1期，第100-104页。

西安市与临潼县交界地区，即今西安市洪庆堡一带。[①] 张海云《霸城新记》认为，“秦芷阳、汉霸城是一个地方，……霸城应在临潼县的油王、地窑村附近，霸上则是距此十华里的西安市洪庆乡田王村一带”[②]。辛德勇《论霸上的位置及交通地位》和《再论霸上的位置》认为，魏晋霸城、汉霸陵城和秦芷阳及霸上在一地，“隋以前的霸上当指今谢王庄、王家围墙、上桥子口一带”。而隋以后的霸上则因隋都城的兴建而南移，但仍在灞桥东端[③]，“不管是今灞桥街还是灞桥乡所在地，均应属霸上范围之内”[④]。马正林《也论霸上的位置》则持不同观点，认为汉霸陵县在霸陵东北十里，大约位于灞河东岸的田王附近，汉霸陵即秦芷阳县，北魏霸城县应在今陆旗寨一带，而霸上则位于白鹿原的北端。[⑤] 然从《王瑱志》之出土地及志文所描述之“霸城之东茔”看，似乎与辛德勇的说法更吻合。又，唐有灞城乡，如1989年西安市东郊灞桥出土唐天复元年（901）《郭顺佑妻刘氏志》云：“归葬于京兆府万年县灞城乡茔。”[⑥]

韦曲：开皇六年（586）《侯明暨妻郭氏郑氏志》云：“葬于韦曲东北。”墓志1991年5月出土于西安市南郊南里王村西南，属长安区韦曲镇所辖。唐代多见韦曲名称，《雍录》卷七“韦曲杜曲薛曲”条载：“吕《图》韦曲在明德门外，韦后家在此，盖皇子陂之西也，所谓‘城南韦、杜，去天尺五’者也。”[⑦] 皇子陂，《长安志》卷一一万年县载：“永安陂在县南二十五里，周七里。《十道志》曰：‘秦皇葬子，起冢陂北原上，因名皇子陂，隋文帝改。’”[⑧]《类编长安志》卷九“韦曲”条云：“在樊川。唐韦安石之别业，林泉花竹之胜境。”[⑨] 史念海先生认为，唐代韦曲在今西安市长安县韦曲镇。[⑩] 而《侯明暨妻郭氏郑氏志》云“葬于韦曲东北”，出土地南里王村正位于韦曲镇东北，说明隋唐两代韦曲位置及范围大致相当。今据墓志知隋代已有韦曲之名，且为唐代沿用。例如，永隆二年（681）《王善相妻禄氏志》云：“合葬

---

① （东汉）辛氏撰，刘庆柱辑注：三秦记辑注，西安：三秦出版社，2006年版，第65页。

② 张海云：霸城新记，文博，1986年第2期，第19页。

③ 辛德勇：论霸上的位置及交通地位，陕西师范大学学报（哲学社会科学版），1985年第1期，第125-128页。

④ 辛德勇：再论霸上的位置，陕西师范大学学报（哲学社会科学版），1986年第3期，第93-102页。

⑤ 马正林：也论霸上的位置，陕西师范大学学报（哲学社会科学版），1985年第3期，第98-103页。

⑥ 赵力光：西安碑林博物馆新藏墓志汇编（下册），北京：线装书局，2007年版，第921页。

⑦ （宋）程大昌撰：雍录，卷七，黄永年点校，北京：中华书局，2002年版，第157页。

⑧ （宋）宋敏求：长安志，卷一一，清乾隆五十二年灵岩山馆刊本，第9页上。

⑨ （元）骆天骧撰：类编长安志，黄永年点校，西安：三秦出版社，2006年版，第258页。

⑩ （宋）张礼撰，史念海，曹尔琴校注：游城南记校注，西安：三秦出版社，2003年版，第111页。

于京城南洪固乡界韦曲”①，垂拱二年（686）《韦昱志》云：“归葬于韦曲之北原”②。唐代又有“大韦曲”之名，如景龙三年（709）《韦项妻裴觉志》云“归窆于万年县御宿川大韦曲之旧茔”③。

杜陵：开皇十四年（594）《厍狄士文志》云：“葬于杜陵之南三里。”④ 此杜陵当即汉宣帝刘询陵墓，《括地志》卷一《雍州万年县》云：“杜陵故城在雍州万年县东南十五里。汉杜陵县，宣帝陵邑也，北去宣帝陵五里。”⑤ 则厍狄士文葬地当近于汉杜陵县故城。

二、辖于长安县之地名

《隋书》卷二九《地理志上》京兆郡长安县小注云：“带郡。有仙都、福阳、太平等宫。有关官。有旧长安城。”⑥《长安志》卷一二《长安县》载有所辖六乡六里之名，依次为义阳乡管布政里、善政乡管安化里、同洛乡管安宁里、丰邑乡管龙台里、苑西乡管崇徵里、华林乡管居安里，小注又云“唐五十九乡，有渭阴乡，见于下，余不传”⑦。毕沅再据唐碑补孝悌乡、永平乡。《西安历史地图集》复据新出墓志与相关研究成果而绘入隋长安县所辖礼成、修仁、合郊三乡与唐长安县所辖长陵、渭阴、苑西、灵台、居德、龙首、孝悌、龙门、青槐、丰乐、承平、永平、龙泉、善政、丰邑、昆明、义阳、永寿、司农、福阳、大统、高阳、华林、居安、同洛、丰谷、清官二十七乡，以及因位置难以确定而未能绘入的长安县所辖清化一乡。⑧ 此外，杜文玉、尚民杰、程义及爱宕原等中外学者亦续有增补，不尽一一，虽大多为唐代乡名，却往往与隋代乡名有着承继关系。今以《隋代墓志铭汇考》及所能知见的新出隋代墓志为基本素材，对长安县所辖之乡、坊、里、村、原等地名作总和稽考如下：

① 北京图书馆金石组：北京图书馆藏中国历代石刻拓本汇编（第16册），郑州：中州古籍出版社，1989年版，第143页。

② 张蕴：西安南郊毕原出土的韦氏墓志考（二）：阆公房成员，考古与文物，2005年第3期，第84-90页。

③ 北京图书馆金石组：北京图书馆藏中国历代石刻拓本汇编，郑州：中州古籍出版社，1989年版，第20册，第81页。

④ 石存大唐西市博物馆。胡戟，荣新江：大唐西市博物馆藏墓志（上册），北京：北京大学出版社，2012年版，第32页。

⑤ （唐）李泰等：括地志，贺次君辑校，北京：中华书局，1980年，第8页。参详（宋）程大昌撰：雍录，杜县地名图，卷七，黄永年点校，北京：中华书局点校本，2002年版，第155-156页。

⑥ 隋书，卷二九，地理志上，北京：中华书局点校本，1973年版，第808页。

⑦ （宋）宋敏求：长安志，卷一二，清乾隆五十二年灵岩山馆刊本，第1页下-第2页上。

⑧ 史念海：西安历史地图集，西安：西安地图出版社，1996年版，第73、78页。

（一）乡

检索隋志，得长安县属乡凡十七，如表6-6所示。

表6-6　隋代长安县所辖乡名表

名称	墓志名称	志主卒年或葬年	墓志相关志文节录	考证文字编号
布政乡	《皇甫忍志》	开皇九年（589）	窆于长安县布政乡延侏里	布政乡考证1
	《李裕志》	大业元年（605）	卜葬于雍州长安县布政乡高阳之原[①]	
归化乡	《元仁宗志》	开皇十年（590）	卒于长安县归化乡弘德坊宅	归化乡考证2
龙门乡	《何雄志》	开皇十六年（596）	葬在雍州长安县龙门乡阿城里	龙门乡考证3
龙首乡	《张通妻陶贵志》	开皇十七年（597）	葬于长安县之龙首乡	龙首乡考证4
	《贺若嵩志》	开皇十七年（597）	权瘗于长安县龙首乡	
	《元世斌志》	大业五年（609）	权殡于大兴城西龙首乡隆安里之山	
	《尉富娘志》	大业十一年（615）	窆于京兆郡长安县龙首乡兴台里	
	《宋永贵志》	大业十二年（616）	归葬于京兆郡长安县龙首乡之山	
修仁乡	《赵长述志》	开皇十七年（597）	长安县修仁乡故民赵长述铭，住在怀远坊	修仁乡考证5
醴成乡	《杨钦志》	开皇十九年（599）	薨于长安县醴成乡仁训里	醴成乡考证6
	《杨士贵志》	仁寿元年（601）	仁寿元年（601）正月二十六日长安县醴成乡恰恩里住居德坊民故杨士贵铭记	
淳化乡	《孙观暨妻王氏志》	开皇十七年（597）	因居京兆，属长安县淳化乡雅正里	淳化乡考证7
福阳乡	《田保洛暨妻王氏志》	仁寿元年（601）	合葬于雍州长安县福阳乡	福阳乡考证8
	《解方保志》	大业六年（610）	葬于京兆郡长安县福阳乡修福里之原	
	《秦僧伽志》	大业十一年（615）	合葬于长安县福阳乡龙仁里奉诚村辛保仁地葬[②]	
弘教乡	《陈叔兴志》	大业三年（607）	薨于长安县弘教乡务德里之第	弘教乡考证9
合郊乡	《扈志碑》	开皇十四年（594）	安厝于大兴城西南合郊乡修福里[③]	合郊乡考证10
	《辛瑾志》	开皇十四年（594）	葬于雍州长安县合交乡高阳原[④]	
洪固乡	《皇甫谦志》	开皇五年（585）	葬于长安县之洪固乡思台里[⑤]	洪固乡考证11
	《皇甫道爱志》	开皇五年（585）	葬于长安县之洪固乡思台里[⑥]	
神泉乡	《秦僧伽志》	大业十一年（615）	京兆郡长安县神泉乡表政里住在清化乡崇贤里前岷州当夷县令故秦僧伽，去开皇十三年（593）十二月亡[⑦]	神泉乡考证12

① 石存陕西省考古研究院。陕西省考古研究院：西安南郊隋李裕墓发掘简报，文物，2009年第7期，第4页。

② 据笔者自藏拓本著录，石存西安碑林博物馆。

③ （清）毛凤枝：关中金石文字存逸考，卷五，清光绪二十七年刊本，第14页。

④ 据笔者自藏拓本著录。

⑤ 2005年出土，石存陕西省考古研究院。

⑥ 2005年出土，石存陕西省考古研究院。

⑦ 据笔者自藏拓本著录，石存西安碑林博物馆。

续表

名称	墓志名称	志主卒年或葬年	墓志相关志文节录	考证文字编号
清化乡	《秦僧伽志》	大业十一年（615）	京兆郡长安县神泉乡表政里住在清化乡崇贤里前岷州当夷县令故秦僧伽，去开皇十三年（593）十二月亡[①]	清化乡考证 13
同乐乡	《高奣志》	大业四年（608）	京兆郡长安县同乐乡前遂州长江县令高奣[②]	同乐乡考证 14
沣鄗乡	《李世洛志》	大业五年（609）	葬于京兆郡长安县沣鄗乡高阳原界[③]	沣鄗乡考证 15
昆明乡	《宋叔彦志》	开皇十八年（598）	合葬于长安县昆明乡[④]	昆明乡考证 16
福民乡	《李公勣志》	大业五年（609）	窆于长安县福民乡之高阳原[⑤]	福民乡考证 17

考证（以下各条考证序号皆对应于表 6-6 中的考证文字编号）：

（1）《皇甫忍志》2005 年出土于西安市南郊长安区郭杜镇，《李裕志》2006 年亦出土于西安市南郊长安区郭杜镇，则今长安县郭杜镇及周边当即隋代布政乡辖地。唐代亦有布政乡，位于金光门至开远门外[⑥]，即今西安市土门一带。由此推知，隋代布政乡与唐代布政乡同名而异地。又，西安碑林博物馆藏唐咸亨四年（673）《韩宝才志》云：“殡于京城西布政之原小严村之左”[⑦]，该墓志出土于西安西郊，可证唐代布政乡确在京城之西，而稍异于隋代在京城之西南。唐会昌元年（841）《仇文义暨妻王氏志》亦云“厝于京兆长安县布政乡大郭里龙首原都门之西五里而近”[⑧]，则此“都门”即唐长安城西出三门中最北的开远门，而龙首原亦正在开远门外。

（2）唐代亦有归化乡。[⑨] 1990 年西安市西郊简家村热电厂工地出土的《唐杜道愿墓志》云：“雍州长安县归化乡故人杜道愿，住在蒿口南头第四家，故立

① 据笔者自藏拓本著录，石存西安碑林博物馆。

② 据笔者自藏拓本著录，石存西安碑林博物馆。

③ 据笔者自藏拓本著录。

④ 石存大唐西市博物馆。胡戟，荣新江：大唐西市博物馆藏墓志（上册），北京：北京大学出版社，2012 年版，第 42 页。

⑤ 2006 年出土，石存陕西省考古研究院。

⑥ 尚民杰：西安文物考古研究：西安市文物保护考古所成立十周年纪念，西安：陕西人民出版社，2004 年版，第 366 页。

⑦ 张宁等：隋唐五代墓志汇编·陕西卷（第 1 册），天津：天津古籍出版社，1991 年版，第 53 页。

⑧ 张宁等：隋唐五代墓志汇编·陕西卷（第 4 册），天津：天津古籍出版社，1991 年版，第 133 页。

⑨ 尚民杰：西安文物考古研究：西安市文物保护考古所成立十周年纪念，西安：陕西人民出版社，2004 年版，第 366 页。

铭记。显庆五年二月廿三日。”[①]

(3)《何雄志》2005年5月出土于西安市长安县郭杜镇杨村。唐代亦有龙门乡，在今西安市西郊龙首乡西。[②] 证以唐代墓志，显庆元年（656）《王谦暨妻素和氏志》云：“会葬于雍州长安县阿房宫东北龙门乡之原”[③]，1955年西安市西郊三桥出土永贞元年（805）云：《米继芬志》“安厝于长安县龙门乡龙首原”[④]，1959年西安市西郊枣园出土元和三年（808）《杨䓖志》云：“卜择京兆府长安县龙门乡龙首原安厝”[⑤]，皆可推知隋代龙门乡与唐代龙门乡的方位南北悬隔，存疑。又，唐永徽五年（654）《刘皆志》云：“葬于长安县昆明、龙门二乡界内阿城之东”[⑥]，则隋《何雄志》所谓“阿城里”，当指近于阿房宫之地，汉有阿城，本秦阿房宫也。以其墙壁崇广，故俗称阿城。

(4)《尉富娘志》清同治十年（1871）出土于长安县龙首乡，《元世斌志》出土于今西安市西郊。由此推知，隋代龙首乡当位于今西安市西郊。以唐代墓志为例，1989年西安市西郊远东公司基建工地出土唐开元十二年（724）《包宝寿志》云：“合葬于京城西龙首乡岐村界龙首京。”[⑦] 1954年西安市西门外出土唐大历四年（769）《元瓌暨妻新平县主志》云：“卜宅兆于京兆府长安县龙首乡岐村南。”[⑧] 然唐代长安、万年两县各有一龙首乡，《长安志》万年县载“龙首乡在县东一十五里”[⑨]，即城东之龙首乡，属万年县，位置在今韩森寨东南与郭家滩南。[⑩] 亦举唐代墓志为证，1952年西安市南郊新开门出土唐天宝十四年（755）《宋应志》云“权瘗于咸宁县延兴门外龙首乡之原”[⑪]。

---

① 西安市文物管理处：西安西郊热电厂基建工地隋唐墓葬清理简报，考古与文物，1991年第4期，第50页。

② 武伯纶：唐万年、长安县乡里考，考古学报，1963年第2期，第94页。

③ 吴纲：全唐文补遗（第七辑），西安：三秦出版社，2000年版，第257页。

④ 高峡等：西安碑林全集，卷八四，广州：广东经济出版社，深圳：海天出版社，1999年版，第3334页。

⑤ 高峡等：西安碑林全集，卷八五，广州：广东经济出版社，深圳：海天出版社，1999年版，第3390页。

⑥ 北京图书馆金石组：北京图书馆藏中国历代石刻拓本汇编（第12册），郑州：中州古籍出版社，1989年版，第118页。

⑦ 张蕴：唐包宝寿墓志考释，考古与文物，1999年第4期，第86页。

⑧ 高峡等：西安碑林全集，卷八二，广州：广东经济出版社，深圳：海天出版社，1999年版，第3050页。

⑨ （宋）宋敏求：长安志，卷一一，清乾隆五十二年灵岩山馆刊本，第2页上。

⑩ 武伯纶：唐万年、长安县乡里考，考古学报，1963年第2期，第88页。

⑪ 高峡等：西安碑林全集，卷八一，广州：广东经济出版社，深圳：海天出版社，1999年版，第2935页。

1986年西安市东郊马腾空砖厂出土唐开成二年（837）《兰氏志》云“葬于万年县龙首乡袁蔺村净福里于先茔之东”[①]。而城西之龙首乡则在今土门、枣园、阎庄一带[②]，与隋代龙首乡位置接近，盖沿隋之旧。而隋代大兴城万年县属则迄未有见龙首乡之设。

（5）墓志出土地在西安市西郊土门杈杨村[③]，疑即隋修仁乡辖地。唐代迄未见有此乡。

（6）《杨士贵志》出土地在西安市西郊土门杈杨村。结合同地所出开皇十七年（597）《赵长述志》之“修仁乡”，则一地有两乡名，推断此地或是当时两乡接壤处，或是两乡名称有所递改，并存俟考。唐代迄未见有此乡。

（7）按孙观葬于“万年”县，墓志却出土于西安市长安县郭杜镇杨村。若出土地即葬地，则今城南韦曲以西的郭杜镇一带在隋亦属万年县，此又有悖于明德门直南为两县划界之制，存疑。淳化乡的方位疑在都城之西北郊。又以同出于长安县郭杜镇杨村的仁寿元年《田保洛暨妻王氏志》“合葬于雍州长安县福阳乡”推之，更觉《孙观暨妻王氏志》葬于“万年”之说与墓志出土地信息容有一误。唐代迄未见有此乡。

（8）《田保洛暨妻王氏志》2005年5月出土于西安市长安县郭杜镇杨村，《解方保志》1999年出土于西安市长安县。可知福阳乡在隋代确为长安县所辖。《隋书》卷二九《地理志上》“雍州长安县”条小注云：“有仙都、福阳、太平等宫。”[④] 则福阳乡盖因福阳宫得名，而福阳宫的所在当属福阳乡地界。大业三年（607）改雍州为京兆郡，统二十二县。福阳乡在隋大兴城安化门以南，位置相当于长安县郭杜镇与祝村之间，此地偏西隋代有修仁乡。唐代亦有福阳乡，又有高阳乡。今据墓志，知福阳乡在隋大业前已有，而唐之福阳乡应是延用隋代乡名。又，福阳乡地处高阳原之西，高阳原为西北东南走向，则墓志所称“福阳乡修福里之原”当是指高阳原。另外，《解方保志》铭文还提到“玟瞻北渭，陇望南山，高阳有去，京落无还”，此“高阳”显然是指高阳原，亦即墓志的出土地“福阳乡修福里之原”。唐武德元年（618）《莫丽芳志》云：“窆于长安之

---

① 许自然，张蕴：西安市周围出土的三合唐墓志，考古与文物，1990年第4期，第72页。

② 武伯纶：唐万年、长安县乡里考，考古学报，1963年第2期，第94页。

③ 武伯纶：唐万年、长安县乡里考，考古学报，1963年第2期，第96页。

④ 隋书，卷二九，地理志上，北京：中华书局点校本，1973年版，第808页。

福阳乡”[①]，贞观十六年（642）《遂安王李安志》云：“葬于长安县福阳乡修福里高阳之原”[②]，上元三年（676）《阎庄志》云：“合葬于雍州乾封县福阳乡阳原里高阳原”[③]，皆可证知此乡名称确为唐代所承袭。又，开皇十六年（596）《何雄志》云“（葬）在雍州长安县龙门乡阿城里”[④]，而《何雄志》是与《田保洛志》同在2005年出土于长安县郭杜镇杨村，以此颇怀疑“福阳乡”是否为开皇年间“龙门乡”的改名（唐代的“龙门乡”在今西安西郊龙首乡西），或者今之杨村一带乃是当时两乡的交界处，值得再予考实。再以《何雄志》与《田保洛志》皆出于长安县郭杜镇杨村为证，福阳乡的位置约在隋大兴城安化门以南，即今长安县郭杜镇与祝村之间，此地偏西隋代又有修仁乡，到唐代不仅有福阳乡，更有了高阳乡，缘此地坐落在高阳原西段之故。

（9）《陈叔兴志》在西安市长安区韦曲镇民间征集，盖亦在今西安市南郊长安区一带出土。唐代迄未见有此乡。

（10）“合交乡”当即“合郊乡”，开皇十四年（594）《扈志墓志》云：“安厝于大兴城西南一十五里”[⑤]，正是《扈志碑》所云“大兴城西南合郊乡修福里”之地，而大兴城西南正属长安县。又，大业六年（610）《解方保志》云：“葬于京兆郡长安县福阳乡修福里之原”，则“合郊乡”与“福阳乡”或有前后更名关系。唐代迄未见有此乡。

（11）署“长安县洪固乡”者仅此两例，且都在开皇五年（585），而洪固乡名实多见属大兴县之记载，疑此或缘洪固乡乃处在两县之间而为时人误记为长安县所辖，待考。又疑“思台里”即“司台里”之同音异写。据开皇六年（586）《刘侠志》“葬于长安县高阳原司台里”，而其志出土于今长安县郭杜镇康都村西北大学新校区，则彼时长安县属乡可能亦有“洪固乡”之设。

（12）唐代亦有“神泉乡”，如麟德二年（665）《张通志》云：“合窆于京西

---

① 石存大唐西市博物馆。胡戟，荣新江：大唐西市博物馆藏墓志（上册），北京：北京大学出版社，2012年版，第60页。

② 吴纲：全唐文补遗（第七辑），西安：三秦出版社，2000年版，第244页。

③ 石存陕西师范大学博物馆。吴纲：全唐文补遗（第五辑），西安：三秦出版社，1998年版，第10页。

④ 石存西安市长安博物馆。王其祎，穆小军：长安县郭杜镇新出土隋代墓志铭四种，参阅西安碑林博物馆：碑林集刊（第十一辑），西安：陕西人民美术出版社，2005年版。

⑤ 石存大唐西市博物馆。胡戟，荣新江：大唐西市博物馆藏墓志（上册），北京：北京大学出版社，2012年版，第34页。

神泉乡马祖之原"①，咸亨元年（670）《解君妻赵夫人志》云"迁厝于长安县马祖原神泉乡"②，可知唐代"神泉乡"乃沿袭隋代乡名，且其地理位置应偏在长安城郊的西南马祖原一带。

（13）唐贞观六年（632）《戚纂妻赵夫人志》云"贞观六年五月廿九日雍州长安县清化乡宜君县开国子故戚纂妻赵夫人"③，则"清化乡"名或为唐承隋旧。

（14）新出土唐贞观十五年（641）《丘师志》云"合葬于长安县同乐乡细柳之原"④，大唐西市博物馆藏贞观二十年（646）《胡演志》云"合葬乎雍州长安县同乐乡仁智里之细柳原"⑤，西安碑林博物馆藏永徽五年（654）《李玄济志》云"葬于雍州长安县同乐乡宁安里之细柳原"⑥，由此知"同乐乡"乃唐承隋旧，且知同乐乡位置在隋唐长安城西南的细柳原上，亦即在汉昆明池南，当与隋昆明乡毗邻。

（15）顾名思义，"沣鄗乡"的地理位置当在长安县西南东跨沣水、西界鄠县，亦即当今西安市西南郊细柳镇以南一带。由此地理位置推之，沣水当与京兆郡的鄠县连界，而不当与扶风郡的鄗县有涉，故墓志中的"沣鄗乡"抑或是"沣鄠乡"之讹，一疑。

（16）昆明乡得名或当与汉昆明池有关，昆明池在长安城西南，周回四十里。《括地志》卷一《雍州长安县》云："丰、镐二水皆已堰入昆明池，无复流派。昆明池在雍州长安县西十八里。"⑦

（17）福民乡为仅见，无考。

（二）坊

隋代墓志中共检得大兴城内长安县属坊凡十三、存疑六坊，十三坊如表6-7所示。

---

① 石存陕西师范大学博物馆。王雪玲：新发现五种隋唐墓志考证，见：西安碑林博物馆：碑林集刊（第七辑），西安：陕西人民美术出版社，2001年版，第62-69页。

② 石存西安文物保护修复中心。姜宝莲等：西安新发现唐代解君赵夫人墓志，见：西安碑林博物馆：碑林集刊（第十辑），西安：陕西人民美术出版社，2004年版，第115-117页。

③ （清）陆增祥：八琼室金石补正，卷三〇，北京：文物出版社，1985年版，第195页。

④ 赵君平，赵文成：秦晋豫新出墓志蒐佚（第1册），北京：国家图书馆出版社，2011年版，第135页。

⑤ 石存大唐西市博物馆。胡戟，荣新江：大唐西市博物馆藏墓志（上册），北京：北京大学出版社，2012年版，第76页。

⑥ 赵力光：西安碑林博物馆新藏墓志汇编（上册），北京：线装书局，2007年版，第81页。

⑦ （唐）李泰等：括地志，贺次君辑校，北京：中华书局，1980年版，第11页。

表 6-7　隋代长安县所辖坊名表

名称	墓志名称	志主卒年或葬年	墓志相关志文节录	考证文字编号
太平坊	《杨文愻志》	开皇九年（589）	卒于京师太平坊舍	太平坊考证 1
	《杨孝偡志》	仁寿三年（603）	卒于京师太平坊宅	
弘德坊	《元仁宗志》	开皇十年（590）	卒于长安县归化乡弘德坊宅	弘德坊考证 2
颁政里	《陈沅陵王妃沈氏志》	大业四年（608）	薨于京兆郡长安县颁政里①	颁政里考证 3
	《施太妃志》	大业五年（609）	薨于颁政里	
隆政里	《元世斌志》	大业五年（609）	薨于隆政里之第	隆政里考证 4
延寿坊	《张神保志》	开皇十七年（597）	长安县弘教乡延寿坊民张神保砖铭	延寿坊考证 5
崇贤里	《秦僧伽志》	大业十一年（615）	京兆郡长安县神泉乡表政里住在清化乡崇贤里前岷州当夷县令故秦僧伽，去开皇十三年（593）十二月亡②	崇贤里考证 6
休祥里	《李静训志》	大业四年（608）	瘗于京兆长安县休祥里万善道场之内	休祥坊考证 7
醴泉里	《任轨暨妻薛氏志》	大业四年（608）	卒于长安之醴泉里	醴泉坊考证 8
	《解方保志》	大业六年（610）	卒于醴泉里	
怀远坊	《赵长述志》	开皇十七年（597）	开皇十七年（597）四月十九日雍州长安县修仁乡故民赵长述铭，住在怀远坊	怀远坊考证 9
居德坊	《杨士贵志》	仁寿元年（601）	长安县礼成乡恰恩里住居德坊民故杨士贵铭记	居德坊考证 10
丰邑（义）里	《尉永志》	开皇十五年（595）	薨于丰邑里③	丰邑里考证 11
	《裴遗业志》	开皇十一年（591）	卒于丰义里④	
待贤里	《贺拔定妃志》	开皇八年（588）	薨于待贤里之第⑤	待贤里考证 12
显行坊	《郭定洛志》	大业元年（605）	光禄寺供膳郭定洛，在显□坊馆西北角，去五十步，大业元年（605）三月二十五日身死□	显行坊考证 13

考证（以下各条考证序号皆对应于表 6-7 中的考证文字编号）：

（1）太平坊，唐承隋旧。乃朱雀街西第二街，北当皇城南面之含光门，街

① 周晓薇，王菁：兰蕙俱摧：陈朝妃子入隋后的蹇促命运，见：杜文玉：唐史论丛（第十六辑），西安：陕西师范大学出版社，2013 年版，第 126-133 页。

② 据笔者自藏拓本著录，石存西安碑林博物馆。

③ 拓笔者自藏拓本著录。参见周晓薇、王其祎：咸阳新出隋开皇十五年尉永基志释证，见：樊英峰等：乾陵文化研究（第八辑），西安：三秦出版社，2014 年版，第 388 页。

④ 石存西安碑林博物馆。王其祎，周晓薇：新出北齐聘高丽使主《裴遗业墓志》疏证，北方文物，2012 年第 2 期，第 66-69 页。

⑤ 石存大唐西市博物馆。胡戟，荣新江：大唐西市博物馆藏墓志（上册），北京：北京大学出版社，2012 年版，第 22 页。

西从北第一坊。《两京新记》载此坊“西门之北，定水寺”，小注曰：“隋开皇十年，荆州总管上明公杨文纪为禅师惠能所立。”[①] 坊又有隋尚书左仆射赵士茂（芬）宅（《金石萃編》卷三八《赵芬碑》云“薨于京師之太平里第”），西南隅有隋太保、薛国公长孙览妻郑氏舍宅所立实际寺（《长安志》卷九《太平坊》）。

（2）弘德坊，唐承隋旧，并改名崇德。《长安志》云崇德坊“本名弘德，神龙初改”[②]。由墓志知“弘德”为隋代坊名。乃朱雀街西之第二街，街西从北第四坊。坊西南隅有隋秦孝王俊仁寿元年（601）舍宅所立济度尼寺，寺有东门西门，东门本隋立道德尼寺，东北隅又有隋开皇二年（582）立月爱僧寺。[③]

（3）颁政里即颁政坊，唐承隋旧。乃朱雀街西之第三街，即皇城西之第一街，街西从北第三坊。坊南门之东有隋惠云寺，又有澄觉寺，大业七年（611）并废。十字街东之北有开皇三年（583）坊人田通所立建法尼寺，寺旁有陈临贺王叔敖母施太妃宅。[④] 据墓志知临贺王弟沅陵王妃沈氏先于施太妃一年亦卒于此坊。

（4）隆政里即隆政坊，唐承隋旧，后避玄宗讳改名布政坊。乃朱雀街西之第三街，即皇城西之第一街，街西从北第四坊。《两京新记》载此坊“西门之南，法海寺”，小注曰：“本隋江陵总管清水公贺拔华宅，开皇七年，为沙门法海舍宅奏立为寺，因以法海为名。”又，“北门之东，济法寺”，小注曰：“隋开皇二年，沙门法藏所立。”又“十字街东之北，明觉尼寺”，小注曰：“本隋御史大夫裴蕴宅。开皇中，太保河间王弘立为寺。”[⑤] 又，《长安志》卷一〇“布政坊”条小注云“本名隆政，避明皇名改”。此坊还有并废于大业、武德中的明法寺与道觉寺，东北隅又有隋右武侯府。[⑥]

（5）延寿坊，唐承隋旧。乃朱雀街西之第三街，即皇城西之第一街，街西从北第五坊。《两京新记》载此坊“南门之西，懿德寺”，本隋“慈门寺”，小注云：“隋开皇六年，刑部尚书万安公李圆通所立。”[⑦] 此坊东南隅有隋齐州刺史卢

---

① （唐）韦述撰，辛德勇辑校：两京新记辑校，西安：三秦出版社，2006年版，第26页。

② （宋）宋敏求：长安志，卷九，清乾隆五十二年灵岩山馆刊本，第9页下。

③ （唐）韦述撰，辛德勇辑校：两京新记辑校，西安：三秦出版社，2006年版，第27页。又参阅（宋）宋敏求：长安志，卷九，清乾隆五十二年灵岩山馆刊本，第9页下。

④ （唐）韦述撰，辛德勇辑校：两京新记辑校，西安：三秦出版社，2006年版，第31页。又参阅（宋）宋敏求：长安志，卷一〇，清乾隆五十二年灵岩山馆刊本，第1页下。

⑤ （唐）韦述撰，辛德勇辑校：两京新记辑校，西安：三秦出版社，2006年版，第33页。

⑥ （宋）宋敏求：长安志，卷一〇，清乾隆五十二年灵岩山馆刊本，第2页上。

⑦ （唐）韦述撰，辛德勇辑校：两京新记辑校，西安：三秦出版社，2006年版，第35页。又参阅：（宋）宋敏求：长安志，卷一〇，清乾隆五十二年灵岩山馆刊本，第2页下。

赍宅。又有隋惠觉寺，大业七年（611）废。[①] 慈门寺为隋唐间长安三阶教大寺之一，1997 年春，隋末唐初长安县丰德寺大德沙门智藏禅师武德八年（624）舍利塔铭出土于今西北工业大学附属小学校内，塔铭云“别为智藏禅师于慈门寺建斯灵塔”，此塔铭的出土地正在延寿坊南门内之西。[②]

（6）崇贤里即崇贤坊，唐承隋旧。乃朱雀街西之第三街，即皇城西之第一街，街西从北第八坊。《两京新记》载此坊“十字街北之西，大觉寺”，小注曰：“开皇三年，文帝医人周子粲所立。子粲家代方术，深为隋主所重。其地本粲之佛堂也。”又记“西门之南，法明尼寺”，小注曰：“开皇八年，长安富商王道买舍宅所立。”[③]《长安志》卷一〇“崇贤坊”小注曰：“隋有缘觉、融觉、贤觉三寺，并大业武德中废。”又记有“南门之西，海觉寺”，小注曰：“隋开皇四年，淮南公元伟舍宅为沙门法聪所立。”又，“街东之南，崇业尼寺”，小注曰：“本弘业寺，隋开皇十年，尼法觉立于法界之西，其地湫隘，大业三年，合州刺史崔凤舍宅移于此置。神龙元年改为崇业。”又于“法明尼寺”下注曰：“又有慈仁尼寺，本在法明寺西，开皇三年，隋大兴公主有女出家为尼，号曰女神师。隋帝为立此寺，至开元二年敕并入法明尼寺。”[④]

（7）休祥里即休祥坊，唐承隋旧。乃朱雀街西之第四街，即皇城西之第二街，街西从北第二坊。《两京新记》载此坊“东南隅，万善尼寺”，小注曰：“周宣帝大象二年立。开皇二年，度周氏皇后嫔御已下千余人为尼以处之也。”[⑤] 万善尼寺西又有大业元年（605）元德太子为尼善惠、玄懿所立慈和尼寺。[⑥] 唐墓志有永徽三年（652）《董僧利志》曰：“大业四年六月终于休祥之第。”[⑦]

（8）醴泉里即醴泉坊，唐承隋旧。乃朱雀街西之第四街，即皇城西之第二街，街西从北第四坊。《两京新记》此坊小注曰：“本名承明坊，开皇初缮筑此坊，忽闻金石之声，因掘得甘泉浪井七所，饮者疾愈，因以名坊及寺焉。”又记“西南隅，三洞女官观”，小注曰：“开皇七年所立也。”“观北，妙胜尼寺”，小注曰：“开皇三年，周平原公主立。”“十字街北之西，醴泉寺”，小注曰：“初，隋文于此

---

① （宋）宋敏求：长安志，卷一〇，清乾隆五十二年灵岩山馆刊本，第 2 页下。
② 呼林贵等：唐智藏禅师舍利塔铭的发现及相关历史地理问题探索，见：西安碑林博物馆：碑林集刊（第五辑），西安：陕西人民美术出版社，1999 年，第 60-65 页。
③ （唐）韦述撰，辛德勇辑校：两京新记辑校，西安：三秦出版社，2006 年版，第 41 页。
④ （宋）宋敏求：长安志，卷一〇，清乾隆五十二年灵岩山馆刊本，第 3 页下-第 4 页上。
⑤ （唐）韦述撰，辛德勇辑校：两京新记辑校，西安：三秦出版社，2006 年版，第 44 页。
⑥ （宋）宋敏求：长安志，卷一〇，清乾隆五十二年灵岩山馆刊本，第 5 页下-第 6 页上。
⑦ 周绍良，赵超：唐代墓志汇编续集，永徽 017，上海：上海古籍出版社，2001 年版，第 66 页。

置醴泉监，以甘泉水供御厨。开皇十三年，废监立寺焉。”[①] 又，清徐松《唐两京城坊考》卷四载醴泉坊“隋有光宝、救度二寺，大业、武德中废”[②]。

（9）怀远坊，唐承隋旧。乃朱雀街西之第四街，即皇城西之第二街，街西从北第七坊。《两京新记》载此坊“东南隅，大云经寺”，小注曰：“开皇四年，文帝为沙门法经所立。”又记此坊“十字街东之北，功德尼寺”，小注曰：“隋开皇七年，周宣帝女细腰公主所立，武德中移于此。”[③] 坊又有隋法宝寺，大业七年（611）废。大云经寺原为隋光明寺，唐武后初改焉。[④]《隋书·杨伯醜传》有“汝子在怀远坊南门道东北壁上”云云。[⑤]

（10）居德坊，唐承隋旧。乃朱雀街西之第五街，即皇城西之第三街，街西从北第四坊。《两京新记》此坊小注曰：“南街西出通金光门。坊内隋有依法、宝岸、凝观三寺，大业中废。”又记此坊“西北隅，普集寺”，小注曰：“开皇七年，突厥开府仪同三司鲜于遵义舍宅立寺。”[⑥] 又，东南隅，宝昌寺，隋开皇三年（583），敕大兴、长安两县各置一寺，因立宝昌、禅林二寺，东西相对，时人谓之县寺。其地本汉之圆丘。唐先天元年改“宝昌寺”为“先天寺”[⑦]。

（11）丰邑里即丰邑坊，唐承隋旧。乃朱雀街西之第五街，即皇城西之第三街，街西从北第八坊。《两京新记》中此坊，小注曰：“南街西通延平门。此坊多假赁方相、輀车、送丧之具。”又记此坊“东北隅，清虚观”，小注曰：“开皇七年，隋文为道士吕师玄所立。师玄却谷练气，故以清虚为名。”[⑧] 此坊隋唐两朝皆目为凶肆中的西肆，有旅舍而居人较少，见《李娃传》。又据隋《裴遗业志》云“卒于丰义里”而葬于长安高阳原，因疑“丰义里”与“丰邑里”为同一坊里的同音别写，而当以“丰邑里”为准。唐代沿用“丰邑里”之墓志案例有天宝元年（742）《韦昊志》云“终于丰邑里之私第”[⑨]，太和六年（832）《范

---

① （唐）韦述撰，辛德勇辑校：两京新记辑校，西安：三秦出版社，2006 年版，第 46 页。又参阅：（宋）宋敏求：长安志，卷一〇，清乾隆五十二年灵岩山馆刊本，第 6 页下。

② （清）徐松撰：唐两京城坊考，卷四，张穆校补，方严点校，北京：中华书局，1985 年版，第 117-118 页。

③ （唐）韦述撰，辛德勇辑校：两京新记辑校，西安：三秦出版社，2006 年版，第 50 页。

④ （宋）宋敏求：长安志，卷一〇，清乾隆五十二年灵岩山馆刊本，第 7 页上。

⑤ 隋书，卷七八，杨伯醜传，北京：中华书局点校本，1973 年版，第 1777 页。

⑥ （唐）韦述撰，辛德勇辑校：两京新记辑校，西安：三秦出版社，2006 年版，第 59 页。

⑦ （宋）宋敏求：长安志，卷一〇，清乾隆五十二年灵岩山馆刊本，第 9 页上。

⑧ （唐）韦述撰，辛德勇辑校：两京新记辑校，西安：三秦出版社，2006 年版，第 66 页。

⑨ 王育龙，程蕊萍：陕西西安新出唐代墓志铭五则，见：荣新江：唐研究（第七卷），北京：北京大学出版社，2001 年版，第 445-456 页。

孟容志》云“殁于长安丰邑里之旅舍”①。

(12）待贤里即待贤坊，唐承隋旧。乃朱雀街西之第五街，即皇城西之第三街，街西从北第九坊。《两京新记》此坊小注曰：“此坊隋初立天下诸州朝集使邸，故以待贤名之。”又记此坊“东北隅，会圣观”，小注曰：“开皇七年，隋文帝为秦孝王俊所立。”有“隋左领军大将军史万岁宅”②。

(13）大兴城里坊有辖于大兴县的“显国坊”和辖于长安县的“显行坊”，据辛德勇考证：“此‘显□坊馆’似属光禄寺官设馆舍。又案：此‘显□坊’或为此显行坊，或为大兴县所领皇城东第一街之显国坊，惟志文云去此显□坊馆西北角‘五十步’，系指墓穴位置，在外郭城坊内葬人，极为罕见，应当是在居民非常稀少的地方。……显行坊南抵城垣，坊内没有任何重要建置，‘耕垦种植，阡陌相连’的情形要更为明显，从而也更有可能将墓地设在坊内，因而姑且将郭定洛居馆系于此坊。”③显行坊位于朱雀街西之第四街，即皇城西之第二街，街西从北第十一坊，“坊南街抵京城之南面”④，唐承隋旧，长安中避中宗讳改“昭行坊”⑤。

附：存疑待考六坊，如表 6-8 所示。

表 6-8　长安县所辖存疑坊名表

名称	墓志名称	志主卒年或葬年	墓志相关志文节录	考证文字编号
务仁里	《李裕志》	大业元年（605）	薨于雍州长安县之务仁里⑥	务仁里考证 1
雅正里	《萧绍志》	开皇十七年（597）	终于长安县雅正里宅	雅正里考证 2
	《孙观暨妻王氏志》	开皇十七年（597）	因居京兆，属长安县淳化乡雅正里	
仁训里	《杨钦志》	开皇十九年（599）	薨于长安县醴成乡仁训里	仁训里考证 3
通明里	《李景亮志》	大业元年（605）	卒于通明里第	通明里考证 4
务德里	《陈叔兴志》	大业三年（607）	薨于长安县弘教乡务德里之第⑦	务德里考证 5
表政里	《秦僧伽志》	大业十一年（615）	京兆郡长安县神泉乡表政里住在清化乡崇贤里前岷州当夷县令故秦僧伽，去开皇十三年（593）十二月亡⑧	表政里考证 6

① 陕西省考古研究所：唐范孟容墓发掘简报，考古与文物，2005 年第 2 期，第 13-17 页。
② （唐）韦述撰，辛德勇辑校：两京新记辑校，西安：三秦出版社，2006 年版，第 67 页。
③ 辛德勇：隋大兴城坊考稿，燕京学报，2009 年第 2 期，第 36 页。
④ （唐）韦述撰，辛德勇辑校：两京新记辑校，西安：三秦出版社，2006 年版，第 55 页。
⑤ （宋）宋敏求：长安志，卷一〇，清乾隆五十二年灵岩山馆刊本，第 8 页下。
⑥ 石存陕西省考古研究院。陕西省考古研究院：西安南郊李裕墓发掘简报，文物，2009 年第 7 期，第 4-20 页。
⑦ 王其祎，周晓薇：隋代墓志铭汇考（第 3 册），北京：线装书局，2007 年版，第 238 页。
⑧ 据笔者自藏拓本著录，石存西安碑林博物馆。

考证（以下各条考证序号皆对应于表 6-8 中的考证文字编号）：

（1）隋大兴城无“务仁里”，隶属大兴县下则有“崇仁”、“宜仁”、“亲仁”和“务本”诸坊，辖于长安县下则无含有“务”字与“仁”字坊里名，唐长安城亦未有“务仁里”，因不详是否为大兴城内里坊名，姑备此待考。

（2）隋大兴城无“雅正里”。辛德勇考证，“雅正里”或即“隆政里”之形讹①，聊备一说。然亦有可能是开皇时名“雅正”而大业时改名“隆政”。

（3）隋大兴城无“仁训里”，未详是否大兴城内里坊？姑备此待考。据前文“醴成乡”条知该乡约在今西安市土门杈杨村一带。

（4）隋大兴城无“通明里”，大兴县所辖有开明、通善二坊，长安县所辖有昌明、通义二坊，故未详“通明里”是否大兴城内里坊？又，《长安志》卷六《宫室四西内章》云“西面二门，南曰通明门，北曰嘉猷门”②，不知与“通明里”有无关系。姑备此待考。

（5）隋大兴城无“务德里”，有长安县所辖怀德、道德、弘德三坊，大兴县所辖广德、安德二坊，故未详“务德里”是否大兴城内里坊？姑备此待考。又据前文“弘教乡”条考证，知“务德里”所在乡或当位于今西安市南郊长安区一带。

（6）隋大兴城无“表政里”，有长安县辖颁政、隆政二里和大兴县辖立政、修政二里，故未详“表政里”是否大兴城内里坊？姑备此待考。

（三）里

检索隋志，得长安县所辖城郊里名凡十，如表 6-9 所示。

表 6-9　隋代长安县所辖里名表

名称	墓志名称	志主卒年或葬年	墓志相关志文节录	考证文字编号
司台里	《刘侠志》	开皇六年（586）	卜葬于长安高阳原司台里	司台里考证 1
延侏里	《皇甫忍志》	开皇九年（589）	窆于长安县布政乡延侏里	延侏里考证 2
阿城里	《何雄志》	开皇十六年（596）	（葬）在雍州长安县龙门乡阿城里	阿城里考证 3
恰恩里	《杨士贵志》	仁寿元年（601）	长安县醴成乡恰恩里住居德坊民故杨士贵铭记	恰恩里考证 4
隆安里	《元世斌志》	大业五年（609）	权殡于大兴城西龙首乡隆安里之山	隆安里考证 5
兴台里	《尉富娘志》	大业十一年（615）	窆于京兆郡长安县龙首乡兴台里	兴台里考证 6
修福里	《解方保志》	大业六年（610）	葬于京兆郡长安县福阳乡修福里之原	修福里考证 7

① 辛德勇：隋大兴城坊考稿，燕京学报，2009 年第 2 期，第 30 页。

② （宋）宋敏求：长安志，卷六，清乾隆五十二年灵岩山馆刊本，第 1 页下。

续表

名称	墓志名称	志主卒年或葬年	墓志相关志文节录	考证文字编号
正隆里	《梁瓷志》	开皇十年（590）	长安□……□正隆里□……□梁瓷□[①]	正隆里考证 8
龙仁里	《秦僧伽志》	大业十一年（615）	合葬于长安县福阳乡龙仁里奉诚村辛保仁地葬[②]	龙仁里考证 9
思台里	《皇甫谦志》	开皇五年（585）	葬于长安县之洪固乡思台里[③]	思台里考证 10
	《皇甫道爱志》	开皇五年（585）	葬于长安县之洪固乡思台里[④]	

考证：（以下各条考证序号皆对应于表 6-9 中的考证文字编号）

（1）《刘侠志》2004 年 3 月出土于长安县郭杜镇康都村西北大学新校区，由此可以确定司台里之具体方位。又见开皇五年（585）《皇甫谦志》与《皇甫道爱志》皆“葬于长安县之洪固乡思台里”，因疑“长安县高阳原司台里”当与同属长安县的“洪固乡思台里”为同一乡里。参见长安县之“洪固乡”条考证。

（2）《皇甫忍志》2005 年 6 月出土于西安市长安县郭杜镇。由出土位置推之，延侏里当在司台里之北。

（3）《何雄志》2005 年 5 月出土于西安市长安县郭杜镇杨村。参见前“龙门乡”条。

（4）《杨士贵志》于西安市西郊土门杈杨村出土。

（5）《元世斌志》出土于西安市西郊。《陕西金石志》卷九载唐显庆四年（659）《皇甫文钦志》“葬于龙首原隆安之里”[⑤]，则唐代“隆安里”当亦在城西，或即承隋之旧。

（6）《尉富娘志》清同治十年（1871）出土于长安县龙首乡。长安城东西各有一龙首乡，此云长安县，则在城西。《西安历史地图集》“唐长安县、万年县乡里分布图”标注唐“兴台里”于城西开远门外[⑥]，以唐墓志为例，永徽元年（650）《刘世通妻王氏志》云：“大唐雍州长安县龙首乡兴台里，永徽元年岁次庚戌四月己巳朔五日癸酉故刘世通夫人王氏，……葬于兴台村南三百步。”[⑦] 是

---

① 石藏西安市文物保护考古所。

② 据笔者自藏拓本著录，石存西安碑林博物馆。

③ 2005 年出土，石存陕西省考古研究院。

④ 2005 年出土，石存陕西省考古研究院。

⑤ 武树善：陕西金石志，卷九，民国二十二年（1933）铅印本，第 8 页。又见：周绍良，赵超：唐代墓志汇编（上册），显庆 114，上海：上海古籍出版社，1992 年版，第 302 页。

⑥ 史念海：西安历史地图集，西安：西安地图出版社，1996 年版，第 78 页。

⑦ 中国文物研究所，陕西省古籍整理办公室：新中国出土墓志·陕西贰，北京：文物出版社，2003 年版，第 24 页。

知兴台里乃唐承隋旧。

(7)《解方保志》1999年于西安市长安县出土。唐代亦有修福里，今长安县祝村乡东祝村出土唐贞观十六年（642）《遂安王李安志》云“葬于长安县福阳乡修福里高阳之原”[①]，据此可推知隋代修福里当亦在今长安县祝村乡东祝村一带。又据开皇十四年（594）《扈志碑》“安厝于大兴城西南合郊乡修福里”[②]，知大兴县属合郊乡亦有“修福里”，疑合郊乡后改名福阳乡，参详长安县“合郊乡”条考证。

(8)《梁鉴志》1990年出土于西安市西郊热电厂基建工地，当今西安市简家村一带。案隋大兴城无“正隆里”，有“永隆里”、“隆政里”，皆属长安县。墓志残文亦不详“正隆里”是志主之居住地抑或葬地，今据墓志出土地归“正隆里”于大兴城西，属长安县，亦即归为大兴城外里名。

(9) 龙仁里属长安县福阳乡，亦即其地在大兴城西。隋大兴城坊有大兴县所辖崇仁、宣仁、亲仁三里，皆与此无涉。

(10) 参见前文“司台里”条考证。

（四）村

长安县所属村名，隋志中得二例。

杜村：开皇六年（586）《郁久闾伏仁志》“葬于长安城西六里杜村西”。知杜村属长安县，位于城西，距城6里。墓志所见晚唐长安城西有张杜村，如长庆四年（824）《李霸墓志》“将葬于长安县龙首原承平乡张杜村”，会昌五年（845）《张士清墓志》“葬于京兆府长安县承平乡张杜村”，两志皆1990年于西安市西郊简家村热电厂工地出土[③]，因疑唐之张杜村即隋之杜村。

奉诚村：大业十一年（615）《秦僧伽志》“合葬于长安县福阳乡龙仁里奉诚村辛保仁地葬”[④]。奉诚村在隋唐文献中未见记载。

（五）原

检索隋志，得长安县所辖原名凡三，如表6-10所示。

---

① 吴纲：全唐文补遗（第七辑），西安：三秦出版社，2005年版，第244页。

② 详参上海书画出版社：隋扈志碑，上海：上海书画出版社，2003年版，第38-39页。

③ 西安市文物管理处：西安西郊热电厂基建工地隋唐墓葬清理简报，考古与文物，1991年第4期，第50页。

④ 据笔者自藏拓本著录，石存西安碑林博物馆。

表 6-10　长安县所辖原名表

名称	墓志名称	志主卒年或葬年	墓志相关志文节录	考证文字编号
高阳原	《宋胡志》	开皇五年（585）	盖题：葬于城南高阳源，志文亦云：窆于高阳原	高阳原考证 1
	《刘侠志》	开皇六年（586）	卜葬于长安县高阳原司台里	
	《田悦暨妻赵氏志》	开皇六年（586）	葬于大兴城西南十有余里高阳原之所	
	《于宽志》	开皇六年（586）	窆于长安之高阳原①	
	《田闰志》	开皇九年（589）	葬于高阳之原②	
	《吕思礼暨妻辛氏志》	开皇十二年（592）	合葬于高阳原	
	《郁久闾可婆头志》	开皇十二年（592）	迁葬于京兆之高阳原	
	《薛贵珎志》	开皇十二年（592）	合窆于雍州长安县之高阳原③	
	《辛瑾志》	开皇十四年（594）	葬于雍州长安县合交乡高阳原④	
	《刘仁恩志》	开皇十四年（594）	还葬长安县高阳原⑤	
	《郭均志》	开皇十五年（595）	归葬于长安之高阳原⑥	
	《李裕志》	大业元年（605）	卜葬于雍州长安县布政乡高阳之原⑦	
	《李世洛志》	大业五年（609）	葬于京兆郡长安县沣鄗乡高阳原界⑧	
	《李公勣志》	大业五年（609）	窆于长安县福民乡之高阳原⑨	
	《于纬志》	大业十二年（616）	合葬于京兆郡长安县之高阳原⑩	
	《于懿志》	大业十二年（616）	迁葬于京兆郡长安县之高阳原⑪	
龙首原	《董美人志》	开皇十七年（597）	葬于龙首原	龙首原考证 2
	《石暎暨妻孙氏志》	仁寿四年（604）	葬公于长安龙首原	
北原	《辛辉兰志》	开皇三年（583）	窆雍州北原洪同川⑫	北原考证 3
	《王珎志》	开皇五年（585）	合葬于长安县之北原⑬	

---

① 石存大唐西市博物馆。胡戟，荣新江：大唐西市博物馆藏墓志（上册），北京：北京大学出版社，2012 年版，第 20 页。

② 据笔者自藏拓本著录。

③ 据赵力光先生 2013 年 6 月提供该墓志拓本著录。

④ 据笔者自藏拓本著录。

⑤ 石存大唐西市博物馆。胡戟，荣新江：大唐西市博物馆藏墓志（上册），北京：北京大学出版社，2012 年版，第 36 页。

⑥ 石存大唐西市博物馆。胡戟，荣新江：大唐西市博物馆藏墓志（上册），北京：北京大学出版社，2012 年版，第 38 页。

⑦ 石存陕西省考古研究院，陕西省考古研究院：西安南郊李裕墓发掘简报，文物，2009 年第 7 期，第 4-20 页。

⑧ 据笔者自藏拓本著录。

⑨ 2006 年出土，石存陕西省考古研究院。

⑩ 石存大唐西市博物馆。胡戟，荣新江：大唐西市博物馆藏墓志（上册），北京：北京大学出版社，2012 年版，第 54 页。

⑪ 齐运通：洛阳新获七朝墓志，北京：中华书局，2012 年版，第 63 页。

⑫ 据笔者自藏拓本著录。

⑬ 据笔者自藏拓本著录，石存西安碑林博物馆。

考证（以下各条考证序号皆对应于表 6-10 中的考证文字编号）：

（1）《长安志》卷一二《长安县》载“高阳原在县西南二十里”①，所举盖与隋之高阳原主干范围相当，并与今之高阳原分布范围基本一致，即主要分布在今西安市正南偏西一带，为西北东南走向。西望细柳原，东瞻韦曲凤栖、鸿固原，南接交水，北至定昆池。唐称高阳原者，又多在城南偏西。例如，唐上元三年（676）《阎庄志》云“以岁次景子十一月乙丑朔八日壬寅合葬于雍州乾封县福阳乡阳原里高阳原”②，2002 年长安区郭杜镇茅坡村南出土唐开元二十四年（736）《孙承嗣志》云“祔葬于长安县义阳乡高阳原”③，此“义阳乡”在隋属大兴县，见前“义阳乡”条。又见北周天和五年（570）《尔绵永碑》云“葬于京城南高阳原高司里”④，建德三年（574）《步陆逞碑》云“葬于京兆之高阳原”⑤。以北周京城在隋大兴城西，故墓志葬地乃在隋大兴城西南之高阳原一段。

（2）《雍录》卷一“龙首山龙首原”条记载：汉长安城在龙首山上，周丰、镐之东北也。龙首山来自樊川，其初由南向北，行至渭滨，乃始折转向东。汉之未央，据其折东高处，以为之基，地形既高，故宫基不假累筑，直出长安城上。张衡《西京赋》曰：“疏龙首以抗殿。”抗者，引而高之之谓也。《水经》、《关中记》及《三秦记》所载形势略同，且曰：“此山长六十里，头入渭水，尾达樊川，头高二十丈，尾渐下可六七丈，色赤，旧传有黑龙从南山出，饮渭水，其行道因行成迹也。”由此推之，则此山并渭折东之地，高于初出樊川时也。汉世既据其上立未央宫矣，而其山势尚且东趋，亦皆高出平地，唐大明宫又遂据其趋东之陇，以为之址，故正殿之名含元者，高于平地至四十尺也。若夫此山方发樊川而未及折东也，其北行之势，垂坡东下，以为平原，是为龙首原也。原有六坡，隐起平地。隋文帝包据六坡，以为都城，名曰大兴，以其正殿亦名大兴。大兴殿所据，即其东垂之坡，自北而南第二坡也。从平地言之，则坡陁而高，然不能贯山以为之高，是故命其原以为龙首原也。⑥

《类编长安志》卷七“龙首原”条载：

---

① （宋）宋敏求：长安志，卷一二，清乾隆五十二年灵岩山馆刊本，第 4 页上。

② 吴纲：全唐文补遗（第五辑），西安：三秦出版社，1998 年版，第 10 页。

③ 张全民等：唐孙承嗣夫妇墓发掘简报，考古与文物，2005 年第 2 期，第 18 页。

④ （北周）庾信撰，徐逸民校点：庾子山集注，卷一六，北京：中华书局，1980 年版，下册，第 859 页。

⑤ （北周）庾信撰，徐逸民校点：庾子山集注，卷一六，北京：中华书局，1980 年版，下册，第 763 页。

⑥ （宋）程大昌撰：雍录，黄永年点校，北京：中华书局，2002 年版，第 20-21 页。

《三秦记》："龙首原，起自南山东义谷浐水西岸，至长乐坡西北，屈曲至长安古城，六七十里，皆龙首原。隋唐宫殿，皆依此原。"①

可知汉有龙首山，龙首原名称盖本于龙首山，即"此山方发樊川而未及折东也，其北行之势，垂坡东下，以为平原，是为龙首原也"。历代于此地皆有所营造。例如，汉代立未央宫，隋代修大兴城，唐代建大明宫。其实，龙首原面积十分广阔，从城西经城北而绵延到城东，故城之东西皆有龙首原、龙首乡之谓。史念海《唐长安城外龙首原及其邻近的小原》归纳龙首原的范围：北由渭水之滨，向南直到樊川，东抵浐水甚至浐水以东，西界达到丰水的下游。其范围内还包括了少陵原、洪固原和凤栖原。而今天常说的龙首原，其南界就到隋唐长安城东南的凤栖原。② 以此推之，《董美人志》只说"葬于龙首原"，《石暎暨妻孙氏志》只说"葬公于长安龙首原"，其地究竟是城西，还是城东，尚不能确定。但因为有了这两条依据，史念海先生"在隋初筹建都城之时尚无龙首原的名称"的推断③，以及"隋时诏书中虽然说到'川原秀丽'，可是现在见到的隋时墓志，却未见有称龙首原的。可能是到唐时才习用起来的"进一步推测④，似可以再予以补充修正，即至迟在开皇十七年（597）已有了龙首原的名称，而非"唐时才习用起来的"。又以隋有龙首乡在城西，则隋代龙首原之谓盖亦由城西缘起。那么《董美人志》与《石暎暨妻孙氏志》的葬地也就应该是在隋大兴城西的龙首乡一带。

（3）"雍州北原"当即咸阳北原，其东段或属长安县，近于长安城西北。"长安县之北原"当即咸阳北原之东段，属长安县，近于长安城西北。又，开皇二十年（600）《宇文穆志》云："合葬于咸阳县城国乡之山"⑤，然周隋两朝皆无咸阳县之设，有咸阳郡，开皇初废。"城国乡"名称亦为仅见。以宇文氏家族大茔乃在咸阳北原推之，"城国乡之山"或即在此地。北原之名在北周已有出现，如天和五年（570）《萧太志》云"葬于长安北原"⑥。建德元年（572）《步陆孤

---

① （元）骆天骧撰：类编长安志，卷七，原丘，黄永年点校，北京：中华书局，1990年版，第209页。

② 史念海：唐长安城外龙首原上及其邻近的小原，中国历史地理论丛，1997年第2期，第15-32页。

③ 史念海：黄土高原的演变及其对汉唐长安城的影响，河山集（九集），西安：陕西师范大学出版社，2006年版，第200页。

④ 史念海：唐长安城外龙首原上及其邻近的小原，中国历史地理论丛，1997年第2期，第15页。

⑤ 据笔者自藏拓本著录。

⑥ （北周）庾信撰，徐逸民校点：庾子山集注，卷一六，北京：中华书局，1980年版，下册，第1008页。

氏志》云“归葬长安之北原”①。又，北周又有“北陵原”之称，盖亦即“北原”，如建德三年（574）《拓拔竞夫人尉迟氏志》“葬于京兆之北陵原”②。

（六）山

龙首山：开皇九年（589）《杨涣志》云：“公曾游龙首山阳，徘徊临眺，乃叹曰死而得地，斯之是乎？先坟虽在本乡，弃骨魂归，何劳过烦生者，即以九年十月廿五日卜葬其所。”③ 由知其葬地乃在长安龙首山，亦即大兴城西的龙首乡原，此是隋唐两朝墓葬的集中地域。杨涣旧籍为弘农华阴，而中古大族弘农杨氏最重视于卒葬祖茔，惟杨涣不附大茔者，乃是缘其生前有此卒葬长安龙首山之夙愿，遂无可厚责。杨涣卒后遗言不葬于本乡华阴，而葬在都城龙首山阳，不仅是出于“何劳过烦生者”之心怀，还因为是看上了龙首山阳宜于安置阴宅的风水形胜。开皇二年（582）六月，隋文帝有诏略云：“龙首山川原秀丽，卉物滋阜，卜食相土，宜建都邑，定鼎之基永固，无穷之业在斯。”④ 遂建新都大兴城于龙首山原。隋墓志所见还有著名的开皇十七年（597）《董美人志》、开皇十七年（597）《张通妻陶贵志》、大业十一年（615）《尉富娘志》、大业十二年（616）《宋永贵志》等都葬在城西的龙首乡原。又，龙首原从城西北蜿蜒到城东北，甚至到城东南，故在唐墓志中亦有见葬于城东而题龙首原者，如唐开元二十四年（736）《公主李倕（字淑娴）墓志》曰“迁厝于龙首原”，其铭文云：“翠萼之北，皇城之东，伤彼白玉，沉于此中。”⑤ 皇城之东正点明了其葬地在长安城东。详参前文“龙首原”条考证。

（七）水

高官、沣水：开皇二年（582）《梁暄志》云：“窆于长安县界族正李端下、高官沣水之南。”墓志于 2004 年 5 月在西安市长安县沣水南岸出土。“高官沣水之南”是指高官（属鄠县）和沣水（属长安）两河之南。“高官”在唐以后至今

---

① （北周）庾信撰，徐逸民校点：庾子山集注，卷一六，北京：中华书局，1980 年版，下册，第 1029 页。

② （北周）庾信撰，徐逸民校点：庾子山集注，卷一六，北京：中华书局，1980 年版，下册，第 1068 页。

③ 据赵振华先生提供拓本图版著录。

④ 隋书，卷一，高祖上，北京：中华书局点校本，1973 年版，第 17-18 页。

⑤ 2001 年于西安城东西安理工大学新校区基建工地出土，石存陕西省考古研究院。

又多称“高观”或“高冠”，据墓志知“高官”乃是更古之谓。唐代诗人岑参即有别业在高冠谷口，如其诗《还高冠潭口留别舍弟》、《初授官题高冠草堂》。宋代张礼《游城南记》云：“紫阁之东有高观峪，岑参作高冠，蒋之奇作高官，未知孰是。”[①] 今据《梁暄志》可知“高官”的称谓更早。沣水是北入渭水的一大支流，“其源在雍州长安县西南沣谷”[②]。《水经注》云：“丰水出丰溪，西北流分为二水，一水东北流为枝津，一水西北流，又北，交水自东入焉。又北，昆明池水注之。又北，迳灵台西，又北至石墩注于渭。”[③]《类编长安志》卷六“高观谷水”条曰：“在鄠县东南三十里，阔三步，深一尺，其底并碎沙石。北流入长安县界，合丰水。”[④] 同书同卷“沣水”条曰：“《水经注》：‘沣水，出南山沣谷，北流至长安县西北堰头元村周文王庙，西合于渭。’”[⑤] 由此可知，高官与沣水皆出终南山，高官在东，沣水在西，高官河出高冠谷东北流，沣水出沣谷西北流，至户县秦渡镇交会，成为户县、长安两县界河，仍称沣水（沣为正流，高官为支流），北向入渭。两河汇流形成的夹角地带便是两河之南岸，亦即《梁暄志》葬地的基本方位。

（八）川

洪同川：开皇三年（583）《辛辉兰志》云“窆雍州北原洪同川”[⑥]。雍州始置于开皇三年（583），墓志葬于三年正月二十日，时间差相符合。而“洪同川”名称为仅见，因墓志出土地信息失存，故无法详确其地理位置。然既言雍州北原，则当在京城西北方向，抑或近于咸阳北原，而周隋唐之间咸阳有洪渎原、洪渎川，与此洪同川名称略近。如北周建德二年（573）《宇文显和志》“迁葬于咸阳长安县之洪渎原”[⑦]。参详前文长安县“北原”条考证。

综上，对隋代大兴、长安两县所辖乡、里、坊、村的考补名目，总计为：大兴县属乡十六、坊八（含存疑二坊）、里十二、村一、原六、其他三；长安县属乡十七、坊十九（含存疑六坊）、里十、村二、原三、山一、水一、川一。

---

① （宋）张礼撰，史念海，曹尔琴校注：游城南记校注，西安：三秦出版社，2003年版，第132页。
② （唐）李泰等撰：括地志，卷一，贺次君辑校，北京：中华书局，1980年版，第10页。
③ （北魏）郦道元撰，（清）王先谦校：水经注，卷一九，成都：巴蜀书社，1985年版，第327页。
④ （元）骆天骧撰：类编长安志，卷六，黄永年点校，北京：中华书局，1990年版，第176页。
⑤ （元）骆天骧撰：类编长安志，卷六，黄永年点校，北京：中华书局，1990年版，第172页。
⑥ 据笔者自藏拓本著录。
⑦ （北周）庾信撰，徐逸民校点：庾子山集注，卷一六，北京：中华书局，1980年版，下册，第956页。

本节所涉及的内容，大致可分为两部分——自然地理名称和人文地理名称。自然地理名称是指原、水等主要受自然条件影响而形成的地理单元，因为影响其形成的因素变化比较缓慢，所以自古以来其范围、分布变化不大，其名称大多流传至今，前贤也有较多的考说，故主要以归结印证为主。而人文地理名称是指乡、坊、里、村等基本行政单位，多受经济、人口及统治阶层思想制度的影响，所以变化较大。因隋代历史短促，留下的史籍文献资料甚少，可供考证的依据更多的是近世以来出土的隋代墓志铭等石刻文献，因此能够据以考补的地名仍有一定的局限性。例如，本节考证大兴县有十六乡、八坊（含存疑二坊）、十二里、一村，大多集中在今西安市南郊长安县韦曲镇以南以北一带，以及东郊灞桥区韩森寨、郭家滩和洪庆街一带。长安县有十七乡、十九坊（含存疑六坊）、十里、二村，大多集中在今西安市长安县郭杜镇一带，以及西郊土门一带。今西安市及其周边大部分区域在隋代的地名还有待稽考落实。《隋书》卷二九《地理志上》云京兆郡“统县二十二，户三十万八千四百九十九”，则隋代京兆郡平均每县 14 022 户（自然位于都城的大兴、长安两县人口要较多一些）。而《旧唐书》卷三八《地理志》云京兆府“天宝领县二十三，户三十六万二千九百二十一”①，则唐京兆府平均每县一万五千七百七十九户。按“百户为里，五里为乡”② 的规制，唐代（天宝时）都城两县所辖乡比隋代都城两县所辖乡约多四乡。宋敏求《长安志》卷一一《万年县》和卷一二《长安县》分别注明“唐四十五乡”③ 和“唐五十九乡”④，而若以此推算，隋代大兴、长安两县至少应管辖 100 乡、500 里，然本节所考补之乡、里数仅相当于其近 1/3 和约 1/23。再从城内坊的数量看，大兴城初建时有 109 坊，而本节只能印证 19 坊，仅相当于总数的 1/6。这都说明本节所举证的地名与隋代大兴、长安两县实际所辖乡、坊、里、村的数目还相去尚远，还有待不断利用更丰富的新数据陆续补正，以期逐渐趋近和澄清隋代西京大兴城及其四郊历史地理之原貌。

最后，仅将隋墓志所见西京大兴城万年、长安两县地名归总，如表 6-11 所示。

---

① 旧唐书，卷三八，地理志，北京：中华书局点校本，1975 年版，第 1396 页。

② （唐）李林甫等撰：唐六典，陈仲夫点校，北京：中华书局，2005 年版，第 73 页。

③ （宋）宋敏求：长安志，卷一一，清乾隆五十二年灵岩山馆刊本，第 1 页下。

④ （宋）宋敏求：长安志，卷一二，清乾隆五十二年灵岩山馆刊本，第 1 页下。

表 6-11　隋代墓志所见西京大兴城万年、长安两县地名总表

大兴县所辖地名		长安县所辖地名		属县未详地名	
乡（16）	洪（鸿）固乡、洪原（源）乡、宁安乡、安道乡、浐川乡、安盛乡、义阳乡、大明乡、御肃（宿）乡、高平乡、永宁乡、义成乡、进贤乡、弘政乡、永寿乡、积道乡	乡（17）	布政乡、归化乡、龙门乡、龙首乡、修仁乡、醴成乡、淳化乡、福阳乡、弘教乡、合郊乡、洪固乡、神泉乡、清化乡、同乐乡、沣鄗乡、昆明乡、福民乡	乡	
坊（城内）（6）	道兴坊、静安坊、安邑坊、宣平坊、永嘉坊、常乐坊	坊（城内）（13）	太平坊、弘德坊、颁政坊、隆政坊、延寿坊、休祥坊、醴泉坊、怀远坊、居德坊、丰邑坊、待贤坊、崇贤坊、显行坊	坊（城内）（8）	敬仁里、永吉里、务仁里、雅正里、仁训里、通明里、务德里、表政里
里（城外）（12）	永寿里、畤（胄）贵里、长乐里、孝义里、贵安里、阳原里、孝曲里、洪原里、洪济里、延信里、通明里、黄原里	里（城外）（10）	司台里、延侏里、阿城里、恰恩里、隆安里、兴台里、修福里、正隆里、龙仁里、思台里	里（城外）	
村（1）	李村	村（2）	杜村、奉诚村	村	
原（5）	小陵原、高阳原、神和原、白鹿原、杜原	原（3）	高阳原、龙首原、北原	原、山	
水、川		山、水、川（4）	龙首山、高官、沣水、洪同川	水、川	
其他（3）	霸城、韦曲、杜陵	其他		其他	

第二节　东都洛阳城坊与四郊地名稽考

洛阳是汉魏旧都所在，而相对于隋唐之东都，其都城在具体地理方位上，本有所参差。北魏洛阳城东至七里桥，南临洛水，西近张方桥，北达邙山。而隋朝建都，则舍弃早已颓败的汉、魏洛阳故城，西移十八里，距周王城东五里，另置新都。其范围北拒邙山，南临龙门，西至谷水，东跨瀍河，洛河横贯城中，颇具河汉气象。据考古实测，城的东北角在今唐寺门，东南角在今城角村，西南角在今古城村，西北角在今苗沟村西南。

本节旨在以所能见知的隋代墓志铭为基本素材，如《隋代墓志铭汇考》与新近出土的隋代墓志铭，并结合传世文献与今人的成果[①]，对隋代东都洛阳城及其四郊的河南与洛阳两县所辖乡、里、村、原、园、桥、山、屯等地名，分门别类地稽考订补。又为避免文字上繁冗，特分别列表，以使读者清晰可见所述各类地名及笔者的相关解析考说。

据《隋书·地理志》知，河南郡所统有河南、洛阳、阌乡、桃林、陕、熊耳、渑池、新安、偃师、巩、宜阳、寿安、陆浑、伊阙、兴泰、缑氏、嵩阳、阳城十八县。[②] 其中，最重要的也是本章所要关涉的管辖洛阳城及其四郊的两个行政县即带郡的河南县和汉魏以来旧都所在的洛阳县。辛德勇先生《隋唐两京丛考》对两县在洛阳城内的界分做了精当考证，认为丰都市西侧一街（亦即长夏门内南北街）即为隋代河南、洛阳两县的分界。[③] 至于城外之分界，张剑《洛阳出土墓志与洛阳古代行政区划关系》一文有所论及，认为隋代河南与洛阳两县的分界线，大致就是马坡到杨凹再到小梁的连线。[④] 以下考述即以河南、洛阳两县分别展开。

一、辖于河南县之地名

《隋书》卷三〇《地理志中》“河南郡河南县”条小注云：“带郡。有关官。有郏山。有瀍水。”[⑤] 今取所能知见的隋代墓志中相关文字[⑥]，对河南县所辖之乡、里、村、原、屯等名目及其历史地理情状归理如下，以补传世文献之阙。

（一）乡

隋代墓志所见辖于河南县之乡名凡二十，如表 6-12 所示。

---

① 今人研究的主要成果有辛德勇：隋唐两京丛考，西安：三秦出版社，1991 年版；李健超：增订唐两京城坊考，西安：三秦出版社，2006 年版；杨鸿年：隋唐两京坊里谱，上海：上海古籍出版社，1999 年版；杨鸿年：隋唐两京考，武汉：武汉大学出版社，2005 年版；阎文儒：两京城坊考补，郑州：河南人民出版社，1992 年版；赵振华，何汉儒：唐代洛阳乡里村方位初探，见：赵振华：洛阳出土墓志研究文集，北京：朝华出版社，2002 年版，第 41-119 页；张剑：洛阳出土墓志与洛阳古代行政区划之关系，见：赵振华：洛阳出土墓志研究文集，北京：朝华出版社，2002 年版，第 133-162 页；辛德勇：隋大兴城坊考稿，燕京学报，2009 年新 27 期，第 25-72 页。

② 隋书，卷三〇，地理志，北京：中华书局点校本，1973 年版，第 834 页。

③ 辛德勇：隋唐两京丛考，西安：三秦出版社，1991 年版，第 146 页。

④ 张剑：洛阳出土墓志与洛阳古代行政区划关系，见：赵振华：洛阳出土墓志研究文集，北京：朝华出版社，2002 年版，第 141 页。

⑤ 隋书，卷三〇，地理志中，北京：中华书局点校本，1973 年版，第 834 页。

⑥ 文中所引隋代墓志凡未注明出处外，皆出自《隋代墓志铭汇考》，该书以志主卒葬年为序，便于查阅，故不另注册数与页码，以免繁冗。又，文中征引墓志名称皆简称为“××志”。

表 6-12 河南县所辖乡名表

名称	墓志名称	志主卒年或葬年	墓志相关志文节录	考证文字编号
儒林乡	《韵智孙志》	开皇十五年（595）	薨于儒林乡	
	《王节志》	开皇十五年（595）	寿终于河南县儒林乡①	
	《刘多志》	开皇二十年（600）	终于河南县儒林乡崇训里	
崇信乡	《张协志》	开皇十六年（596）	河南崇信乡建德里人也	
纯风乡	《梁寂志》	开皇十七年（597）	葬于洛州河南县之纯风乡节妇里	
归德乡	《张通志》	仁寿元年（601）	终于河南县归德乡英秀里	
平乐乡	《张茂志》	开皇九年（589）	卒平乐乡第	平乐乡考证 1
	《马穉暨妻张氏志》	开皇二十年（600）	终于平乐乡广世里	
	《刘宝暨妻王氏志》	仁寿二年（602）	遘疾平乐乡	
灵（零、澪）渊乡	《魏升志》	大业元年（605）	葬于豫州河南县澪渊乡高村北，洛水之阳，石崇金谷之所	灵渊乡考证 2
	《羊玮志》	大业六年（610）	葬于河南郡河南县灵渊乡界灵渊之源	
	《高紧志》	大业八年（612）	葬于崇邙之阜河南县灵渊乡	
	《张伏敬志》	大业八年（612）	殡于河南郡河南县零渊乡	
	《皇甫深志》	大业九年（613）	葬于河南县零渊乡	
	《席德将志》	大业九年（613）	殡于邙山之北灵渊胜地	
	《张受暨妻李氏志》	大业九年（613）	合窆于东都西北十里零渊乡	
	《萧瑾志》	大业九年（613）	葬于河南县灵渊乡安川里北邙山之阳	
	《高嗣暨妻孟氏綦母氏志》	大业十年（614）	迁厝于灵渊乡安川里	
	《王光志》	大业十一年（615）	葬于河南郡河南县零渊乡，此乃傍□玉井，侧望王城，北距青渊，西临源涧②	
	《董君妻卫美志》	大业十一年（615）	权窆于同县（指河南县）零渊乡翟村南一里	
	《周大娘志》	大业十一年（615）	合葬于河南县灵渊乡飞龙原	
	《苟府君妻宋玉艳志》	大业十一年（615）	归窆于河南县灵渊乡旧茔	
	《周法尚志》	大业十一年（615）	葬于河南郡河南县灵渊乡灵泉里北邙之山③	
	《杨厉志》	大业十二年（616）	葬于东都城北廿余里零渊乡零渊里，其营域左邻翟氏，右带魏陵，面瀔背川	
	《张浚志》	大业十二年（616）	于东都城北一十余里灵渊乡安川里营立泉陇，左连茂壤，右接青田，却负邙山，前看帝邑	
	《唐直志》	大业十二年（616）	权窆于河南郡河南县灵渊乡翟村西南二里	
	《唐世荣志》	大业十二年（616）	今葬在太微城北灵渊乡安川里	
	《颜通志》	大业十二年（616）	葬于河南郡河南县零渊乡	

① 王其祎，周晓薇：洛阳新见隋代墓志铭辑释三种，华夏考古，2011 年第 4 期，第 109-115 页。

② 赵君平，赵文成：河洛墓刻拾零（上册），北京：北京图书馆出版社，2007 年版，第 59 页。

③ 赵振华，徐有钦：隋左武卫将军周法尚墓志研究，见：杜文玉：唐史论丛（第十三辑），西安：三秦出版社，2011 年版，第 351-371 页。

续表

名称	墓志名称	志主卒年或葬年	墓志相关志文节录	考证文字编号
千（迁）金乡	《宫人元氏志》	大业三年（607）	葬于河南郡河南县千金乡北芒之山	千金乡考证 3
	《宫人元氏志》	大业五年（609）	葬于河南县千金乡北芒之山	
	《宫人程氏志》	大业六年（610）	窆于河南郡河南县千金乡芒山之北原	
	《宫人冯氏志》	大业六年（610）	窆于千金乡芒山之北原	
	《王香仁志》	大业七年（611）	窆于城东北千金乡杨村北二里，南眺伊洛之水，北背邙阜之山。	
	《萧玚志》	大业八年（612）	永窆于河南郡河南县千金乡灵渊里之茔	
	《孔神通志》	大业八年（612）	窆穸河南郡河南县千金乡北邙山原	
	《麻府君妻庞畏娘志》	大业八年（612）	权瘗河南郡河南县千金乡华邑里千金原	
	《崔上师妻封依德志》	大业十年（614）	权瘗于城西北八里河南县千金乡	
	《李善志》	大业十一年（615）	河南郡河南县千金乡北茫山[1]	
	《□［亻弘］昂志》	大业十二年（616）	殡在迁金乡都城北十里邙山之南	
	《杜府君妻郑善妃志》	大业十三年（617）	葬于河南县千金乡	
	《那卢君妻元买得志》	大郑开明元年（619）	窆于城北千金乡安川里	
	《刘开妻孟淑容志》	大郑开明元年（619）	窆于河南县千金乡	
崇政乡	《刘渊志》	大业三年（607）	卒于崇政乡敦行里	崇政乡考证 4
殖业乡	《郭王志》	大业三年（607）	卒于河南县殖业乡显义里	
灵泉乡	《元袆志》	大业五年（609）	权葬于河南县灵泉乡之原	灵泉乡考证 5
	《衙闻志》	大业五年（609）	卜葬灵泉乡	
	《衙君妻王氏志》	大业九年（613）	葬于河南郡河南县灵泉乡华阳里	
	《萧滨志》	大业十一年（615）	殡于河南县灵泉乡龙渊里北邙山之阳	
弘教乡	《□堕暨妻赵氏志》	大业六年（610）	（夫人）亡于东都河南县弘教乡之别舍	
思顺乡	《元钟志》	大业七年（611）	终于河南郡河南县思顺乡之第	
老子乡	《宫人魏氏志》	大业七年（611）	葬于河南郡河南县老子乡邙山之北原	老子乡考证 6
	《宫人元氏志》	大业十年（614）	葬于河南郡河南县老子乡邙山之北原	
	《宫人陈花树志》	大业十年（614）	卜葬河南郡河南县老子乡芒山之北原	
	《□御志》	大业十二年（616）	埋在东都城北老子之乡大翟村东三百余步。东临古汉，西至缠原，北懿芒山，南瞻洛邑	
劝善乡	《赵朗暨妻孙氏志》	大业九年（613）	卒于河南县劝善乡恭安里私第	
乐和乡	《王光志》	大业十年（614）	终于河南县乐和乡乐和里舍	
	《段世琳志》	大业十二年（616）	终于河南县乐和乡乐和里	
安众乡	《白仵贵志》	大业十年（614）	卒于河南郡河南县安众乡安众里	
通德乡	《张俭暨妻胡氏志》	仁寿三年（603）	终于河南县通德乡	

① 赵君平，赵文成：河洛墓刻拾零（上册），北京：北京图书馆出版社，2007 年版，第 60 页。

续表

名称	墓志名称	志主卒年或葬年	墓志相关志文节录	考证文字编号
洛川乡	《普威志》	开皇六年（586）	终于洛洲河南县洛川乡酺酒里[①]	洛川乡考证7
	《吴素暨妻樊氏志》	开皇六年（586）	卒于洛川乡	
钦政乡	《董重暨妻梁氏志》	大业九年（613）	（梁氏）卒于洛州河南县钦政乡[②]	
恭安乡	《姚勋志》	大业三年（607）	薨于豫州河南县恭安乡之第[③]	

考证（以下各条考证序号皆对应于表6-12中的考证文字编号）：

（1）唐代亦有平乐乡，所辖范围为北起今游王庄，向南经北陈庄、南陈庄，复经北姚凹、南姚凹、后洞村，再向东经吕祖庙、北墙，直至马坡村的环形地带[④]，而隋代平乐乡似要小于此范围。以表中墓志记载所辖地域析之，平乐乡当属河南县。

（2）隋代墓志涉及河南县灵渊乡者颇多，上述表格中就有十八方墓志，其中《高紧志》和《苟府君妻宋玉艳志》出土于洛阳城北南陈庄南，《张伏敬志》、《萧瑾志》、《董君妻卫美志》和《唐世荣志》出土于洛阳城北郑凹村一带，《皇甫深志》和《席德将志》出土于洛阳南石山村一带，《张受暨妻李氏志》、《高嗣暨妻孟氏綦母氏志》、《张浚志》和《唐直志》出土于洛阳城东北前海资村一带，《王光志》出土于白马寺镇，而《颜通志》则出土于河南洛阳孟津县。从出土地来看，灵（零）渊乡在北邙之阳的飞龙原上，所辖范围约在今洛阳市北部孟津市界内，南起郑凹村，向北至前海资村、南石山村、南陈庄皆为灵（零）渊乡所辖。据赵振华、何汉儒所绘《洛阳县地图（三）》，灵（零）渊乡与唐平乐乡有所重复。又有大业十一年（615）《伍道进志》"窆于河南郡洛阳县零渊乡里山"，河南县有零渊乡，则洛阳县不当有重合之乡名，似"洛阳"为"河南"之误。

（3）隋代墓志涉及河南县千金乡者为数最多，其中有相当一部分是宫人墓志，累计共十四方，因这些宫人墓志对葬地之书写颇为相似，为省文上表中仅列出四人。又，十四方宫人墓志皆出土于洛阳北邙山后洞村及附近一带，说明

① 据笔者自藏拓本著录。

② 赵君平，赵文成：秦晋豫新出墓志蒐佚（第1册），北京：国家图书馆出版社，2011年版，第119-120页。

③ 胡元超：隋姚勋墓志勘误，见：樊英峰：乾陵文化研究（六），西安：三秦出版社，2011年版，第343页。

④ 赵振华，何汉儒：唐代洛阳乡里村方位初探，附图，见：赵振华：洛阳出土墓志研究文集，北京：朝华出版社，2002年版，第50页。

此处是集中埋葬宫人的地方。《王香仁志》出土于洛阳老城北井沟村北，《萧玚志》、《孔神通志》、《麻府君妻庞畏娘志》皆出土于洛阳城北前海资村一带，《崔上师妻封依德志》出土于洛阳前李村南陵，《□偘昂志》出土于洛阳城北，《刘开妻孟淑容志》出土于洛阳市东郊塔湾村东北，《李善志》出土于芒山镇。若出土地与葬地基本相符，则由塔湾村向西北至后洞村，再向北至前李村、向东至前海资村一带均为隋千金乡所辖，亦即辖界跨越了河南与洛阳两县。唐代亦有千金乡，且与平乐乡范围有所重复，赵振华、何汉儒的《唐代洛阳乡里村方位初探》认为可能有唐近三百年间，千金乡界未作调整，此乡的北界约在今南石山村北张阳村南，而其南界在盘龙冢和北窑（上窑）之间。[①] 南北界与隋千金乡范围相当，但隋千金乡又涵盖了唐安乐乡与朱阳乡。盖唐代在千金乡的基础上，又进一步划分出了安乐乡与朱阳乡。

（4）唐代亦有崇政乡，如贞观二十年（646）《齐夫人志》“洛州河南县崇政乡君齐夫人”[②]。姑以隋之崇政乡附属河南县。

（5）隋代墓志涉及河南县灵泉乡者有四，其中《元祎志》和《萧滨志》皆出土于洛阳城北前海资村一带。从出土地推测，灵泉乡当与灵渊乡相邻。

（6）隋代墓志涉及河南县老子乡者四，其中《宫人魏氏志》、《宫人元氏志》、《宫人陈花树志》皆出土于洛阳城西后洞村一带，与葬于千金乡的十几方宫人墓志出土地完全一致。当有两种可能：一是千金乡与老子乡相邻，二是千金乡又名老子乡。

（7）唐代亦有洛川乡，然属洛阳县。例如，显庆三年（658）《潘公张夫人志》“洛州洛阳县洛川乡明阳里潘公张夫人”[③] 云云，推其缘故，开皇六年（586）时洛阳尚无新都，故洛川乡属河南县，大业元年（605）新都营造以后，洛川乡即属洛阳县矣（尚无隋墓志给予印证），唐代承隋之旧，故亦属洛阳县。

表6-12所列二十乡，其中仅见平乐、千金、崇政三乡名称为唐代所沿用。

（二）坊

文献所记隋代东都坊数，《隋书》卷三〇《地理志中》“河南郡”下小注云：“里一百三，市三。”[④]《大业杂记》云：“洛南有九十六坊，洛北有三十坊，大街

---

① 赵振华，何汉儒：唐代洛阳乡里村方位初探，见：赵振华：洛阳出土墓志研究文集，北京：朝华出版社，2002年版，第70页。

② 张宁等：隋唐五代墓志汇编·洛阳卷（第2册），天津：天津古籍出版社，1991年版，第96页。

③ 洛阳市文物工作队，洛阳出土历代墓志辑绳，北京：中国社会科学出版社，1991年版，第219页。

④ 隋书，卷三〇，地理志，北京：中华书局点校本，1973年版，第834页。

小陌，纵横相对。”[①]《唐六典》卷七“东都城”小注云：“凡一百三坊，三市居其中焉。开元十二年废西市，取厚载门之西一坊地及西市入苑。”[②]《旧唐书》卷三八《地理志一》“河南道东都”云：“都内纵横各十街，街分一百三坊，二市。每坊纵横三百步，开东西二门。”[③] 辛德勇《隋唐两京丛考》尝考订隋代东都坊数确系一百零三坊，并指出《大业杂记》中的“九十六坊”为“六十六坊”之讹。[④] 此外，隋代东都洛阳城的西南隅即白虎门以西尚有数坊而不在文献所记的一百零三坊之内。今据隋墓志可以印证一百零三坊中的三十六坊和一百零三坊外的一坊，其中辖于河南县的十九坊，辖于洛阳县的十八坊，与文献所载不能相合及属县未详的五坊，另有属于汉魏故城的十四坊。

河南县属坊凡十九，如表6-13所示。

表6-13　河南县所辖城坊表

名称	墓志名称	志主卒年或葬年	墓志相关志文节录	考证文字编号
乐和里	《张闳妻苏恒等志》	大业九年（613）	卒于河南郡乐和里之第	乐和里考证1
	《王光志》	大业十年（614）	终于河南县乐和乡乐和里舍	
崇业里	《刘则志》	大业七年（611）	归于河南郡河南县崇业里，权厝于私第； 葬于雒阳县常平乡仙游里北邙山下	崇业里考证2
敦行里	《刘渊志》	大业三年（607）	卒于崇政乡敦行里 窆于邙山之阳	敦行里考证3
	《郭达暨妻侯氏志》	大业八年（612）	（侯氏）大业七年（611）七月七日亡于河南县敦行里	
恭安里	《赵朗暨妻孙氏志》	大业九年（613）	仁寿二年（602）正月十二日痼疾，卒于河南县劝善乡恭安里私第	恭安里考证4
劝善里	《常景暨妻傅氏志》	大业十一年（615）	河南郡河南县劝善乡劝善里故平正常府君墓志	劝善里考证5
隆化里	《萧滨志》	大业十一年（615）	亡于河南郡河南县隆化里第	隆化里考证6
道化里	《刘宾暨妻王氏志》	大业八年（612）	（王氏）大业七年（611）十月十五日亡于东都道化里	道化里考证7
温柔里	《萧瑾志》	大业九年（613）	薨于东都温柔里第	温柔里考证8
永丰里	《王慜志》	大业六年（610）	卒于永丰里□所； 厝于王城之北九里，前临洛浦，后对黄河，左拒邙山，右邻金谷	永丰里考证9
	《王衮暨妻萧氏志》	大业十一年（615）	（萧氏）薨于河南永丰里舍	

① （唐）杜宝撰，辛德勇辑校：大业杂记辑校，西安：三秦出版社，2006年版，第4页。

② （唐）李林甫等撰：唐六典，陈仲夫点校，北京：中华书局点校本，1992年版，第220页。

③ 旧唐书，卷三八，地理志，北京：中华书局点校本，1975年版，第1421页。

④ 辛德勇：隋唐两京丛考，西安：三秦出版社，1991年版，第177-182页。

续表

名称	墓志名称	志主卒年或葬年	墓志相关志文节录	考证文字编号
修善里	《严元贵志》	大业十一年（615）	终于河南郡修善里	修善里考证 10
	《陈叔明暨妻到氏志》	大业十一年（615）	大业七年（611）……终于河南县 思顺里之宅	
思顺里	《吕胡暨妻李氏志》	大业五年（609）	薨于思顺里 其年十一月十日合葬于邙山之阳	思顺里考证 11
惠和里	《宋仲暨妻刘氏志》	大业九年（613）	（刘氏）卒于东都惠和里第	惠和里考证 12
安众里	《白仵贵志》	大业十一年（615）	卒于河南郡河南县安众乡安众里	安众里考证 13
显义里	《郭王志》	大业四年（608）	大业三年（605）二月廿九日卒于河南县殖业乡显义里	显义里考证 14
洛滨里	《贾珉志》	大业六年（610）	终于东都之洛滨里舍	洛滨里考证 15
富义里	《潘嗣志》	大业九年（613）	卒于富义里 大业九年（613）十月三日窆君于东都城南之地[①]	富义里考证 16
清化里	《伍道进志》	大业十一年（615）	薨于东都清化里宅	清化里考证 17
履顺里	《牛方大志》	大业十二年（616）	终于东都履顺里第	履顺里考证 18
进德里	《苟君妻周大娘志》	大业十一年（615）	大业八年（612）三月廿日终于东都进德里	进德里考证 19

考证（以下各条考证序号皆对应于表 6-13 中的考证文字编号）：

（1）乐和里。《河南志》“定鼎门街东第二街，凡六坊”，从南第一坊曰乐和坊。[②] 唐亦曰乐和坊，承隋之旧。由《王光志》“终于河南县乐和乡乐和里舍”推之，盖城内坊里亦皆有其属乡。

（2）崇业里。《河南志》“定鼎门街东第二街，凡六坊”，从南第四坊曰崇业坊。[③] 唐亦曰崇业坊，承隋之旧。惟不详“崇业里”之属乡。《刘则志》云先“权厝于私第”，而后“葬于雒阳县常平乡仙游里北邙山下”，其私第即当在“崇业里”，惟墓志所记葬于城内坊里者，甚为少见。

（3）敦行里。《河南志》“定鼎门街东第三街，凡八坊”，从南第二坊曰敦行坊。[④] 唐亦曰敦行坊，承隋之旧。据墓志知敦行坊属崇政乡。

（4）恭安里。孙朗卒于仁寿二年（602）而葬于大业九年（613），不知其卒所之里名是否有可能改用新都名称？存疑。《河南志》“定鼎门街东第三街，凡

① 赵君平，赵文成：秦晋豫新出墓志蒐佚（第 1 册），北京：国家图书馆出版社，2012 年版，第 117-118 页。

② （清）徐松撰：河南志，高敏点校，北京：中华书局，2012 年版，第 7 页。

③ （清）徐松撰：河南志，高敏点校，北京：中华书局，2012 年版，第 7 页。

④ （清）徐松撰：河南志，高敏点校，北京：中华书局，2012 年版，第 8 页。

八坊”，从南第五坊为恭安坊。此坊“隋有冯慈明宅”[①]。唐亦曰敦行坊，承隋之旧。据墓志知恭安里属劝善乡。

(5) 劝善里。《河南志》云“定鼎门街东第三街，凡八坊”，从南第六坊曰劝善坊。“隋有李圆通宅”[②]。唐亦曰敦行坊，承隋之旧。据墓志知劝善里属劝善乡。

(6) 隆化里。《河南志》“定鼎门街东第四街（北隔洛水，当北郭之徽安门），即长夏门之西街，凡七坊”，从南第三坊曰敦化坊。其小注云“本基化坊，唐景云初避明皇名。隋有永昌公主宅”[③]。辛德勇认为，“基化坊不见于其他记载，而隋及唐前期有隆化坊又不见于元《河南志》及《唐两京城坊考》”。并据隋《萧滨志》、唐《卢调志》等所记志主卒于东都隆化里第而断定，敦化坊本名隆化，而非基化，元《河南志》误。[④] 李健超认为，“按基化误。检索唐代墓志从未有基化之名。唐中宗神龙元年以前有隆化而无敦化，唐玄宗开元天宝之后有敦化而无隆化。程存洁博士的《唐代城市史研究初编》（中华书局，2002 年版）认为，敦化坊是一个从初唐到唐末始终存在的里坊，与隆化坊实为两个不同的坊里，并举杨华夫人焦氏于贞观十九年（645）十一月十三日终于敦化里私第为例，说明在有隆化坊的时期也发现有敦化坊的存在，但是隆化坊名从开元年间以后确实不见了。那么它避讳之后改成了什么坊名，这仍然需要进一步研究”[⑤]。今据墓志可证，隋有隆化里，且为唐代沿用。

(7) 道化里。《河南志》云“定鼎门街西第四街，即长夏门之西街，凡七坊”，从南第四坊曰道化坊。“隋有王邵宅，赵才宅。”[⑥] 唐亦曰道化坊，承隋之旧。

(8) 温柔里。《河南志》云“定鼎门街西第四街，即长夏门之西街，凡七坊”，从南第五坊曰温柔坊。[⑦] 唐亦曰温柔坊，承隋之旧。

(9) 永丰里。《河南志》云“长夏门街之东第一街（定鼎门街东之第五街

---

① （清）徐松撰：河南志，高敏点校，北京：中华书局，2012 年版，第 8 页。
② （清）徐松撰：河南志，高敏点校，北京：中华书局，2012 年版，第 8 页。
③ （清）徐松撰：河南志，高敏点校，北京：中华书局，2012 年版，第 9 页。
④ 辛德勇：隋唐两京丛考，西安：三秦出版社，2006 年版，第 147-148 页。
⑤ 李健超：增订唐两京城坊考，西安：三秦出版社，2006 年版，第 311 页。
⑥ （清）徐松撰：河南志，高敏点校，北京：中华书局，2012 年版，第 10 页。
⑦ （清）徐松撰：河南志，高敏点校，北京：中华书局，2012 年版，第 10 页。

也。南出长夏门），凡八坊”，从南第三曰永丰坊。[①] 唐亦曰永丰坊，承隋之旧。

（10）修善里。《河南志》云“长夏门街之东第一街，凡八坊”，从南第四坊曰修善坊。“隋有蔡王智积宅。”[②] 唐亦曰修善坊，承隋之旧。

（11）思顺里。《河南志》云“长夏门街之东第一街，凡八坊”，从南第五坊曰思顺坊。“隋有诸葛颍宅。”[③] 唐亦曰思顺坊，承隋之旧。

（12）惠和里。《河南志》云“长夏门街之东第一街，凡八坊”，从南第七坊曰惠和坊。“隋大业四年，坊内道东南醴泉涌出，水面阔五尺，暖而甘，泉上常有气如露，疾病者取饮之，多效，时人谓曰神泉。至九年枯竭。”[④] 唐亦曰惠和坊，承隋之旧。

（13）安众里。《河南志》云“长夏门街之东第一街，凡八坊”，从南第八坊曰安众坊。[⑤] 唐亦曰安众坊，承隋之旧。又据墓志知安众里属安众乡。

（14）显义里。《河南志》云“定鼎门街之西第二街，凡六坊”，从南第四坊曰明义坊。小注云：“本曰显义，避唐中宗讳改。隋有蜀王秀宅。”[⑥] 可知唐明义坊本隋显义坊。又据墓志知显义里属殖业乡。

（15）洛滨里。《河南志》云“定鼎门街之西第二街，凡六坊”，从南第六坊曰广利坊。小注云“北至洛水。即唐洛滨坊之地。垂拱中筑入苑。按，广利坊本在厚载门街之西，西市之北，其后徙于此”[⑦]。唐亦曰洛滨坊，承隋之旧。

（16）富义里。《河南志》云“定鼎门街之西第三街，即厚载门街，凡五坊”，从南第二曰怀义坊，小注云“按，韦述《记》‘唐通济坊即隋怀义坊’。今通济外更增怀义，盖唐广利坊之地。广利即隋富义坊，隋有陈叔宝宅”[⑧]。今据墓志知隋代确有富义里，唐改广利坊，然隋代是否有怀义坊则尚无确证。又，富义里位于白虎门以西的洛阳城西南隅，故不在文献所记隋代东都一百零三坊数之内。

---

① （清）徐松撰：河南志，高敏点校，北京：中华书局，2012年版，第11-12页。
② （清）徐松撰：河南志，高敏点校，北京：中华书局，2012年版，第12页。
③ （清）徐松撰：河南志，高敏点校，北京：中华书局，2012年版，第12页。
④ （清）徐松撰：河南志，高敏点校，北京：中华书局，2012年版，第13页。
⑤ （清）徐松撰：河南志，高敏点校，北京：中华书局，2012年版，第13页。
⑥ （清）徐松撰：河南志，高敏点校，北京：中华书局，2012年版，第26页。
⑦ （清）徐松撰：河南志，高敏点校，北京：中华书局，2012年版，第26页。
⑧ （清）徐松撰：河南志，高敏点校，北京：中华书局，2012年版，第26-27页。

（17）清化里。《河南志》云“洛水之北、东城之东第一南北街，北当徽安门西街，凡六坊街”，从南第三曰清化坊。“隋有邹王杨庆宅，许道进宅”，“又按《河洛记》：越王侗即位，李密遣李俭送降款，以清化里纪洪政宅为宾馆以处俭”[①]。唐亦曰清化坊，承隋之旧。又据隋墓志知卒于清化里的宫人有八位，其中大业五年（609）《宫人司玺元氏志》与《宫人典玺李氏志》皆云“卒于河南郡河南县清化里”，大业六年（610）《宫人司仗冯氏志》与《宫人司仗程氏志》皆云卒于河南县“清化里之别第”，大业六年（610）《宫人司膳贾氏志》、《宫人典彩朱氏志》，大业七年（611）《宫人司仗郭氏志》与《宫人六品陈氏志》皆云卒于河南县“清化里之别房”。可知清化里亦是隋代东都宫人在宫城乃至皇城之外的聚居地，或者是集中养病的处所，因此才有所谓的“别第”与“别房”及别院之称。[②] 此外，自大业七年（611）以后，隋代宫人墓志又多载卒于外坊、外患坊、内患坊等，不知是否仍在清化里。清化坊西直北通徽安门，坊南直东通上春门，又因此坊在长夏门街西，故隶属于河南县。又检《资治通鉴》卷一八七“高祖武德二年（619）条”云：“行军总管罗士信帅勇士夜入洛阳外郭，纵火焚清化里而还。”[③] 又以《伍道进志》略云：“公讳道进，字弘义，京兆人也。其先伍举……祖延畅……父树……（道进）以大业十一年二月十四日薨于东都清化里宅，时年七十二……仍以其年三月十四日窆于河南郡洛阳县灵渊乡里山。”颇疑《河南志》所注“许道进”或为“伍道进”之讹。

（18）履顺里。《河南志》“东城之东第二南北街，北当徽安门东街，凡五坊”，从南第四曰履顺坊。“隋有牛弘宅”[④]，唐亦曰履顺坊，承隋之旧。

（19）进德里。《河南志》云“东城之东第二南北街，北当徽安门东街，凡五坊”，从南第五曰进德坊。[⑤] 唐亦曰进德坊，承隋之旧。

（三）里

隋代墓志所见辖于河南县之城郊里名凡七，如表 6-14 所示。

---

① （清）徐松撰：河南志，高敏点校，北京：中华书局，2012 年版，第 28 页。

② 周晓薇，王其祎：柔顺之象：隋代女性与社会，北京：中国社会科学出版社，2012 年版，第 206 页。

③ （宋）司马光等：资治通鉴，卷一八七，北京：中华书局点校本，第 5869 页。

④ （清）徐松撰：河南志，高敏点校，北京：中华书局，2012 年版，第 30 页。

⑤ （清）徐松撰：河南志，高敏点校，北京：中华书局，2012 年版，第 31 页。

表 6-14 河南县所辖里名表

名称	墓志名称	志主卒年或葬年	墓志相关志文节录	考证文字编号
节妇里	《梁寂志》	开皇十六年（596）	葬于洛州河南县之纯风乡节妇里	
华邑里	《麻府君妻庞畏娘志》	大业八年（612）	权瘗河南郡河南县千金乡华邑里千金原	华邑里考证 1
华阳里	《衙君妻王氏志》	大业九年（613）	葬于河南郡河南县灵泉乡华阳里	华阳里考证 2
安川里	《萧瑾志》	大业九年（613）	葬于河南县灵渊乡安川里北邙山之阳	安川里考证 3
	《高嗣暨妻孟氏綦母氏志》	大业十年（614）	迁厝于灵渊乡安川里	
	《白仵贵志》	大业十年（614）	永窆于北邙山安川里	
	《王世琛志》	大业十二年（616）	权瘗洛阳北芒山安川里	
	《张浚志》	大业十二年（616）	于东都城北一十余里灵渊乡安川里营立泉陇，左连茂壤，右接青田，却负邙山，前看帝邑	
	《唐世荣志》	大业十二年（616）	今葬在太微城北灵渊乡安川里	
	《那卢君妻元买得志》	大郑开明元年(619)	窆于城北千金乡安川里	
灵渊里	《张轲志》	大业十年（614）	迁葬于河南郡河南县之灵渊里	灵渊乡考证 4
	《萧滨志》	大业十一年（615）	殡于河南县灵泉乡龙渊里北邙山之阳（“灵泉乡”当即“灵渊乡”，“龙渊里”当即“灵渊里”，参见本节“灵泉乡”条）	
	《杨厉志》	大业十二年（616）	于东都城北廿余里零渊乡零渊里其营域，左邻翟氏，右带魏陵，面瀔背川	
	《牛方大志》	大业十二年（616）	权瘗于河南郡河南县之零渊里	
永丰里	《范安贵志》	大业十一年（615）	迁窆于河南县永丰里	永丰里考证 5
灵泉里	《周法尚志》	大业十一年（615）	葬于河南郡河南县灵渊乡灵泉里北邙之山①	灵泉里考证 6

考证（以下各条考证序号皆对应于表 6-14 中的考证文字编号）：

（1）《麻府君妻庞畏娘志》1929 年出土于洛阳城北前海资村，应即其时华邑里之所在。

（2）《衙君妻王氏志》出土于洛阳，灵泉乡之范围见本节“灵泉乡”及“灵渊乡”条，则华阳里之所在应为今洛阳市北部一带。

（3）隋代墓志涉及河南县安川里者有七，其中《高嗣暨妻孟氏綦母氏志》、《白仵贵志》、《张浚志》皆出土于洛阳城北前海资村，《唐世荣志》出土于洛阳城北郑凹村南陵。从这几方墓志的出土地看，安川里应在今洛阳市北部南起郑

---

① 赵振华，徐有钦：隋左武卫将军周法尚墓志研究，见：杜文玉：唐史论丛（第十三辑），西安：三秦出版社，2011 年版，第 351-371 页。

凹村、北至前海资村一带，且位于灵渊乡与千金乡的交界处，南与华阳里相邻。唐代亦有安川里，属平乐乡①，据此能进一步证明隋代平乐乡、灵渊乡和千金乡的界线是较为清楚的。

（4）隋代墓志涉及河南县灵渊里者有四，其中《张轲志》、《萧滨志》、《牛方大志》均出土于洛阳北邙山前海资村。由出土地推之，灵渊里当在今洛阳前海资村一带，并与安川里相邻。

（5）《范安贵志》1921年出土于洛阳城北白鹿庄，当即永丰里之所在。又，洛阳城坊中河南县所辖亦有名"永丰"者。按理一城内外之坊里名称不当有重名者，存疑。

（6）灵泉里疑与灵渊里、龙渊里、灵渊里互为同一里之别名，待考。

（四）村

隋代墓志所见辖于河南县之城郊村名凡三，如表6-15所示。

表6-15　河南县所辖村名表

名称	墓志名称	志主卒年或葬年	墓志相关志文节录	考证文字编号
高村	《魏升志》	大业元年（605）	葬于豫州河南县澪渊乡高村北，洛水之阳，石崇金谷之所。东顾芒山，西观神阙	高村考证1
（大）翟村	《董敬志》	大业二年（606）	窆于芒山之翟村东南一里	大翟村考证2
	《翟突娑志》	大业十一年（615）	葬在北邙山之翟村东南一里	
	《曹海凝志》	大业十一年（615）	葬于邙山之原，翟村之南	
	《董君妻卫美志》	大业十一年（615）	权窆于同县零渊乡翟村南一里	
	《□御志》	大业十二年（616）	埋在东都城北老子之乡大翟村东三百余步	
	《唐直志》	大业十二年（616）	权窆于河南郡河南县灵渊乡翟村西南二里	
杨村	《王香仁志》	大业七年（611）	窆于城东北千金乡杨村北二里，南眺伊洛之水，北背邙阜之山	杨村考证3

考证（以下各条考证序号皆对应于表6-15中的考证文字编号）：

（1）《魏升志》所谓"石崇金谷之所"，《晋书》卷六二《刘琨传》载：刘琨"年二十六，为司隶从事。时征虏将军石崇，河南金谷涧中有别庐，冠绝时辈，引致宾客，日以赋诗，琨预其间，文咏颇为当时所许。"②《太平寰宇记》卷三

---

① 赵振华，何汉儒：唐代洛阳乡里村方位初探，见：赵振华：洛阳出土墓志研究文集，北京：朝华出版社，2002年版，第113页。

② 晋书，卷六二，刘琨传，北京：中华书局点校本，1974年版，第1679页。

《河南道三河南府一河南县》载："金谷。郭缘生《述征记》云：'金谷，谷也。地有金水，自太白原南流经此谷。'晋卫尉石崇因即川阜而造制园馆。"[①]《文选》卷二〇《金谷集作诗一首》李善注引石崇《金谷诗序》云："余以元康六年从太仆卿出为使持节监青徐诸军事，有别庐在河南县界金谷涧。"[②] 石崇乃西晋权臣，其居所即志文所云"石崇金谷之所"，位于隋洛阳城之西北河南县界。张剑的《洛阳出土墓志与洛阳古代行政区划关系》认为，"金谷涧及其附近的石崇金谷园的位置，大体范围当在今孟津县朝阳乡的东南和送庄乡南部这一片范围之内"[③]。高村即在其南部。

（2）隋代墓志涉及河南县翟村者有六，其中《董敬志》、《翟突娑志》、《董君妻卫美志》均出土于洛阳城北郑凹村，《曹海凝志》、《唐直志》均出土于洛阳城东北前海资村。由此推之，翟村在今洛阳市郑凹村偏西北和前海资村偏东北一带。

（3）《王香仁志》1935年出土于洛阳老城北井沟村北，因知井沟村以南一带或为隋代杨村之地。志文"城东北"之"东"字盖衍，千金乡应在洛阳城直北偏西。参见河南县属"千金乡"条。

（五）原

隋代墓志所见辖于河南县之原名凡二，如表6-16所示。

表6-16 河南县所辖原名表

名称	墓志名称	志主卒年或葬年	墓志相关志文节录	考证文字编号
千金原	《麻府君妻庞畏娘志》	大业八年（612）	权瘗河南郡河南县千金乡华邑里千金原	千金原考证1
飞龙原	《周大嬢志》	大业十一年（615）	合葬于河南县灵渊乡飞龙原	飞龙原考证2

考证（以下各条考证序号皆对应于表6-16中的考证文字编号）：

（1）《麻府君妻庞畏娘志》出土于洛阳城北前海资村。志云"千金乡华邑里千金原"，盖千金乡即因千金原而得名。今洛阳城北前海资村即在隋代北邙山千金原上。

（2）《周大嬢志》出土于洛阳城北，又志文云"合葬于河南县灵渊乡飞龙原"，从千金乡与灵渊乡所在位置看，飞龙原当在千金原之东北。

① （宋）乐史撰：太平寰宇记，王文楚等点校，北京：中华书局，2007年版，第1册，第47页。
② （南朝）萧统编，（唐）李善注：文选，卷二〇，北京：中华书局影印本，1977年版，第293页。
③ 赵振华：洛阳出土墓志研究文集，北京：朝华出版社，2002年版，第160页。

（六）屯

隋代墓志所见辖于河南县之屯名凡一。

金谷屯：大业八年（612）《宫人何氏志》云“卒于金谷屯”；大业八年（612）《宫人沈氏志》云“卒乎金谷屯”。疑此金谷屯亦宫人所居之地。按大业元年（612）《魏升志》云：“葬于豫州河南县瀍渊乡高村北，洛水之阳，石崇金谷之所。东顾芒山，西观神阙。”据前文考知，“石崇金谷之所”位于其时洛阳城之西北河南县界，即今洛阳城西金谷园一带，则“金谷屯”之名盖与“金谷之所”有关，属隋之河南县。

二、辖于洛阳县之地名

《隋书》卷三〇《地理志中》“河南郡洛阳县”小注云：“有汉已来旧都。后魏置司州，东魏改曰洛州。后周置东京六府、洛州总管。开皇元年改六府，置东京尚书省。其年废东京尚书省。二年废总管，置河南道行台省。三年废行台，以洛州刺史领总监。十四年于金墉城别置总监。炀帝即位，废省。旧河南县，东魏迁邺，改为宜迁县。后周复曰河南。大业元年徙入新都。又东魏置洛阳郡、河阴县。开皇初郡并废，又析置伊川县。大业初河阴、伊川二县并入焉。”① 本节取所能知见的隋代墓志中相关文字，对洛阳县所辖乡、里、村、桥、园、原、山、屯等名目及其历史地理情状归理如下，以补文献之阙。

（一）乡

隋代墓志所见辖于洛阳县之乡名凡十八，如表 6-17 所示。

表 6-17　洛阳县所辖乡名表

名称	墓志名称	志主卒年或葬年	墓志相关志文节录	考证文字编号
首阳乡	《梁邕志》	开皇三年（583）	终于洛城首阳乡陈留里	首阳山考证 1
凤凰乡	《来和志》	开皇九年（589）	葬于河阴凤鷤乡凤鷤里（案：“鷤”当即“凰”。）	凤凰乡考证 2
凤凰乡	《赵罗墓志》	开皇九年（589）	葬于河阴凤鷤乡凤鷤里②	凤凰乡考证 2

① 隋书，卷三〇，地理志中，北京：中华书局点校本，1973 年版，第 834 页。
② 王其祎，周晓薇：洛阳新见隋代墓志铭辑释三种，华夏考古，2011 年第 4 期，第 109-115 页。

续表

名称	墓志名称	志主卒年或葬年	墓志相关志文节录	考证文字编号
信义乡	《赵龄暨妻郭氏志》	开皇十二年（592）	合葬于洛阳县北邙山信义乡信义里	信义乡考证3
清风乡	《韵智孙志》	开皇十五年（595）	窆于洛城西北青风乡（案："青"当即"清"。）	清风乡考证4
	《高虬志》	仁寿元年（601）	葬于洛阳城之西北河南县清风乡	
	《王夏志》	仁寿四年（604）	窆于清风乡张方桥冯村之北一里	
	《王节志》	开皇十五年（595）	合葬于洛城之西张方桥北清风乡①	
常平乡	《李陁暨妻安氏志》	开皇十九年（599）	薨于洛阳县常平乡	常平乡考证5
	《任轨暨妻薛氏志》	大业四年（608）	厝于洛阳县常平乡游仙里	
	《李吁志》	大业十二年（616）	薨于雒阳县常平乡	
	《刘则志》	大业七年（611）	葬于洛阳县常平乡仙游里北邙山下	
	《刘宾暨妻王志》	大业七年（611）	合葬于洛阳县东北邙山之阳常平乡永安里	
	《田光山妻李氏志》	大业八年（612）	权殡于洛阳县常平乡张村西北二里	
	《孟孝敏妻刘氏志》	大业八年（612）	葬于洛阳县常平乡邙山之北原	
	《刘度志》	大业九年（613）	葬于洛阳县长平乡（案："长"当即"常"。）	
	《段世琳志》	大业十二年（616）	葬于洛阳县常平乡游仙里	
归淳乡	《李陁暨妻安氏志》	开皇十九年（599）	河南郡洛阳县归淳乡人也	
	《李吁志》	大业十二年（616）	河南郡洛阳县归淳乡人也	
闲居乡	《刘多志》	开皇二十年（600）	卜葬于闲居乡旧茔之际	闲居乡考证6
	《刘宝暨妻王氏志》	仁寿二年（602）	窆于闲居乡黄门桥西二里	
	《符盛暨妻胡氏志》	仁寿四年（604）	窆于闲居乡黄门桥之西北一百余步	
	《房苏威妻宇文氏志》	大业十二年（616）	于东都城东北九里闲居乡权殡	
崇业乡	《王钊达志》	大业元年（605）	不禄于东京洛阳县崇业乡建宁里	
	《翟突娑志》	大业十一年（615）	卒于河南郡洛阳县崇业乡嘉善里	
惟新乡	《董敬志》	大业二年（606）	卒于洛阳县惟新乡怀仁里	惟新乡考证7
通闰乡	《杨德志》	大业四年（608）	遘疾通闰乡第	
	《田光山妻李氏志》	大业八年（612）	卒于河南郡通闰乡嘉庆里	
	《张达志》	大业十年（614）	卒于东都洛阳县通闰乡	
遵化乡	《范高暨妻苏氏志》	大业五年（609）	终于洛阳县遵化乡之宅	遵化乡考证8
景福乡	《郭世昌志》	大业五年（609）	河南郡洛阳县景福乡景义里故伏波将军西平县开国男	
千金乡	《□德志》	大业八年（612）	终洛阳县千金乡灵泉里	千金乡考证9
华原（源）乡	《张协志》	开皇十六年（596）	筮宅于华源乡之南郊、张方营之北野	华原（源）乡考证10
	《裴相志》	仁寿元年（601）	葬于河南华原乡所	
	《朱宝志》	仁寿三年（603）	葬于城西华原乡张方桥东北七里	
	《袁亮志》	大业十年（614）	葬于河南郡洛阳县华原乡马鹞子村西北北邙山之岗	
感德乡	《张志相妻潘善利志》	大业十一年（615）	殁于感德乡从善里	感德乡考证11

① 王其祎，周晓薇：洛阳新见隋代墓志铭辑释三种，华夏考古，2011年第4期，第109-115页。

续表

名称	墓志名称	志主卒年或葬年	墓志相关志文节录	考证文字编号
凤台乡	《李元暨妻邓氏志》	大业十二年（616）	合葬于洛阳县北凤台乡安山里	凤台乡考证 12
	《齐士幹志》	大业十二年（616）	卜葬于河南郡洛阳县凤台乡安山里邙山之阳	
	《段济志》	大业十二年（616）	权葬于洛阳东北马安山凤台乡界	
	《韦匡伯志》	大郑开明二年（620）	权殡于洛阳县凤台乡谷阳里	
伊□乡	《宋俊志》	大业十二年（616）	葬于雒阳县伊□乡密妃里，东窥雒口，西属函关，南望伊川，北带邙阜[①]	伊□乡考证 13
崇让乡	《董重暨妻梁氏志》	大业九年（613）	（董重）返窆雒阳县崇让乡[②]	

考证（以下各条考证序号皆对应于表 6-17 中的考证文字编号）：

（1）首阳乡盖因首阳山得名，《资治通鉴》卷五六《汉纪》“恒帝永康元年五月”条记范滂言：“身死之日，愿埋滂于首阳山侧。上不负皇天，下不愧夷、齐。”胡注：“贤曰：伯夷叔齐饿死首阳山，事见《史记》。首阳山，在雒阳东北。杜佑曰：偃师县有首阳山。”[③] 可知首阳山在偃师西北、洛阳东北。今偃师市西北仍有首阳山镇。张剑《洛阳出土墓志与洛阳古代行政区划关系》一文有所考证，认为“唐代所指首阳山在新庄和南蔡庄之北的邙山南坡，就是今天所称的首阳山”[④]。以此推断，隋之首阳山亦当指此，而隋之首阳乡也应在此首阳山侧。

（2）《来和志》出土于洛阳孟津县凤凰台，凤凰台在今孟津市东南，则该地当为凤凰乡所辖。唐代平阴乡亦有凤凰里，据赵振华、何汉儒考证，其凤凰里之名称亦与凤凰台有关。[⑤]

（3）唐代亦有信义乡，如贞观十九年（645）《明雅及夫人孟氏志》云孟氏“终于洛阳信义乡”[⑥]，则唐之乡名当沿隋之旧。

（4）隋代墓志涉及清风乡者有三，其中《韵智孙志》、《高虬志》皆云清风乡在洛阳城之西北，而此两志主葬时隋东都尚未建成，志文中所谓“洛城”、“洛阳城”当指隋以前之洛阳旧城。所云“洛阳城西北”也为旧城之西北，位于后来隋大业元年（609）所建洛阳城之东北。且《高虬志》出土于今洛阳东北大马村西，适可

---

① 赵君平，赵文成：河洛墓刻拾零（上册），北京：北京图书馆出版社，2007 年版，第 61 页。

② 赵君平，赵文成：秦晋豫新出墓志蒐佚（第 1 册），北京：国家图书馆出版社，2011 年版，第 119-120 页。

③ （宋）司马光等：资治通鉴，卷五六，汉纪，北京：中华书局点校本，1956 年版，第 1799 页。

④ 赵振华：洛阳出土墓志研究文集，北京：朝华出版社，2002 年版，第 157 页。

⑤ 赵振华，何汉儒：唐代洛阳乡里村方位初探，见：赵振华：洛阳出土墓志研究文集，北京：朝华出版社，2002 年版，第 102 页。

⑥ 张宁等：隋唐五代墓志汇编·洛阳卷（第 2 册），天津：天津古籍出版社，1991 年版，第 86 页。

说明隋大业以后清风乡隶属于洛阳县，而不再属河南县。唐代亦有清风乡，位置大约在今洛阳北起送庄，南至十里铺一带[①]，与《高虬志》出土地相近。

（5）隋代墓志涉及洛阳县常平乡者有九，其中《刘则志》、《田光山妻李氏志》、《孟孝敏妻刘氏志》均出土于洛阳城东马沟村一带。则今洛阳市东北与孟津市交界处的马沟村一带当为隋常平乡所辖。考《孟孝敏妻刘氏志》云："大隋营东都土工副监男孟孝敏妻刘氏，大业三年十月一日卒于敦厚里，权殡城东。八年二月廿二日葬于洛阳县常平乡芒山之北原。"又据唐贞观八年（634）十一月五日《清淇公志》云："公讳孝敏，字至德，……父豹，隋蒲城、渭滨二县令，营东都土工副监，制锦烹鲜之术，有著嘉声；瞻星揆景之能，无亏令典。……葬于洛州洛阳县清风乡崇德里，夫人彭城刘氏。……式遵同穴之礼，以敦好合之仪。……庭祖两柩，圹掩双魂。"[②] 因知清淇公即孟孝敏，孝敏父即孟豹。而以孟孝敏与妻刘氏葬地"同穴"推之，唐之清风乡即隋之常平乡。

（6）隋代墓志涉及洛阳县闲居乡者有四，其中《刘多志》1928 年出土于洛阳东北大马村西陵，《刘宝暨妻王氏志》、《符盛暨妻胡氏志》同年出土于洛阳城东三里桥一带，《房苏威妻宇文氏志》则于 1925 年出土于洛阳城东北马坡村。从出土地看，闲居乡当位于今洛阳市东北，由马坡村向东北至大马村、三里桥一带皆为闲居乡所辖。

（7）唐代亦有惟新乡，如唐仪凤四年（679）《姬恭仁志》"洛州洛阳县惟新乡旗亭里霍王府亲事姬恭仁殡于河南平乐乡原"[③]，则唐之乡名沿隋之旧。

（8）唐代亦有遵化乡，如唐权德舆撰《朝议大夫守太子宾客上轻车都尉赐紫金鱼袋赠太子太傅卢公行状》云"河南府洛阳县遵化乡恭安里卢迈字子玄"[④]，就提到了遵化乡的名称，盖亦承隋之旧。

（9）大业八年（612）《□德志》云□德"终洛阳县千金乡灵泉里"。此志文有两个疑点：一是在隋代出土的诸多提及千金乡的墓志中，唯有这一方署"洛阳县"，其余皆署"河南县"。二是"灵泉里"不属灵泉乡，亦不属灵渊乡，却属千金乡，似于常理不合。因而关于此志记"千金乡"有两种可能：一是墓志葬地既在河南县与洛阳县的交界处，又在千金乡与灵渊乡的交界处。二是千金乡所辖地界有一部分属河南县，一部分属洛阳县，而此墓志恰葬在洛阳县界内。参详河南县属"千金乡"条。

---

① 赵振华，何汉儒：唐代洛阳乡里村方位初探，见：赵振华：洛阳出土墓志研究文集，北京：朝华出版社，2002 年版，第 105 页。

② 李希泌：曲石精庐藏唐墓志，济南：齐鲁书社，1986 年版，第 1 页。

③ 张宁等：隋唐五代墓志汇编·洛阳卷（第 6 册），天津：天津古籍出版社，1991 年版，第 29 页。

④ （宋）李昉等：文苑英华，卷 973，北京：中华书局影印本，1966 年版，第 5120 页。

（10）华原乡未见文献记载，但从《张协志》“华源乡之南郊、张方营之北野”和《朱宝志》“城西华原乡张方桥东北七里”推之，华源乡之区域约在张方营之北，而“张方营”即洛阳之“张方桥”，晋河间王尝遣张方征长沙王营军于此，故名。则华原（源）乡当在今洛阳白马寺镇北。又，《袁亮志》出土于河南偃师市，可知其时华原乡所辖之地东到今洛阳市东北偃师市境内。参见洛阳县属“张方桥”条。

（11）唐代亦有感德乡，在今洛阳市洛龙区东南、伊河以北城角村和石人村[①]一带。以此推断，隋之感德乡盖辖于洛阳县。唐代又有龙朔元年（661）《张昌志》“合葬于感德乡平原”，此志1999年秋于洛阳东南城角村出土[②]；永隆二年（681）《裴令范妻李氏砖志》“洛州洛阳县感德乡周南里故合州司户裴令范妻李”[③]；开成二年（837）《史乔如志》“祔葬于河南县感德乡孙村原”[④]。可知感德乡初唐属洛阳县，晚唐属河南县。

（12）隋代墓志记载洛阳县凤台乡者有四，其中《段济志》出土于洛阳城东北凤凰台村。又有大业十一年（615）《陈叔明暨妻刘氏志》“卜兆于洛阳县安山里凤台原”，此志出土于洛阳城北杨凹村北。安山里属凤台乡，则西起杨凹村、东至凤凰台村，皆在凤台乡所辖范围内。从出土地看，“凤台乡”和“凤凰乡”的位置极为接近，似乎都与“凤凰台”有关，可能是同一乡在不同时期的称呼或同一时期的不同称呼。“凤凰台”一带至唐代以后，归平阴乡所辖，其乡所辖之里有凤凰里、凤台里。[⑤]

（13）《宋俊志》墓志出土于今洛阳伊川县，则“伊□乡”当即伊川乡。而隋代迄未见有伊川乡名，唐代有伊川乡，如天宝六载《蒋锥墓志》云伊川乡在“洛城东”[⑥]，与此“伊□乡”辖于雒阳县亦复一致，则疑隋代已有伊川乡置，而唐之伊川盖承隋之旧。

上表所列十八乡，其中有信义、清风、惟新、感德、伊川五乡名称为唐代所沿用。

（二）坊

洛阳县所辖城坊凡十八，如表6-18所示。

---

① 赵振华，何汉儒：唐代洛阳乡里村方位初探，赵振华：洛阳出土墓志研究文集，北京：朝华出版社，2002年版，第95-96页。

② 志石今存洛阳市文物工作队。

③ 张宁等：隋唐五代墓志汇编·洛阳卷（第6册），天津：天津古籍出版社，1991年版，第58页。

④ 洛阳市文物工作队：洛阳出土历代墓志辑绳，北京：中国社会科学出版社，1991年版，第658页。

⑤ 赵振华，何汉儒：唐代洛阳乡里村方位初探，赵振华：洛阳出土墓志研究文集，北京：朝华出版社，2002年版，第101-102页。

⑥ 李献奇，郭引强：洛阳新获墓志，北京：文物出版社，1996年版，第65页。

表 6-18 洛阳县所辖城坊表

名称	墓志名称	志主卒年或葬年	墓志相关志文节录	考证文字编号
嘉善里	《崔上师妻封依德志》	大业十年（614）	终于东都雒阳县嘉善里	嘉善里考证 1
	《翟突娑志》	大业十一年（615）	卒于河南郡雒阳县崇业乡嘉善里	
	《张波志》	大业十一年（615）	卒于雒阳县之嘉善里	
	《程谐暨妻石氏志》	大业十一年（615）	（石氏）卒于嘉善里之第同迁窆于邙山	
嘉庆里	《田光山妻李氏志》	大业八年（612）	卒于河南郡通闰乡嘉庆里	嘉庆里考证 2
集贤里	《张开暨妻赵氏志》	大业四年（608）	终于东京集贤里舍①	集贤里考证 3
尊贤里	《陈常志》	大业九年（613）	终于雒阳县尊贤里	尊贤里考证 4
	《明质志》	大业十二年（616）	终于家尊贤里	
章善里	《姚太暨妻袁氏志》	大业十年（614）	（袁氏）终于雒阳章善里舍	章善里考证 5
会节里	《卞鉴暨妻刘氏志》	大业十二年（616）	终于家会节里 合葬邙之上	会节里考证 6
绥（福）里	《唐该暨妻苏洪姿志》	大业十一年（615）	卒东都绥里	绥（福）里考证 7
从善里	《张志相妻潘善利志》	大业十一年（615）	殁于感德乡从善里	从善里考证 8
怀仁里	《董敬志》	大业二年（606）	卒于雒阳县惟新乡怀仁里	怀仁里考证 9
	《段摸志》	大业六年（610）	终于雒阳县之怀仁里宅	
静仁里	《高紧志》	大业八年（612）	薨于河南郡洛阳县静仁里	静仁里考证 10
立德里	《杨秀志》	大业六年（610）	掩于立德之馆	立德里考证 11
景行里	《尹彦卿志》	大业十二年（616）	薨于东都景行里②	景行里考证 12
邻德里	《元祎志》	大业五年（609）	薨于雒阳县邻德里	邻德里考证 13
	《裴逸志》	大业八年（612）	大业七年（611）二月十八日终于雒阳之邻德里	
	《高嗣暨妻孟氏綦母氏志》	大业十年（614）	大业八年（612）九月十六日终于邻德里之第	
敦厚里	《孟孝敏妻刘氏志》	大业八年（612）	大业三年（607）十月一日卒于敦厚里 葬于洛阳县常平乡芒山之北原	敦厚里考证 14
时邕里	《苏威妻宇文氏志》	大业十二年（616）	薨于东都时邕里私第	时邕里考证 15
殖业里	《牛谅暨妻乔氏志》	大业九年（613）	卒于殖业里之第	殖业里考证 16
游艺里	《杨约志》	大业九年（613）	大业五年（609），与天下郡国朝集雒阳，以十月廿五日遘疾，薨于东京之游艺里第	游艺里考证 17
弘艺里	《王成志》	大业年间	终于河南郡雒阳县弘艺里	弘艺里考证 18

考证（以下各条考证序号皆对应于表 6-18 中的考证文字编号）：

（1）嘉善里。《河南志》云“长夏门街之东第二街，凡九坊”，从南第四坊

① 赵君平，赵文成：秦晋豫新出墓志蒐佚（第 1 册），北京：国家图书馆出版社，2012 年版，第 110 页。

② 周晓薇，王其祎：新见隋代《尚衣奉御尹彦卿墓志》研读——兼说“小陵原”与“少陵原”的名称沿革，考古与文物，2011 年第 4 期，第 95 页。

曰嘉善坊。“隋有元文都宅，韦津宅。”[①] 唐亦曰嘉善坊，承隋之旧。又据《翟突娑志》知嘉善里属崇业乡。

（2）嘉庆里。《河南志》云“长夏门街之东第三街，凡十一坊”，从南第一坊曰游奕坊。小注云：“唐曰嘉庆坊。内有李树，其实甘鲜，号嘉庆李。其坊改易岁月，未获。”[②] 据墓志知嘉庆坊为唐承隋旧，又知嘉庆里属通闰乡。

（3）集贤里。《河南志》云“长夏门街之东第三街，凡十一坊”，从南第二坊曰集贤坊。[③] 唐亦曰集贤坊，承隋之旧。

（4）尊贤里。《河南志》云“长夏门街之东第三街，凡十一坊”，从南第三坊曰尊贤坊。[④] 唐亦曰尊贤里，承隋之旧。

（5）章善里。《河南志》云“长夏门街之东第三街，凡十一坊”，从南第四坊曰章善坊。[⑤] 唐亦曰章善坊，承隋之旧。

（6）会节里。《河南志》云“长夏门街之东第四街，凡八坊”，从南第四坊曰会节坊。[⑥] 唐亦曰会节坊，承隋之旧。

（7）绥福里。《河南志》云“长夏门街之东第四街，凡八坊”，从南第五坊曰绥福坊。[⑦] 唐亦曰绥福坊，承隋之旧。墓志之“绥里”应即“绥福里”。

（8）从善里。《河南志》云“长夏门街之东第四街，凡八坊”，从南第六坊曰从善坊。[⑧] 唐亦曰从善坊，承隋之旧。据墓志知从善里属感德乡。

（9）怀仁里。《河南志》云“长夏门街之东第五街，凡八坊”，从南第五坊为怀仁坊。[⑨] 唐亦曰怀仁坊，承隋之旧。据墓志知怀仁里属惟新乡。

（10）静仁里。《河南志》云“长夏门街之东第五街，凡八坊”，从南第七坊曰静仁坊。[⑩] 唐亦曰静仁坊，承隋之旧。

（11）立德里。《河南志》云“洛水之北、东城之东第一南北街，北当徽安门西街，凡六坊街”，从南第二曰立德坊。[⑪] 唐亦曰立德坊，承隋之旧。墓志

---

① （清）徐松撰：河南志，高敏点校，北京：中华书局，2012年版，第14页。
② （清）徐松撰：河南志，高敏点校，北京：中华书局，2012年版，第16页。
③ （清）徐松撰：河南志，高敏点校，北京：中华书局，2012年版，第16页。
④ （清）徐松撰：河南志，高敏点校，北京：中华书局，2012年版，第16页。
⑤ （清）徐松撰：河南志，高敏点校，北京：中华书局，2012年版，第17页。
⑥ （清）徐松撰：河南志，高敏点校，北京：中华书局，2012年版，第19页。
⑦ （清）徐松撰：河南志，高敏点校，北京：中华书局，2012年版，第20页。
⑧ （清）徐松撰：河南志，高敏点校，北京：中华书局，2012年版，第20页。
⑨ （清）徐松撰：河南志，高敏点校，北京：中华书局，2012年版，第22页。
⑩ （清）徐松撰：河南志，高敏点校，北京：中华书局，2012年版，第22页。
⑪ （清）徐松撰：河南志，高敏点校，北京：中华书局，2012年版，第27页。

“立德之馆”当即立德里之私馆。

（12）景行里。《河南志》云“东城之东第三南北街，北当安喜门西街，凡六坊。从南第一曰温洛坊，其东景行坊”[①]。唐亦曰景行坊，承隋之旧。

（13）邻德里。《河南志》云“东城之东第三南北街，北当安喜门西街，凡六坊”，从南第三曰邻德坊。“亦北市之地，后增此坊。”[②] 唐亦曰邻德坊，承隋之旧。

（14）敦厚里。《河南志》云“东城之东第三南北街，北当安喜门西街，凡六坊”，从南第五曰敦厚坊。“隋有观王杨雄宅”[③]，唐亦曰敦厚坊，承隋之旧。

（15）时邕里。《河南志》云“东城之东第四南北街，北当安喜门东街，凡五坊”，“从南第一坊曰时泰坊，其东时邕坊”。“隋有苏威宅”[④]，唐亦曰时邕坊，承隋之旧。

（16）殖业里。《河南志》云“东城之东第四南北街，北当安喜门东街，凡五坊”，从南第三曰殖业坊。“晋司空王戎墓，封演《见闻录》曰王戎墓，隋代酿家穿傍作窖，得铭曰晋司徒尚书令安丰元君王公之铭。铭有数百字。则古人葬者，已有石记。其铭今尚存数十字。俗传为朱买臣墓，非也。”[⑤] 唐亦曰殖业坊，承隋之旧。

（17）游艺里。《河南志》云“东城之东第六南北街，凡五坊”，从南第一曰积德坊。小注云“隋曰游艺坊，尽一坊为杨素宅，宅有沈香堂”[⑥]。则唐之积德坊即隋之游艺里。辛德勇考证此坊在唐代更名为积德坊的时间当在天授二年（691）之后。[⑦]

（18）弘艺里。《河南志》云“东城之东第六南北街，凡五坊”，从南第四曰兴艺坊。[⑧] 辛德勇据《王成墓志》“终于河南郡洛阳县弘艺里”推断：元《河南志》仅载有兴艺坊，在洛阳城东北隅一坊通远坊南。臆测神龙中因避唐孝敬皇帝讳弘，而改弘艺为兴艺[⑨]，是知唐之兴艺坊即隋之弘艺坊。

---

① （清）徐松撰：河南志，高敏点校，北京：中华书局，2012年版，第31页。
② （清）徐松撰：河南志，高敏点校，北京：中华书局，2012年版，第31页。
③ （清）徐松撰：河南志，高敏点校，北京：中华书局，2012年版，第32页。
④ （清）徐松撰：河南志，高敏点校，北京：中华书局，2012年版，第32页。
⑤ （清）徐松撰：河南志，高敏点校，北京：中华书局，2012年版，第33页。
⑥ （清）徐松撰：河南志，高敏点校，北京：中华书局，2012年版，第34页。
⑦ 辛德勇：隋唐两京丛考，西安：三秦出版社，2006年版，第153-154页。
⑧ （清）徐松撰：河南志，高敏点校，北京：中华书局，2012年版，第35页。
⑨ 辛德勇：隋唐两京丛考，西安：三秦出版社，2006年版，第146-147页。

（三）里

隋代墓志所见辖于洛阳县之城郊里名凡八，如表 6-19 所示。

表 6-19 洛阳县所辖里名表

名称	墓志名称	志主卒年或葬年	墓志相关志文节录	考证文字编号
凤凰里	《来和志》	开皇九年（589）	葬于河阴凤鸖乡凤鸖里	凤凰里考证 1
	《赵罗志》	开皇九年（589）	葬于河阴凤鸖乡凤鸖里[①]	
凤台里	《陈叔荣志》	大业九年（613）	葬于邙山之凤台里	凤台里考证 2
信义里	《赵龄暨妻郭氏志》	开皇十二年（592）	合葬于洛阳县北邙山信义乡信义里	信义里考证 3
游仙（仙游）里	《任轨暨妻薛氏志》	大业四年（608）	厝于洛阳县常平乡游仙里	游仙（仙游）里考证 4
	《衙闻志》	大业五年（609）	遘疾终于游仙里第	
	《刘则志》	大业七年（611）	葬于洛阳县常平乡仙游里北邙山下	
	《段世琳志》	大业十二年（616）	葬于洛阳县常平乡游仙里	
永安里	《刘宾暨妻王氏志》	大业七年（611）	葬于洛阳县东北邙山之阳常平乡永安里	
安山里	《陈叔明暨妻刘氏志》	大业十一年（615）	卜兆于洛阳县安山里凤台原	安山里考证 5
	《李元暨妻邓氏志》	大业十二年（616）	合葬于洛阳县北凤台乡安山里	
	《齐士幹志》	大业十二年（616）	卜葬于河南郡洛阳县凤台乡安山里邙山之阳	
谷阳里	《韦匡伯志》	大郑开明二年（620）	权殡于洛阳县凤台乡谷阳里	谷阳里考证 6
密妃里	《宋俊志》	大业十二年（616）	葬于雒阳县伊□乡密妃里，东窥雒口，西属函关，南望伊川，北带邙阜[②]	密妃里考证 7

考证（以下各条考证序号皆对应于表 6-19 中的考证文字编号）：

（1）按《来和志》与《赵罗志》中“凤鸖乡凤鸖里”应即“凤凰乡凤凰里”。《来和志》出土于今洛阳孟津县凤凰台。唐代有凤凰里属平阴乡，如会昌四年（844）《唐氏志》云“权窆洛阳县平阴乡凤凰里北陶村”[③]，该志出土地为洛阳城北杨凹村，东距凤凰台尚有数里。

（2）《陈叔荣志》出土于洛阳城东北吕家庙村北一里小冢西。唐代亦有凤台里，属平阴乡。例如，唐乾符六年《刘夫人王氏志》云“迁神河南府洛阳县平阴乡凤台里”[④]，赵振华、何汉儒认为，“平阴乡之凤凰里、凤台里，是同一里不

---

① 王其祎，周晓薇：洛阳新见隋代墓志铭辑释三种，华夏考古，2011 年第 4 期，第 109-115 页。
② 赵君平，赵文成：河洛墓刻拾零（上册），北京：北京图书馆出版社，2007 年版，第 61 页。
③ 河南省文物研究所：千唐志斋藏志（下册），北京：文物出版社，1984 年版，第 1087 页。
④ 洛阳市文物工作队：洛阳出土历代墓志辑绳，北京：中国社会科学出版社，1991 年版，第 711 页。

同时期的称呼或同一里的不同称呼，与地名‘凤凰台’有关”①。但据《陈叔荣志》之出土地看，吕家庙村距凤凰台仍有一段距离，若埋葬地与出土地一致，则隋代之凤凰里与凤台里似不应为同一里。

(3) 隋之信义里位置当在今洛阳市东北邙山一带。

(4) 隋代墓志涉及洛阳县游仙（仙游）里者四，游仙里与仙游里皆属常平乡，二里当为一里，可能为同一时期的不同称呼。《刘则志》出土于洛阳城东马沟村西南一里，若埋葬地与出土地一致，则今洛阳市瀍河回族乡北与孟津市交界处当为隋游仙（仙游）里所在。

(5) 隋代墓志涉及洛阳县安山里者有三，其中《陈叔明暨妻刘氏志》出土于洛阳城北杨凹村北，则杨凹村以北一带当为隋安山里所在，而安山里盖亦因其地乃北邙马安山而得名。

(6)《匋斋藏石记》载：“谷阳，谷水之阳也，源出渑池东，东流合涧水，经新安县南，东至洛阳县西南入洛。”② 以此推之，谷阳里若以地处谷水之阳而得名，则属隋之河南县。然以洛阳县属之“凤台乡”、“凤台原”、“马安山”条推之，其地则属隋之洛阳县无疑。北魏洛阳城有谷阳里，如孝昌二年（526）《于纂志》“卒于洛阳谷阳里第”，则显然与隋之谷阳里无甚关联。

(7)“伊□乡”当即伊川乡，墓志所言四至即“东窥雒口，西属函关，南望伊川，北带邙阜”已基本确定密妃里的地理位置。

上举里名中仅有凤凰里、凤台里为唐代所沿用。

（四）村

隋代墓志所见辖于洛阳县之城郊村名凡八，如表6-20所示。

表6-20　洛阳县所辖村名表

名称	墓志名称	志主卒年或葬年	墓志相关志文节录	考证文字编号
冯村	《张盛志》	开皇十二年（592）	殡在芒山之南、张分桥之北、游豫园西、马安山东冯村西北一里③	冯村考证1
	《王夏志》	仁寿四年（604）	窆于清风乡张方桥冯村之北一里	
	《王荣暨妻刘氏志》	仁寿四年（604）	安厝在冯村之北，平乐园西，却带邙山，前瞻洛水	

① 赵振华，何汉儒：唐代洛阳乡里村方位初探，见：赵振华：洛阳出土墓志研究文集，北京：朝华出版社，2002年版，第101-102页。

② （清）端方：匋斋藏石记，卷一六，清宣统元年刻本。

③ 赵君平，赵文成：河洛墓刻拾零（上册），北京：北京图书馆出版社，2007年版，第51页。

续表

名称	墓志名称	志主卒年或葬年	墓志相关志文节录	考证文字编号
桑村	《杨德志》	大业四年（608）	迁葬窆于豫州城东北邙山之原桑村四里	桑村考证 2
王赵村	《郭世昌志》	大业五年（609）	权殡于郡城东北五里王赵村南	王赵村考证 3
张村	《田光山妻李氏志》	大业八年（612）	权殡于洛阳县常平乡张村西北二里	张村考证 4
马鹞子村	《袁亮志》	大业十年（614）	葬于河南郡洛阳县华原乡马鹞子村西北北邙山之岗	马鹞子村考证 5
苏村	《李贵暨妻王氏志》	开皇三年（583）	卜兆于洛阳城西南十里苏村西北合葬	苏村考证 6
寇村	《郭王志》	大业四年（608）	权殡于谷水之阳寇村之北二里	寇村考证 7
王村	《张茂志》	开皇九年（589）	窆于芒山之阳、谷水之阴、王村之北二里	王村考证 8

考证（以下各条考证序号皆对应于表 6-20 中的考证文字编号）：

（1）据表中有关冯村的三方墓志记载分析，冯村当位于芒山之南，张方桥之北，平乐园和游豫园之西，马安山之东。

（2）桑村无考。豫州城即洛阳城。大业元年（605）移都，改河南郡曰豫州。

（3）《郭世昌志》出土于今洛阳城东北吕家庙村西南，则王赵村当距吕家庙村不远。

（4）《田光山妻李氏志》出土于今洛阳城东北马沟村一带，则马沟村东南二里当为隋洛阳县常平乡张村所在。参见洛阳县属“常平乡”条。

（5）《袁亮志》出土于今河南偃师市，志云葬于“北邙山之岗”，故隋代马鹞子村应在今偃师市北邙山山麓。

（6）据《李贵暨妻王氏志》，葬地既在隋“洛阳城西南十里”，而汉魏旧都又西距隋代洛阳城约十八里之远，则苏村当仍辖于隋之洛阳县。

（7）《郭王志》1930 年出土于洛阳城东马坡南四角楼，因知马坡村以南一带当为隋代寇村之地。唐代洛阳城东有王寇村，如开元十九年（731）《胡明期母曹夫人志》“葬于洛阳城东北隅王寇村”[①]。不明二者关系如何?

（8）《张茂志》出土于洛阳孟津县送庄乡，则王村当在今送庄乡一带。

（五）桥

隋代墓志所见辖于洛阳县之城郊桥名凡二，如表 6-21 所示。

① 张宁等：隋唐五代墓志汇编·洛阳卷（第 10 册），天津：天津古籍出版社，1991 年版，第 21 页。

表 6-21 洛阳县所辖桥名表

名称	墓志名称	志主卒年或葬年	墓志相关志文节录	考证文字编号
张方（夫人、分）桥（营）	《□光志》	开皇元年（581）	卒于洛阳永康之里，葬张夫人桥西北二里①	张方桥考证 1
	《张颜志》	开皇三年（583）	窆于张方桥西北二里	
	《张礼暨妻罗氏志》	开皇九年（589）	合葬张方桥北二里。却背芒足，前眺洛川	
	《安备志》	开皇九年（589）	葬于瀔水之南、张分桥侧②	
	《王节志》	开皇十五年（595）	合葬于洛城之西张方桥北清风乡③	
	《张协志》	开皇十六年（596）	筮宅于华源乡之南郊、张方营之北野④（案："张方营"即"张方桥"，晋河间王尝遣张方征长沙王营军于此，故名。）	
	《张盛志》	开皇二十年（600）	殡在芒山之南、张分桥之北、游豫园西、马安山东冯村西北一里⑤	
	《张通志》	仁寿元年（601）	葬在张方桥北五里	
	《朱宝志》	仁寿三年（603）	葬于城西华原乡张方桥东北七里	
	《王夏志》	仁寿四年（604）	窆于清风乡张方桥冯村之北一里	
黄门桥	《杨济志》	开皇十二年（592）	葬于黄门桥西、洛水之北。东眺嵩山，南望石岭	黄门桥考证 2
	《郭休志》	仁寿二年（602）	葬于黄门桥之西南	
	《刘宝暨妻王氏志》	仁寿二年（602）	窆于闲居乡黄门桥西二里	
	《符盛暨妻胡氏志》	仁寿四年（604）	窆于闲居乡黄门桥之西北一百余步	

考证（以下各条考证序号皆对应于表 6-21 中的考证文字编号）：

(1)《洛阳伽蓝记》卷四城西"法云寺"条载："延伯出师于洛阳城西张方桥，即汉之夕阳亭也。"⑥"永明寺"条又载："出閶闔门城外七里长分桥，中朝时以谷水浚急，注于城下，多坏民家，立石桥以限之；长则分流入洛，故名曰长分桥。或云晋河间王在长安遣张方征长沙王，营军于此，因为张方桥也。未知孰是。今民间讹语号为张夫人桥。朝士送迎，多在此处。"⑦ 则知张方桥在北魏洛阳城西。而所谓"今民间讹语号为张夫人桥"者，今见新出隋开皇元年

---

① 赵君平，赵文成：河洛墓刻拾零（上册），北京：北京图书馆出版社，2007 年版，第 45 页。

② 石存西安大唐西市博物馆。胡戟，荣新江：大唐西市博物馆藏墓志（上册），北京：北京大学出版社，2012 年版，第 24 页。录文"张分桥"误作"长分桥"。

③ 王其祎，周晓薇：洛阳新见隋代墓志铭辑释三种，华夏考古，2011 年第 4 期，第 109-115 页。

④（北魏）杨衒之撰，范祥雍校注：洛阳伽蓝记校注，卷四，上海：上海古籍出版社，1978 年版，第 238 页。

⑤ 赵君平，赵文成：河洛墓刻拾零（上册），北京：北京图书馆出版社，2007 年版，第 51 页。

⑥（北魏）杨衒之撰，范祥雍校注：洛阳伽蓝记校注，卷四，上海：上海古籍出版社，1978 年版，第 203 页。

⑦（北魏）杨衒之撰，范祥雍校注：洛阳伽蓝记校注，卷四，上海：上海古籍出版社，1978 年版，第 237-238 页。

(580)《□光志》云“卒于洛阳永康之里，葬张夫人桥西北二里”①，适可添一佐证。又，赵万里跋《张礼暨妻罗氏墓志并盖》云：“是桥（张方桥）临谷水，南距谷水入洛水处当不甚远。《魏书·杨椿传》‘群公百寮饯于城西张方桥’。又《崔亮传》‘亮为仆射，奏于张方桥东堰谷水造水碾磨数十区’。亦桥临谷水之证。隋以后名渐不彰。《嘉庆洛阳县志》七〈土地记〉‘晋张方桥在城西’，盖至近世已不能实指其所在矣。”② 据开皇九年（589）《安备志》与开皇十二年（592）《张盛志》，又知有别作“张分桥”者。

张方桥因谷水浚急而建，长则分流入洛。所以张方桥应在谷水干流。张剑在《洛阳出土墓志与洛阳古代行政区划之关系》一文中对谷水有所考证，认为“北魏隋唐时期的谷水就是今天的涧河。但是，还有出土于洛阳东北的两方墓志亦与谷水有关，……董村、马坡之南亦有流经的一条谷水。此谷水当是指汉晋以来开凿的引谷入洛的人工渠道”③。另据考古发现，北魏洛阳城西郭墙外侧今名分金沟之废弃河道，据学者们考证可能就是西晋时为限制西引谷水流量，立石桥限水分流的“张方沟”或“长分沟”遗迹。分金沟为今白马寺镇的一个小村庄，其所在大致就在《张礼暨妻罗氏志》出土地即今洛阳城东大马村南部，与志文所述“合葬张方桥北二里”恰好相符。由此亦可推断，张方桥位于隋代洛阳城东。又有贞观二年（638）《段夫人张女羡志》云“合葬于洛阳县清风乡张方里芒山之阳”④，可知唐初“张方里”或因地界“张方桥”而得名。

（2）隋代墓志涉及黄门桥者有四，其中《郭休志》、《刘宝暨妻王氏志》、《符盛暨妻胡氏志》三方墓志皆出土于今洛阳城东三里桥村一带，则黄门桥应在三里桥村以东。

（六）园

隋代墓志所见辖于洛阳县之城郊园名凡二，如表6-22所示。

表6-22 洛阳县所辖园名表

名称	墓志名称	志主卒年或葬年	墓志相关志文节录	考证文字编号
平乐园	《王荣暨妻刘氏志》	仁寿四年（604）	安厝在冯村之北，平乐园西，却带邙山，前瞻洛水	平乐园考证1
游豫园	《张盛志》	开皇十二年（592）	殡在芒山之南、张分桥之北、游豫园西、马安山东冯村西北一里⑤	游豫园考证2

① 赵君平，赵文成：河洛墓刻拾零（上册），北京：北京图书馆出版社，2007年版，第45页。
② 赵万里：汉魏南北朝墓志集释，卷八，北京：科学出版社，1956年版，第82页上。
③ 赵振华：洛阳出土墓志研究文集，北京：朝华出版社，2002年版，第159页。
④ 周绍良，赵超：唐代墓志汇编（上册），上海：上海古籍出版社，1991年版，第12-13页。
⑤ 赵君平，赵文成：河洛墓刻拾零（上册），北京：北京图书馆出版社，2007年版，第51页。

考证（以下各条考证序号皆对应于表 6-22 中的考证文字编号）：

（1）《资治通鉴》卷一八四《隋纪》“恭帝义宁元年六月”条：“李密复帅众向东都，丙申，大战于平乐园。”胡注云：“此盖即汉魏平乐观之地为园也。然汉魏平乐观在洛城西，隋既迁营新都，则平乐园当在都城东。”①

（2）游豫园名为仅见，张分桥疑是张方桥之讹，则考量其地理位置当辖于洛阳县。

（七）原

隋代墓志所见辖于洛阳县之原名凡一。

凤台原。大业十一年（615）《陈叔明暨妻刘氏志》云“卜兆于洛阳县安山里凤台原”。该志出土于今洛阳城北杨凹村。则杨凹村应即在凤台原上，其名亦可能与凤凰台有关，凤台乡之名盖亦由此而来。

（八）山

隋代墓志所见辖于洛阳县之山名凡三，如表 6-23 所示。

表 6-23 洛阳县所辖山名表

名称	墓志名称	志主卒年或葬年	墓志相关志文节录	考证文字编号
他山	《田达志》	开皇六年（586）	窆于洛阳城东、他山之西、芒山之南、显安坊北	
灵山	《尒朱□□志》	开皇九年（589）	迁窆洛城西北灵山之南	灵山考证 1
马安山	《段济志》	大业十二年（616）	权葬于洛阳东北马安山西凤台乡界	马安山考证 2

考证（以下各条考证序号皆对应于表 6-23 中的考证文字编号）：

（1）《尒朱□□志》云：“迁窆洛城西北灵山之南。”此洛城当指北魏洛阳城，灵山即北邙山。称北邙山为灵山者颇少见。

（2）《段济志》出土于今洛阳城东北凤凰台村，则凤凰台村当在马安山附近。又，开皇十二年（592）《张盛志》云“殡在芒山之南、张分桥之北、游豫园西、马安山东冯村西北一里”。张剑《洛阳出土墓志与洛阳古代行政区划关系》一文有所论及，其云：“马安山当是位于洛阳老城东北西吕庙和马沟至凤凰台一带的邙山山岭。”② 马安山在北朝墓志中又称“马鞍山”或“万安山”，如出

① （宋）司马光等：资治通鉴，卷一八四，隋纪，北京：中华书局点校本，1956 年版，第 5740 页。

② 赵振华：洛阳出土墓志研究文集，北京：朝华出版社，2002 年版，第 157 页。

土于洛阳城东北马沟村西陵的孝昌二年（526）《侯刚志》和永安二年（529）《元纯陁志》称“马鞍山”，同出土于洛阳城东北马沟村西陵的宣政二年（578）《寇炽志》称“万安山”。

三、属县待考之地名

（一）乡

隋代墓志中尚有属县待考之乡名凡五，如表 6-24 所示。

表 6-24 属县待考之乡名表

名称	墓志名称	志主卒年或葬年	墓志相关志文节录	考证文字编号
礼教乡	《郭休志》	仁寿二年（602）	终于礼教乡	
洛神乡	《王荣暨妻刘氏志》	仁寿四年（604）	夫人终于洛神乡第	
宁民乡	《魏升志》	大业元年（605）	遘疾于宁民乡徂	宁民乡考证 1
归义乡	《符盛暨妻胡氏志》	仁寿四年（604）	遘疾归义乡第	
	《□堕暨妻赵氏志》	大业六年（610）	终于洛州归义乡之宅	
积善乡	《康宝足墓志》	大业三年（607）	合葬于积善乡积善里①	

考证（以下各条考证序号皆对应于表 6-24 中的考证文字编号）：

以洛阳城有宁民坊属河南县推之，宁民乡或亦辖于河南县。

（二）坊

与文献所载洛阳城坊里名不能相合且属县未详者凡七，如表 6-25 所示。

表 6-25 与文献所载不能相合且属县未详之城坊名表

名称	墓志名称	志主卒年或葬年	墓志相关志文节录	考证文字编号
建宁里	《王钊达志》	大业元年（605）	不禄于东京洛阳县崇业乡建宁里	建宁里考证 1
景义里	《郭世昌志》	大业五年（609）	河南郡洛阳县景福乡景义里故伏波将军西平县开国男	景义里考证 2
闲居里	《张芳志》	大业六年（610）	卒于闲居里	闲居里考证 3
敬业里	《王香仁志》	大业七年（611）	终于敬业里第	敬业里考证 4
宣善里	《张娥英志》	大业八年（612）	薨于雒阳之宣善里	宣善里考证 5
灵泉里	《□德志》	大业八年（612）	终洛阳县千金乡灵泉里	灵泉里考证 6
馭居里	《卫侗志》	大业九年（613）	终于河南馭居里舍	馭居里考证 7

考证（以下各条考证序号皆对应于表 6-25 中的考证文字编号）：

（1）建宁里。辖于洛阳县崇业乡，然东都城坊未见此名，不知是洛阳城坊

① 据 2011 年洛阳赵振华先生提供拓本照片著录。

里否？

（2）景义里。辖于洛阳县景福乡，然东都城坊未见此名，不知是洛阳城坊里否？

（3）闲居里。东都城坊未见此名，不知是洛阳城坊里否？以大业十二年（616）《房苏威妻宇文氏志》“于东都城东北九里闲居乡权殡”推之，盖辖于洛阳县闲居乡。

（4）敬业里。属县未详。河南县所辖坊里有崇业、修业、安业，洛阳县所辖坊里有教业、殖业，不知敬业里是洛阳城坊里否？

（5）宣善里。属县未详。河南县所辖坊里有宣风、宣范，不知宣善里是洛阳城坊里否？

（6）灵泉里。辖于洛阳县千金乡，然东都城坊未见此名，不知是洛阳城坊里否？参见洛阳县属“千金乡”条。

（7）旼居里。东都城坊未见此名，不知是洛阳城坊里否？所谓“河南旼居里”，当是泛指河南府辖，而不宜视为河南县辖。以隋代未见有省并坊里事，则旼居里究为城内之坊抑或郊外之里，尚待考实。

（三）里

未知属县之洛阳城四郊里坊凡三，如表6-26所示。

表6-26 属县待考之里名表

名称	墓志名称	志主卒年或葬年	墓志相关志文节录	考证文字编号
显安坊	《田达志》	开皇六年（586）	窆于洛阳城东、他山之西、芒山之南、显安坊北	显安坊考证1
通儒里	《裴觊志》	仁寿二年（602）	葬此洛阳通儒里	通儒里考证2
积善里	《康宝足志》	大业三年（607）	合葬于积善乡积善里①	积善里考证3

考证（以下各条考证序号皆对应于表6-26中的考证文字编号）：

（1）显安坊未见记载，若在城外，通常称里而不称坊，若在城内，则彼时为开皇六年（586），则所云“显安坊”当为“洛阳城东”亦即北魏洛阳故城之坊里。存疑。

（2）通儒里，疑是旧城郊外之里。

（3）此之“积善里”乃为葬所，故与洛阳城内辖于河南县的“积善坊”不

---

① 据2011年洛阳赵振华先生提供拓本照片著录。

是一事。

（四）村

隋代墓志中尚有属县待考之村名凡一。

北李村。大业十一年（616）《□德志》"窆于芒山之北李村东北一里"。今洛阳城西北有前李村、后李村，地界当隋之河南县千金乡；今洛阳城东北又有李家村，地界当隋之洛阳县。则此北李村属县待考。

四、北魏洛阳故城之里名

隋代东都洛阳城建成于大业元年（605），故卒葬在大业元年（605）以前者，其卒所所在之里皆与洛阳新城之里无涉，而应属北魏洛阳故城之里。今于隋墓志中检得洛阳故城之里凡十五，如表6-27所示。

表6-27 洛阳故城坊里表

名称	墓志名称	志主卒年或葬年	墓志相关志文节录	考证文字编号
永康里	《□光志》	开皇元年（581）	卒于洛阳永康之里[①]	永康里考证1
	《张开暨妻赵氏志》	大业四年（608）	（赵氏）仁寿元年五月十六日，春秋五十有二，终于雒阳故城永康里舍[②]	
崇信里	《张颜志》	开皇三年（583）	卒于崇信里	
陈留里	《梁邕志》	开皇三年（583）	终于洛城首阳乡陈留里	
胡公里	《谢岳暨妻关氏志》	开皇三年（583）	薨于胡公里	
景平里	《桥绍志》	开皇五年（585）	卒于洛城西景平里	景平里考证2
修仁里	《□遵暨妻□氏志》	开皇六年（586）	薨于雒阳修仁里	修仁里考证3
酳酒里	《普威志》	开皇六年（586）	终于洛洲河南县洛川乡酳酒里[③]	酳酒里考证4
钦政里	《元范妻郑令妃志》	开皇九年（589）	终于洛阳钦政里	钦政里考证5
怀德里	《杨济志》	开皇十二年（592）	卒于怀德里 葬于黄门桥西、洛水之北	
建德里	《张协志》	开皇十六年（596）	河南崇信乡建德里人也	
崇训里	《刘多志》	开皇二十年（600）	终于河南县儒林乡崇训里	崇训里考证6
广世里	《马稺暨妻张氏志》	开皇二十年（600）	终于平乐乡广世里	
英秀里	《张通志》	仁寿元年（601）	终于河南县归德乡英秀里	
白马里	《郭达暨妻侯氏志》	大业八年（612）	终于故洛阳城西白马里	白马里考证7
玄酒里	《姚太暨妻袁氏志》	大业十年（614）	开皇十五年七月十三日终于河南玄酒里舍	玄酒里考证8

① 赵君平，赵文成：河洛墓刻拾零（上册），北京：北京图书馆出版社，2007年版，第45页。

② 赵君平，赵文成：秦晋豫新出墓志蒐佚（第1册），北京：国家图书馆出版社，2012年版，第110页。

③ 据笔者自藏拓本著录。

考证（以下各条考证序号皆对应于表6-27中的考证文字编号）：

（1）以志主“□光”卒在开皇元年（581）六月，而洛阳新都置建于大业元年（605），则此“永康里”名应承北魏洛阳故城，属洛阳县。例如，延昌四年（515）《王祯志》云“卒于洛阳永康里”①，正光四年（523）《王晓志》云“卒于洛阳永康里”②，正光四年（523）《王基志》云“薨于洛阳永康里”③ 等，又《北史》卷一〇〇《传序》记李超隋开皇中“终于洛阳永康里宅”④。张开妻赵氏虽然葬于大业四年（608），然其卒在仁寿元年（601），卒时隋代东都洛阳城尚未建设，且志文亦明言“终于雒阳故城永康里舍”，知永康里确为北魏洛阳故城之坊里名。

（2）彼时所称“洛城”乃汉魏旧城，则“城西景平里”当属洛阳县。

（3）李健超《增订唐两京城坊考》有所论及：“开皇三年十月十九日，正道（按□遵字政道）薨于修仁里，以其年十月二十五日，合葬于邙山之阳。……按此时隋唐东都洛阳尚未建，该里应为洛阳故城之里，或为乡里之里。”⑤

（4）酺酒里在文献中为仅见。以大业十年（614）《姚太暨妻袁氏志》云“开皇十五年七月十三日终于河南玄酒里舍”推之，疑“酺酒里”即“玄酒里”。

（5）以大业九年（613）《董重暨妻梁氏志》“（梁氏）卒于洛州河南县钦政乡”⑥ 推之，钦政里或当与河南县钦政乡有关系。

（6）《魏书》卷一一《废出三帝纪》中兴二年（532）夏四月齐献武王高欢“废帝（广陵王）于崇训佛寺”⑦，崇训寺或即在崇训里。

（7）言“故洛阳城”，当系北魏洛阳故城。白马里之名或与白马寺有关，则应距白马寺不远，位于隋唐洛阳城东郊，当属洛阳县。东魏武定八年（550）《元韶暨妻侯氏志》“孝昌三年七月十一日终于故雒阳城南白马里”⑧，可知白马

---

① 赵万里：汉魏南北朝墓志集释，图版216，北京：科学出版社，1956年版。

② 洛阳文物工作队：洛阳出土历代墓志辑绳，北京：中国社会科学出版社，1991年版，第36页。

③ 赵万里：汉魏南北朝墓志集释，图版235，北京：科学出版社，1956年版。

④ 北史，卷一〇〇，传序，北京：中华书局点校本，1974年版，第3341页。

⑤ 李健超：增订唐两京城坊考，西安：三秦出版社，2006年，第452页。按李氏增补修仁里之“正道宅”即依据隋开皇六年（586）《□遵暨妻□氏志》，□遵字政道，李氏误作“正道”，墓志葬年为六年，李氏误作“三年”。

⑥ 赵君平，赵文成：秦晋豫新出墓志蒐佚（第1册），北京：国家图书馆出版社，2011年版，第119-120页。

⑦ 魏书，卷一一，废出三帝纪，北京：中华书局点校本，1974年版，第278页。

⑧ 北京图书馆金石组：北京图书馆藏中国历代石刻拓本汇编（第6册），郑州：中州古籍出版社，1991年版，第160页。

里确系北魏故城之里。

（8）参前“酺酒里”条。

附：三市

开皇二十年（600）《马稺暨妻张氏志》曰：“合葬于洛阳三市之西南八里，地多形胜，宅兆惟宜。”案：此时的洛阳乃为北魏故城，则其葬地必在北魏洛阳故城西郊外。检诸唐墓志，千唐志斋博物馆有洛阳出土（“厝于平阴之原”）贞元十八年（802）赵南华撰《李君妻彭城刘氏志》与《李君妻陈留解氏志》两种，前志曰“终于河南三市之里”，后志曰“终于三市之第”，可知唐代洛阳城内有地名叫“三市里”，以此推之，隋代洛阳新都当亦有此地名，又因隋唐洛阳城坊无“三市里”，故其是否为城内之坊里名还需阙疑待考。[①] 当然隋代洛阳城内有北城之“通远市”、南城之“丰都市”、西城之“大同市”三市，唐代洛阳城内有北城之“北市”、南城之“南市”、西城之“西市”三市，但因三市皆相距甚远，故恐与隋代洛阳新都建立以前之“三市”地名略无瓜葛。再以“三市里”既为唐代洛阳城内地名推之，隋代的“三市”之地至少东距洛阳汉魏故城十八里，这样才能在建立隋唐洛阳城后从故城之外而进入新城之内，亦即由大业以前的宅兆地而变为大业以后的居民区。

总结本节，据隋代墓志所见东都洛阳城坊与四郊地名，可获得如下数据：河南县属乡二十、坊十九、里七、村三、原二、屯一；洛阳县属乡十八、坊十八、里八、村八、桥二、园二、原一、山三；属县待考之乡五、坊七、里三、村一；北魏洛阳故城坊里十五及“三市”。总计各类地名凡一百四十四条。

对隋代东都地名研究的意义和局限可归纳为三点：

第一，《太平寰宇记》卷三河南道河南府河南县小注云：“旧四十乡，今四乡。五十坊。”[②] 同书洛阳县小注云：“旧三十乡，今三乡。四十三坊。”[③] 其所言乡坊数目，当有所本。所谓“旧管”，当指唐代的数目，隋代或又稍少于唐代。今所能得知的有属县明确者三十八乡，属县待考者五乡，合计四十三乡，比《太平寰宇记》所谓河南、洛阳两县旧管七十乡尚少二十七乡，而相比隋代的乡数，或许已知的比例更高一些，因此，关于乡名的稽考订补可以说是最大的收

① 李健超先生考证即将“三市之里”作为“东都待考坊名”对待，参见李健超：增订唐两京城坊考，西安：三秦出版社，2006 年版，第 449 页。

② （宋）乐史撰，太平寰宇记，王文楚等点校，北京：中华书局，2007 年版，第 1 册，第 46 页。

③ （宋）乐史撰，太平寰宇记，王文楚等点校，北京：中华书局，2007 年版，第 1 册，第 51 页。

获。又以大略一乡管辖五里来计算，洛阳城郊共有约三百五十里，而此数目当包括了城内的一百三里。相比之下，对于洛阳城外四郊里数的稽考仅得知其属县者十五里，未详其属县者三里，合计十八里，仍相差甚远。又得河南与洛阳两县所辖城坊凡三十七，待考城坊七，共计四十四坊，已距隋代东都一百三坊的数字近乎少半，其中不少坊名为唐代所沿用，正可借以考查隋唐坊里名称、位置与沿革。本节还附带稽考了北魏洛阳故城坊里凡十五，数目虽小，亦不乏存佚与研讨北魏洛阳故城坊里建置之效用。

第二，洛阳出土的墓志，其分布非常集中，基本都在邙山以南一带。亦即大多集中在今洛阳市东北的北越孟津、东达偃师之邙山、马安山之所谓的风水宝地。又因为墓志所记宅第通常属城内坊里，葬地通常在城北及城郊西北延至东北的北邙山麓，故对城南及城郊西南到东南区域地名的记录相对要少得多，这不能不是缘资料的局限而成为本节的遗憾。

第三，据隋墓志归理出了当时洛阳城四郊的很多新的地名，这对于进行隋代洛阳城四郊的历史地理研究毕竟保存了可资进一步探讨的第一手材料，虽然有的地名已能够与今天的地理位置相对应，但遗憾的是也有不少还未能对应于今天的地理位置。另外，仅笼统记其葬地为“北邙”、“邙山之阳”等字词之墓志，尚有不少未在本章统计之列，而对葬于亦即出土于洛阳地区的隋墓志作全面整合，则应该对研究隋代洛阳城及其四郊的历史地理具有更充分的意义，并必然能逐步解决“古今地名复累经改易，旧迹往往未能确指，致使前贤功绩，仿佛轻掷虚牝”① 的问题。

最后，仅将隋墓志所见东都洛阳城河南、洛阳两县地名归总，如表 6-28 所示。

表 6-28　隋墓志所见东都洛阳城河南、洛阳两县地名总表

河南县所辖地名		洛阳县所辖地名		属县未详地名	
乡（20）	儒林乡、崇信乡、纯风乡、归德乡、平乐乡、灵（零、澪）渊乡、千（迁）金乡、崇政乡、殖业乡、灵泉乡、弘教乡、思顺乡、老子乡、劝善乡、乐和乡、安众乡、通德乡、洛川乡、钦政乡、恭安乡	乡（18）	首阳乡、凤凰乡、信义乡、清风乡、常平乡、归淳乡、闲居乡、崇业乡、惟新乡、通闰乡、遵化乡、景福乡、千金乡、华原（源）乡、感德乡、凤台乡、伊□乡、崇让乡	乡（5）	礼教乡、洛神乡、宁民乡、归义乡、积善乡

① 史念海：古长安丛书，总序，见：辛德勇：隋唐两京丛考，西安：三秦出版社，1991 年版，第 1 页。

续表

河南县所辖地名		洛阳县所辖地名		属县未详地名	
坊（19）	乐和里、崇业里、敦行里、恭安里、劝善里、隆化里、道化里、温柔里、永丰里、修善里、思顺里、惠和里、安众里、显义里、洛滨里、富义里、清化里、履顺里、进德里	坊（18）	嘉善里、嘉庆里、集贤里、尊贤里、章善里、会节里、绥（福）里、从善里、怀仁里、静仁里、立德里、景行里、邻德里、敦厚里、时邕里、殖业里、游艺里、弘艺里	坊（7）	建宁里、景义里、闲居里、敬业里、宣善里、灵泉里、邸居里
里（城外）（7）	节妇里、华邑里、华阳里、安川里、灵渊里、永丰里、灵泉里	里（城外）（8）	凤凰里、凤台里、信义里、游仙（仙游）里、永安里、安山里、谷阳里、密妃里	里（城外）（3）	显安坊、通儒里、积善里
村（3）	高村、（大）翟村、杨村	村（8）	冯村、桑村、王赵村、张村、马鹞子村、苏村、寇村、王村	村（1）	北李村
原（2）	千金原、飞龙原	原（1）、山（3）	凤台原、他山、灵山、马安山	原、山	
其他（1）	金谷屯	其他（4）	张方（夫人、分）桥（营）、黄门桥、平乐园、游豫园	其他	

第七章
个案考证

第一节　新见北齐聘高丽使主《裴遗业墓志》

2012年元旦甫过，友人携来新出墓志拓本两帧，乃北齐员外散骑常侍、聘高丽使主《裴遗业墓志》，而裴氏卒年已届隋代开皇十年（590），葬年更在开皇十一年（591），故实为隋人墓志。或云志文后半部分文字转刻于墓志盖阴面，然墓志盖阳面拓本未见，又云无盖题，唯四周有简约几何形线刻纹饰。志石拓本高43.5厘米、宽45.5厘米，志盖阴面拓本高43.5厘米、宽45厘米，志文两面总计37行，满行19字，楷书，有方界格。鉴于裴遗业的“聘高丽使主”身份与其事迹，故其墓志的史料价值颇高，因予录文披露并疏证之。

齐故员外散骑常侍裴君墓志铭

君讳遗业，字遗业，河东闻喜人也。玄鸟降瑞，黄虵分祖，清风迈于八王，藻缋志于三国，冠冕海内，可得略言。曾祖保欢，秀才早袠，褎然举首，擅美甲科。祖良，散骑常侍、汾州刺史、太府卿，赠雍州刺史、吏部尚书、尚书右仆射，树德立功，仪形百辟，弘风导俗，宣举六条。父子昇，奉朝请、荆州外兵参军，年廿徂逝，方骋鹏翻，忽穷鸿渐，才明年寿，惜在不俱。君弱岁早孤，孝闻乡里，神彩秀发，气调高奇。听乐知音，妙合于铜尺；传家笃学，不媿于金籯。声价兢驰，风流自远，公府交辟，玉帛迭来。齐河清元年，乃就征为开府元盆参军事，寻加明威将军。江左杂号，自有银章；晋世参军，不拜都督。迺瞻辽浿，穷地之险，俗摄扶余，境苞肃慎，怀来殊域，良资使乎。武平元年，兼员外散骑常侍，聘高丽使主。昔南越喻旨，遂受金装；西域凿空，止传邛杖。岂如申威万里，剋服九夷，既有玄菟之功，不卖卢龙之赏。四年，加建节将军。俄而长平垂翅，函谷无塦，运革鼎移，随时告老。孤竹君之让子，值殷亡而永遁；商洛山之隐客，经汉兴而未归。开皇三年，刺史龙门公建旟求莫，妙选贤明，以州都右望，早辞相待。君顾此徒劳，称疾解退，优游名教，服膺典礼，温恭昆弟，贻训子孙。追石庆之家风，踵陈寔之门法。爰降诏使，表义旌闾，宗族称荣，耆旧长叹。乐天知命，澹乎渊静，桐君之录何言，鸿珐之篇无验。开皇十年八月廿七日遘疾卒于丰义里，春秋六十三。言寻遗事，但得玄经，还望荒庭，唯余衰竹。粤以十一年十一月七日葬于旧茔。高阳题里，逸民封墓，陵谷或迁，缣缃有蠹。乃为铭曰：

昆田珎物，后土神光。山川灵异，英彦连芳。我承余祉，不忝珪璋。西河成学，北冀宾王。幕府曳裾，海隅衔命。楛矢无阙，貊弓唯令。不烦明友，何劳去病。秦征和璧，齐亡玉镜。于此告归，自斯知止。州后致辟，固辞乃已。义槱明世，名垂惇史。文德先生，宣明君子。时同电奔，天道宁论。玄扃永閟，白日恒昬。烟凝石阙，风惨山门。唯当孤鸟，啼对幽魂。

一子君洽

案：裴遗业字遗业，河东闻喜人，曾祖保欢，祖良，父子升，子君洽。遗业出仕于北齐河清元年（562），初在元盆幕府任参军事，复加杂号明威将军，尝出使东北辽浿地区的扶余、肃慎旧地，于武平元年（570）兼员外散骑常侍，并担任聘高丽使主，遂建“怀来殊域”、“申威万里，克服九夷”之功。武平四年（573）加建节将军，直至北齐灭亡。隋开皇三年（583），为刺史龙门公所器重，然称疾解退，受到朝廷旌表，后优游终老。开皇十年（590）卒于丰义里，享年六十三，十一年（591）葬在旧茔。从墓志文中揭示的信息，可资探讨裴遗业一支世系与人物，可考知其族望与旧茔，亦可追踪其出使高丽之史实等。

先将裴遗业家族世系予以梳理。闻喜裴氏是河东声名显赫的世家大族，历魏晋六朝，裴氏终于完成了奠定望族、房分五派的号称“三祖八王”的世族家系。检索《新唐书》卷七一上《宰相世系一上》“裴氏”，可知裴遗业的曾祖裴保欢一系乃出自裴氏中眷房的裴万虎一支，而《元和姓纂》则失载焉。保欢为万虎长子，良为保欢长子，字符宾，后魏太府卿，谥贞。[①] 惟《新表》仅记裴良二子子通与叔祉，而不载子升及其子遗业、孙君洽一脉，适可据《裴遗业墓志》以补备。遗业祖裴良在《魏书》卷六九、《北史》卷三八有传附裴延儁，而《裴良墓志》亦于1986年出土，复可多所补备史传之不足。[②] 例如，墓志所记裴良八子情况，适可补《新表》中眷裴氏万虎支之阙略与窜乱。[③] 又裴良本传与墓志所记官职皆合，惟本传与墓志中所记赠官皆作"尚书仆射"（裴子诞、裴子休、裴子通三人墓志亦均同），而《裴遗业墓志》则作"尚书右仆射"，稍异。另外，《新表》未记万虎与保欢官职，据《裴遗业墓志》知保欢未仕盖缘"秀才早丧"焉，《裴良墓志》亦云"祖讳虎，河北太守。父讳保欢，少举秀才，早丧"。遗业父子升亦华年夭亡，卒官奉朝请、荆州外兵参军。据《裴良墓志》云"第三子子升，字仲仙，奉朝请、荆州卫军府外兵参军，以去永安三年在州亡，年廿四。妻陇西李氏"，可知裴子升字仲仙，卒在永安三年（530），享龄二十四岁，娶妻陇西李氏，复知《裴遗业墓志》所言子升"年廿徂逝"乃为约数。又推其生年，当与其兄子诞为孪生。[④] 再据裴延儁本传"延儁从祖弟良，字符宾"[⑤] 云云，可知延儁系出双虎支，为裴双虎孙，故与裴良为从祖兄弟。

其次是裴遗业一系族望所出与旧茔所在。《裴遗业墓志》云"河东闻喜人"，裴子诞与裴子通墓志，以及《魏书》裴延儁本传皆同，而裴子休墓志则作"正平闻喜人"，"正平"之说，见《魏书》卷一〇六上《地形志上》"正平郡"小注云："故南太平，神䴥元年改为征平，太和十八年复。"领闻喜、曲沃二县，"闻喜"下小注云："二汉、晋属河东，后属。"[⑥] 后"因东、西魏分裂，正平郡被分

---

① 新唐书，卷七一上，宰相世系一上，北京：中华书局点校本，1975年版，第2209页。

② 《裴良墓志》1986年出土于山西省襄汾县永固村，研究文字见李学文《山西襄汾出土东魏天平二年裴良墓志》（《文物》，1990年第12期），周铮《裴良墓志考》（《北朝研究》，1994年第1期），罗新、叶炜《新出魏晋南北朝墓志疏证》（中华书局，2005年，第197-205页）与毛远明《汉魏六朝碑刻校注》第九册（线装书局，2009年，第九册，第362-368页）。又有裴良第二子诞、第四子子通、第六子子休三人墓志亦在同地出土，参见《晋南发现北齐裴子诞兄弟墓志》（《考古》，1994年第4期），杨明珠、杨高云《北齐裴子诞兄弟三人墓志略探》（《北朝研究》，1993年第3期），《新出魏晋南北朝墓志疏证》及《汉魏六朝碑刻校注》第9册《裴子诞墓志》。

③ 据《裴良墓志》知良八子依次为：长子悬字建扶，第二子诞字仲睿，第三子子升字仲仙，第四子子通字叔灵，第五子子祥字叔祉，第六子子休字季祥，第七子子阐字季猷，第八子辅冀。又据《裴子诞墓志》知其无子而收养辅冀子思道。据《裴子通墓志》知其有子六人，长子棱字神通，次子俶字虔道，外嗣第二兄诞后，次子深字玄道，次子偘字政道，次子戎字浚道，次子宽字弘道。

④ 罗新，叶炜：新出魏晋南北朝墓志疏证，北京：中华书局，2005年版，第203页、第208页。

⑤ 魏书，卷六九，裴延儁传，北京：中华书局点校本，1972年版，第1531页。

⑥ 魏书，卷一〇六上，地形志上，北京：中华书局点校本，1974年版，第2485页。

隔，一个有郡无县，一个有县无郡。于是北周新置绛郡及正平郡，以领闻喜、曲沃二县；北齐则移原属平阳郡之临汾县至正平郡城新置临汾县以隶正平郡。然则此北齐正平郡只领一临汾县也”[①]。又《隋书》卷三〇《地理志》“绛郡”属县有正平、曲沃、闻喜。其正平县小注云“旧曰临汾，属正平郡。开皇初郡废，十八年县改名焉。大业初置绛郡”[②]。开皇十一年（591）《裴子通墓志》亦云子通北齐时“敕除右将军、正平太守、当郡都督。正平，魏初分置，即君之本郡也”。合此，可知“正平”乃隋前旧称，而裴子休墓志撰于开皇五年（585），不当更称“正平”焉。再据武平二年（571）《裴良墓志》“河东闻喜桐乡高阳里人也”，复可详确万虎支籍贯地之乡里所在，且与《裴遗业墓志》所谓“高阳题里，逸民封墓”之说正相契合。

至于旧茔之所在，《裴遗业墓志》只言“葬于旧茔”，开皇十一年（591）《裴子通墓志》则云“合葬于汾亘旧茔”，开皇五年（585）《裴子休墓志》亦云“厝于汾絙原”，而北齐武平二年（571）《裴良墓志》与《裴子诞墓志》则皆云葬于“临汾城东北五里汾絙堆之阳”，亦即墓志的出土地今襄汾县永固村。由此亦可证得《裴遗业墓志》亦当于此地出土，而其所谓“旧茔”，当就裴良葬地所在临汾城而言，并非是指的三虎支家族墓地所在的绛州正平郡。[③] 另外，《裴遗业墓志》所言“卒于丰义里”，《裴子休墓志》所言“罹患终于家”，《裴子通墓志》所言“薨于阳城乡之丰义里”，当同属一地，盖即裴良夫妇卒世之鄉城。

最后值得说明的是，裴遗业出使高丽的史事。志文渲染铺叙最多的是裴遗业出使高丽、建功辽浿的事迹。志文云：“齐河清元年，乃就征为开府元盆参军事，寻加明威将军。江左杂号，自有银章；晋世参军，不拜都督。乃瞻辽浿，穷地之险，俗摄扶余，境苞肃慎，怀来殊域，良资使乎。武平元年，兼员外散骑常侍，聘高丽使主。昔南越喻旨，遂受金装；西域凿空，止传邛杖。岂如申威万里，克服九夷，既有玄菟之功，不卖卢龙之赏。四年，加建节将军。”铭文亦云：“幕府曳裾，海隅衔命。楛矢无阙，貊弓唯令。不烦明友，何劳去病。”裴遗业于北齐武平元年（570）以兼员外散骑常侍身份衔命海隅、聘使高丽而怀来东夷之举，为史籍所阙载，亦为金富轼撰写的三韩古史《三国史记》所不记。又且史籍中更未见有一例称名为“聘高丽使主”或使副者，倒是聘梁、聘陈、

① 施和金：北齐地理志（上册），卷二，河北地区（下），北京：中华书局，2008年版，第228页。详参王仲荦《北周地理志》。

② 隋书，卷三〇，地理志，北京：中华书局点校本，1974年版，第850页。

③ 罗新，叶炜：新出魏晋南北朝墓志疏证，北京：中华书局，2005年版，第205页。

聘齐、聘周的使主或使副较多见，聘使主盖即受到某国邀请而被任命出访或访问某国的大使或使臣，使副即副使。

东夷诸国，在汉魏晋宋尤其是北魏统一以后以迄于齐周隋唐时期，往来中夏，常通使驿，朝贡不绝，亦自不免时有互遣聘使之役。其中与高丽的和平相处和聘使友好往来尤见显著，亦可以见证彼时高丽的强盛和中原王朝对它的重视。以裴遗业所处的北齐为统计，《北齐书》所见高丽国遣使朝贡凡六次，依序为天保元年（550）六月己卯、天保二年（551）五月丁亥、天保六年（555）十一月丙戌、河清三年（564）、天统元年（565）、武平四年（573）。[①] 而外，又有三韩旧地中的百济、新罗，以及东北夷的肃慎、靺羯、靺鞨、契丹等国，亦连年遣使来献方物。北齐时期还分别册拜高丽王成、汤父子二人为东夷校尉，即天保元年（550）“九月癸丑，以散骑常侍、车骑将军、领东夷校尉、辽东郡开国公、高丽王成为使持节、侍中、骠骑大将军、领护东夷校尉，王、公如故”[②]，乾明元年（560）二月“又以高丽王世子汤为使持节、领东夷校尉、辽东郡公、高丽王”[③]。降及北周，武帝又于建德六年（577）“拜汤为上开府仪同大将军、辽东郡开国公、辽东王”[④]，隋代建立，高丽依旧“岁遣使朝贡不绝”，仅开皇前三年就尝六度遣使来朝及贡献方物，隋文帝更在开皇元年（581）十二月“壬寅，高丽王高阳遣使朝贡，授阳大将军、辽东郡公”，复“改封高丽王”[⑤]。凡此，皆可以见证彼时北齐王朝到隋代前期与高丽等东夷诸国之密切而良好之关

---

① 金富轼《三国史记》所记遣使朝贡北齐亦为六次，即阳原王六年、七年、十一年和平原王六年、七年、十五年，时间与《北齐书》全同，故史料盖从《北齐书》来。

② 北齐书，卷四，文宣帝纪，北京：中华书局点校本，1972 年版，第 53-54 页。《北史》卷九四《高丽传》云：“延死，子成立。讫于武定已来，其贡使无岁不至。大统十二年，遣使至西魏朝贡。及齐受东魏禅之岁，遣使朝贡于齐。齐文宣加成使持节、侍中、骠骑大将军、领东夷校尉，辽东郡公、高丽王如故。”北京：中华书局点校本，1974 年版，第 3114-3115 页。

③ 北齐书，卷五，废帝纪，北京：中华书局点校本，1972 年版，第 75 页。《北史》卷九四《高丽传》云：“成死，子汤立。干明元年，齐废帝以汤为使持节、领东夷校尉、辽东郡公、高丽王。”北京：中华书局点校本，1974 年版，第 3115 页。

④ 周书，卷四九，异域上・高丽，北京：中华书局点校本，1971 年版，第 885 页。《隋书》卷八一《东夷・高丽》云：“琏六世孙汤，在周遣使朝贡，武帝拜汤上开府、辽东郡公、辽东王。”北京：中华书局点校本，1974 年，第 1814 页。《北史》卷九四《高丽传》云：“周建德六年，汤遣使至周，武帝以汤为上开府仪同大将军、辽东郡开国公、辽东王。”北京：中华书局点校本，1974 年版，第 3115 页。

⑤ 隋书，卷一，高祖上，北京：中华书局点校本，1974 年版，第 16 页。《隋书》卷八一《东夷・高丽》云：“高祖受禅，汤复遣使诣阙，进授大将军，改封高丽王。岁遣使朝贡不绝。……开皇初，频有使入朝。及平陈之后，汤大惧，治兵积谷，为守拒之策。”北京：中华书局点校本，1974 年版，第 1814-1815 页。《北史》卷九四《高丽传》云：“隋文帝受禅，汤遣使诣阙，进授大将军，改封高丽王。自是，岁遣使朝贡不绝。”北京：中华书局点校本，1974 年版，第 3115 页。

系。今知裴遗业在武平元年（570）亦尝任“聘高丽使主”，正可为研讨彼时之国家关系史添一新事迹与新人物。又推测是年高丽国或有来聘以求修睦邻好之请，北齐朝遂选裴遗业为使主而报聘于高丽。[①] 又或“在北魏末年，干戈扰攘，有很多中原人民流离失所，逃往到高句丽”[②]，至有当时遣使高丽者，乃负有“求魏末流人”之使命。如无独有偶，史载北齐朝竟也有一位使高丽者，他叫崔柳。《北史》卷九四《高丽传》云：“天保三年，文宣至营州，使博陵崔柳使于高丽，求魏末流人。敕柳曰：‘若不从者，以便宜从事。’及至，不见许。柳张目叱之，拳击（高丽王）成坠于床下，成左右雀息不敢动，乃谢服，柳以五千户反命。”[③] 以是推之，十八年后的裴遗业聘使高丽，是否也担负着“求魏末流人”的使命也说不定。

至于志文中所见“辽浿”、“扶余”、“肃慎”、“玄菟”、“楛矢”、“貊弓”、“孤竹”、“桐君”等词语，亦皆可资寻绎其词源、词义、语境及其史事背景等。譬如，“辽浿”一词，乃多见用于唐人文字，唐太宗贞观十九年（645）《降高丽颁示天下诏》：“积甲齐于熊耳，获庾方于海陵。建十州之旗，各复于桑梓；反三韩之士，不易于农肆。焚棕锡爵，驱驰辽浿之间；凿井耕田，编列弁辰之野。”[④] 唐调露元年（679）《泉男生墓志》：“以顺图逆，克清辽浿之滨。”[⑤] 唐垂拱元年（685）《李谨行墓志》：“扬旌辽浿，歼妖寇以横行。”[⑥] 唐开元六年（718）《马怀素墓志》：“贞观中，以有事辽浿，策名勋府。”[⑦] 今据《裴遗业墓志》，可将其词源上溯到隋代。另外，还有一个人物可予考察，即志文“开皇三年，刺史龙门公建旟求莫，妙选贤明”中的龙门公，揆诸文献，此开皇三年（583）之龙门公疑即王长述，据《隋书》本传知长述封龙门郡公当在西魏，历北周、隋而犹未改封。开皇初为益州行军总管，卒赠冀州刺史，谥曰庄公。[⑧]

---

① 史籍所见奉使高丽者，在北魏与隋唐多有之，而北齐、北周与南朝的梁、陈则少见。唐贞观十五年（641）有陈大德出使高丽并撰写《奉使高丽记》一卷，见《旧唐书》卷四六《经籍志》与《新唐书》卷五八《艺文志》。其所记皆高丽国之山川地理形势，今已失传，未详其中有否对于前朝出使高丽人事的提示。

② 王仲荦：魏晋南北朝时期的东北亚洲，见：王仲荦：䃅华山馆丛稿续编，北京：中华书局，2007年版，第509页。

③ 北史，卷九四，高丽传，北京：中华书局点校本，1974年版，第3115页。

④ （宋）宋敏求：唐大诏令集，卷一三〇，北京：中华书局，2008年版，第708页。

⑤ 周绍良，赵超：唐代墓志汇编（上册），调露023，上海：上海古籍出版社，1992年版，第668页。

⑥ 周绍良，赵超：唐代墓志汇编续集，垂拱006，上海：上海古籍出版社，2001年版，第282页。

⑦ 周绍良，赵超：唐代墓志汇编（上册），开元074，上海：上海古籍出版社，1992年版，第1205页。

⑧ 隋书，卷五四，王长述传，北京：中华书局点校本，1974年版，第1361-1362页。

第二节 《薛舒墓志》与隋代聘陈使主

隋代建国以后，尚与南朝的陈并峙了九年，方才在开皇九年亦即公元589年灭亡陈朝而统一全国。在隋、陈两立的这些年中，为史籍所载的出使陈国的外交大使和副使约有十二位，依次为：郑撝，开皇元年（581）十月“遣兼散骑侍郎郑撝使于陈”，见《隋书》卷一《高祖纪上》。薛舒、王劭，开皇三年（583）四月“遣兼散骑常侍薛舒、兼通直散骑常侍王劭使于陈”，见《隋书》卷一《高祖纪上》。曹令则、魏澹，开皇三年（583）闰十二月“遣兼散骑常侍曹令则、通直散骑常侍魏澹使于陈”，见《隋书》卷一《高祖纪上》，又《魏澹传》亦云“及高祖受禅，出为行台礼部侍郎。寻为散骑常侍、聘陈主使”，盖与曹令则出使为一事，见《隋书》卷五八本传。薛道衡、豆卢寔，开皇四年（584）十一月“遣兼散骑常侍薛道衡、通直散骑常侍豆卢寔使于陈”，见《隋书》卷一《高祖纪上》，又《薛道衡传》亦云“高祖受禅，坐事除名。河间王弘北征突厥，召典军书，还除内史舍人。其年，兼散骑常侍，聘陈主使”，见《隋书》卷五七本传。裴豪、刘顗，开皇六年（586）八月“遣散骑常侍裴豪、兼通直散骑常侍刘顗聘于陈”，见《隋书》卷一《高祖纪上》。崔儦，“开皇四年，征授给事郎，寻兼内史舍人。后数年，兼通直散骑侍郎，聘于陈，还授员外散骑侍郎”，见《隋书》卷七六本传。程尚贤、韦恽，开皇八年（588）三月“遣兼散骑常侍程尚贤、兼通直散骑常侍韦恽使于陈”，见《隋书》卷二《高祖纪下》。

2011年年初，《薛舒墓志》在西安南郊长安区少陵原畔出土，从而为我们详细了解这位开皇三年（583）四月担任出使陈国大使者的身世家族提供了珍贵的史料。《薛舒墓志》刊葬于开皇三年（583），志石今存不详。墓志拓本高51厘米、宽50厘米，志文27行，满行26字，楷书，有方界格。未见墓志盖。志文如下：

大隋故仪同三司乐宁县开国侯薛君墓志铭

君讳舒，字阳元，河东汾阴人也。昔车正事夏，功著建侯；左相翼殷，业光作诰。虽复世移运改，叶散枝分，盛德之后必昌，象贤之风无绝。祖众庆，司徒、骑兵参军，张急弦悲，声高和寡，莫耶于是刺茅，市丘所以亨鸡。父憕，魏内书侍郎、东宫执读，司言凤沼，摘勾龙楼，摛掞藻于天庭，嗽高名于帝宅。君年甫髫龀，遭家不造，开凿楹之书，承断织之训。潜志坟典，未尝废弃三余；得性矜庄，不劳槚楚二物。襟神秀彻，志识开敏，有真长之理思，体叔宝之风流，袭封夏阳县开国子，历守庙上士、宣纳上士、治小礼部大夫，出使陈国，又授少礼部本州主簿，寻除礼部下大夫。吴人背诞，窃有江外，王师薄伐，徇地淮表。兵交使在，□易其人。君缓颊膏唇，衔命喻旨，品金还贡，苞茅无阙，授仪同三司。大隋启运，景命惟新，除尚书礼部侍郎，封乐宁县开国子，寻以经始社庙，进爵为侯。三年春，迁散骑侍郎，仍兼散骑常侍、聘陈使主。君才堪出境，光足照邻，屡往水乡，频探禹穴，延誉之美，绝后超前。而辅仁莫验，福谦终爽，亦既旋珪，奄同埋玉。以其年十一月十一日寝疾卒于大兴里舍，春秋卌有五。倚闾慈母，痛甚敬姜；举案良妻，悲深徐淑。远宾挂剑，旧友脱骖，叹交臂之易失，嗟促膝之难久。闲馆迎风，无复传觞之日，薄帷鉴月，讵有弹琴之期。呜呼，仍以开皇三年岁次癸卯闰十二月乙未朔十五日己酉厝于小陵原。余地在收族，情兼世亲，雪泣含豪，乃为铭曰：

汾川宝气，后土神光。人多儁杰，地有灵祥。门传教义，世挺珪璋。藻身浴德，文美名香。载诞若人，允膺家庆。风韵开爽，音词清令。体运虚舟，心悬明镜。赋楼云起，书台雪映。弹冠在位，扇席承亲。维持礼则，吐纳丝纶。请缨渭涘，凭轼江滨。勾吴遣质，于越称臣。薤晞朝露，舟移夜壑。合浦珠沉，甘泉玉落。雅琴绝响，清罇罢酌。肠断慈猨，声悲寡鹤。傍瞻灞岸，却望镐京。茔新松短，地近山平。幽扃已密，天井难明。空余蘭气，千载犹生。

其月十一日遗腹产一子名乾绍字天祐

案：薛舒族望河东汾阴，“祖众庆，司徒、骑兵参军”，“父憕，魏内书侍郎，东宫执读”。薛舒与其父薛憕，有传载于《周书》与《北史》。据薛憕本传，知薛憕字景猷，河东汾阴人。曾祖弘敞，逢赫连之乱，率宗人避地襄阳。憕早年丧父，家贫，躬耕以养祖母。江表取人，多以世族。憕世无贵仕，解褐不过侍郎。孝昌中，杖策还洛阳。普泰中，拜给事中。加伏波将军。齐神武帝时，东游陈梁间，又游长安，为侯莫陈悦召为行台郎，除镇远将军、步兵校尉。周文帝平悦，引为记事参军。魏孝武帝西迁，授征虏将军、中散大夫，封夏阳县男。西魏文帝即位，拜中书侍郎，加安东将军，增邑百户，进爵为伯。大统初，尝参定仪制。后坐事死。子舒嗣，北周时官职礼部下大夫、仪同大将军、聘陈使副。[①] 今据墓志，可补薛舒履历职官特别是入隋后事迹甚多。又知其祖薛众庆早卒，而薛舒亦在“年甫髫龀，遭家不造”。以薛舒开皇三年（583）卒年四十五岁推之，其父薛憕卒世当不晚于西魏大统十年（544）。墓志云薛憕尝入“东宫执读”，史传不载，亦不详在何时，恐亦当在大统年间。至于薛舒在北周“袭封夏阳县开国子，历守庙上士、宣纳上士、治小礼部大夫，出使陈国，又授少礼部本州主簿”，入隋“除尚书礼部侍郎，封乐寧县开国子，寻以经始社庙，进爵为侯”，皆可补史传所阙略。薛舒在北周朝即尝出使陈国，历周隋之交，陈朝犹据守江表，且与隋廷并峙多年，薛舒能“缓颊膏唇，衔命喻旨，品金还贡，苞茅无阙”而不辱使命，故得再为隋朝所信任重用，除尚书礼部侍郎，进封乐寧县开国侯，其尤为突出者乃在开皇“三年春，迁散骑侍郎，仍兼散骑常侍、聘陈使主”，赢得“才堪出境，光足照邻，屡往水乡，频探禹穴，延誉之美，绝后超前”之殊荣。此皆可以与正史所载周陈之间和隋陈之间的外交关系史事互证互补。揆诸正史，薛舒在周隋两朝使陈之事确载在其中。例如，《周书》卷七《宣帝纪》载大象元年（579）九月乙卯（廿七日），“遣御正杜杲、礼部薛舒使于陈”[②]。《隋书》卷一《高祖纪上》载开皇三年（583）二月“癸酉，陈遣兼散骑常侍贺彻、兼通直散骑常侍萧褒来聘”。夏四月“己丑，陈郢州城主张子讥遣使请降，上以和好，不纳。辛卯（廿三日），遣兼散骑常侍薛舒、兼通直散骑常侍王劭使于陈”。十一月“庚辰，陈遣散骑常侍周坟、通直散骑常侍袁彦来聘。陈主知上之貌异世人，使彦画像持去”。“闰十二月乙卯，遣兼散骑常侍曹令则、通直散骑常侍魏澹使于陈”[③]。薛舒卒于开皇三年（583）十一月，故十二月的聘陈使主已易为曹令则。由“陈郢州城主张子讥遣使请降，上以和好，不纳”及聘使往来频仍诸事，可以见证彼时正处在一个陈隋两国通好稳定的时期。

墓志末行云“其月十一日遗腹产一子名乾绍字天祐”，可知在薛舒下葬的前四天亦即其去世后的第三十天，其妻产下了遗腹子薛乾绍字天祐。

墓志又云“卒于大兴里舍”，意为京都大兴城中的里坊宅第，非是坊里名。

---

① 详参周书，卷三八，薛憕传，北京：中华书局点校本，1971年版，第683-684页；北史，卷三六，薛憕传，北京：中华书局点校本，1974年版，第1344-1346页。

② 周书，卷七，宣帝纪，北京：中华书局点校本，1971年版，第121页。

③ 隋书，卷一，高祖纪上，北京：中华书局点校本，1973年版，第18-20页。

“厝于小陵原”，即唐之少陵原，位于长安城南郊偏东的汉宣帝杜陵一带。[①] 墓志所言“内书侍郎”，《通典》“中书令”条云：“隋初改中书为内史，……炀帝大业十二年，又改内史为内书，后复为内史令。”[②] 据《薛舒墓志》可证开皇初已有因避讳而改中书为内书者，并非迟至大业十二年（616）始然。墓志未署撰者名字，然志文有“余地在收族，情兼世亲，雪泣含豪”云云，可知撰者乃为同宗族人无疑。何谓“收族”?《仪礼·丧服》云：大宗者，收族者也。不可以绝。郑玄注曰：收族者，谓别亲疏，序昭穆。[③]《礼记·大传》云：亲亲故尊祖，尊祖故敬宗，敬宗故收族，收族故宗庙严，宗庙严故重社稷，重社稷故爱百姓。郑玄注曰：“收族，序以昭穆也。”孔颖达疏云：“收族故宗庙严者，若族人散乱，骨肉乖离，则宗庙祭享不严肃也。若收之，则亲族不散，昭穆有伦，则宗庙之所以尊严也。”[④] 由此可知，“收族”的意思乃是表示以上下尊卑、亲疏远近之序来团结族人。那么“地在收族”也就应该是指其“情兼世亲”的家族封邑乃至大茔等土地都聚在一片。至于薛舒一族的郡望，以其“河东汾阴”与薛道衡、薛收父子籍贯一致推之，或亦当出薛氏西祖房。

第三节 长安新出《独孤俭墓志》与隋代监察御史

长安坊间常有碑版拓本流出，尤以墓志为多，故新近出土者，往往可以随时获知。此新见隋代大业十二年（616）《独孤俭墓志》拓本，边长 45 厘米，未见志盖，志石今存亦未详。惟独孤俭乃为北周重臣独孤信曾孙，故该墓志于研究周隋两朝独孤家族之世系及其人事变迁颇有史料价值，谨予披露并笺证之。

墓志全文如下：

大隋御史台监察御史独孤府君墓志铭

君讳俭，字白泽，河南雒阳人也。昔琅琊开左晋之基，道武盛中

① 详参王其祎，周晓薇：新见隋代《尚衣奉御尹彦卿墓志》研读——兼说“小陵原”与“少陵原”的名称沿革，考古与文物，2011 年第 4 期，第 96 页。

② （唐）杜佑：通典，卷二一，职官三，北京：中华书局，1984 年版，第 125 页。

③ 仪礼，卷三〇，丧服，北京：中华书局影印阮元校刻《十三经注疏》本，1980 年版，上册，第 1106 页。

④ 礼记，卷三四，大传，北京：中华书局影印阮元校刻《十三经注疏》本，1980 年版，下册，第 1508-1509 页。

兴之业。冠缨播荡于江表，戎马脱驾于伊川。从丰沛而入咸阳，步新野而归河北者，众矣。由帝乡帝城之贵，始为河南之雒阳人。曾祖信，赠上柱国、太师、赵公；祖藏，金州刺史、武平公；考斌，前车骑、仪同三司。君资河岳之灵，藉公侯之胄。每厚桑霍之诫，兴言以励节；常贤阴马之德，饬行而循道。故能选职任人，起家除监察御史，绣衣暂出，浊吏还清，骢马忽驰，谣民即避。俄迁河南郡偃师县长。以大业十一年冬遇疾，十二年正月十六日终于东都馆舍，春秋卅有三。以其年四月十七日瘗于咸阳之小陵原。呜呼哀哉，君内润含章，温恭显德，与善无效，怛化儵然。窃以哀诔悼丘，蔡碑伤郭，日月其除，惟魂是托。乃为词曰：

河岳长灵，公侯积庆。载诞人杰，爰资后圣。德播兰荪，才明水镜。一步公府，再膺朝命。美俗宣化，爱雉临民。威棱严诩，异表肥亲。曲池忽故，高台不新。光沉掩日，花落无春。气尽风云，名留世物。招魂述宋，悼骚德屈。晓露凄歌，空山引绋。泉门冥冥，佳城郁郁。

笺证志文，约有五事：

其一，志主独孤俭及其父独孤斌皆不载于史，而其曾祖独孤信在《周书》卷一六、《北史》卷六一有传，其祖独孤藏在《周书》卷一六有传附独孤信，《北史》与《隋书》亦有载。又《独孤信墓志》、《独孤藏墓志》及信长子《独孤罗墓志》皆已出土并披露[①]，惟信、藏、罗三人墓志皆出于咸阳底张湾，而《独孤俭墓志》缘出土地不详，仅得从墓志文知其葬在“咸阳之小陵原”，而若葬地也在底张湾独孤信族茔一地，则“小陵原”之谓似当与《独孤信墓志》云葬“石安之北原”，《独孤藏墓志》云葬“泾阳胡渎川”，《独孤罗墓志》云葬“雍州泾阳县洪渎原奉贤乡静民里”者为同一地，然“小陵原”实不能详其所指，而在西魏、北周、隋代时期的“小陵原”乃专指长安城南的汉宣帝及许后夫妇葬地杜陵所在的鸿固原，亦即入唐后所称的少陵原[②]，故此“咸阳之小陵原”，不知是对位于底张湾的北周武帝孝陵的称谓否？以其称名为仅见而容再考之。

---

① 依次见《北京图书馆藏中国历代石刻拓本汇编》第8册第98页、《中国北周珍贵文物》第89页、《北京图书馆藏中国历代石刻拓本汇编》第9册第126页。对于独孤藏、独孤罗墓志的个案研究，可参考罗新，叶炜：新出魏晋南北朝墓志疏证，北京：中华书局，2005年版，第295-298页、第474-477页。

② 参阅周晓薇，王其祎：新见隋代《尚衣奉御尹彦卿墓志》研读——兼说“小陵原”与“少陵原”的名称沿革，考古与文物，2011年第4期，第96页。

其二，《独孤藏墓志》志文末行附记“夫人贺兰氏，有子三人”九字，惜不书名字。今据《独孤俭墓志》知独孤斌乃其一子，再据《元和姓纂》“独孤氏”岑仲勉补：“藏，随金州刺史、武平公，生机。机生修法、修本、修德。”① 唐景龙二年（708）《东都苑总监元府君夫人河南独孤氏墓志》云：“曾祖藏，随通议大夫、金州刺史、武平郡开国公。祖机，皇朝沧州刺史、上柱国、滕国公。”②由知独孤机亦独孤藏一子，以独孤俭卒于隋年三十二岁推之，其父“前车骑”独孤斌似当比入唐任“沧州刺史”的兄弟独孤机年长。然独孤藏卒于北周，显然《元府君夫人河南独孤氏墓志》系官于隋代有误，同样将独孤机系官在“皇朝”也不免值得揣疑。

其三，《独孤俭墓志》云“河南雒阳人”，独孤信本传云为“云中人”，“祖俟尼，和平中，以良家子自云中镇武川，因家焉”③，北周闵帝元年（557）《独孤信墓志》云“河南洛阳人”，北周宣政元年（578）《独孤藏墓志》惟云“朔州人也，……本姓刘，汉景帝之裔，赤眉之乱，流寓陇阴，因改为独孤氏”，而隋开皇二十年（600）《独孤罗墓志》又云“云内盛乐人，后居河南之洛阳县”，则独孤氏居洛阳，当自独孤信始，本传云西魏间独孤信尝守洛阳与东魏对抗，徙居盖在其时。而《独孤俭墓志》云“戎马脱驾于伊川，……由帝乡帝城之贵，始为河南之雒阳人”者，亦当是就独孤信尝建军功于洛阳而言。

其四，在隋代出任御史台官职者，检《隋书》约有御史大夫杨素、张衡、裴蕴，御史中丞沈观，治书侍御史李谔、刘行本、梁毗、皇甫诞、柳彧，侍御史骨仪、柳调、韦节，监军御史萧怀静，御史韦德裕。又隋大业间《王法爱墓志》云“御史大夫寿光元公弘之女”④，当即正史所载之大业间黄门侍郎王弘。今据《独孤俭墓志》，又可补“绣衣暂出，浊吏还清”的监察御史独孤俭一人。又见唐神龙二年（706）《徐承先妻孔坚墓志》载孔氏“曾祖绍安，隋监察御史、皇朝中书舍人”，则又可补隋代监察御史一人。⑤ 隋代监察御史在文帝朝置十二员，秩从八品，到炀帝朝增为十六员，秩从七品。以独孤俭大业十二年（616）卒年三十二岁推之，其起家除监察御史当在炀帝朝，而其起家即任从七品之监

---

① （唐）林宝：元和姓纂（附四校记），卷一〇，北京：中华书局，1999年版，第1458页。
② 吴纲：全唐文补遗（第五辑），西安：三秦出版社，1998年版，第294页。
③ 周书，卷一六，独孤信传，北京：中华书局，1971年版，第263页。
④ 王其祎，周晓薇：隋代墓志铭汇考（第6册），北京：线装书局，2007年版，第1页。
⑤ 赵君平，赵文成：秦晋豫新出墓志蒐佚（第2册），北京：国家图书馆出版社，2012年版，第382页。

察御史，盖与其家世贵显有关。① 又据《隋书·地理志》，河南郡旧置洛州，大业元年（605）移都，改曰豫州，三年改为郡。统县十八，偃师为开皇十六（596）年置。以独孤俭大业十二年（616）终官从六品之“河南郡偃师县长”（上县令），适与郡县沿革相合。

其五，墓志书法甚佳，笔法峻整肃括，间架端穆雍和，颇能代表隋代“新体”楷书中长安样式的典型，而又依稀透出北碑书法所特有的方严峻厉的笔锋。由于墓志书刻时间已届晚隋，故与开皇时期相较，更少旧体遗风（齐周楷法多存隶书笔意），而更多南朝妍柔朗润气象（即方严遒劲与疏放妍妙的融合）。譬如，与长安地区所出堪称隋楷典范的《张通妻陶贵》、《董美人》、《苏慈》、《尉富娘》、《元公姬夫人》，以及新出大业十二年（616）《窦俨》、《长孙汪》等墓志互为比对，足以见出彼时为书家常用而堪为“干禄之鸿宝”的趋同书风，并颇能作为见证“欧体盛行无魏法，隋人变古有唐风”的绝好案例。②

第四节　新见《尹彦卿墓志》并及“小陵原”与“少陵原”的名称沿革

新得隋大业十二年（616）《尹彦卿墓志》拓本一帧，云近年出土于西安市城南长安区，石存未详。拓本高 23 厘米、宽 22 厘米，志文 11 行，满行 12 字，楷书。似此类小于 25 厘米见方的隋代墓志小品（不含砖志），以笔者所见，还有河北武安出土今存辽宁省博物馆的开皇九年（589）《洪州刺史张僧殷暨子骑兵参军张潘庆墓志》，为 21.7 厘米见方，2002 年西安市长安区洪固乡出土的开皇二十年（600）《右卫翊卫骠骑大将军仪同三司宜阳县开国公杨文愿墓志》，长 24.8 厘米、宽 17.5 厘米，洛阳出土的大业八年（612）《绥德尉麻府君妻庞畏孃墓志》，长 24 厘米、宽 23 厘米，洛阳出土石存西安碑林博物馆的大业十年（614）《光禄大夫开府仪同三司文安宪侯牛弘第三女牛晖墓志》，长 23 厘米、宽

① 史称“信长女，周明敬后；第四女，元贞皇后；第七女，隋文献后。周隋及皇家，三代皆为外戚，自古以来，未之有也”。见：周书，卷一六，独孤信传，北京：中华书局点校本，1971 年版，第 267 页。

② 参详王其祎：隋代“新体”楷书的确立与其艺术旨趣，见：西安碑林博物馆：第六届中国书法史论国际研讨会论文集，北京：文物出版社，2007 年版，第 150-167 页。

22厘米等[①]，由此可以推知，隋代并未以身份贵贱和官品高低来严格规约墓志石的形制大小。[②]《尹彦卿墓志》志文如下：

大隋故朝请大夫尚衣奉御万安郡开国公尹君墓志

君讳彦卿，字馗，瀛州河间郡人也。祖讳章，魏行台侍郎、刑部尚书。父讳正，周上开府仪同三司、兵部尚书、内史侍郎、万安郡开公。君去大业十年七月廿七日薨于东都景行里，春秋卌有八，以大业十二年岁次丙子十二月癸未朔十四日丙申改葬于大兴县洪原乡小陵原。

案：志主尹彦卿，《隋书》无传。惟《隋书》卷七六《尹式传》云："河间尹式，博学解属文，少有令问。仁寿中，官至汉王记室，王甚重之。及汉王败，式自杀。其族人正卿、彦卿俱有隽才，名显于世。"[③]《北史》卷八三《尹式传》所记略同。由排行知尹正卿与尹彦卿当为兄弟。而《隋书》卷八五《宇文化及传》与《司马德戡传》记正卿义宁二年（618）三月尝参与宇文化及谋反，后又反戈谋袭化及而为化及所杀。[④]《北史》卷七九《宇文化及传》与《司马德戡传》所记略同。由是又知，正卿晚彦卿四年而卒，而尹式与彦卿父尹正以讳名推之，或许为同宗兄弟？又惜墓志亦未记彦卿之所能事，故其"名显于世"之"隽才"究不知何所体现？彦卿祖尹章，不见于史传。彦卿父尹正，亦非《周书》卷四八、《北史》卷九三有传之尹正。《周书》卷四八《尹正传》云："尹正，其先天水人。詧莅雍州，正为其府中兵参军。擒张缵，获杜岸，皆正之力。詧承制，以为将军。寻拜大将军。及称帝，除护军将军，进位柱国，封新野县侯，邑千户。詧之三年，卒，赠开府仪同三司。谥曰刚。岿之五年，以正配食詧庙。子

---

① 所举四例，依次见王其祎，周晓薇：隋代墓志铭汇考（第1册），北京：线装书局，2007年版，第332页；王其祎，周晓薇：隋代墓志铭汇考（第2册），北京：线装书局，2007年版，第322页；王其祎，周晓薇：隋代墓志铭汇考（第4册），北京：线装书局，2007年版，第274页；王其祎，周晓薇：隋代墓志铭汇考（第5册），北京：线装书局，2007年版，第37页。近日又得隋志小品一种，为2009年年初出土于长安区杜陵西凤栖原韩家湾村的大业四年（608）《苏统师墓志》，志石边长27厘米，志文仅23字，曰："大业四年闰三月廿八日京兆郡武功县苏师统权瘗于此。"可谓石也小巧，文也简赅，而书法亦极工稳方正，颇似隋楷名品《苏慈墓志》。见：李举纲等：西安南郊隋苏师统墓发掘简报，考古与文物，2010年第3期，第3-6页。

② 虽然《隋书》卷八《礼仪志》在葬制上规定："三品已上立碑，螭首龟趺。趺上高不得过九尺。七品已上立碣，高四尺。圭首方趺。若隐沦道素，孝义著闻者，虽无爵，奏，听立碣。"但对于墓志未见明文依据，而实际的情形也显得杂乱无章。

③ 隋书，卷七六，尹式传，北京：中华书局点校本，1973年版，第1748页。

④ 隋书，卷八五，宇文化及传，北京：中华书局点校本，1973年版，第1891页。

德毅，多权略，位至大将军。后以见疑赐死。"[①]《北史》卷九三《尹正传》略同。可知正史有传者为天水人，而彦卿父为河间人；正史有传者任职南朝西梁且卒在萧詧大定三年（557），而彦卿父署官爵皆为北周，更且二人官爵无一相同；正史有传者有子曰德毅，亦与彦卿、正卿行字不合。可推正史有传之尹正与彦卿父非是一人。然同一时段有两位官爵颇高的同姓名者并行于世，也颇让人感到巧合和不可思议。封万安郡公者，检《周书》、《北史》、《隋书》皆未见有记载。"内史侍郎"则是避讳隋文帝父杨忠嫌名而改"中书侍郎"之谓。尚衣奉御，《隋书》卷二八《百官志下》记隋炀帝时殿内省"统尚食、尚药、尚衣、尚舍、尚乘、尚辇等六局，各置奉御二人"[②]。奉御为正五品。尚衣即旧御府之改名，掌御衣服玩等事。尹彦卿任尚衣奉御正在炀帝时，可资佐证。隋墓志所见任尚衣奉御者还有大业七年（611）韦匡伯一人[③]，尹彦卿之任尚衣奉御当在韦匡伯之后。《隋书》亦仅记萧岿子萧瑒一人为"尚衣奉御"[④]。

尹彦卿卒于东都"景行里"，《唐两京城坊考》卷五《东京外郭城》云："东城之东，第三南北街，北当安喜门西街，从南第一曰景行坊。"[⑤] 此坊未见著录隋人宅第，检隋代墓志铭亦仅此一例景行坊之记载，今据尹彦卿墓志适可补隋代尹氏一门尝居此坊。隋代东都景行里位于北市之南、漕渠之北、时邕坊之西、归义坊（瀍水南北纵穿此坊）之东。

尹彦卿葬于"大兴县洪原乡小陵原"，《汉书》卷九七上《外戚传》云："（孝宣）许后立三年而崩，谥曰恭哀皇后，葬杜南，是为杜陵南园。"唐颜师古注曰："即今之所谓小陵者，去杜陵十八里。"[⑥] 骆天骧《类编长安志》卷七《原丘》云："少陵原。在今咸宁县南四十里，南接终南，北至浐水，西屈曲六十里，入长安县界，即汉鸿固原也。宣帝许后葬司马村，冢比杜陵差小，号曰小陵，以杜陵大故也，语讹为少陵。杜甫称少陵野老。杜曲在其旁。"[⑦] 同书卷八

---

① 周书，卷四八，尹正传，北京：中华书局点校本，1971年版，第871页。

② 隋书，卷二八，百官志下，北京：中华书局点校本，1973年版，第795页。

③ 见王其祎，周晓薇：隋代墓志铭汇考（第5册），北京：线装书局，2007年版，第28页。《新唐书》卷七四上《宰相世系表》韦氏郧公房亦记"匡伯，隋尚衣奉御、舒国懿公"。又，《文物》1987年第1期《昭陵发现陪葬宫人墓》披露唐显庆元年（656）韦匡伯女《文帝昭容一品韦尼子墓志》云："父匡伯，隋尚衣奉御、舒国公。"《唐代墓志汇编》上册永隆二年（681）《韦檀特墓志》亦云"隋尚衣奉御舒国公之第二女"。

④ 隋书，卷七九，外戚列传，北京：中华书局点校本，1973年版，第1795页。

⑤ （清）徐松撰：唐两京城坊考，方严点校，北京：中华书局，1985年版，第174页。

⑥ 汉书，卷九七上，外戚传，北京：中华书局点校本，1962年版，第3967-3968页。

⑦ （元）骆天骧：类编长安志，卷七，黄永年点校，北京：中华书局，1990年版，第205-206页。

《辨惑》又云："司马冢。本许后冢。新说曰：'宣帝许后葬于司马村，比杜陵差小，呼为小陵，以杜陵大故也。秦音以小为少，谓之少陵，改少陵乡。俗传大司马霍光冢非也，许后冢是也。'"① 又见新出唐调露元年（679）《常昌暨妻刘氏墓志》云："合葬于少陵原之礼也。其原却背浐水，前望鲍陂。东接头空，西临樊谷。汉武置陵之地，秦皇游猲之原。厥土惟平，宅兆惟上。"② 此将少陵原的地理位置交代得十分清楚，即少陵原北滨浐水，南望鲍陂（今长安区杜陵正南小鲍陂村），东接（马）头空，西临樊川。又云"厥土惟平，宅兆惟上"，更强调此原自古就是土厚原平、合于安坟的佳所。

若按照前述"秦音以小为少"的说法，缘何讹为"少陵原"在唐以前未见，且颜师古尚认为"即今之所谓小陵者"。

案：今见"小陵原"之号，西魏已有，如大统二年（536）《赵超宗妻王氏墓志》云"合窆于山北县小陵原"③，西魏之山北县即隋之大兴县和唐之万年、咸宁县。大统十年（544）《娄睿墓志》云"窆于小陵原之北乡"④。大统十五年（549）《侯兴墓志》云"迁葬于山北县小陵原"⑤。废帝二年（553）《柳桧墓志》云"权窆小陵原，去长安卅里"⑥。北周更为多见，如新出土北周二年（558）《拓跋宁墓志》云"窆于小陵原"⑦。新出土北周二年（558）《元儒墓志》云"窆于小陵原"⑧。西安南郊长安区大兆乡小兆村出土的北周明帝二年（559）《拓跋育墓志》云"葬于小陵原"⑨。保定五年（565）《长孙绍远墓志》云"窆于小陵

① （元）骆天骧：类编长安志，卷八，黄永年点校，北京：中华书局，1990年版，第266页。又参见宋敏求《长安志》卷一一"万年"条："少陵原。在县南四十里，南接终南，北至浐水，西屈曲六十里入长安县界，即汉鸿固原也。宣帝许后葬于此，俗号少陵。"程大昌《雍录》卷七"少陵原"条："在长安县南四十里。汉宣帝陵在杜陵县，许后葬杜陵南园。师古曰：'即今谓小陵者也，去杜陵十八里。'它书皆作少陵。杜甫家焉，故自称杜陵老，亦曰少陵也。"

② 《常昌暨妻刘氏墓志》2009年入藏西安碑林博物馆。

③ 见赵力光：西安碑林博物馆新藏墓志汇编（上册），北京：线装书局，2007年版，第24页。北魏、西魏墓志中亦有称此地为杜陵者，如孝昌二年（526）《韦彧墓志》云："公讳彧，字遵庆，京兆杜人也，今分山北县洪固乡畴贵里。……薨于长安城永贵里第，……葬于旧兆杜陵。"大统十六年（550）《韦彧妻柳敬怜墓志》云："合葬杜陵旧兆洪固乡畴贵里。"可知"洪固"与"畴贵"的乡里名称亦自北魏始有。参见周伟洲等：新出土的四方北朝韦氏墓志考释，文博，2000年第2期，第65-72页。

④ 新近出土，石存私家，据笔者自藏拓本著录。

⑤ 志石2012年入藏西安碑林博物馆。

⑥ 王连龙：新见北朝墓志集释，北京：中国书籍出版社，2013年版，第116页。

⑦ 志石2012年入藏西安碑林博物馆。

⑧ 据笔者自藏拓本著录。

⑨ 祥生：长安发现北魏献文皇帝之孙墓志，见：西安碑林博物馆：碑林集刊（第四辑），西安：陕西人民美术出版社，1996年版，第62页。

原，附文宣王之兆帷”①。天和二年（567）《乙弗绍墓志》亦云：“以天和元年春谢任还京，……以二年七月二日遘疾薨于第，……其年十月十七日子窆于小陵原。”② 天和二年（567）《柳鷟妻王令妫墓志》云“窆于长安小陵原”③。建德元年（572）《宇文逢恩墓志》云“祔葬于长安小陵原美阳孝公墓次”④。大象元年（579）《尉迟元伟墓志》云“葬于京师城南小陵原”⑤。隋代碑志中也多见小陵原之谓，如开皇元年（581）《华端墓志》云“窆于大兴县小陵之原”⑥，开皇九年（589）《宋忻暨妻韦胡磨墓志》云“葬于小陵原”⑦，开皇九年（589）《成备墓志》云“以开皇九年岁次己酉十月辛卯朔廿四日丁亥窆于雍州大兴县小陵之原”，开皇十年（590）《海安公耿雄墓志》云“窆于大兴县南小陵原高平乡通明里”⑧，隋薛道衡撰《赵芬碑》云开皇“十五年厝于小陵原”⑨，仁寿元年（601）《鲁阿鼻墓志》云“迁葬小陵之原洪固乡畴贵里”⑩，仁寿三年（603）《长孙公妻周城郡君薛氏墓志》云“葬於大兴县永寿乡小陵原”⑪。大业九年（613）《元诚墓志》云“迁窆于大兴县小陵原”⑫。大业十三年（617）《元统师墓志》（大唐西市博物馆藏石）云“以（大业）十三年太岁丁丑二月壬午朔三日甲申归瘗于大兴县洪源乡之小陵原”。其中“高平乡”、“洪固乡”与“永寿乡”的出现，可以知道自东北向西南蜿蜒的小陵原并不仅有洪原一乡。⑬ 入唐后大兴县改名万年县

---

① 2010年西安南郊高望村航天工地出土，文宣王即长孙稚，《魏书》有传附其曾祖长孙道生。志文及图版见：陈财经，王建中：新出土北朝长孙氏墓志三方考略，见：西安碑林博物馆：碑林集刊（第十七辑），西安：三秦出版社，2011年版，第11-21页。

② 毛远明：汉魏六朝碑刻校注（第10册），北京：线装书局，2008年版，第213页。“子”字疑为“卜”字之误刻。

③ 据笔者所藏拓本著录。

④ 志石2012年入藏西安碑林博物馆。美阳孝公即柳虬，虬父柳僧习，虬弟柳桧，逢恩赐姓宇文。

⑤ 王连龙：新见北朝墓志集释，北京：中国书籍出版社，2013年版，第190页。

⑥ 该墓志于2009年在西安市南效长安区出土，2012年入藏西安碑林博物馆。此据笔者自藏拓本著录。

⑦ 王其祎，周晓薇：隋代墓志铭汇考（第1册），北京：线装书局，2007年版，第267页。

⑧ 《成备墓志》与《耿雄墓志》皆近年出土，均藏大唐西市博物馆。

⑨ （唐）许敬宗编，罗国威整理，日藏弘仁本文馆词林校证，卷四五二，大将军赵芬碑铭一首并序，北京：中华书局，2001年版，第150页。

⑩ 王其祎，周晓薇：隋代墓志铭汇考（第2册），北京：线装书局，2007年版，第15页。

⑪ 2009年出土于西安市长安区韦曲街道办事处东侧凤栖原，大业二年（606）开府仪同三司、东宫右武卫副率、平原公《柴恽墓志》亦在附近出土，志石皆存西安市文物保护考古所。见：国家文物局：2009中国重要考古发现，北京：文物出版社，2010年版，第136页。墓志全文：“魏左光禄大夫散骑常侍开府仪同三司平原侯长孙公妻周城郡君薛氏时年七十九，大隋仁寿二年九月廿日薨於京师之第，以仁寿三年岁次癸亥二月癸酉朔十二日甲申葬於大兴县永寿乡小陵原。”

⑫ 新近出土，据笔者自藏拓本著录。

⑬ 前举隋开皇二十年（600）《杨文愿墓志》亦云“葬于大兴县洪固乡”。

或咸宁县，而“洪原乡”名称犹然沿用了稍长时间，如1985年长安区大兆乡北寨村出土的唐武德元年（618）《李制墓志》云“葬于万年县洪原之乡”[①]，永徽二年（651）《姜崇业墓志》（大唐西市博物馆藏石）云“永徽二年岁次辛亥八月壬戌朔廿三日甲申迁窆于京兆万年洪原乡之原”，至德二年（757）《寿王第六女赠清源县主墓志》云“窆于咸宁洪原乡少陵原”[②]，今长安区大兆乡司马村出土的唐开成五年（840）《杜公长女墓志》亦云“葬于万年县少陵原下洪原乡主茔之隅故土”[③]，杜牧撰大中六年（852）《杜顗墓志》亦云“归葬先茔，实万年县洪原乡少陵西南二里”[④]。又，北周庾信《侯莫陈道生墓志》曰“葬于京兆某县洪源乡”，复于铭文更言：“赵瑟秦声，同为丘墓。小陵石椁，洪原乡土。”[⑤] 是知小陵与洪原对文在隋前已有先声。从上述举证，可知《尹彦卿墓志》的葬地与出土地当在今西安市长安区大兆乡亦即去杜陵南十八里汉宣帝许后墓所在之少陵原一带，至于唐以前称“小陵”，唐以后称“少陵”，似乎俨然是一线分界，更确切地说是唐代高祖武德年间尚用“小陵”之称，而至贞观年间出现“少陵”，且与“小陵”互见，贞观以后遂不再有“小陵”名称而皆作“少陵”。[⑥] 至于名称迁改的确切理由和确凿的文献依据，或许还要再做更加深入、细致的爬梳检讨。

---

① 陈尊祥，郭盼生：唐李制墓志考释，见：西安碑林博物馆：碑林集刊（第三辑），西安：陕西人民美术出版社，1995年版，第47页。

② 周绍良，赵超：唐代墓志汇编（下册），至德003，上海：上海古籍出版社，1992年版，第1733页。

③ 赵力光：西安碑林博物馆新藏墓志汇编（下册），北京：线装书局，2007年版，第717页。

④ （唐）杜牧：樊川文集，卷九，上海：上海古籍出版社校点本，2007年版，第139页。

⑤ （北周）庾信撰，庾开府集笺注，卷一〇，周骠骑大将军开府侯莫陈道生墓志铭，（清）吴兆宜注，上海：上海古籍出版社影印台湾商务印书馆影印文渊阁四库全书，1987年版，第1064册，第279页。

⑥ 如唐武德四年（621）《隋朝散大夫张权墓志》（大唐西市博物馆藏石）云：“自隋末丧乱，遂被世充羁绁，春秋卌有五，洛邑平殄，丧柩乃旋，以今武德四年十月廿五日永窆于万年县之小陵原。”而唐（638）《赵隆墓志》（载周绍良，赵超：唐代墓志汇编续集，贞观019，上海：上海古籍出版社，2001年版，第21页）已云：“粤以贞观十二年岁次戊戌正月辛巳朔廿六日丙午窆于义善乡少陵原。”不过，贞观二十年（646）《元虔盖暨妻韦氏墓志》（载吴纲主编《全唐文补遗》第7辑，三秦出版社，2000年版，第248页）。仍曰：“粤以贞观廿年岁次景午十一月己丑朔十四日壬寅迁神于雍州万年县之小陵原。”至永徽六年（655）《常鸿墓志》（大唐西市博物馆藏石）则云：“以永徽六年岁次乙卯十月丁酉朔十三日己酉合葬于万年县之少陵原。”

第五节　新出《秦僧伽暨妻徐氏墓志》与北朝隋唐墓志中的“地主”一词

2012年3月，笔者获见长安县新出隋大业十一年（615）《秦僧伽暨妻徐氏墓志》拓本一帧，拓本高、宽均40.5厘米，志文8行，行13字，后空5行，共101字。楷书，有方界格，字径3厘米。未见墓志盖。又检索网络，于金石书画网见2011年尝有此墓志拓片披露，可知此墓志至少在2011年已经出土面世。志文如下：

> 大隋大业十一年岁次乙亥正月甲午朔十六日己酉，京兆郡长安县神泉乡表政里住在清化乡崇贤里前岷州当夷县令故秦僧伽，去开皇十三年十二月亡，妻徐，以大业九年二月亡，今合葬于长安县福阳乡龙仁里奉诚村辛保仁地葬，故立铭志，以为永记。

案：秦僧伽，史籍无载。其在开皇十三年（593）前任“岷州当夷县令”，岷州置于西魏，大业初州废，更名临洮县而隶属洮州临洮郡。当夷县置于北周，隋代承之。[①] 迄今所见隋唐间的秦氏墓志尚有几例，且多系秦琼一族。例如，长安新出唐永徽三年（652）《秦贞（字玉胜）墓志》，记其祖秦泰，隋广宁王录事参军，父秦养，唐嬴州刺史使持节嬴州诸军事，兄秦琼（叔宝），唐故左武卫大将军、上柱国、翼国公，郡望齐州历城。[②] 不知秦僧伽与秦琼一族有无宗亲关系。然以秦僧伽卒后葬于辛保仁地界，知其未有家族茔域，而秦贞又随夫葬在少陵原界，秦琼一族的大茔究在何处？亦不可知。又知秦琼子秦怀道、孙秦佾、秦利见三人皆葬在洛阳北邙，见三人墓志。[③] 秦琼父《秦爱墓志》则于1995年在济南出土，今存济南市博物馆。墓志略云：“君讳爱，字季养，齐郡历城人。祖孝达，魏广年县令。父方太，齐广宁王府记室。齐成阳王斛律武都，朝之上

---

① 隋书，卷二九，地理志上，北京：中华书局点校本，1973年版，第820页。

② 《秦贞墓志》2009年出土于西安南郊少陵原，未见刊布。此据笔者自藏拓本著录．

③ 唐开元六年（718）《秦怀道墓志》，见：赵君平，赵文成：秦晋豫出土墓志蒐佚（第2册），北京：国家图书馆出版社，2012年版，第460页。武周圣历三年（700）《秦佾墓志》，见：周绍良，赵超：唐代墓志汇编（上册），上海：上海古籍出版社，1992年版，第935-936页。唐景龙元年（707）《秦利见墓志》，见：周绍良，赵超：唐代墓志汇编（上册），上海：上海古籍出版社，1992年版，第1077页。

将，初开幕府，妙选贤良，乃召君为录事参军，礼接殊重；恩纪之深，群僚莫及。周武平齐，君乃告归乡里。以大业十年（614）十一月廿一日终于齐州历城县怀智里宅，春秋六十九。叔宝既参赞兴王，勋庸斯重。荣亲之义，盖惟朝式。武德八年，诏赠上轻车都尉。贞观元年（627）十一月诏曰：'故上轻车都尉秦季养，守志丘园，早先风露。其子左武卫大将军翼国公叔宝，委质府朝，功参王业，宴禀庭训，克成厥美。乃眷遗范，宜饰哀荣，可赠持节瀛州诸军事、瀛州刺史，上轻车都尉如故，礼也。'粤以贞观二年正月十三日，还改窆于齐州历城县怀智里。"① 可知秦泰即秦方太，秦养即秦季养名爰。又，《秦爰墓志》与《秦贞墓志》（"唐故左武卫大将军上柱国翼国公秦叔宝之妹"）皆不呼秦琼而言叔宝，正与《新唐书》秦叔宝本传所言"以字显"相合。秦氏郡望齐州历城，贞观二年（628）《秦爰墓志》犹沿袭隋代旧称曰"齐郡历城"，永徽三年（652）《秦贞墓志》已曰"齐州历城"（武德元年改齐郡为齐州），两唐书秦琼传亦皆曰"齐州历城"。圣历三年（700）《秦佾墓志》又曰"齐国临淄"，景龙元年（707）《秦利见墓志》亦曰"齐郡"。惜《秦僧伽墓志》中未有郡望之说。

《秦僧伽墓志》文字虽少，然颇有两类史料具有研讨价值。一是关于隋代京兆郡长安县所辖乡里问题：志文述及长安县的三个乡（神泉乡、清化乡、福阳乡），三个里（表政里、崇贤里、龙仁里），一个村（奉诚村），除"福阳乡"外，皆可补苴隋代大兴城郊乡里名称之阙。而"福阳乡"则可以与相关墓志互为印证，如仁寿元年（601）《田保洛暨妻王氏墓志》云"合葬于雍州长安县福阳乡"②，大业六年（610）《解方保墓志》云"葬于京兆郡长安县福阳乡修福里之原"③，唐上元三年（676）《阎庄墓志》云"合葬于雍州乾封县福阳原里高阳原"④，由此不仅可以印证隋唐间福阳乡确为长安县所辖，而且可以印证唐代福阳乡是沿袭着隋代的称谓。又，开皇十六年（596）《何雄墓志》云"（葬）在雍

① 石存济南市博物馆。参见韩明祥：济南历代墓志铭，济南：黄河出版社，2002年版，第22页。

② 石存西安市长安区博物馆。王其祎，穆小军：长安县郭杜镇新出土隋代墓志铭四种，见：西安碑林博物馆：碑林集刊（第十一辑），西安：陕西人民美术出版社，2005年版，第235页。

③ 石存西安碑林博物馆。周晓薇：两方新出土隋代墓志铭解读，见：西安碑林博物馆：碑林集刊（第九辑），西安：陕西人民美术出版社，2003年版，第168页。

④ 石存陕西师范大学博物馆。分别参详臧振：西安新出阎立德之子阎庄墓志铭，见：荣新江：唐研究（第二辑），北京：北京大学出版社，1996年版，第455-462页。郭子直：唐阎庄墓志注，见：西安碑林博物馆：碑林集刊（第四辑），西安：陕西人民美术出版社，1996年版，第84页。

州长安县龙门乡阿城里”[①]，而《何雄墓志》是与《田保洛墓志》同在2005年出土于长安县郭杜镇杨村，以此颇怀疑“福阳乡”是否为开皇年间“龙门乡”的改名（唐代的“龙门乡”在今西安西郊龙首乡西），或者今之杨村一带乃是当时两乡的交界处，值得再予考实。至于“福阳乡”的得名，《隋书·地理志》“雍州长安县”条小注云：“有仙都、福阳、太平等宫。有旧长安城。”[②] 则“福阳乡”盖因福阳宫得名，而福阳宫的所在亦当属福阳乡地界。再以《何雄墓志》与《田保洛墓志》皆出于长安县郭杜镇杨村为证，福阳乡的位置约在隋大兴城安化门以南，即今长安县郭杜镇与祝村之间，此地偏西隋代又有修仁乡，到唐代不仅有福阳乡，更有了高阳乡，缘此地坐落在高阳原之故。以《解方保墓志》为例，其铭文有“坟瞻北渭，陇望南山，高阳有去，京落无还”，则所葬“福阳乡修福里之原”必是高阳原无疑。“神泉乡”在唐代墓志有载，如麟德二年（665）《张通墓志》“合窆于京西神泉乡马祖之原”[③]，咸亨元年（670）《解君妻赵夫人墓志》“迁厝于长安县马祖原神泉乡”[④]，可知唐代“神泉乡”乃沿袭隋代乡名，且其地理位置应偏在长安城郊的西南。“清化乡”名或亦为唐承隋旧，如唐贞观六年（632）《戚纂妻赵夫人墓志》“贞观六年五月廿九日雍州长安县清化乡宜君县开国子故戚纂妻赵夫人”云云可证。[⑤]

另一类值得探讨的史料是墓志提到“今合葬于长安县福阳乡龙仁里奉诚村辛保仁地葬，故立铭志，以为永记”，所谓“辛保仁地”，即言秦僧伽的葬地乃为辛保仁所有，也就是说辛保仁是这块葬地的“地主”，由此便值得展开对于北朝隋唐墓志铭中相类于“地主”这一名称的普查。

这里所说的“地主”，并非指古代“祠泰山梁父”（《史记·封禅书》）之类主管地下世界的“地主”或“地下主”，而是指土地的实际拥有者或管理者。魏晋以后，大凡人死而无地可葬者，则需向土地拥有者购买葬地，或求得同意而葬在他人地界内，否则只能葬到鄙远荒芜的无主之地。将土地的所有者称为“地主”，在隋唐以前颇不多见。惟见《晋书》卷一〇〇《祖约传》云“又占夺

---

① 石存西安市长安区博物馆。王其祎，穆小军：长安县郭杜镇新出土隋代墓志铭四种，见：西安碑林博物馆：碑林集刊（第十一辑），西安：陕西人民美术出版社，2005年版，第233页。

② 隋书，卷二九，地理志上，北京：中华书局点校本，1973年版，第808页。

③ 石存陕西师范大学博物馆。王雪玲：新发现五种隋唐墓志考证，见：西安碑林博物馆：碑林集刊（第七辑），西安：陕西人民美术出版社，2001年版，第63页。

④ 石存西安文物保护修复中心，姜宝莲等：西安新发现唐代解君赵夫人墓志，见：西安碑林博物馆：碑林集刊（第十一辑），西安：陕西人民美术出版社，2004年版，第115页。

⑤ （清）陆增祥：八琼室金石补正，卷三〇，北京：文物出版社，1985年版，第195页。

乡里先人田地，地主多怨”[①]，所指当是这样一种性质。另据石刻文献复有两例：即北魏孝昌三年（527）《法义九十人等造塔记》云“施地主：宋石凤，妻赵姿”[②]，北齐太宁二年（562）《义慈惠石柱颂》云“初施义园宅地主笃信弟子严僧安”[③]。“施地主”也是“地主”的意思，意即施舍出自己的土地园宅来建造佛塔、建造石柱者。

同类史料在隋代墓志中还可找到三例，即开皇二年（582）《梁暄志》曰“窆于长安县堺族正李端下”[④]，开皇十九年（599）《苑德赞妻杜氏志》曰葬于“相州相县辅和乡长金遵下”[⑤]，开皇二十年（600）《杨文愿墓志》云“大隋右卫翊卫骠骑大将军仪同三司宜阳县开国公杨文愿，字阿妶，弘农华阴人也。以开皇廿年二月二日薨于仁寿宫宅，以其月廿五日权瘗于雍州大兴县弘固乡，地主韦洪”[⑥]。“族正”、“乡长”、“地主”，在此表示的性质与意思略同，即土地（葬地）的拥有者或管领者。降及唐五代，亦不时见有此种称谓。兹举十三例：上元二年（675）《大唐故戎州都督府长史护军庄府君妻华容县君庞氏墓铭》云：“权殡于北芒原平乐乡界，其墓西北去郝村一百步。地主姓王名郎子。”[⑦] 长安三年（703）《张岳妻郑氏墓志》云：“权殡于洛州城安喜门西北三里合宫县平乐乡瀍水东杨善遇地内侧。”[⑧] 天宝八年（749）《赵庄墓志》文末题：“天宝八载岁次己丑四月乙未朔二十一日乙卯建，前地主姜玄亮男南山。”[⑨] 天宝九年（750）《尉迟阿道志》云：“以天宝九载龙集庚寅三月廿一日，卒于京安兴里之私第，时春秋一十有九。以其月廿三日，殡于王柴村北原，礼也。其地主王及侄。东南西北长五步阔三步。”[⑩] 大历八年（773）《柳公夫人和氏墓志》云：“朝议郎前歙州歙县令柳公亡夫人汝南和氏，大历八年岁次癸丑十二月辛未朔二日壬申权殡于苏州长洲县大云乡崇仁里梁庭昭地内，故此铭志。”[⑪] 贞元十三年（797）

---

① 晋书，卷一〇〇，祖约传，北京：中华书局点校本，1974年版，第2627页。
② 毛远明：汉魏六朝碑刻校注（第6册），北京：线装书局，2008年版，第122页。
③ 毛远明：汉魏六朝碑刻校注（第9册），北京：线装书局，2008年版，第104页。
④ 王其祎，周晓薇：隋代墓志铭汇考（第1册），北京：线装书局，2007年版，第1页。
⑤ 王其祎，周晓薇：隋代墓志铭汇考（第2册），北京：线装书局，2007年版，第310页。
⑥ 王其祎，周晓薇：隋代墓志铭汇考（第2册），北京：线装书局，2007年版，第322页。
⑦ 赵君平：邙洛碑志三百种，北京：中华书局，2004年版，第81页。
⑧ 吴钢：全唐文补遗（第七辑），西安：三秦出版社，2000年版，第336页。
⑨ 吴钢：全唐文补遗·千唐志斋新藏专辑，西安：三秦出版社，2006年版，第217页。
⑩ 吴钢：全唐文补遗（第五辑），西安：三秦出版社，2000年版，第385页。
⑪ 吴钢：全唐文补遗（第七辑），西安：三秦出版社，2000年版，第394页。石存苏州博物馆，又见：苏州博物馆：苏州博物馆藏历代碑志，北京：文物出版社，2012年版，第16页。

《刘日进暨妻武氏墓志》（墨书砖志）云："大唐贞元十三年正月十五日，深州武强县平皋乡崇贤坊故人刘日进并妻武氏，同葬于县西南二里常乐乡刘长史村内，男庭宾、庭芬、孙男淡交、希金、江子、希光、淡海等，恐后陵谷变移，故立铭记凭验。"[①] 贞元十五年（799）《大唐故怀州修武县主簿京兆韦公（绩）之墓》文末题"地主蒋埴"。[②] 元和六年（811）《唐故濮阳府君墓志》云："君讳巨源，其先陈留人也。祖庭勗，父昂……君即昂之第三子也……春秋卅有九，时元和六年正月三日终于私第，以期十四日窆于长洲县武丘乡李忻墩地卜茔礼也。"[③] 会昌六年（846）《赵文信墓志》文末附刻小字曰："堂上茔在此古成村西坡子上直北道三百步已来，道西三十步已来，并是此村辛义恭家一主勾当。"[④] 大中元年（847）《史堵颖墓志》云："维大中元年岁次丁卯闰三月景寅八日癸酉，故内侍省令史堵颖，年卌□，其月四日一更时卒于上京颁政坊餺饨曲东。本贯常州晋陵县五湖乡临湖里。权殡于长安县龙首乡小严村。买地壹段，地主王公政。其小严村即开远门外临皋驿西南。孝弟集贤供奉中顗记。"[⑤] 大中九年（855）《张怀清妻石氏志》文末记："其茔地于任初处买进，布一十三端。契云九亩之林田内，任拣二亩充，四面并至地主。"[⑥] 后梁乾化五年（915）《□礭志》文末附记："河南县紫□乡宣武村地主杨札。兼造尊胜陁罗尼幢一所建立茔内。"[⑦] 后周广顺二年（952）《薄可扶墓志》文末题："茔地四亩三角，地主冀彦章。"[⑧] 十三例中的"杨善遇地内"和"梁庭昭地内"之说，无疑是在表明二人的"地主"身份。所谓"刘长史村内"，即刘日进暨妻武氏合葬之常乐乡墓地乃为刘长史所管有，而非刘日进自家茔域，刘长史同样相当于"地主"、"族正"之类身份。"一主勾当"亦说明辛义恭家是土地的管领者。最有意思的是，《张怀清妻石氏志》讲到茔地是以契约形式用十三端布从地主任初名下的九亩林田内任拣二亩所得，茔地四面仍是地主任初的田地。惟有"前地主姜玄亮男南山"所表达的意思似乎是在强调姜玄亮为前地主，而其子南山则不再具备地主身份，或土地管领权并未由南山继承下来。而既然南山不具备管领权，墓志又为何要多此一

① 衡水市文物局：衡水出土墓志，石家庄：河北美术出版社，2010年版，第57页。
② 赵君平：邙洛碑志三百种，北京：中华书局，2004年版，第255页。
③ 苏州博物馆：苏州博物馆藏历代碑志，北京：文物出版社，2012年版，第18页。
④ 周绍良，赵超：唐代墓志汇编续集，上海：上海古籍出版社，2001年版，第963页。
⑤ 吴纲：全唐文补遗（第七辑），西安：三秦出版社，2000年版，第123页。
⑥ 吴纲：全唐文补遗（第七辑），西安：三秦出版社，2000年版，第416页。
⑦ 吴纲：全唐文补遗（第五辑），西安：三秦出版社，1998年版，第444页。
⑧ 吴纲：全唐文补遗·千唐志斋新藏专辑，西安：三秦出版社，2006年版，第429页。

番说明提示？容再考之。另外，通常葬在自家地里或无主之地者皆无需在墓志文中作专门说明，但还是有这样一例作了专门强调，即建中二年（781）《王絜妻孟氏砖志》云："维建中二年岁次辛酉正月庚申朔日庚午，南阎浮提娑诃世界魏州朝城县义兴和顺里故人王絜妻孟，春秋六十有五，祚于前月廿八日命终，正归蒿里，葬在朝城县西界卅五里王罗村东南三里，埋在自家地里。恐后亲公迁移古城，恐变认有失，故勒铭记。"①

总之，古文献特别是墓志文献中记载"地主"身份者在隋唐始多见之，因附记所见史料于此，或有助于日后相关于中古后期土地制度与经济史层面的深入研讨。

① 吴纲：全唐文补遗（第七辑），西安：三秦出版社，2000年版，第398页。

参 考 文 献

一、古代文献

（一）经部

（魏）王弼等注，（唐）孔颖达等正义：《周易正义》，北京：中华书局影印阮元校刻《十三经注疏》本，1980年版。

（汉）郑玄笺，（唐）孔颖达等正义：《毛诗正义》，北京：中华书局影印阮元校刻《十三经注疏》本，1980年版。

（汉）郑玄注，（唐）贾公彦疏：《仪礼注疏》，北京：中华书局影印阮元校刻《十三经注疏》本，1980年版。

（汉）郑玄注，（唐）贾公彦疏：《周礼注疏》，北京：中华书局影印阮元校刻《十三经注疏》本，1980年版。

（汉）郑玄注，（唐）孔颖达等正义：《礼记正义》，北京：中华书局影印阮元校刻《十三经注疏》本，1980年版。

（晋）杜预注，（唐）孔颖达等正义：《春秋左氏传正义》，北京：中华书局影印阮元校刻《十三经注疏》本，1980年版。

（三国魏）何晏集解，（宋）邢昺疏：《论语注疏》，北京：中华书局影印阮元校刻《十三经注疏》本，1980年版。

（汉）史游撰，（唐）颜师古注：《急就篇》，上海：上海古籍出版社影印《文渊阁四库全书》本，1987年版。

（二）史部

（西汉）司马迁：《史记》，北京：中华书局校点本，1959年版。

（东汉）班固：《汉书》，北京：中华书局校点本，1962年版。

（刘宋）范晔：《后汉书》，北京：中华书局校点本，1965年版。

（西晋）陈寿：《三国志》，北京：中华书局校点本，1959年版。
（梁）沈约等：《宋书》，北京：中华书局校点本，1974年版。
（梁）萧子显等：《南齐书》，北京：中华书局校点本，1972年版。
（北齐）魏收等：《魏书》，北京：中华书局校点本，1974年版。
（唐）房玄龄等：《晋书》，北京：中华书局校点本，1974年版。
（唐）姚思廉等：《陈书》，北京：中华书局校点本，1972年版。
（唐）姚思廉等：《梁书》，北京：中华书局校点本，1973年版。
（唐）李百药等：《北齐书》，北京：中华书局校点本，1972年版。
（唐）令狐德棻等：《周书》，北京：中华书局校点本，1971年版。
（唐）魏徵等：《隋书》，北京：中华书局校点本，1973年版。
（唐）李延寿：《南史》，北京：中华书局校点本，1975年版。
（唐）李延寿：《北史》，北京：中华书局校点本，1974年版。
（后晋）刘昫等：《旧唐书》，北京：中华书局校点本，1975年版。
（北宋）欧阳修等：《新唐书》，北京：中华书局校点本，1975年版。
（唐）温大雅撰，李季平、李锡厚点校：《大唐创业起居注》，上海：上海古籍出版社，1983年版。
（宋）司马光等：《资治通鉴》，北京：中华书局校点本，1982年版。
《国语》，上海：上海书店影印1934年商务印书馆本，1987年版。
《战国策》，沈阳：辽宁教育出版社《新世纪万有文库》周晓薇、王其祎校点本，1997年版。
（唐）杜佑：《通典》，北京：中华书局校点本，1984年版。
（唐）李林甫撰，陈仲夫点校：《唐六典》，北京：中华书局，1992年版。
（宋）郑樵：《通志》，北京：中华书局，1987年版。
（宋）王溥：《唐会要》，上海：上海古籍出版社校点本，1991年版。
（宋）宋敏求：《唐大诏令集》，北京：中华书局，2008年版。
（元）马端临：《文献通考》，北京：中华书局校点本，1988年版。
《三辅黄图校注》，西安：三秦出版社，何清谷校注本，1995年版。
（北魏）郦道元：《水经注》，成都：巴蜀书社，王先谦校订本，1985年版。
（北魏）杨衒之撰，范祥雍校注：《洛阳伽蓝记校注》，上海：上海古籍出版社，1978年版。
（唐）李泰等撰，贺次君辑校：《括地志》，北京：中华书局，1980年版。
（唐）李林甫撰，贺次君点校：《元和郡县图志》，北京：中华书局，1983年版。
（唐）韦述撰，辛德勇辑校：《两京新记辑校》，西安：三秦出版社，2006年版。

（宋）宋敏求：《长安志》，乾隆五十二年灵岩山馆刊本。
（宋）乐史撰，王文楚校点：《太平寰宇记》，北京：中华书局，2007年版。
（宋）张礼撰，史念海、曹尔琴校注：《游城南记校注》，西安：三秦出版社，2003年版。
（宋）程大昌撰，黄永年点校：《雍录》，北京：中华书局，2002年版。
（元）骆天骧撰，黄永年校点：《类编长安志》，北京：中华书局，1990年版。
（清）徐松撰，方严点校：《唐两京城坊考》，北京：中华书局，1985年版。
（宋）赵明诚：《金石录》，北京：中华书局影印北京图书馆藏南宋刻本，收入《古逸丛书三编之二》，1983年版。
（宋）洪适：《隶续》，北京：中华书局，1985年版。
（清）毕沅：《关中金石记》，收入《石刻史料新编》第2辑，台北：台湾新文丰出版有限公司，1979年版。
（清）瞿中溶：《古泉山馆金石文编残稿》，民国二年至六年张均衡辑《适园丛书》本。
（清）张廷济撰，魏锡曾辑：《清仪阁题跋》，清光绪十九年丁立诚刻本。
（清）毛凤枝：《关中金石文字存逸考》，清光绪二十七年刊本。
（清）杨守敬：《丁戊金石跋》，清光绪三十三年自刻本。
（清）罗振玉：《雪堂类稿》，沈阳：辽宁教育出版社，2003年版。
（清）陆耀遹：《金石续编》，收入《石刻史料新编》第1辑，台北：台湾新文丰出版有限公司，1982年版。
（清）陆增祥：《八琼室金石补正》，北京：文物出版社，1985年版。
（清）端方：《匋斋藏石记》，清宣统元年刻本。
（清）叶昌炽撰，王其祎校点：《语石》，沈阳：辽宁教育出版社《新世纪万有文库》本，1998年版。
顾燮光撰，王其祎校点：《梦碧簃石言》，沈阳：辽宁教育出版社《新世纪万有文库》本，2001年版。
武树善：《陕西金石志》，民国二十二年铅印本。

（三）子部

《吴子》，上海：上海书店1983年影印《四部丛刊初编》本。
（东汉）王充：《论衡》，上海：上海人民出版社，1974年版。
（北齐）颜之推撰，王利器集解：《颜氏家训集解》，上海：上海古籍出版社，1980年版。
（唐）林宝《元和姓纂》（附四校记），北京：中华书局，1994年版。
（宋）邓名世：《古今姓氏书辩证》，上海：上海古籍出版社影印《文渊阁四库全书》本，1987

年版。
（唐）虞世南：《北堂书钞》，天津：天津古籍出版社，1988 年版。
（唐）欧阳询编，汪绍楹校：《艺文类聚》，上海：上海古籍出版社，1982 年版。
（唐）徐坚：《初学记》，北京：中华书局校点本，1980 年版。
（宋）李昉等：《太平御览》，北京：中华书局影印本，1960 年版。
（宋）王钦若等编，周勋初等校订：《册府元龟》，南京：凤凰出版社，2006 年版。
（宋）李昉等：《文苑英华》，北京：中华书局影印本，1966 年版。
（宋）李昉等：《太平广记》，北京：中华书局校点本，1961 年版。
（唐）杜宝撰，辛德勇辑校：《大业杂记辑校》，西安：三秦出版社，2006 年版。
（宋）周密：《齐东野语》，北京：中华书局，张茂鹏点校本，1983 年版。
（宋）陆游撰，李剑雄点校：《老学庵笔记》附《老学庵续笔记》，北京：中华书局，1979 年版。
（清）顾炎武撰，周苏平、陈国庆点注：《日知录》，兰州：甘肃民族出版社，1997 年版。
（唐）张彦远撰，周晓薇校点：《历代名画记》，沈阳：辽宁教育出版社《新世纪万有文库》本，2001 年版。
（唐）张彦远撰，范祥雍点校：《法书要录》，北京：人民美术出版社，1986 年版。
（宋）黄休复：《益州名画录》，北京：人民美术出版社，1964 年版。
（宋）《宣和画谱》，台北：台湾商务印书馆影印《文渊阁四库全书》本，1983 年版。
（宋）佚名：《宣和书谱》，上海：上海书画出版社，《中国书学丛书》顾逸点校本，1984 年版。
（宋）郭若虚撰，王其祎校点：《图画见闻志》，沈阳：辽宁教育出版社《新世纪万有文库》本，2001 年版。
（清）杨守敬撰，陈上岷注：《学书迩言》，北京：文物出版社，1982 年版。
（清）包世臣：《艺舟双楫》，《艺林名著丛刊》第一种，北京：中国书店影印本，1983 年版。
康有为：《广艺舟双楫》，《艺林名著丛刊》第一种，北京：中国书店影印本，1983 年版。
梁启超：《碑帖跋》，收入《石刻史料新编》第 4 辑第 7 册，台北：台湾新文丰出版公司，2006 年影印本。

（四）集部

（梁）萧统编，（唐）李善注：《文选》，北京：中华书局影印本，1977 年版。
（北周）庾信撰，（清）吴兆宜注：《庾开府集笺注》，上海古籍出版社影印《文渊阁四库全书》本，1987 年版。

（唐）王勃：《王子安集》，上海：上海古籍出版社影印本，1992年版。
（唐）杨炯撰，徐明霞点校：《杨炯集》，北京：中华书局，1980年版。
（唐）卢照邻撰，李云逸校注：《卢照邻集校注》，北京：中华书局，1998年版。
（唐）许敬宗撰，罗国威整理：《日藏弘仁本文馆词林校证》，北京：中华书局，2001年版。
（唐）颜真卿：《颜鲁公集》，上海：上海古籍出版社影印《文渊阁四库全书》本，1987年版。
（唐）杜甫：《杜甫全集》，上海：上海古籍出版社，1996年版。
（唐）李白撰，张式铭标点：《李太白集》，长沙：岳麓书社，1987年版。
（唐）岑参撰，陈铁民、侯忠义校注：《岑参集校注》，上海：世纪出版集团、上海古籍出版社，2004年版。
（唐）权德舆撰，郭广伟校点：《权德舆诗文集》，上海：上海古籍出版社，2008年版。
（唐）白居易撰，朱金城笺注：《白居易集笺校》，上海：上海古籍出版社，1988年版。
（唐）刘禹锡：《刘禹锡集》，上海：上海人民出版社，1975年版。
（唐）韦应物撰，陶敏、王友胜校注：《韦应物集校注》，上海：上海古籍出版社，1998年版。
（唐）李翱撰，郝润华校点：《李翱集》，兰州：甘肃人民出版社，1992年版。
（唐）张祜撰，严寿澄校编：《张祜诗集》，南昌：江西人民出版社，1983年版。
（唐）张籍撰：《张籍诗集》，北京：中华书局，1959年版。
（唐）杜牧撰，何锡光校注：《樊川文集》，上海：上海古籍出版社校点本，2007年版。
（唐）顾况：《华阳集》，台北：台湾商务印书馆影印《文渊阁四库全书》本，1986年版。
（宋）郭茂倩：《乐府诗集》，上海：上海古籍出版社校点本，1998年版。
（宋）计有功：《唐诗纪事》，上海：上海古籍出版社，1987年新1版。
（清）彭定求等：《全唐诗》，上海：上海古籍出版社影印康熙扬州诗局刻本，1986年版。
（清）钱保塘：《清风室文钞》，清风室丛刊，民国二年刻本。
严可均：《全上古三代秦汉三国六朝文》，北京：中华书局，1958年版。
逯钦立：《先秦汉魏南北朝诗》，北京：中华书局标点本，1965年版。
（清）杨守敬：《杨守敬集》，武汉：湖北人民出版社、湖北教育出版社，1988年版。
唐圭璋主编：《全宋词》，北京：中华书局，1965年版。
张璋、黄畲编：《全唐五代词》，上海：上海古籍出版社，1986年版。
陈尚君辑校：《全唐诗补编·全唐诗续补遗》，北京：中华书局，1992年版。
傅旋琮主编：《全宋诗》，北京：北京大学出版社，1995年版。

二、今人研究专著

陈垣：《史讳举例》，北京：中华书局，2004年新1版。

岑仲勉：《隋唐史》，石家庄：河北教育出版社，2000年版。

岑仲勉：《隋书求是》，北京：中华书局，2004年版。

陈寅恪：《隋唐制度渊源略论稿》，上海：上海古籍出版社，1982年版。

陈寅恪：《唐代政治制度述论稿》，上海：上海古籍出版社，1997年版。

陈寅恪：《金明馆丛稿初编》，北京：生活·读书·新知三联书店，2001年版。

汤用彤：《隋唐佛教史稿》，北京：中华书局，1982年版。

钱穆：《中国文化导论》，台北：台湾正中书局，1984年版。

王力：《同源字典》，北京：商务印书馆，1999年版。

姚薇元：《北朝胡姓考》，北京：中华书局修订本，2007年版。

童书业：《童书业说画》，上海：上海古籍出版社，1999年版。

［日］平冈武夫：《长安与洛阳》，西安：陕西人民出版社，1957年版。

史念海：《西安历史地图集》，西安：西安地图出版社，1996年版。

史念海：《河山集》九集，西安：陕西师范大学出版社，2006年版。

启功：《启功丛稿》，北京：中华书局，1999年版。

启功：《文心书魂 启功随笔》，北京：北京大学出版社，2009年版。

杨鸿年：《隋唐两京坊里谱》，上海：上海古籍出版社，1999年版。

杨鸿年：《隋唐两京考》，武汉：武汉大学出版社，2005年版。

阎文儒：《两京城坊考补》，郑州：河南人民出版社，1992年版。

王仲荦：《䃢华山馆丛稿续编》，北京：中华书局，2007年版。

王仲荦：《北周地理志》（上、下册），北京：中华书局，1980年版。

黄永年：《文史探微》，北京：中华书局，2000年版。

黄永年：《树新义室笔谈》，上海：上海书店出版社，2000年版。

黄永年：《文史存稿》，西安：三秦出版社，2004年版。

黄永年：《六至九世纪中古政治史》，上海：上海书店出版社，2004年版。

李健超：《增订唐两京城坊考》，西安：三秦出版社，2006年版。

毛汉光：《中国中古社会史论》，上海：上海书店出版社，2002年版。

毛汉光：《中国中古政治史论》，上海：上海书店出版社，2002年版。

殷宪：《平城史稿》，北京：科学出版社，2012年版。

殷宪：《大同新出唐辽金元志石新解》，太原：三晋出版社，2012年版。

施和金：《北齐地理志》，北京：中华书局，2008年版。

赵振华主编：《洛阳出土墓志研究文集》，北京：朝华出版社，2002年版。

赵振华：《洛阳古代铭刻文献研究》，西安：三秦出版社，2009年版。

王彦坤：《历代避讳字彙典》，北京：中华书局，2009 年版。

吕卓民：《长安韦杜家族》，西安：西安出版社，2005 年版。

辛德勇：《隋唐两京丛考》，西安：三秦出版社，1991 年版。

刘涛：《书法谈丛》，北京：中华书局，1999 年版。

周晓薇，王其祎：《柔顺之象：隋代女性与社会》，北京：中国社会科学出版社，2012 年版。

王力平：《中古杜氏家族的变迁》，北京：商务印书馆，2006 年版。

罗新，叶炜：《新出魏晋南北朝墓志疏证》，北京：中华书局，2005 年版。

李星明：《唐代墓室壁画研究》，西安：陕西人民美术出版社，2005 年版。

国家文物局编：《2009 年中国重要考古发现》，北京：文物出版社，2010 年版。

三、碑志文献及书画资料汇编

赵万里：《汉魏南北朝墓志集释》，北京：科学出版社，1956 年版。

毛汉光：《唐代墓志铭汇编附考》，台北：中央研究院历史语言研究所专刊，1983 年版。

河南省文物研究所编：《千唐志斋藏志》，北京：文物出版社，1984 年版。

李希泌：《曲石精庐藏唐墓志》，济南：齐鲁书社，1986 年版。

张伯龄：《北朝墓志英华》，西安：三秦出版社，1988 年版。

北京图书馆金石组编：《北京图书馆藏中国历代石刻拓本汇编》，郑州：中州古籍出版社，1989 年版。

秦公：《中国石刻大观》，东京：日本同朋舍编印，1991 年版。

张宁等主编：《隋唐五代墓志汇编》，天津：天津古籍出版社，1991 年版。

周绍良，赵超：《唐代墓志汇编》，上海：上海古籍出版社，1992 年版。

周绍良，赵超：《唐代墓志汇编续集》，上海：上海古籍出版社，2001 年版

吴纲主编：《全唐文补遗》第 2 辑，西安：三秦出版社，1995 年版。

吴纲主编：《全唐文补遗》第 5 辑，西安：三秦出版社，1998 年版。

吴纲主编：《全唐文补遗》第 6 辑，西安：三秦出版社，1999 年版。

吴纲主编：《全唐文补遗》第 7 辑，西安：三秦出版社，2000 年版。

吴纲主编：《全唐文补遗》第 8 辑，西安：三秦出版社，2005 年版。

吴纲主编：《全唐文补遗・千唐志斋新藏专辑》，西安：三秦出版社，2006 年版。

吴纲主编：《全唐文补遗》第 9 辑，西安：三秦出版社，2007 年版。

洛阳市文物工作队编：《洛阳出土历代墓志辑绳》，北京：中国社会科学出版社，1999 年版。

高峡等编：《西安碑林全集》，广州：广东经济出版社，深圳：海天出版社，1999 年版。

韩明祥：《济南历代墓志铭》，济南：黄河出版社，2002 年版。

上海书画出版社编：《隋㥄志碑》，上海：上海书画出版社，2003年版。
中国文物研究所、陕西省古籍整理办公室：《新中国出土墓志》陕西（贰），北京：文物出版社，2003年版。
中国文物研究所、河北省文物研究所编：《新中国出土墓志》河北（壹），北京：文物出版社，2004年版。
赵君平：《邙洛碑志三百种》，北京：中华书局，2004年版。
余华青，张廷皓主编：《陕西碑石精华》，西安：三秦出版社，2006年版。
王其祎，周晓薇：《隋代墓志铭汇考》，北京：线装书局，2007年版。
赵力光：《西安碑林博物馆新藏墓志汇编》，北京：线装书局，2007年版。
赵君平，赵文成：《河洛墓刻拾零》，北京：北京图书馆出版社，2007年版。
乔栋，李献奇，史家珍：《洛阳新获墓志续编》，北京：科学出版社，2008年版。
毛远明：《汉魏六朝碑刻校注》，北京：线装书局，2008年版。
赵超：《汉魏南北朝墓志汇编》，天津：天津古籍出版社，2008年版。
中国文物研究所、千唐志斋博物馆编：《新中国出土墓志》河南（叁），北京：文物出版社，2008年版。
［日］气贺泽保规：《新版唐代墓志所在总合目录》（增订版），明治大学东洋史资料丛刊5，东京：明治大学东アジア石刻文物研究所汲古书院发行，平成21年（2009）版。
衡水市文物局编：《衡水出土墓志》，石家庄：河北美术出版社，2010年版。
齐运通：《洛阳新获七朝墓志》，北京：中华书局，2011年版。
长安博物馆编：《长安新出墓志》，北京：文物出版社，2011年版。
苏州博物馆编：《苏州博物馆藏历代碑志》，北京：文物出版社，2012年版。
赵君平，赵文成：《秦晋豫新出墓志蒐佚》，北京：国家图书馆出版社，2012年版。
郭茂育，赵水森：《洛阳出土鸳鸯墓志辑录》，北京：国家图书馆出版社，2012年版。
胡戟，荣新江：《大唐西市博物馆藏墓志》，北京：北京大学出版社，2012年版。
胡海帆，汤燕：《北京大学图书馆新藏金石拓本菁华1996—2012》，北京：北京大学出版社，2013年版。
王连龙：《新见北朝墓志集释》，北京：中国书籍出版社，2013年版。
上海书画出版社、华东师范大学古籍整理研究室选编：《历代书法论文选》，上海：上海书画出版社，1979年版。
祝嘉：《书学史》，成都：成都古籍书店，1984年版。
崔尔平选编：《历代书法论文选续编》，上海：上海书画出版社，1993年版。
张鸿修：《北朝石刻艺术》，西安：陕西人民美术出版社，1993年版。

西北历史博物馆编：《古代装饰花纹选集》，西安：西北人民出版社，1953年版。
林树中，周积寅：《中国历代绘画图录》，天津：天津人民美术出版社，1981年版。
马汉国主编：《微山汉画像石选集》，北京：文物出版社，2003年版。

后　记

2002年7月，我们启动了全国文物、博物馆系统人文社会科学重点研究课题“隋代墓志铭汇考”的编纂工作，并从而奠定了我们此后坚持未辍的研究视域与重点，至2007年10月，《隋代墓志铭汇考》全六册纂成并出版面世。其中最使我们深感欣慰和满意的，是我们藉此而对500多方隋代墓志资料进行了全面的整理与反复的分析和研究，为下一步所欲展开的隋代历史文化的研究做了资料上的充分准备。2009年，我们又申请了国家社会科学基金项目“隋代墓志铭与隋代历史文化”，寒来暑往，秋收冬藏，经过四年的努力，起初的研究设想和规划方案，终于一步步地得以落实完成。既有耕耘，总还是要问收获的。因此，从2012年年底提交结项报告到今天的结集付梓，我们一直都充满着收获的喜悦与温馨。当然，若问这一成果的品质如何？则是要虔心期盼专家学者们不吝批评、指教的。

我们的课题大致涉及八个主题的研究，即隋代家族、县令、避讳、书法、女性、墓志纹饰、墓志辨伪及两京地名研究。而本书在最终结集时则只含括了其中的六个主题和五例有代表性的个案疏证。其中不予纳入本书的两个主题，一是鉴于原有的对于隋代女性的研究比重较大，故先已作为阶段性成果——取名《柔顺之象：隋代女性与社会》，在2012年10月由中国社会科学出版社出版。二是对于隋代县令的整理与研究，因篇幅过长几接近九万字，故亦先整理成“隋代令长辑存附考”，分为上、下篇连载于《碑林集刊》第十五辑和第十六辑，计划日后再将新出墓志中的隋代县令资料予以补充整合而形成专书出版。

本书关于隋代书法与墓志纹饰的研究，正在北京大学攻读美术史论博士学位的王菁同学参与了合作。关于两京地理方面的研究，则是在我们指导王灵同学撰写硕士毕业论文的基础上，又增添了许多新资料并对文章构架与内容做了较大修改而纳入本书。谨向两位同学付出的努力和贡献表达谢意。另外，我们的研究工作还得到了陕西师范大学历史文化学院与西安碑林博物馆的支持，并得到了陕西师范大学优秀学术著作的出版资助，藉此也特别致以衷心的谢忱。当然，拙著能够顺利出版，还有赖于科学出版社的帮助，因此对各位编辑的敬业负责与热心推动，亦奉致真诚感荷。

“致远当安步，扬蹄莫著鞭。”方向既定，征程尚远，沐浴无限夕阳，我们正需秉持着“不待扬鞭”的自觉而前行。

周晓薇

2014 年 1 月于西安南郊启夏门遗址西畔隋斋